# THE PICTORIAL HANDBOOK OF
# ANCIENT
# CHINESE TABLET RUBBINGS

# 中國碑拓鑒別圖典

仲威 著

文物出版社

圖書在版編目（CIP）數據

中國碑拓鑒別圖典／ 仲威著.—北京：文物出版社，
2010.5（2021.7重印）
　ISBN 978-7-5010-2653-1

　I. 中… II. 仲… III. 碑刻—拓片—鑒定—中國—圖集
IV. K877.422

　中國版本圖書館CIP數據核字（2008）第198786號

# 中國碑拓鑒別圖典

著　　者：仲　威

書名題字：唐存才
責任編輯：趙　磊
責任印製：蘇　林
封面設計：周小瑋

出版發行：文物出版社
地　　址：北京市東城區東直門內北小街2號樓
郵　　編：100007
網　　址：http://www.wenwu.com
郵　　箱：web@wenwu.com
製版印刷：文物出版社印刷廠有限公司
經　　銷：新華書店
開　　本：889mm×1194mm　1／16
印　　張：45.5
版　　次：2010年5月第1版
印　　次：2021年7月第3次印刷
書　　號：ISBN 978-7-5010-2653-1
定　　價：590.00圓

# 序 一

　　中國碑拓始於南朝，惜無實物流傳。傳世最早拓片出於唐初，唯見敦煌藏經洞數件而已。宋代金石學昌明，然傳世北宋拓本亦稀如星鳳，所謂宋拓多為南宋拓本，元代拓本數量更為稀少，故善本碑拓必稱“宋元”。明拓最下，拓工多劣，唯恃五六百年之歷史滄桑，傲立不倒。清初碑拓走出低谷，迎來了金石學的第二個高峰，乾嘉拓本更是獨領風騷，拓工可與宋元相比肩，堪稱“善本”。道光、咸豐、同治拓本滿地開花，海內名碑悉數拓遍，可稱“舊拓”。清末民國碑拓存量最多，最易收藏，造福學林與書壇。

　　碑帖鑒定涉及斷代與辨偽，初為文人鑒賞之餘事，後為碑估之秘笈，再經藏家之推波，遂成獨立之體系。先後出現了不少碑帖鑒定之經典著作，諸如方若《校碑隨筆》、張彥生《善本碑帖錄》、王壯弘《增補校碑隨筆》、馬子雲《石刻見聞錄》，成為碑帖鑒藏之利器。然而傳統碑拓鑒定著作均無圖版對照，鑒定步驟僅靠文字表述，不少細節模棱兩可，不便操作。如今各大博物館、圖書館及私人收藏的碑拓善本紛紛整理出版，鑒定校勘條件遠勝於過去。仲威先生就職於上海圖書館，常年從事碑拓鑒定工作，依託於上海圖書館二十萬件的碑拓收藏，潛心研究，綜合前人鑒定成果，去粗取精，多年來積累了數萬張碑拓鑒定關鍵點照片，將大量目鑒心得融會貫通，集成碑拓鑒定資料庫，名曰“碑鑒”。今從中遴選歷代名碑三百餘種，配以二千餘張圖片，著成《中國碑拓鑒別圖典》，此書之面世必將惠澤碑拓收藏界，開碑拓鑒定之新天地。付梓之際索文於我，聊贅數語以為序。

上海書法家協會副主席、西泠印社副社長

# 序　二

　　我國歷代石刻拓片的傳世總量浩大，據全國各大圖書館、博物館收藏拓片的品種來看，約有六、七萬種，但其中能被稱為“名碑”的，不過數百種而已。

　　何為“名碑”？

　　首先有個刻石年代的限定條件，那就必須在“上起先秦，下至唐宋”這一時間段中。因為宋後各朝由於不擅碑學，書碑、刻碑的藝術與技術直線下降，其史料價值、藝術價值，也遠不及唐代以前的碑刻。又因現存宋代以後各朝刻石數量眾多，是唐代以前刻石的十倍，甚至百倍，它們大多風格雷同，書法呆板，形制單一，雕刻拙劣，故不被納入“名碑”行列。

　　其次，還得加上一個出土或發現的截止限定時間，那就是清末民初。清代金石學興盛，碑石一經出土，拓片旋即四方流傳，金石學家紛紛考證、著錄、題跋，這一風氣一直持續到清末民初，為後人留下了大量金石學研究資料。清末民初之後，傳統文化的價值理念遭受西學的衝擊與顛覆，毛筆書法連同四書五經一起淡出了時代，拓片的收藏與研究跌入低谷。加之攝影印刷術的出現，許多碑帖得以影印出版，再次衝擊了拓片的傳拓與收藏活動。近幾十年城市建設日新月異，雖然地下碑石紛紛出土，其中亦有不少書刻一流的碑版刻石，但是，這些碑石出土後旋即進入了博物館的庫房或私人的密室，即便能在文物與書法類的書報雜誌上發表，但是其拓片的流傳數量還是極低，社會收藏人群較少。更關鍵的是，還缺少有影響力的金石家。試想一本發行量只有數十、數百的“圖書”，又無名家品評推介，怎能成為“名著”。因此，我們將絕大多數清末民初之後出土的碑石不納入“名碑”行列，當然這其中不包括那些出土後旋即毀佚，或流往海外，拓片留存數量極稀者。

　　何謂“名拓”？

　　其一是極端強調拓片自身擁有的文物價值，諸如：孤本、善本、宋拓、明拓、清初拓、出土後初拓本、名家監拓本等等，這些拓本或因年代久遠，或因傳世數量稀少，抑或拓制質量高超，成為碑帖收藏領域的寵兒。

　　其二是還要考慮追加拓本之外的附加值，如：這些拓本之後尾隨的歷代名家題跋、考釋、題詩、題畫、觀款、藏印。此外，還應該涉及拓本的品相與裝潢等等。

　　文物價值高的拓本通常情況下多有題跋、藏印等附加物，但反過來附加值高的拓本就未必是文物性高的拓本。因為題跋與藏印還存在真偽問題，即便是真跡，還有可能是從它處“移栽”過來，當然還存在著不少名家誤判、誤定的斷語。

那麼如何判別一本碑帖的真正的文物價值呢？

判別碑帖的拓制時間先後是碑帖鑒定的第一要務。

碑刻在每個歷史階段的傳拓中，石面會發生或多或少的變化，或因自然風化，殘斷、開裂、斷缺，或因人為損壞，加之不同的拓工，不同的拓法，不同的紙墨等等，造成各個"批次"捶拓的拓本都帶有明顯的特徵差異。

碑帖鑒定正是從各個歷史階段傳拓下來拓片的差異著手。碑帖自從刊刻後，經歷代流傳下來，存字一般會越來越少，石花會越來越多，越來越大，裂紋會越來越長，越來越粗等等，這是碑帖自身的"生命規律"，收藏者正是利用這條規律來從事碑帖鑒定的。

明清以後歷代收藏者中的有心人開始收集並記錄各個歷史時期拓片存在的差異，從中歸納出最簡便易行的區分方法，一般挑選碑刻中變化較大的文字或點劃，作為"參照點"來比較與描述，例如：某碑第幾行第幾字，宋代如何、明代如何、清初如何、乾嘉如何、嘉道如何、清末民初如何等等，排比劃分出許多鑒定"標準線"，收藏者將這些"參照點"稱之為"考據點"。許多考據點已經約定俗成，成為碑帖交易雙方定價、評判的主要依據。

通過考據點來開展鑒定，這是碑帖鑒定不同於書畫鑒定的地方，也是較書畫鑒定更為客觀的優勢所在。書畫鑒定在紙墨印章的基礎上還會經常運用書畫作者的藝術風格或稱藝術手法（筆法、墨法、章法、書法等）進行判斷，定出或"贗品"、或"高仿"、或"早年作品"、或"中年作品"、或"晚年作品"，而且一個書畫鑒定家的研究範圍絕不僅限於某一個朝代的某一個作者，還要面對各種形形色色的作者與作品，其判斷主觀性遠高於碑帖鑒定。試想當我們看到一張自己二三十年前書寫的書信、筆記、字畫等，自己也會有陌生感，連自己的作品都難以判斷，更何況要分辨數十上百年前的高仿品。相信四百多年前的董其昌對此也必有同感，那麼四百年後的當代董其昌研究者們要替董老做主，談何容易。再者，一些較少看到藝術品原件的"鑒定家"，贗品看多了，便會出現"假作真時真亦假"的情況。因此在書畫鑒定中，一些作品真偽的爭論會持續數百年乃至上千年。

可以這麼說，書畫鑒定"難度"高於碑帖鑒定，但是碑帖鑒定"風險"高於書畫鑒定。難度高是因為我們遇到模稜兩可的作品時，無法起問古代書畫作者。碑帖則不同，可以向原石"探出"消息，即便原石已毀，它還有歷朝歷代的無數"孿生兄弟"（不同時期的拓片），各種原石拓片可供"DNA鑒定"（筆劃、石花、裂紋、石質紋理等等都可看成碑帖的"DNA"）。"風險高"是因為我們不可能收集到或看到或記住所有的"DNA"樣本，而且到手的樣本還可能是偽造的，在沒比較的情況下或者在短時間內非要作出判斷的情況下或是覺得"撿漏"的衝動情況下，一旦作出錯誤的結論，不會象疑難書畫鑒定那樣爭論上百年，碑帖鑒定黑的就是黑的，永遠白不了，因為原件的"DNA"是唯一性的，一旦被發現是"假的"、"次的"，不用辯白，不會有"翻案"可能，因此碑帖又被冠名為"黑老虎"。

對付這些"黑老虎"的常用工具書有：清方若的《校碑隨筆》、王壯弘的《增補校碑隨筆》、張彥生的《善本碑帖錄》以及馬子雲與施安昌合著的《碑帖鑒定》等。方若最早系統地給名碑名拓定出被金石界廣泛遵循的"考據點"，王、張、馬、施等前輩均在方若的校碑基礎上加以增廣，許多案例又成定論，不少"考據點"還被追加為範例，被廣泛採納。其中尤以王壯弘先生的《增補校碑隨筆》一書影響最為深遠。

但是王、張、馬、施等前輩著作的寫作時間均在上世紀六、七十年代，各種碑帖經眼後，當時無條件拍攝或復印留檔，只能依靠筆記或卡片形式著錄。若干年後整理文稿時，由於離開碑帖原件又無對照圖片資料，編著困難可想而知。缺少對照圖片，除了編纂校碑書籍困難之外，還給廣大碑帖研究者和收藏者帶來閱讀與研究的困難。碑刻考據點從完好到稍損再到大損，最終全泐是一個漸變過程，石花的連與非連，或似連還斷，很難言表。再如漢碑或摩崖文字的完整與損泐與後朝墓誌與碑版的完整與損泐，是不可相提並論的。掌握其中的"度"需要大量的碑帖比較，否則不是"囫圇吞棗"就是"張冠李戴"。

校碑如斷陳年舊案，前人的校碑隨筆如同"當年現場的目擊證詞"，有真有假，有正有偏，有繁有簡，需要邏輯推理，更需要整合各家之說，增簡刪繁；碑帖圖片資料就好比是"當年現場的遺留物證"，直觀、正確、可信且無可替代。因此，碑帖鑒定類工具書圖文並茂的需求尤為迫切。

《中國碑拓鑒別圖典》選取歷代名碑三百三十餘種，總結並整合前人校碑經驗，刪繁增簡，結合實際校碑體會，提綱挈領，並配以歷代碑拓圖片二千三百餘幅。每幅圖片的背後是數倍乃至數十倍的拓本甄別、遴選與梳理，最終才選出最有代表性的關鍵圖片。但由於本書的篇幅有限，加之囿於一館之藏（上海圖書館碑帖收藏），限於一己之力，疏漏與繆誤難以避免，希望讀者不吝指正。

仲威

二〇〇九年十月七日於上海圖書館

# 目　錄

## 東魏篇

# 北齊、北周篇

# 隋代篇

# 唐代篇

主要參考書目

後　記

# 先秦、西漢篇

## 先　秦

### 石鼓文

石鼓共有十件，每件高九十釐米，直徑六十釐米，圓頂平底，其形狀略似鼓，故俗稱"石鼓"。但"石鼓"並非其原有自稱，唐初最早著錄"石鼓"的蘇勖就稱之為"獵碣"。因每一石各刻四言詩一篇，形成前後連貫的十首組詩，原文應有七百餘字，今僅存二百七十二字，其內容是頌詠君王田狩漁獵之事，故名"獵碣"較為貼切。（插圖一）

有關石鼓的刻制年代，有五種觀點：（1）宋人鞏豐、近人郭沫若提出，在秦襄公時期（前777～前766）；（2）清人震鈞、近人羅振玉、馬敘倫、楊壽祺等主張，在秦文公時期（前765～前716）；（3）近人馬衡提出，在秦穆公時期（前659～前621）；（4）宋人鄭樵、近人羅君惕提出，在秦惠文王至秦始皇時期（前337～前221）；（5）唐蘭提出在秦獻公時期（前384～前362）。近年來，唐蘭的《石鼓文年代考》一文在學術界影響較為廣泛，但是現在還不能對石鼓文的刻石年代作最後的定論。

唐初原刻"石鼓"在寶雞與鳳翔（天興）兩縣交界的南原西端被發現，南原是秦國故都之地，西臨汧水，南面渭河。唐憲宗時，石鼓存放在鳳翔孔廟。北宋鳳翔知府司馬池（司馬光之父）又將石鼓移置鳳翔府學，但其中一鼓已經遺失。宋皇祐四年（1052），向傳師在民間訪得遺失之鼓（可惜該鼓已經被民人鑿成米臼），重新湊齊十鼓。宋大觀年間（1107～1110）石鼓從鳳翔遷到汴京，先置辟雍，後入宮中稽古閣，徽宗寶愛之，命人用金填入字口，以絕摹拓之患。金兵破汴京後，將石鼓掠走，運往燕京（今北京）。元代又將石鼓安放在國學大成殿門內，分左右兩壁排開，此後明清兩代，石鼓存放地一直未變。抗日戰爭期間石鼓被迫南遷，最後轉移至四川峨嵋縣西門外武廟。解放後，石鼓重新運回北京，現存故宮博物院。

### 宋拓本

#### 1．天一閣本

以北宋拓存四百二十二字范氏"天一閣本"最著名。清乾隆年間，范氏"天一閣本"經張燕昌摹刻傳拓後始為人所知，張氏摹本不久即毀，清嘉慶二年（1797）阮元重刻"天一閣本"於杭州府學，嘉慶十一年（1806）阮元再刻"天一閣本"置於揚州府學。咸豐十年（1860）范氏"天一閣本"北宋原拓毀於兵火。

#### 2．十鼓齋本

明代大收藏家錫山安國有十種石鼓善本，名曰"十鼓齋"，其中最善者是北宋拓三種，仿軍兵三陣命名為"先鋒本"、"中權本"、"後勁本"珍藏。"先鋒本"分上下二冊，存四百八十字，（插圖二）"中權本"存四百九十七字，（插圖三）"後勁本"存四百九十一字。（插圖四、五）至清道光間安國後人分產，拆售天香堂，時為沈梧所得，秘不外傳。民國初轉售錫山秦文錦，秦家藝苑真賞社影印行世。後秦氏將此三種及安氏藏另一宋拓本售於日本東京河井荃盧氏，現藏三井紀念美術館。

宋拓本的最主要特徵：第八鼓（又稱"馬薦"鼓），存二十一字，"馬薦"等字完好可見，此鼓明初已不存一字。（插圖六）

### 明初拓（又稱"汧殹"未損本）

第二鼓首行"汧殹"之"汧"字不損。（插圖七，參見清末民初拓本插圖一一）

臨清徐坊藏明初拓本，經徐坊、寶熙遞藏，羅叔言題簽，民國初年傳入日本。有日本博文堂玻璃版影印。（插圖八）

### 明中後期拓（又稱"黃帛"未損本）

第二鼓第五行"黃帛"二字不損。（插圖

九，參見清末民初拓本插圖一一）

劉鶚藏明中後期拓本，此本原系項氏天籟閣舊藏，後歸日本中村不折。

另，北京故宮博物院有孫克宏舊藏“黃帛”本。

## 清初拓本（又稱“氐鮮”未損本）

第二鼓第四行“氐鮮”二字未損。清乾隆拓本，“氐”字泐下半，“鮮”字泐盡。（插圖一〇，參見清末民初拓本插圖一一）

## 乾隆拓本（又名“吾馬”未損本）

第一鼓第一行“吾馬”兩字筆劃未與右側石花相連。（參見清末民初拓本“吾馬”已損本插圖一二）

## 咸豐、同治拓本（又名“允”字未通本）

第四鼓末行“允”字，已損泐不能辨（按：在倒數第二行“賢”字左側），但其右側上下大片石花未泐連貫通，故稱“允”字未通本。（參見清末民初拓本“允”字已通本插圖一三）

## 光緒拓本（又名“囿”字本）

第十鼓“囿”字，方框內四個“木”字，其右下一“木”字未損。（插圖一四）

## 存世翻刻本

（1）宋《歷代鐘鼎款識法帖》縮刻本，薛尚功據“岐下本”縮刻。

（2）明嘉靖間楊慎木刻本，世稱“函海本”。另，清孫星衍再翻刻“函海本”於虎邱。

（3）明顧從義將石鼓文北宋拓本縮刻於端溪硯石（或云石鼓硯，今在天津博物館）。

（4）明崇禎間左佩玹摹刻於陝西石耀縣文廟內，石今尚完好。

（5）乾隆御府本。清乾隆五十五年（1790）正月對“獵碣”進行了摹刻複製，形狀全似今鼓，每鼓鼓徑四十七釐米，而且還“冒革施釘，無不畢肖”，完全喪失“碣石”原有形制，純屬後人望文生義的產物，這些清刻石鼓今在北京國子監大門兩側展出。（插圖一五、一六）

（6）清乾隆年間，張燕昌摹刻天一閣藏北宋拓存四百二十二字本，不久亦毀佚。清阮元嘉慶二年（1797）重刻“天一閣本”於杭州府學。（插圖一七、一八）阮元嘉慶十一年（1806）重刻“天一閣本”置於揚州府學。（插圖一九）

（7）依張燕昌摹“天一閣本”再翻者有：徐渭仁雙鉤木刻本、楊守敬刻本、姚覲元刻本。

（8）清道光五年（1825），何紹業磚刻本（依“國學石鼓舊本”模存，共有三百十字）。（插圖二〇）

（9）清光緒十二年（1886），盛昱據阮元摹刻“天一閣本”再重刻於北京韓文公祠，此套石鼓由黃士陵摹刻，尹彭壽續刻。（插圖二一）

插圖一

插圖二

插圖三

插圖四

插圖五

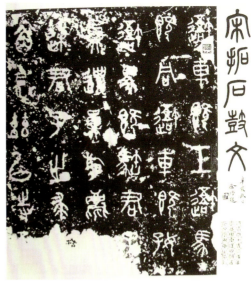

插圖八

插圖六

插圖九

插圖七

插圖一〇

插圖一一

插圖一二

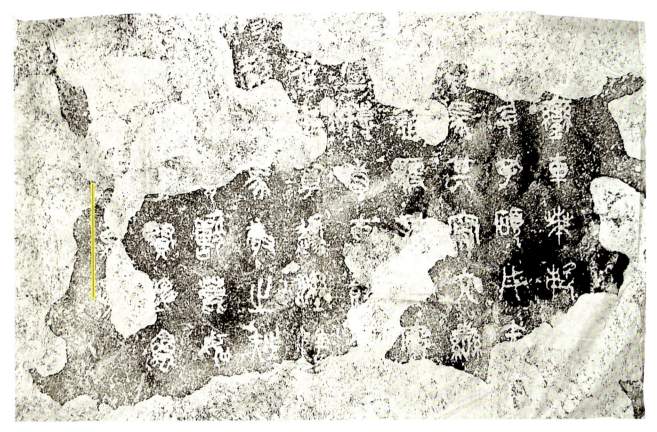

插圖一三

插圖一四

插圖一五

插圖一八

插圖一六

插圖一七

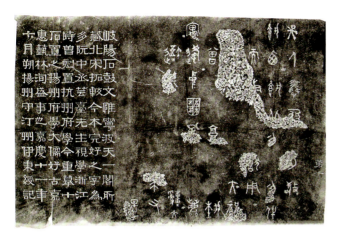

插圖一九

插圖二一

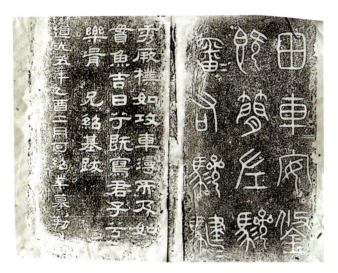

插圖二〇

# 秦

秦王嬴政統一全國後的第二年（前220）就開始出巡，在其十一年的始皇帝生涯中先後出行五次，足跡踏遍當時大半個中國，最後死在南巡會稽的歸途中。每到一處多"立石"、"刻石"。共有七處刻石分別是：

《嶧山刻石》（原石已佚，現存宋代翻刻在西安碑林）；

《泰山刻石》（現存山東岱廟東御座院，僅存九字）；

《瑯琊臺刻石》（現存中國國家博物館，共十三行，八十六字）；

《之罘刻石》（久佚）；

《東觀刻石》（久佚）；

《碣石刻石》（久佚）；

《會稽刻石》（有清代翻刻存世）。

除《嶧山刻石》外，司馬遷《史記》中記錄了其他六處刻石的文辭。唯《泰山刻石》與《瑯琊臺刻石》為秦代原物，餘皆後人摹刻。

## 泰山刻石

秦始皇二十八年（前219）。篆書，四面環刻，三面為秦始皇詔書，一面為秦二世詔書。刻於二世元年（前209），石原在山東泰山嶽頂。

據《金石錄》載："大中祥符歲（1008～1016），真宗皇帝東封此山，兗州太守模本以獻（按："模本"即拓本，當時僅拓二世詔刻石南向一面，其他三面文字可能稍漫漶，故未拓），凡四十餘字。"此時拓本存字數與歐陽修《集古錄》所載以及宋莒公、江鄰幾等宋人翻刻本略同。

宋大觀間（1107～1110），汶陽劉歧至泰山絕頂，見石四面有字，乃拓以歸，文雖殘缺然首尾完具，不可識者無幾，計得字二百二十三（另據《泰安志》載，此刻原立於泰山頂玉女池旁，有二百二十二字，到宋代尚有一百四十六字）。自劉氏訪拓後，此石下落不明。劉氏當年有摹刻本傳世，亦久佚。

明萬曆間北平許延元重新發現斷石，並置石於碧霞宮元君祠，僅存二世詔四行共二十九字，左下鑿刻許氏隸書跋兩行，文曰："岱史載秦篆碑僅存此二十九字，余至泰山頂上，從榛莽中得之，恐致湮沒，因揭之壁間，以識往古之遺跡云，北平許延元題。"之後石又中段為二，裂痕貫一行"御"字及三行"石"字。（插圖一）清乾隆五年（1740）玉虛觀遭火災，石毀後不知下落。

嘉慶二十年（1815），蔣因培、柴紉秋等在玉女池訪得碎石二片，共十字。一片存一行四字，文曰"斯臣去病"，另一片存三行，每行二字，文曰"昧死"、"臣請"、"矣臣"。嘉慶初拓本，"斯"字"其"旁下半長橫劃尚存，且筆道較清末民初拓本稍肥，（插圖二）石移至山頂東嶽廟西側寶斯亭（後名讀碑亭）。道光十二年（1832）東嶽廟西牆坍塌傾覆碑亭，道人劉傳業將殘石移置山下道院壁間，徐崇幹為道院加刻題記。（插圖三）

宣統二年（1910），羅正鈞、俞慶瀾作亭護之，又損一字，存九字。現存山東岱廟東御座院。

## 宋拓本（一百六十五字本）

傳世拓本以明人安國藏宋拓兩本為最，其一存字一百六十五，共十四開半，每開四行，行三字，為傳世唯一的四面全拓本，（插圖四、五）民國二十九年（1940）為日本中村不折購得，現藏東京台東區立書道博物館；另一本為朱才甫舊藏，存字五十三（亦在日本）。

## 明末清初拓本（二十九字本）

明末清初拓本均為"二十九字本"。此時拓本有刻許氏跋和未刻跋之分，無跋本極少見，唯見吳雲、端方遞藏本。另有未斷、已斷之分（已斷本一行"御"、三行"石"二字有斷裂痕）。未斷本見有李國松藏本，現藏中國國家博物館。已斷本見有何紹基、羅振玉跋本；孫星衍、嚴可均遞藏清初整紙拓本，今藏北京大學圖書館。（參見插圖一）

## 嘉慶以後拓本（十字本）

初拓"十字本"，"斯"字"其"部下半長橫畫尚存，晚拓即泐，通篇字畫也較晚拓稍肥。（參見插圖二）

## 宣統拓本（九字本）

宣統二年（1910），羅正鈞、俞慶瀾作亭護之，又損一字，存九字。

## 翻刻本（二十九字本）（插圖六）

清初岱廟舊刻本，石花自然，道光間亦佚。

清乾嘉間聶劍光摹刻於泰山縣署土地祠，稱"泰山本"。

嘉慶庚午（1810）孫星衍摹刻於德州《高貞碑》陰之左，稱"平津館本刻本"。

道光丙戌（1826）梁章鉅摹刻於岱廟公輸子祠，稱"公輸子祠本"。

咸豐八年（1858）吳雲屬吳讓之翻刻於鎮江焦山，稱"焦山本"。

道光間阮元刻於北湖祠塾，稱"北湖祠塾本"。另有葉東卿刻於大別山者。

插圖一

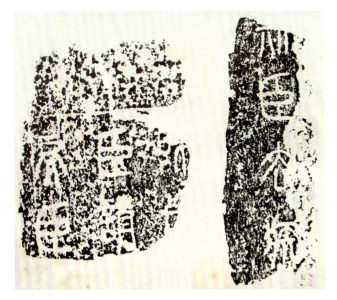

插圖二

插圖五

插圖三

插圖六

插圖四

## 瑯琊臺刻石

　　秦二世元年（前209）。篆書。石四面分刻秦始皇二十八年東巡事及二世詔書，今僅存西面二世詔書文字，完全拓本存十三行，行八字，舊在山東諸城瑯琊臺，故名。《山左金石志》云："瑯琊臺在山東諸城東南百六十里。臺三層，層高三丈許，最上平正，週二百步有奇，東南西三面環海。臺上有神祠，祠垣南隅此石在焉。以工部營造尺，下寬六尺，中寬五尺，上寬三尺，頂寬二尺三寸。南北厚二尺五寸。成圭角形，今字在西面。"

　　明代刻石已縱向斷裂，清初開裂加劇，至嘉

慶間泰州宮懋讓灰泥填補並鎔鐵箍束之，得以不頹。清光緒年間，箍石鐵束銹蝕斷裂，舊訛傳石已毀佚，或云觸電、或云石傾墜海中。民國十年（1921），山東教育局長王景祥奉省令保存古跡，命縣視學王培裕親往琅邪臺搜尋，見零星斷石棄置荊棘中，急運城中，發現刻石殘缺左下一角（缺失九行末"御"、十行末"臣"、十一行末"刻"三字）。翌年春，王君往訪諸道院及臺下居人，又得數石，竟成完璧。爰命工粘合，嵌置教育局古物保存所中，有民國十五年（1926）孟昭鴻書得石始末跋刻。一九四九年後刻石移入山東博物館，一九五九年入藏北京中國革命歷史博物館，今在中國國家博物館。

## 明末清初拓本（十三行本）

此石完全拓本存十三行，八十六字（注：傳世拓本往往只拓九行或十一行）。

二行"五大夫楊樛"右側尚有"五大夫趙嬰"之"五大"一字半，且文字清晰。（插圖一）

七行（在縱裂紋右側）"如後嗣為之"中"之"字完全可見。（參見插圖一）

八行（在縱裂紋左側）"成功盛德"之"德"字清晰可辨。（參見插圖一）

末行"制曰可"三字尚存右小半，其中"曰"字右半尤為明顯。（參見插圖一）

阮元舊藏本有乾隆五十九年（1794）翁方綱題跋的卷軸本，即屬此類完整"十三行"舊拓。（參見插圖一）

## 清初拓本（鐵束前拓本）

二行"五大夫楊樛"右側尚有"五大夫趙嬰"之"五大"一字半漫漶不可辨。

七行（在縱裂紋右側）"如後嗣為之"中"之"字明晰，未為灰泥填補裂處。（插圖二）

末行"制曰可"三字已泐去。（參見插圖二）

國家圖書館藏毛鳳題跋本是也。（參見插圖二）

另見陳淮生舊藏東、西兩面清初拓本，（西面拓本插圖三）東面拓本以朱絲界欄按字跡大小劃分，似略能推辨字跡。（東面拓本插圖四）

## 嘉慶以後拓本（铁束後拓本）

七行（在縱裂紋右側）"如後嗣為之"中"之"字為灰泥填去，不可見。

八行（在縱裂紋左側）"成功盛德"之"德"字則仍可見。（插圖五、六）

## 道光、咸豐拓本

七行（在縱裂紋右側）"如後嗣為之"中"之"字灰泥脫落，又隱約可見。

八行（在縱裂紋左側）"成功盛德"之"德"字卻為泥所封，不可見。（插圖七）

## 同治拓本

同治年間，陳介祺請其客宮玉甫、何伯瑜監視拓工劉守業剔除灰泥與苔蘚，用濃墨佳紙所拓，捶拓之精足與車聘賢手拓唐碑匹敵，拓本又見"之"、"德"兩字。

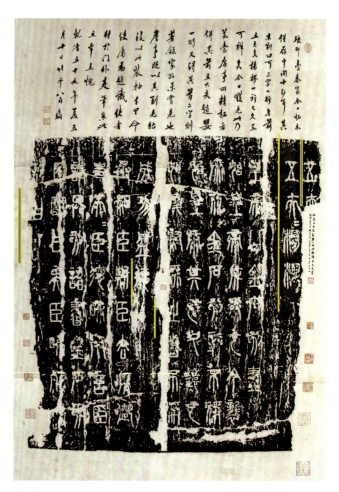

插圖一

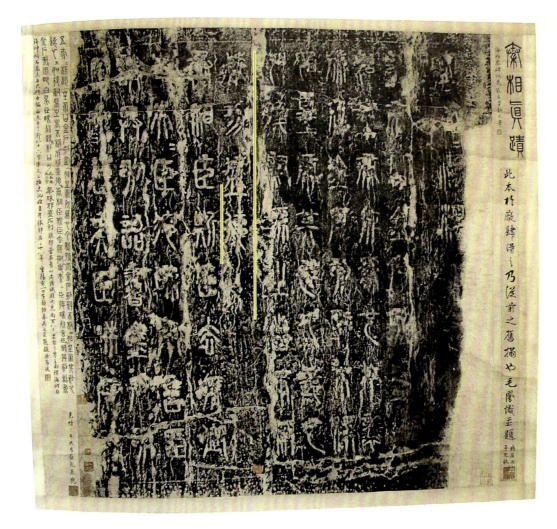

插圖二

插圖三

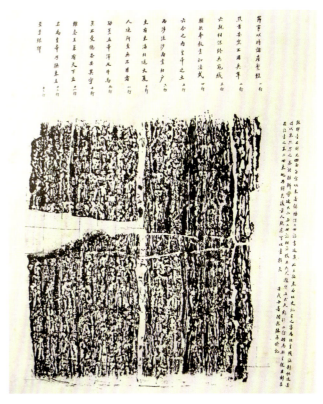

插圖四

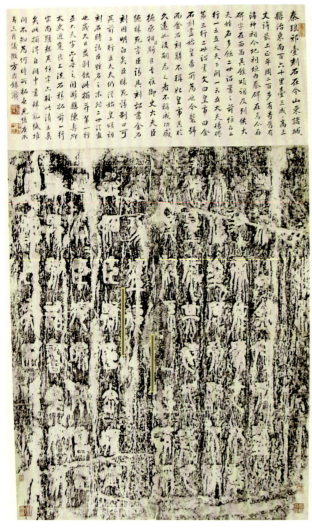

插圖五

插圖六

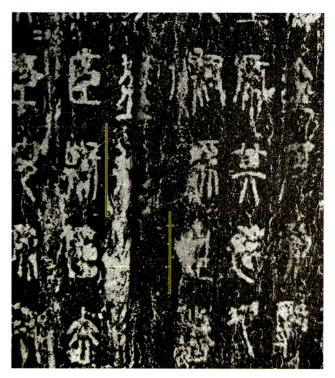

插圖七

## 嶧山刻石

秦始皇二十八年（前219）始皇東巡，立嶧山石刻。據傳原石為魏武帝推倒，又遭邑人火焚。唐代已有棗木重刻拓本流布，杜甫嘗有詩云："嶧山之碑野火焚，棗木傳刻肥失真。"唐刻本亦不傳。

宋淳化四年（993）八月鄭文寶據南唐徐鉉摹本重刻，篆書，碑陽九行，碑陰六行（共計十五行），行十五字。碑陰左旁刻有鄭文寶楷書跋五行，行四十字，現藏西安碑林。（插圖一，右側九行為碑陽，左側六行為碑陰）

### 明拓本（二石本）

碑中斷為二，裂紋自碑陽首行"昔嗣"間，斜貫至九行"黔首"之"首"字；碑陰自首行"以著經紀"之"以"字，至末行鄭文寶跋"水陸"之"水"字。

明末清初此碑又增裂一道，自碑陽首行"國維"之"維"字，斜貫至五行"群臣從者"之"從"字，斷為三塊，成"三石本"。凡無第二道斷裂紋者（二石本）即是明拓。（參見三石本插圖一）

## 清初拓本

碑陽首行“維初在昔”之“昔”字“曰”部中橫右側未連及石花，碑陰末行“明日矣”之“矣”字左旁無曹仲經小字觀款（文字極小，不易發現，插圖三），鄭文寶跋刻第三行“齊魯客鄒邑登嶧山”之“邑”字完好，四行“刻石於長安”之“於”字完好。

## 稍舊拓本

此石裂道加粗，碑陰末行“臣昧死請”之“臣”字右側增刻小字“錫山王柏英觀”刻款（文字極小，不易發現）。（有觀款本插圖三）鄭跋“鄒邑”二字全部渺盡，“於”字上半渺，“陝西府諸州水陸”之“諸”渺盡，“水”渺底部。

## 翻刻本

其他刻本如：紹興本、浦江鄭氏本、應天府學本、青社本、蜀中本、鄒縣本等，多從西安本翻出。西安本五行“群臣從者咸思攸長”之“攸”字中豎獨作二筆（他本雖從長安本出而皆作一筆）。（參見插圖一）

另，清方若記刻石行款為十一行，行二十一字者不是“西安本”，而是“紹興本”，此本至正元年（1341）二月五日申屠墓刻於稽古閣，無碑陰，行款與長安本迥異。（插圖二）

插圖二

插圖一

插圖三

# 西　漢

## 群臣上壽刻石

趙二十二年八月，即西漢文帝後元六年（前158）。篆書一行，十五字，文曰："趙廿二年八月丙寅群臣上壽此石北。"此為現存西漢著名刻石最早者。

清道光間廣平守楊兆璜在河北永年縣西六十里之婁山發現，故又稱"婁山刻石"，或云刻石左右側有北魏唐人題記，惜未見。王壯弘先生校云："舊拓本字劃較為瘦細，晚拓轉肥。初拓本'群'字'羊'部及'石'字上橫左半未泐。"筆者見有道光二十五年（1845）題跋本，以上初拓考據均已泐損。（插圖一、二）有翻刻本，其一誤將"月"字中石花刻成橫劃。（參見原刻本插圖三）

插圖一　插圖二

插圖三

## 魯孝王刻石

又名"五鳳刻石"。西漢五鳳二年（前56）六月，隸書三行，前二行四字，末行五字。文曰："五鳳二年魯卅四年六月四日成。"共十三字。刻石原在山東曲阜孔廟，一九九六年移入孔府西倉漢魏碑刻陳列館。

金明昌二年（1191）高德裔修孔廟時，在魯靈光殿殿基西南三十步太子釣魚池出土。高氏另覓一同等尺寸石材，鐫刻題跋十一行。

### 明拓本

傳世以明拓為最早，筆劃較肥，邊際毛澀，但拓工多劣，字口亦疲。無法從字口點劃校勘版本先後，只能用高德裔跋字來輔助校對，高氏跋字完好無損，定為明拓，可惜明拓附高德裔跋者極少見。（插圖一、二）

### 舊拓本

早期拓本五鳳刻石文字差異極小，即便有差異可能也是拓工因素。故無高氏題跋者，版本先後很難區別。拓工精者，字口較明拓細瘦，暫定為"舊拓本"。（插圖三）

舊拓本高德裔跋一石已有裂紋數條，但跋字基本不傷。舊拓本高德裔題跋的字口與裂紋變化參見下列插圖。（插圖四、五、六）

### 民国拓本

文字剜粗，筆劃癡肥且粘連。高跋一石多碎裂紋，跋字多枯瘦漫漶，幾不可辨。（插圖七、八）

插圖一

插圖二

插圖五

插圖三

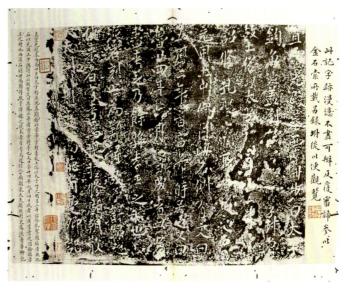

插圖六

插圖四

插圖七

插圖八

## 朱博殘碑

隸書，十行，行三、四、五字不等。首存有"惟漢河"三字，定為西漢。（插圖一）

石在光緒元年（1875）山東青州東武縣舊城出土，歸諸城尹彭壽，尹氏因名其堂為"博石堂"。今在山東濟南市博物館。

方若云："審書法，由篆入隸之過脈。碑云'惟漢河'其為西漢河平年乎？有人疑偽，蓋未見石耳，第三行起至第六行下斜裂一道。"此碑系偽刻，漢碑重刻、偽刻，最難在石花，蓋人工難敵天工，故一見石花真偽立辨。然此碑鐫刻手段高明，石花較合情理，讓不少金石家失眼。方

若可謂上當不淺，還責怪他人未見原石。

見過拓片又見過原石的張彥生曾云："曾見尹氏拓本，有尹氏刻跋，但石泐紋很多，石花不是發於自然，似偽做石花，很難信其為漢石，因未見原石，故不能確定其真偽。後見延古齋古玩店由山東運來朱博殘碑石，厚尺餘，細看其石花，有明顯鑿痕，更定其為偽造。"

羅振玉《石交錄》中載："近人於古刻往往是非倒置，如《朱博殘碑》乃尹竹年廣文所偽造，廣文晚年也不諱言。余曾以書質廣文，復書謂：'少年戲為之'，不圖當世金石家竟不辨為葉公之龍也。"

此碑雖屬偽刻，然知名度較高，亦屬校碑一例，初拓本有尹彭壽題記藏印。（插圖二、三）常見拓片附有光緒元年匡源木刻印跋。（插圖四）

另，尹彭壽還偽造了北周宣政元年（578）《時珍墓誌》（參見下文）亦精妙難辨。

| 插圖二 | 插圖三 |

插圖一

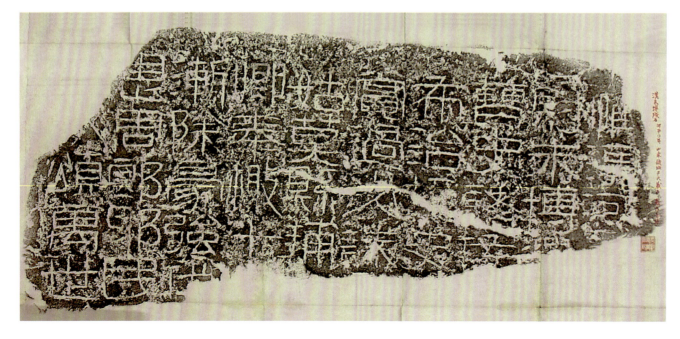

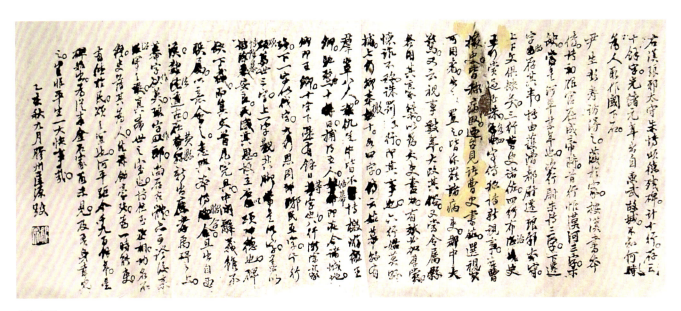

插圖四

### 麃孝禹碑

河平三年（26）八月。隸書，二行十五字。清同治九年（1870）在山東平邑被發現。先歸李山農，後歸莊式如，現藏山東博物館。（插圖一）此石形制為墓碑之初型，但陸增祥疑為偽刻。

碑額處線刻二鶴相向而立，右鶴剝蝕不明。右行文曰"河平三年八月丁亥"，左行文曰"平邑侯里麃孝禹"。"里"字左側欄外隸書跋刻一行云："同治庚午，揚州宮本昂、宮昱、任城劉恩瀛訪得此碑于平邑。江曙高文保來觀。"（插圖二）

#### 初拓本

無同治庚午跋刻，極少見，所見均偽飾。鈐有"李氏山農藏石"印者已屬不易。（插圖三）

#### 翻刻本

右鶴完好，鶴上豎線紋改為斜線紋，原刻右鶴漫漶不清。

右行"河平三年"之"河"誤刻為四點水，原刻三點。（參見原刻插圖四）

左行"平邑侯"之"侯"字分明，原刻"侯"字則似"氏"又似"侯"。（參見原刻插圖五）

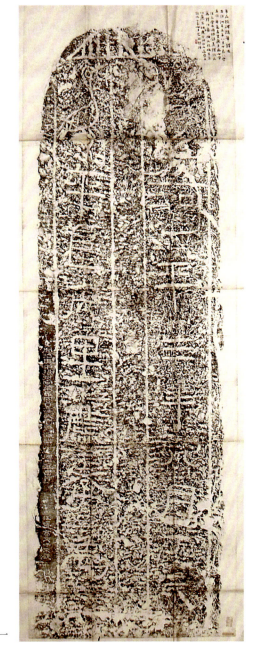

插圖一

插圖二

插圖四

插圖三

插圖五

# 東漢篇

## 三老諱字忌日記

杭州西泠印社藏碑《漢三老諱字忌日記》共計二百十七字，書刻年代在漢初建武末年或永平年間（52～75），是現存東漢名碑最早者之一，又因江南漢碑極稀，此碑堪稱"浙中第一名碑"。（插圖一）

清咸豐二年（1852）夏五月，浙江餘姚東北十里客星山村人入山取土，在董氏祖墓地掘得此碑，旋歸周世熊（字清泉），移置餘姚客星山下嚴陵塢家園山館，建竹亭覆之。碑石長方，碑額已佚，四周破損。正面文字有界框，框分左右兩列。右列自上而下又分四欄，碑背面粗鑿無字。

清咸豐十一年歲次辛酉（1861），太平天國攻陷餘姚，洪楊兵士焚毀嚴陵塢周清泉宅第，因三老碑亭相去稍遠，幸免劫灰，然碑撲於地砌作灶石，石為炊煙熏灼，左側黔黑，所幸文字無恙。

民國八年（1919）周氏後人力不能常保碑石，轉售於上海房地產商人陳渭泉（鎮江丹徒人）。歲次一周，再逢辛酉，時值民國十年（1921）碑石遂輾轉至上海，滬上日本商人欲以重金收購，浙江古董商人毛經疇得知此事，即與在上海知縣沈寶昌、前清遺老姚煜商議，後經西泠印社首任社長吳昌碩與創社四英等人多方呼籲，發佈募捐公啟，共募集大洋11270元，以其中8000元從陳渭泉手中購回《漢三老碑》。

關於《漢三老碑》的拓片版本年代主要可分以下三個階段：

（1）周世熊拓本（1852～1919）

（2）陳渭泉拓本（1919～1921）

（3）西泠印社拓本（1921～）

其中陳渭泉、西泠印社時期的拓片版本問題較為簡單，碑石在陳渭泉手中時間較短，此時拓片較少。上海圖書館發現鈐有"陳渭泉己未所得三老碑印記"章的拓本，（插圖二）〔按："己未"為民國八年（1919）據此印章推斷出陳渭泉1919年購得此碑，而非世間流傳的1921年〕入西泠印社後的拓片大多鈐有"石藏杭州西泠印社"章，故無須贅言。周世熊拓本較為繁多，按時間與拓法又可分為前後兩種：

（1）咸豐、同治舊法拓本（1852～1874）

（2）光緒以後新法拓本（1875～1919）（按：同治、光緒年後，魏稼孫、趙之謙等金石專家的介入，令拓工張文蔚用小墨團加撲數次的新方法，捶拓出文字清晰的拓片，為碑文釋讀提供了依據）

以上咸豐、同治舊法拓本（1852～1874）又以咸豐辛酉之亂（1861）為界一分為二：

（1）辛酉之前拓本——碑文右欄自上而下第四列第一行"次子"之"次"字右上角兩條垂直邊欄框線（交彙處）尚存，稱"次字不損本"。（插圖三）拓制時間從咸豐二年至咸豐末年（1852～1861），此十年間的拓片幾乎無差異，均可視為"初拓本"，又稱"咸豐拓本"。

（2）辛酉之後拓本——"次"字右上角兩條垂直邊欄框線（交彙處）崩裂一小塊，右側邊欄框線泐盡。（插圖四）

此碑亦有翻刻數塊，常見者左欄首行"難名分"之"名"下原刻多出一橫劃，翻刻則無。二行"言不及尊"之"及"字捺筆，原刻有一石釘讓刀，故拓本上有一黑點，翻刻則無。（原刻本插圖五、翻刻本插圖六）

## 所見最佳初拓本

達受跋本（"次"字不損本）。（插圖一）

有咸豐六年（1856）二月達受為守六禪師題端並跋，（插圖七）另有咸豐六年到十一年間（1856～1861）汪士驤題跋，咸豐十一年（1861）沈曾植觀款。同治五年（1866）吳延康題識，褚德彝題簽並記。鈐印有"餘姚客星山周清泉印"、"達受之印"、"六舟"、"曼陀羅室"、"守六"、"禪勤之印"、"雲史"、"汪士驤""湖山史隱"、"康父"等。現藏上海圖書館。

附：周世熊（字清泉）三老碑鈐印樣式，（插圖八～一二）此類鈐印對此碑鑒定有輔助作用。

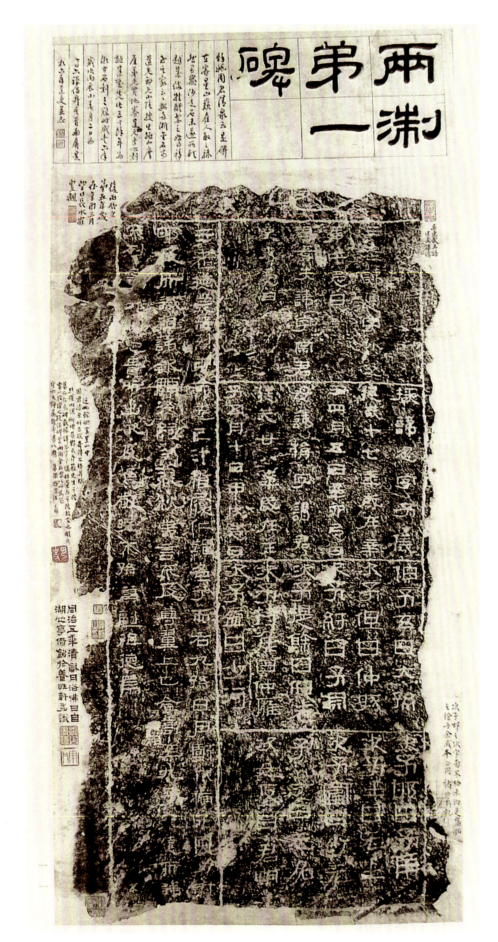

插圖一

插圖二

插圖三

插圖四

插圖五

插圖六

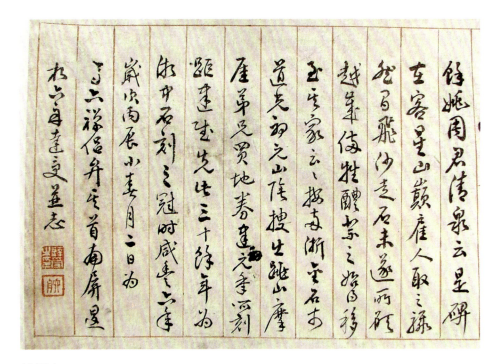

插圖七

插圖八

插圖九

插圖一〇

插圖一一

插圖一二

## 開通褒斜道摩崖

陝西褒城褒斜道為由秦入蜀正道，由於木架棧道極易朽壞，故歷代多有修繕、重建的記載。東漢明帝永平六年（63）又詔令漢中太守鄐君"受廣漢、蜀郡、巴郡徒二千六百九十人開通褒斜道"，這次工程鑿通了我國最早的石門穿山隧道，使秦嶺天險變通途，時人有感於太守鄐君治道之功績，在石門南半里崖壁上刊刻《鄐君開通褒斜道摩崖》，上世紀七十年代初遷移至漢中博物館。

隸書，十六行，行五字至十一字不等，所見拓片均至"九千八百四"止，較宋紹熙五年（1194）《晏褒釋文》所載字數少三十餘字。第八、九行間有豎裂紋一條。

### 乾隆拓本

乾隆間得畢秋帆推介此碑，始有拓本流傳。

三行"蜀郡、巴郡"二"郡"字大體完好。（插圖一，對照道光拓本插圖二）

六行"太守"下"鉅鹿"二字基本完好。（參見插圖一，對照道光拓本插圖二）

七行"部掾"下"冶級"基本完好。（參見插圖一，對照道光拓本插圖二）

末行"卅六萬九千八百四"之"萬"字基本完好。

### 道光拓本

摩崖部分文字風化脫皮。

三行"蜀郡、巴郡"二"郡"字皆大損。（插圖二）

六行"鉅鹿"二字泐損，漫漶不清。（參見插圖二）

七行"部掾冶級"之"冶"字右下泐盡，"級"字左上泐盡。（參見插圖二）

末行"卅六萬九千八百四"之"萬"字下半泐盡，"百"字僅見首橫。（插圖三）

**光緒拓本**

重新洗碑剜刻，以上諸字皆剜出。

三行"蜀郡巴郡"二"郡"重新剜出。（插圖四）

六行"鉅鹿"之"鹿"，未剜者作篆書結體，剜出者誤成隸書結體。（插圖五）

七行"部掾冶級"之"冶"字剜誤成"治"。（插圖五）

末行"卅六萬九千八百四"之"萬"字下半剜出，"百"、"四"字全部剜出。（插圖六）

插圖一

插圖二

插圖三

插圖五

插圖四

插圖六

## 大吉買山地記
### 摩崖

又名“昆弟六人買山地記”，建初元年（76）刻。漢刻石文字此為最大，隸書，上額題“大吉”二字，下五行，行四字。石在浙江會稽跳山，俗稱“跳山摩崖”。道光三年（1823）縣人杜煦、杜春生兄弟訪得。（插圖一）

周季木云：予嘗於碑估手中見明拓本，只有“大吉”二字，其下題字五行失拓，時以殘本少字未收。後讀《會稽志》，始知明時此刻為蘚苔所封，只“大吉”及下“錢”字可見，世遂誤定為吳越王時所刻者，則曩所見者雖殘，不殘矣。曾記與新本校對之，惟明拓本“大”字左撇下尖，短四、五分許，此苔蘚所封故也。

另有吳榮光題刻正書五行，題記云：“後一千七百四十年道光癸未（1823），南海吳榮光偕仁和趙魏、武進陸耀遹、山陰杜煦、杜春生獲石同觀。”題刻多不拓，傳世拓片甚少，鮮有知者。（插圖二）

有翻刻數種，尺寸大小亦不同。（插圖三）

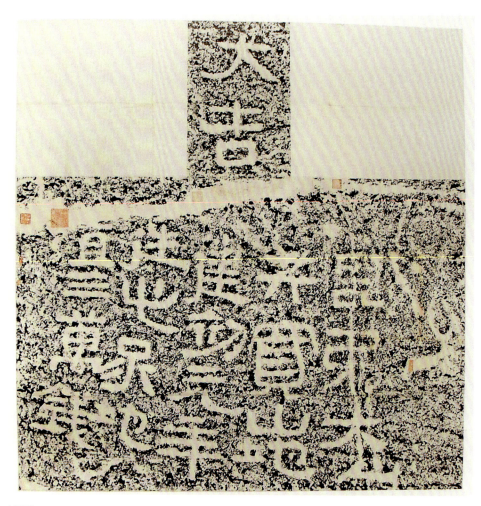

插圖一

插圖二

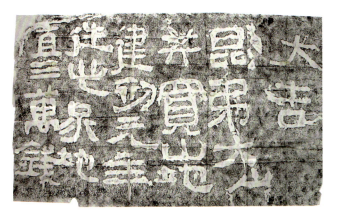

插圖三

## 子游殘碑

元初二年（115）六月，刻石年月泐。存殘石兩塊。

第一塊嘉慶三年（1798）在河南安陽縣豐樂鎮西門豹祠內訪得，移至洛陽存古閣，今在新鄉市博物館。存十一行，行六字至九字不等，起首文曰"允字子游"，故名。

第二塊民國二年（1912）出土，曾歸姚貴昉、王竹林，今藏天津博物館。存十二行，行八字，第五、六行間斷裂，起首文曰"賢良方正"，文字正好是"子游殘石"之上段。（插圖一）

子游石，舊拓本"子游"字左旁三點水為苔蘚土鏽所封，（插圖二）後剔出。有翻刻，石面平正全無土鏽凹凸痕，古氣全無。（翻刻本插圖三）

賢良石，初拓本未經剔洗，（插圖四）後挖剔剔洗，粗看酷似翻刻，細辨石質紋理，乃知是原石。（插圖五）

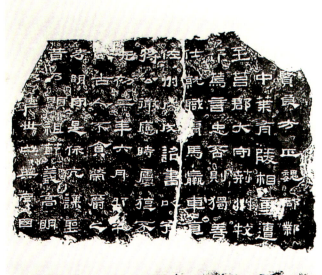

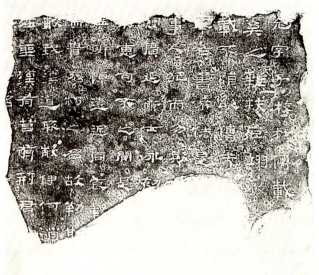

插圖一

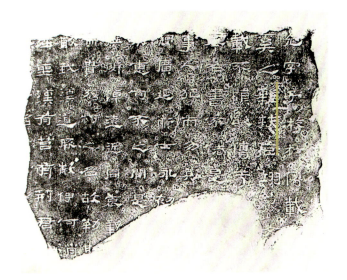

插圖二

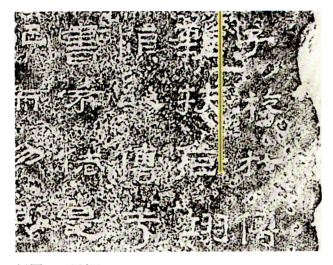

插圖二（局部）

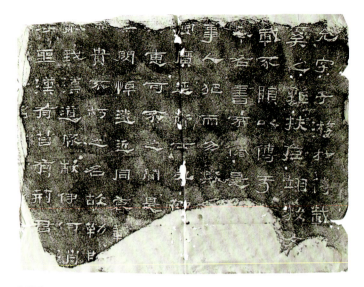

插圖三

插圖四

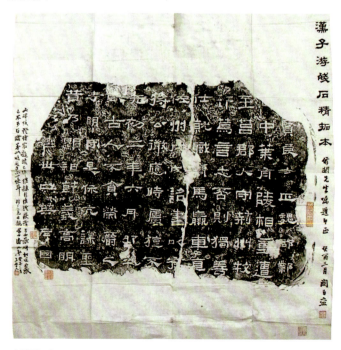

插圖五

## 袁敞殘碑

袁敞系袁安第三子，元初四年（117）四月刻。篆書，上下斷缺，僅存十行，行五至九字不等，有穿。民國十一年（1922）河南洛陽出土。十四年（1925）歸羅振玉，後殘石又斜斷為二，增損十餘字。現藏遼寧省博物館。

### 舊拓本

首行"（叔）平司徒公"之"公"字雖漫漶但尚可辨。（插圖一）

二行"庚子以河南尹子"，"河"字漶右下，"南"字漶大半，"尹"字漶右上角，"子"幾無損。（參見插圖一）

### 近拓本

殘石又斜斷為二，且右下角佚失，增漶十餘字。

首行"徒公"字漶去。（插圖二）

二行"以河南尹子"五字漶盡。（參見插圖二）

三行"五月丙戌口郎中九"幾乎全漶。（參見插圖二）

九行"二年十二月"之"十二月"極漫漶。（參見插圖二）

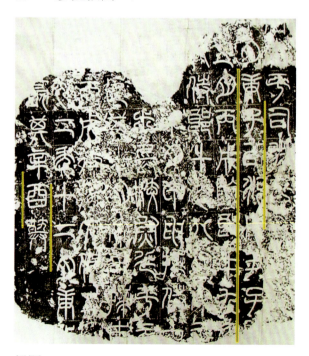

插圖一

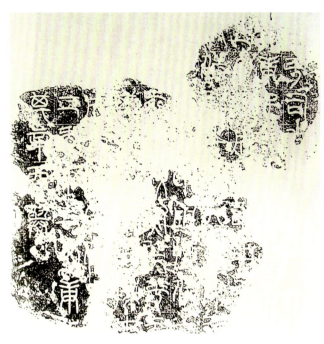

插圖二

## 太室闕

漢元初五年（118）四月陽城長呂常造，闕在河南登封嵩山太室山下中嶽廟前，距廟門——中華門有五百米，太室廟雙闕與中嶽廟處在同一中軸線上。太室廟闕是漢代太室山廟前的祠廟闕，與少室闕、啟母闕並稱"中嶽嵩山三闕"。嵩山三闕是我國現存年代最早的祠廟闕，其中以太室廟闕保存最為完好。闕身用長方形石塊壘砌而成，闕頂為石雕仿木四阿頂，子母闕樣式，闕高三點九米，寬約二米，厚約一米，兩闕間距有六點七米。（插圖一，民國時期太室闕照片）闕身四面用減地平雕技法，雕刻有人物、車馬、龍、虎、象、羊、雞、犬、兔、蟾蜍、玄武、貓頭鷹、常青樹等畫像五十餘幅。

### 太室西闕銘

太室西闕南面有陽文篆書刻題額"中嶽泰室陽城嵩高闕"三行共九字（其中"嵩高闕"三字泐損），西闕北面刻元初五年（118）隸書銘文（俗稱"太室前銘"）二十九行，行九字，獨第三行為十字。行與行間有界欄，好似漢簡書。銘文剝落較嚴重，但尚可識其半。（插圖二）

見鮑昌熙（少筠）舊藏黃易拓本。

七行"功德"之"德"字稍可辨。（插圖三）

九行"元初五年四月"之"初"字隱約可辨，唯"刀"部漫漶。（插圖四）

十一行"造作此石"之"石"字"口"部幾近完好。（插圖五）

十五行"丞河東"之"丞"字完好。（插圖六）

二十四行首"君"字可辨。（插圖七）

二十五行第二字"虎"字筆劃基本完好。（參見插圖七）

清晚期拓以上諸字均有不同程度泐損，其中"君"字泐損尤甚（泐去右大半，已無法辨認）。

### 太室東闕銘

延光四年（125）三月刻，篆書四十四行，行九字上下（俗稱"太室後銘"）。（插圖九）

舊拓七行"延光四年"之"光"字可辨。光緒時拓本已漫漶不可識。（插圖八）

插圖一

插圖二

插圖三

插圖五

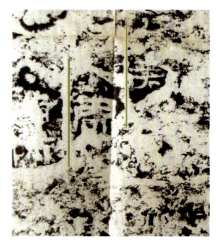

插圖七

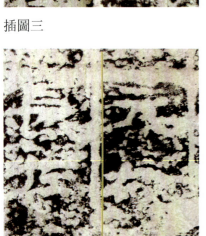

插圖四

插圖六

插圖八

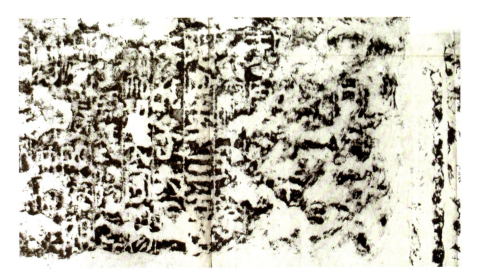

插圖九

## 少室闕

少室少姨廟前的祠廟闕，位於河南登封嵩山少室山下的邢家鋪。相傳少姨就是啟母塗山氏之妹。雙闕形狀與太室闕相似，高度四米，厚度七十釐米，雙闕相距八米。闕身雕刻畫像六十餘幅，較太室闕生動，其中蹴踘圖栩栩如生，是漢代"足球運動"的真實記錄。

### 少室西闕銘

延光二年（123）三月三日刻。西闕南面銘文篆書，凡十八行，每行上下兩層各有四字，上層大部漫漶，無字可辨，下層每行僅存最末半字。（插圖一）

銘文後刻紀年月與建闕官員題名，二十二行（其中三行為空行），行四字。（插圖二）少室闕闕頂損壞較嚴重。

西闕北面上部刻有篆額"少室神道之闕"三行六字；見鮑昌熙（少筠）舊藏黃易拓本，篆額"少室神道之闕"之"道"字下大半筆劃完好，"闕"字基本完好。（插圖三）清末拓本兩字漫漶加劇。

### 少室東闕銘

東闕北面有隸書江孟等人題名五行，行六字。見鮑昌熙（少筠）舊藏黃易拓本，第一行第二字"孟"字及第五字"祖"字已漫漶，第二行第三字"鄭"及第三行第四字"文"則明白可辨。（插圖四）清末拓本已泐。

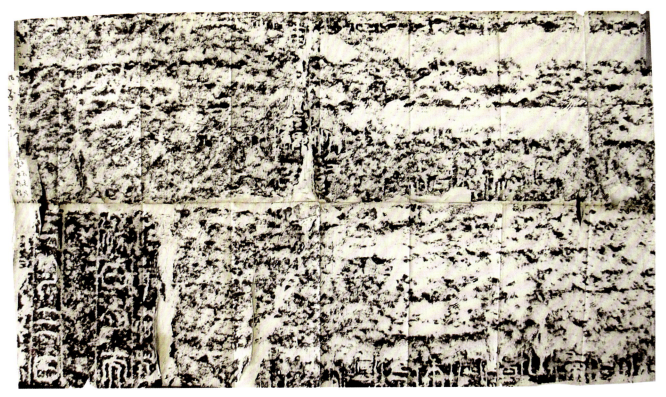

插圖一

插圖二

插圖三

插圖四

## 開母闕

開母闕，古稱"啟母闕"，是啟母——塗山氏的祠廟闕，東漢延光二年（123）由穎川太守朱寵等人興建，在河南登封縣嵩山南麓的萬歲峰，距縣城二點五公里。相傳夏禹娶塗山氏為妻，封夏后，塗山氏居太室山，其妹少姨亦嫁給禹，居少室山。夏后生子名啟，啟後來繼承父親王位，故夏后塗山氏又稱為"啟母"。闕北不遠處有啟母石，石周長四十三米，高十米。因漢景帝名劉啟，為避帝諱，啟母闕、啟母廟曾改稱"開母闕"、"開母廟"。祠廟早毀，僅存雙闕（七層條石壘成），闕頂大部分佚失，子闕亦有殘損。闕身刻有大禹化熊、郭巨埋兒、宴飲、馴象、獵兔、鬥雞、太陽神等畫像六十餘幅，具有典型的漢畫特徵。

右闕上第五、六層條石上刻篆書銘文二十四行，行十二字（每層六字），銘文前（下層）另刻題名十二行，行七字，（插圖一）銘文記述大禹治水三過家門而不入的事蹟。闕下部還刻有漢熹平四年（175）《請雨銘》隸書十七行，行五字，記載漢中郎將堂谿典來嵩高廟求雨之事。

見鮑昌熙（少筠）舊藏黃易拓本。

七行"長西河"之"長"字左側未泐（晚期拓左側泐去四分之一）。（插圖二）

十行"趙穆"之"穆"字"白"部尚存（注："穆"為異體寫法，"禾"旁寫在右側，晚期拓本模糊不清）。（插圖二）

十四行"寫玄九"之"寫"字寶蓋頭上微泐少許（晚期拓本已侵及"舄"部之首），"玄"下半石花未完全侵及"九"字。（插圖二、三）

三十五行"萬祺"二字筆劃尚清晰（晚期拓漫漶不清）。（插圖四）

插圖一

插圖二

插圖三

插圖四

## 裴岑記功碑

永和二年（137）八月。隸書，六行，行十字。碑在新疆巴里坤（今稱"巴爾庫爾"）城西五十里，因碑孤筍挺立，形如石人，故名曰"石人子"。

雍正七年（1729）岳鍾琪獲得，後移入將軍府，十三年（1735）又移巴里坤關帝廟，乾隆二十二年（1757）平定伊犁，裘文達公得拓本歸，碑遂顯於世。因石在邊遠，當地沒有拓工，多成卒捶拓，拓本不精，或湮水拓或乾墨拓，字口模糊。

首行"永和二年"又似"永和四年"。（插圖一）六行"立海祠"又似"立德祠"。（插圖二）

曾見張祖翼光緒癸卯（1903）題跋本，跋云："立海祠者其地也，為漢蒲類海（今名巴里坤湖），庸妄人改刻德，自以為崇德報功之意，不知其不通之甚矣。"此外，拓本多鈐滿漢文"甘肅鎮西撫民直隸廳同知之關防"、"管轄巴里坤大臣之印"等印。（插圖三、四）

見最舊拓本一行首"惟"字左豎筆未剜粗，筆劃字口整齊。"惟漢永和"四字右側尚有餘石，後拓右側餘石泐盡。（插圖五，對照已泐本插圖六）

此石翻刻極多，石花呆板。（插圖七、八、九）

插圖二

插圖一

插圖三

插圖四

插圖五

插圖六

插圖七

插圖八

插圖九

### 景君碑

漢安二年（143）八月六日刻。隸書，碑陽十七行，行三十三字；碑陰四列，上三列各十八行，第四列只二行，末紀文二長行；有額篆書二行十二字。碑在山東濟寧小金石館。

### 明中葉拓本

三行"身歿"之"身"字完好。

### 明拓本

首行"國□□寶"之"寶"字僅損去四分之一。（參見清末拓本插圖一。注："寶"字在二行"攸"字右側）

首行"歇觀哀哉"之"歇"字"鳥"部下三點完好。（參見清末拓本插圖二）

三行"身"字僅泐首撇。（參見清末拓本插圖三）

十一行"商人空市"之"市"字尚存字中橫與豎劃。（參見清末拓本插圖五）

碑陰三列三行"故午淳于董"之"故"字"文"部右上角石花不侵及字口。（參見清末拓本插圖六）

### 清初拓本

首行"國□□寶"之"寶"字損去約三分之一。

八行"殘偽易心"之"殘"字不損。（參見清末拓本插圖四）

### 嘉道拓本

首行"國□□寶"之"寶"字損去一半。

首行"歇觀哀哉"之"歇"字"鳥"部下三點損掉兩點。

八行"殘偽易心"之"殘"字，右上"戈"微損，石花如黃豆大小。

碑陰三列三行"故午淳于董"之"故"字捺筆可辨。

### 清末拓本

首行"國□□寶"之"寶"字僅存四分之一（注：僅存左上角，在二行"括攸"之"攸"字

右側）。（插圖一）

　　首行"歔覷哀哉"之"歔"字"鳥"部下三點全泐。（插圖二）

　　三行"身歿"之"身"字泐左上半。（插圖三）

　　八行"殘偽易心"之"殘"字，右上"戈"部損半，石花如拇指甲大小，"歹"部上橫泐盡。（插圖四）

　　十一行"商人空市"之"市"字全泐。（插圖五）

　　碑陰三列三行"故午淳于董"之"故"字右半泐盡。（插圖六）

插圖一

插圖三

插圖五

插圖二

插圖四

插圖六

### 文叔陽食堂畫像題記

建康元年（144）八月十九日。隸書，六行，行十二、十三、十四、十五字不等。石舊在山東魚臺鳧陽山，道光十三年（1833）歸魚臺人馬星恒（鐵橋），後又歸端方，民國初為法國人貴樂爾購去，現藏法國博物館。

#### 初拓本

舊拓本僅捶拓內框內畫像及左側題字，其外三層邊框多不拓。

曾見梁啟超藏本，係初拓，有馬星恒題識。此本僅拓內框內畫像及左側題字，且內邊框左下角似未斷缺。（插圖一）

#### 稍舊拓本

歸端方後，始見四層邊框拓本，拓本內邊框左下角斷缺明顯。（插圖二）

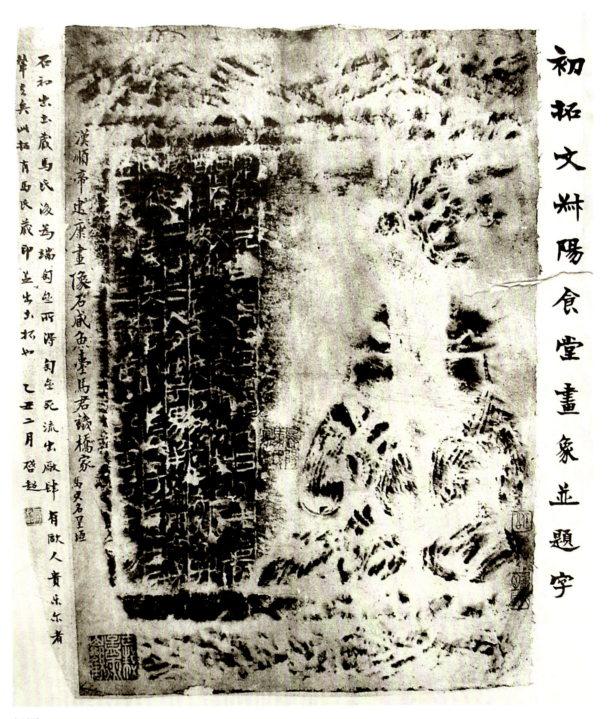

插圖一

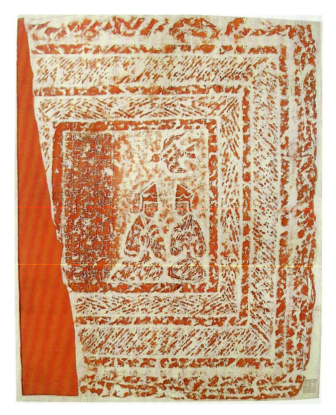

插圖二

## 石門頌

建和二年（148）十一月，隸書，二十二行，行三十字。有額題"故司隸校尉楗為楊君頌"二行十字（在第十至十二行上方）。石在陝西褒城褒斜谷古石門隧道西壁，上世紀七十年代初移往漢中博物館。

### 明拓本

十七行"春秋記異"之"春"字右捺，"秋"字"火"部長撇，"記"字末筆皆未損。（插圖一）

明拓極少見，所見多塗描。

### 明末拓本

"春"字右捺完好，"秋"字"火"部左撇渤粗。（插圖二，對照插圖三）

### 乾嘉拓本

以上諸字已損。（參見民國拓本插圖三）

二十一行"高"字下半剝蝕渤白，或曰為苔土所封，似非（苔土所封拓片應呈黑色而非渤白）。（插圖四）

此時拓片右下角多漏拓，可能為草木苔土所阻。首行"通余穀川其"下八字不拓，三行末"焉後"二字亦漏拓。（插圖五）

### 道光拓本

嘉道間崖壁經剜洗，"高"字下"口"部已補刻添出，（插圖六）然與三行"高祖"之"高"字迥異。（插圖七）

首行"惟川（坤）靈定位"之"惟"字"隹"部，第二橫挑筆末端未與右石渤連。

### 民國拓本

亦有"高"字飾作未剜出狀，但由於作偽者多未見真正未剜本，故填墨（或撲包）位置往往失真。（填墨本插圖八，隱約可見"高"字下半二豎和中間"口"部）

### 翻刻本

有翻本不易辨者。

十九行"字文寶主"之"寶"字原刻寶蓋頭漫漶，翻刻呆硬。（翻刻本插圖九，對照原刻本插圖一〇）

二十行"南鄭"之"南"字右彎鉤剝蝕不明，翻刻分明。（翻刻本插圖九，對照原刻本插圖一〇）

二十一行"下就平易"之"下"字原刻橫劃末端有波尾，翻刻齊平無波尾。（翻刻本插圖九，對照原刻本插圖一〇）

十七行"春秋記異"之"秋"字，原刻"禾"部首筆連及石花，翻刻首筆不損且無石花。（翻刻本插圖一一，對照原刻插圖二）

插圖一

插圖二

插圖四

插圖三

插圖五

插圖六

插圖七

插圖八

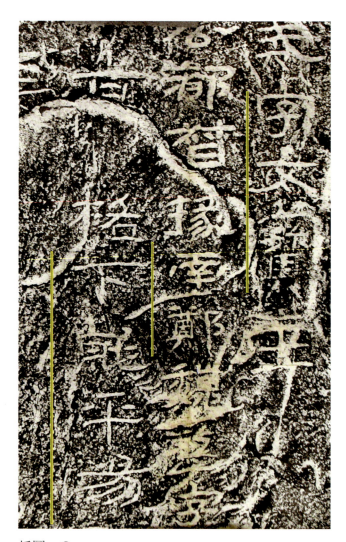

插圖一〇

插圖九

插圖一一

## 乙瑛碑

永興元年（153）六月十八日。隸書十八行，行四十字。原在山東曲阜孔廟東廡，一九九六年移入孔府西倉漢魏碑刻陳列館。後刻"後漢鍾太尉書，宋嘉祐七年（1062）張稚圭按圖題記"楷書字樣二行〔按：鍾繇生於漢元嘉元年（151），立《乙瑛碑》之時，鍾繇年僅兩歲〕。

### 明拓本

二行"無常人掌領"之"常"字下"巾"部中豎尚能分辨。（插圖一）

三行"謹問大常"之"大"字完好。

三行"史郭玄辭對故事辟雍禮未行"之"故"字"口"部底橫與石花分離，尚未徹底泐連。（插圖二，對照嘉慶拓本插圖五）"辟"字左下角、右上角稍損，"辛"部可見三橫，"启"部可見下"口"部。（參見插圖二）

九行"蜀郡成都"之"都"字右耳旁豎筆末端尚未與石花泐連。（插圖三）

故宮博物院藏有明拓本。

### 清初拓本

二行"請置百石卒"之"百"字長橫未損，"百"字右下石花尚小。（插圖四）

三行"辭對故事辟雍禮未行"之"辟"字"辛"部可見二橫。

### 乾隆拓本

三行"辭對故事辟雍禮未行"之"辟"字"辛"部可見一橫。

### 嘉慶拓本

三行"史郭玄辭對故事辟雍禮未行"之"辟"字幾乎全泐，僅見一條黑線。（插圖五）

### 光緒以後拓本

二行"請置百石卒"之"百"右下石花逐漸侵及首行"五"字。（插圖六）

三行"謹問大常"之"大"已泐成"太"字。（插圖七）

### 翻刻本

碑文三處"乙瑛"之"瑛"字，原刻皆作"玉"旁，翻刻本漏一點，皆作"王"旁。

碑文中"禮器"二字凡三見，原石第一、第三處"器"字有損，翻本三處"器"皆未損。

亦見有石花較自然之翻刻本，"瑛"字皆作"王"旁，"禮器"三處皆如原石已損狀。（翻刻本插圖八、九、一〇）

插圖一

插圖二

插圖三

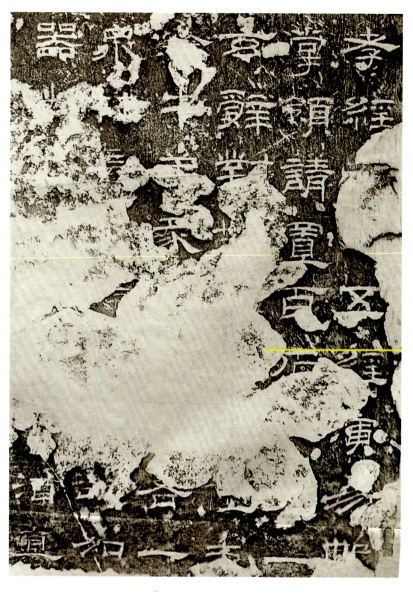

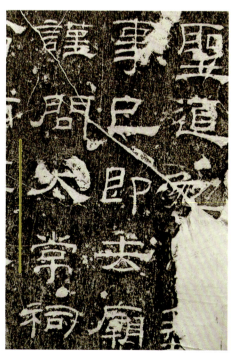

插圖四
插圖五　插圖六
插圖七

插圖八　　　　　　　　插圖九

插圖一〇

## 李孟初碑

永興二年（154）六月十日。隸書，十五行，碑下截漫漶剝蝕，字數不可計。碑額文字刻於碑身右側起首二行，較少見。（插圖一）碑在清道光初年（按：非世間流傳的乾隆年間）白河水漲沖出，咸豐十年（1860）南陽太守金梁移碑於府署二堂東廡，碑下部剝蝕處刻有金氏題記。（插圖二）咸豐十一年（1861）繼任傅壽彤建"漢碑亭"儲之，另有傅氏題刻一石。（插圖三）今藏河南省南陽市博物館。

### 道光初拓本

碑下截無金梁題記。

首行大字"故宛令益州刺史南郡"下尚有"襄陽"二字可見。（插圖四、五）

倒數第三行（在碑之左下側）"劉俊淑艾"等字可辨。（插圖六）

倒數第二行（在碑之左下側）"賊捕掾李龍昇"等字可見，又下"甯京字甫州"之"甯"可辨，"京"僅見上半。（參見插圖六）

最末一行（在碑之左下側）"亭長張河曼海"及其下"唐譚伯祖"四字清晰也。（參見插圖六）

插圖一

### 民國拓本

碑之左下截全泐，以上諸字皆泐盡。（參見插圖一）

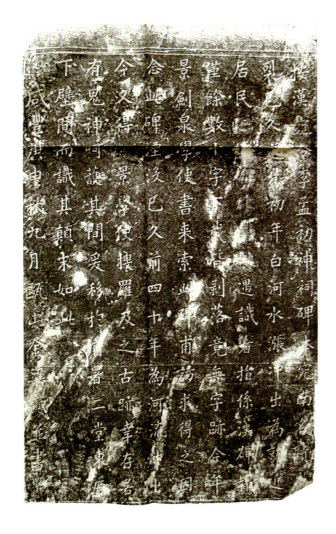

插圖二 ｜ 插圖四
插圖三

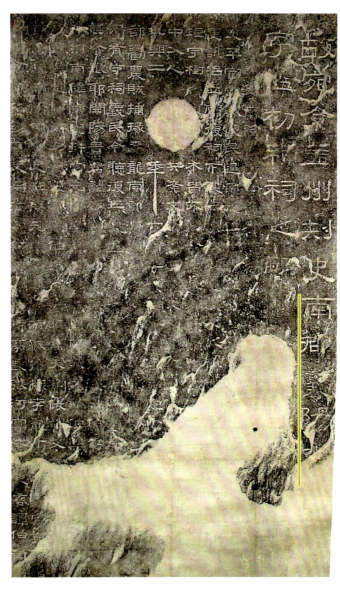

此碑長五尺三寸寬三尺
中孔圓徑六寸右方剝落缺
二尺許碑首存校宛令
益州剌史南郡字孟初
神祠之二十五字又中存五
十三字餘殘闕漫漶不可
識同里算君子偃知宛有
此碑憲搨於學使景剌泉
前輩時也宛金君移置堂
下嗣余守此更憲剌損亭
以覆余嗟乎此碑沈埋沙磧
又流茫人間不知寶重此金
者自漢以來等三千載及出
君者弄而歲剝泉搨碑魚出至是
然非剌泉憲搨碑魚又無由壺瀉
又非子偃言剌泉又無由壺瀉
絲則王偃誠剌之知已歟
感豐辛酉傅嘉彤記

插圖五

插圖六

## 禮器碑

　　永壽二年（156）九月。隸書，碑陽十六行，行三十六字。碑陰三列，各十七行。左側三列，各四行。右側四列，各四行。此碑書法被譽為"漢隸第一"。原在山東曲阜孔廟東廡，一九九六年移入孔府西倉漢魏碑刻陳列館。

### 明拓本

　　首行"追惟大古"之"追"字捺筆末端未與石花相連，稍後即連。"古"字下石花中間尚有一塊平行四邊形黑塊。（插圖一，對照明末拓本插圖六、民國拓本插圖一〇）

　　四行"亡于沙丘"之"于"字左下有黃豆大小石花，但未傷及"于"字末筆，稍後侵及末筆。（參見明拓已損本插圖二）

　　十行"絕思"二字中間石花尚未連及上下字劃。（插圖三）稍後"絕思"二字間石花連及

"絕"字末筆，但"絕"字下兩塊石花未泐連，被一小黑條分隔為二。（插圖四，對照明末拓本插圖七）

　　十五行"陶元方三百"，"百"字損首橫之右端，右側石花僅與"百"字右豎筆微微相連，"百"字中間短撇與右側石花間留有黑塊如黃豆大小。（插圖五，對照明末拓本插圖八）

### 明末拓本

　　首行"追惟大古"之"古"字下石花已侵及字劃，平行四邊形黑塊已泐成近似半圓形。（插圖六）

　　十行"絕思"二字間石花又連及"思"字，"絕"字下兩塊石花已泐連成一塊。（插圖七）

　　十五行"陶元方三百"之"百"字右側石花

侵及"曰"部小半，"百"字中間短撇與右側石花間留有黑塊如米粒大小。（插圖八，對照插圖一五）

## 清初拓本

四行"亡于沙丘"之"于"字中石花已侵及左行（第五行）"更作二輿"之"二"末筆。

五行"修飾宅廟"之"廟"字"月"部右側豎筆未與右側石花徹底並連。（插圖九，對照插圖一三）

## 乾隆拓本

首行"追惟大古"之"古"字下石花中間黑塊已泐盡。（參見已損本插圖一〇）

五行"修飾宅廟"之"廟"字"月"部右側豎筆幾乎泐損，僅存筆端部分。

十五行"陶元方三百"之"百"字右石花已與字中短撇泐連，中間米粒黑點已泐。

九行"聖人不世"之"聖"字完好。（插圖一一）

## 道光間拓本

九行"聖人不世"之"聖"字"壬"部首筆損，底橫起筆處已損。（插圖一二）

五行"修飾宅廟"之"廟"字"月"部幾乎泐盡。（參見插圖一三）

十一行"水通四注"之"通"字中豎與右側石花泐並。（參見插圖一四）

十五行"陶元方三百"之"百"字左右俱泐。（參見插圖一五）

## 光緒以後拓本

九行"聖人不世"之"聖"字"壬"部中間橫劃左側泐。

## 翻刻本

翻刻本較多，精者較難分辨。（翻刻本插圖一六、一七）

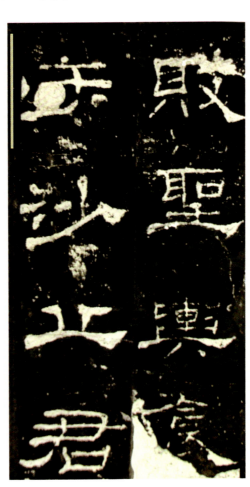

插圖三

插圖一

插圖二

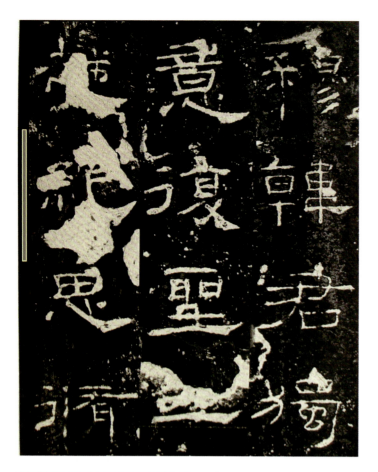

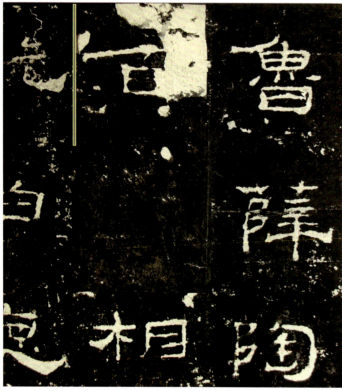

插圖六

插圖四

插圖七

插圖五

插圖八

插圖九

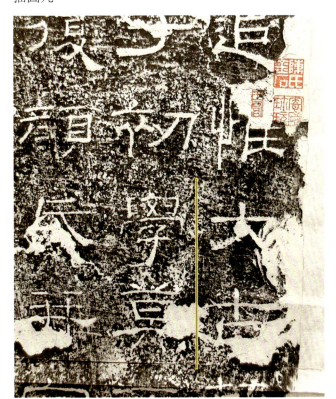

插圖一〇

插圖一一

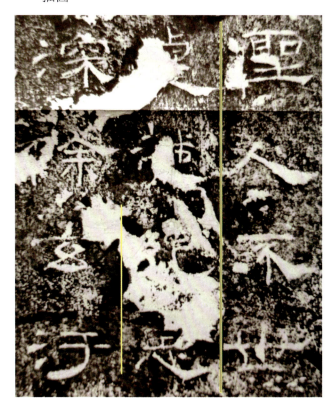

插圖一二

插圖一三

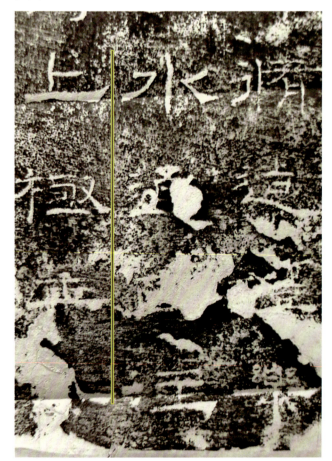

插圖一四

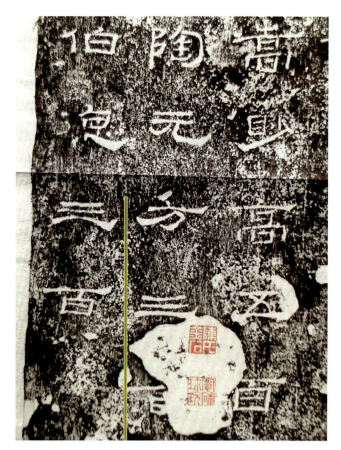

插圖一五

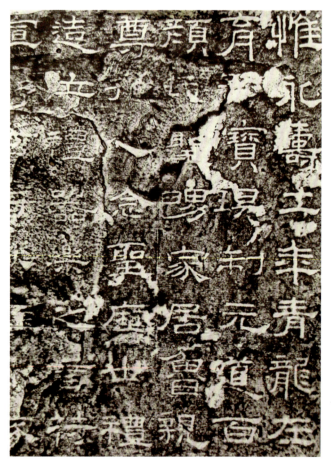

插圖一六

插圖一七

### 鄭固碑

延熹元年（158）四月二十四日。隸書，十五行，行二十九字，有額篆書八字。碑在山東濟寧小金石館。

碑石早斷，下截佚失，上截仍插立土中，故舊拓每行僅得上段十九字。雍正六年（1728）李鶚在濟寧學泮池左側訪得下截殘石（全字二十個，又半字四個）。乾隆四十三年（1778）李東琪（李鶚之子）與藍嘉瑄進行昇碑（將碑之上截掘出土中），遂得此碑全拓。（插圖一、二）

### 清初拓本

二行"遂窮究於典籍膚"之"籍"、"膚"兩字均完好。

### 清雍正至乾隆四十三年以前之拓本

每行只存上截十九字，上截之下端還埋土中，整紙拓片底部平齊。

二行"遂窮究於典籍膚"之"籍"字左邊旁已有石花，"膚"字泐右下角。（插圖三，對照插圖四、六）

### 乾嘉拓本

二行"遂窮究於典籍膚"之"籍"字尚能分辨，"膚"字僅存廣字頭。（插圖四）

### 嘉道拓本

二行"遂窮究於典籍膚"之"籍"字幾乎泐盡，僅存草字頭。稍後僅存草字頭之右上角，最後"籍"字全泐。（插圖五，參見已泐本插圖

六）

七行“遭命隕身”之“命”字末筆下端未與石花相連，所見拓本此處多有塗描。（插圖七，對照插圖九）

十三行“貢計王庭”之“庭”字，延字底基本完好，僅捺筆尾端與石花泐連。（插圖八，對照插圖一〇）

故宮博物院藏翁方綱校字本即屬此種。

## 道光拓本

七行“遭命隕身”之“命”字末筆下端已经

與石花泐連。（插圖九）

十三行“貢計王庭”之“庭”字，延字底大損。（插圖一〇）

另，鄭固下截殘石出土初拓本，全字二十個，又半字四個，底端尚未刻小楷“鄭固碑殘石”五字。第一行“德”字上可見“讓”字之“言”部，道光以後拓本只十九字，“德”字下還可見“能”字之上半。（插圖一一）

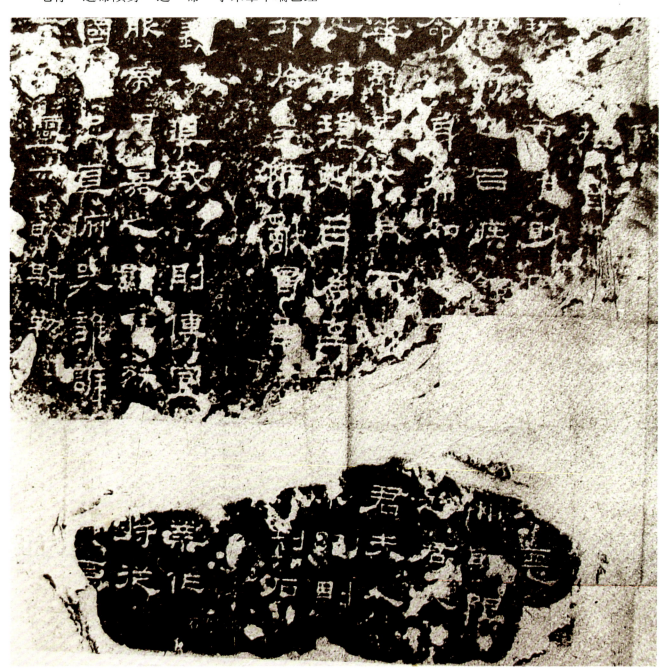

插圖一

插圖二

插圖三

插圖四

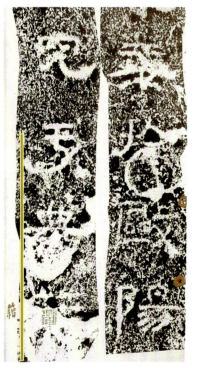

插圖五

插圖六

插圖八

插圖七

插圖九

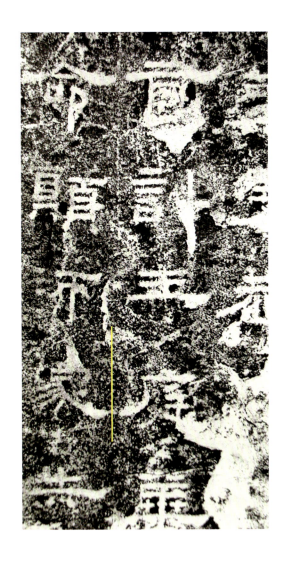

## 蒼頡廟碑

延熹五年（162）正月。隸書，碑文漫漶。碑陽二十四行，字數殘損不可計。碑陰存題名二列。左側存三列，右側四列。碑穿左側有宋嘉祐五年（1060）題名。（插圖一）原在陝西白水史官村，一九七五年移入西安碑林。

### 清初拓本

六行"以傳萬嗣陶"之"嗣"字可見，"陶"字僅左下角渺，"陶"下尚可見殘字右上角。（插圖二，對照插圖四）

七行"三綱六紀"之"紀"字損而可辨。（參見插圖二）

八行"非書不記"之"記"字損而可辨。（參見插圖二）

北京大學圖書館藏本通碑字蹟更為清晰，拓制時間應該更早。（插圖三）

### 稍舊拓本

六行"以傳萬嗣陶"之"嗣"字尚存上半。（插圖四）

七行"三綱六紀"之"六"字尚存上半，"紀"字全渺。（參見插圖四）

八行"非書不記"之"記"字全渺。（參見插圖四）

### 光緒以後拓本

六行"以傳萬嗣陶"之"嗣"字僅存左上角之"口"部，"六"字全渺。

插圖一

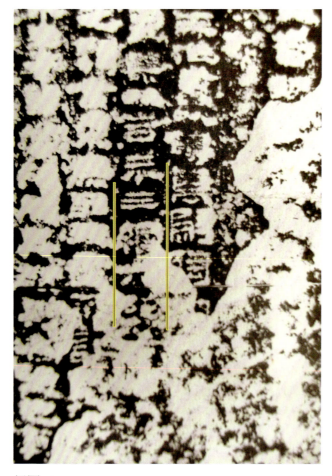

插圖二

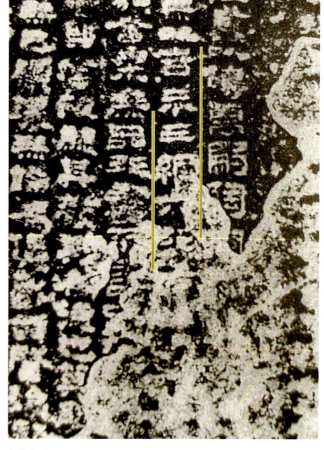

插圖三

插圖四

## 封龍山頌

延熹七年（164）正月。隸書，十五行，行二十六字。

道光二十七年（1847）十一月，河北元氏知縣劉寶楠在元氏西北四十五里王村山發現此碑，即命工運城中。因碑重無法搬運，工人鑿斷之，乃得入城。後雖經嵌合，裂紋依然。（插圖一）劉寶楠之子劉恭冕當時有跋刻記之。

此碑出土雖晚，然流傳拓本變化較大，加之原碑已毀，致使鑒定標準不一。主要有兩種觀點：

（一）多以藝苑真賞社印本為依據，然藝苑真賞社印本部分點劃呆板，似有塗描，因未見原件，是否初拓不能定論（順便指出，前輩碑帖鑒定家所見有一部分是民國石印本或金屬版印本，印刷質量較次，填墨無法從這些印本中發現）。其特徵如下：

十行"其辭曰"之"其"字首橫未泐。

十二行"理物含光"之"物"完好為初拓本。

十三行"稽民用章"之"章"完好。（插圖二）

十五行"韓林□林縱□石師"之第一個"林"字雖存已損，與後拓無異（按：第二個看似"林"字，不知何字，免生誤會）。（插圖三）

（二）還有一種看法認為：

最初拓本碑左上缺失一片小石，少兩字，即十二行"理物含光"之"物"左上角，十三行"稽民用章"之"章"。（插圖四）其後原先佚失小石又重新找到，十二行、十三行"物"、"章"字石補入，"章"字有損（或是補石石面微凹，"章"下半不易拓出），然"物"左上角"牛"部上半尚缺一片小小石。（插圖五）再後，又補全"物"左上角，（插圖六）"章"字稍損。

曾見一本考據當為清末拓，但碑左上缺失一片小石，少"物"、"章"兩字，而且十五行"韓林□林縱□石師"之"韓"字亦缺失。（插圖七）

常見拓本，"物"、"章"兩字不缺，"章"字已損下半，九行"品物流形"之"品"上"口"部上橫劃已泐損。十行"其辭曰"之"其"字首橫亦泐損。（參見插圖六）十五行"韓林□林縱"之第一個"林"字雖損尚存。

清末拓者，十五行第一個"林"字泐盡。（插圖八）

有翻刻，極難分辨，原石石質類似魚子紋，拓本有麻坑點，翻刻石面平正。（翻刻本插圖九，對照原石插圖六）其實上文所舉常見拓本（插圖七、八）多是翻刻。

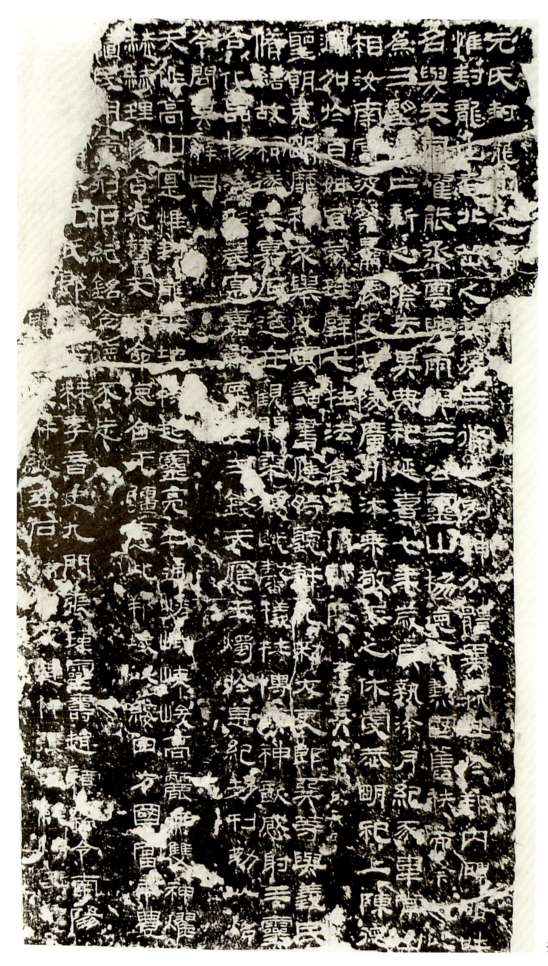

插圖一

插圖二

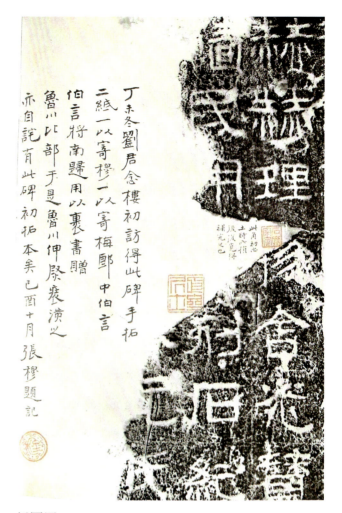

插圖四

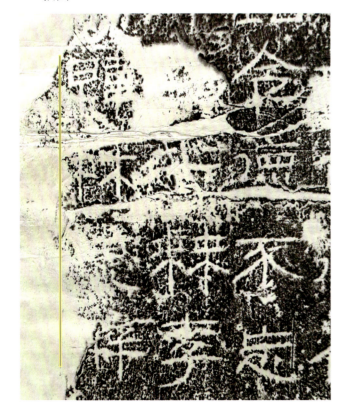

插圖三

插圖五

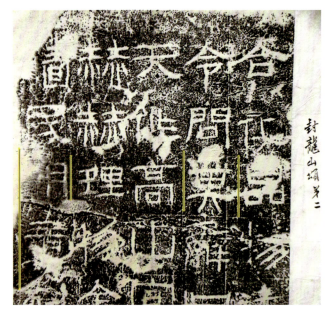

插圖六

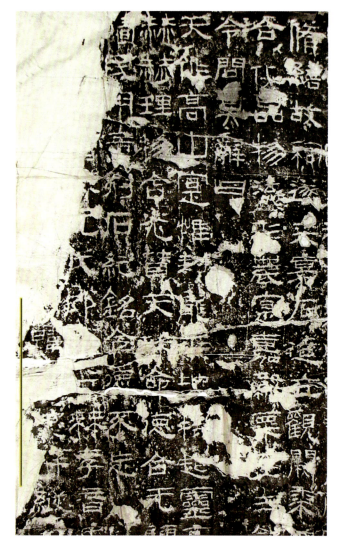

插圖八

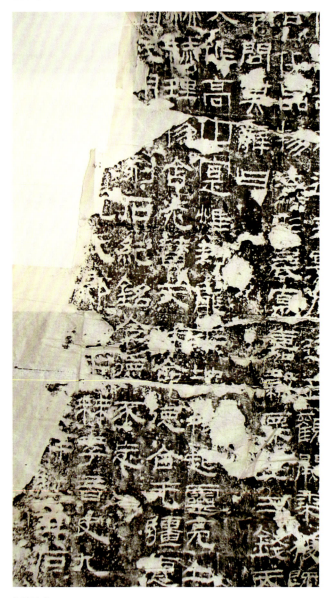

插圖七

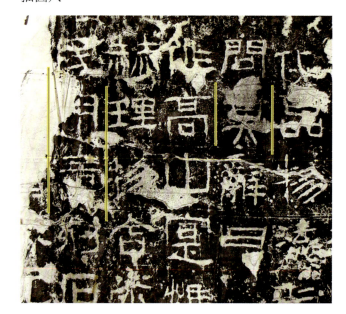

插圖九

## 孔宙碑

延熹七年（164）七月。隸書。碑陽十五行，行二十八字。碑陰一行五字篆書題額，下三列各二十一行。碑陽額篆書二行十字。此碑舊在孔宙墓前，清乾隆年間移入曲阜孔廟東廡，一九九六年移入孔府西倉漢魏碑刻陳列館。

### 明拓本

二行"少習家訓"之"訓"字之"川"部中豎末端與下面石花（細小白點）不相連。（插圖一，對照插圖七、一二）

九行"凡百邛高"之"高"字"口"部與石花不相連。（插圖二，對照插圖四、八）

十行"俾有彝式其辭曰"之"辭"字"辛"部僅末筆（豎劃）尾端稍連石花。（插圖三，對照插圖五、九）

### 明末拓本

九行"凡百邛高"之"高"字"口"部右下角雖與石花微連，但不傷字口。（插圖四）

六行"以文修之"之"以"字右邊旁"几"部中央尚未泐白。

十行"俾有彝式其辭曰"之"辭"字"辛"部底橫已與石花相連。（插圖五）

十四行"生播高譽，歿垂令名"之"歿"字右上角筆劃完好無損。（插圖六，對照插圖一一、一三）

蔣祖詒舊藏本系明末拓本，今藏中國國家博物館。

### 乾嘉拓本

二行"少習家訓"之"訓"字"川"部中豎末端已與下面石花（細小白點）相連，但"言"部第二、第三橫劃的左側起筆處未損。（插圖七，對照插圖一二）

六行"以文修之"之"以"字右邊旁"几"部中央泐連。

九行"凡百邛高"之"高"字"口"部已泐成白塊。（插圖八）

十行"彝式其辭曰"之"辭"字左下"寸"部已與石花相連。（插圖九，對照插圖一三）

十二行"帥彼凶人"之"人"字與下石泐連成模糊一片。（插圖一〇）

十四行"歿垂令名"之"歿"字右上角筆劃泐去左半。（插圖一一，對照插圖一三）

### 道光拓本

二行"少習家訓"之"訓"字之"川"部中豎未與其下大塊石花泐連。

十行"彝式其辭曰"之"辭"字雖損尚可辨。

### 清末民初拓本

二行"少習家訓"之"訓"字之"川"部中豎已與其下大塊石花泐連。（插圖一二）

十行"俾有彝式其辭曰"之"辭"字泐盡。（插圖一三）

十四行"生播高譽，歿垂令名"之"歿"字僅存"歹"部之下半。（插圖一三）

翻刻本：曾見二十六宜稱齋藏本，有周退密題跋，考據為明拓，然字口石花呆板，當為翻刻無疑。（插圖一四）

插圖一

插圖二

插圖三

插圖五

插圖七

插圖四

插圖六

插圖八

插圖九

插圖一〇

插圖一一

插圖一二

插圖一三

插圖一四

## 西嶽華山廟碑

東漢延熹八年（165）四月二十九日立。隸書，二十二行，行三十八字。有額，篆書六字，碑額左右有唐大和三年至五年（829～831）李商卿、張嗣慶、崔知白、李德裕等人題字，碑右下（第五行至第七行）行間空處有宋元豐八年（1085）王子文題字。碑舊在華陰西嶽廟，宋代碑大致無損，明代碑已斷裂為五，且佚失前五行中段，失百餘字。（插圖一）明嘉靖三十四年（1555）關中大地震，西嶽廟及寢堂皆坍塌，碑亦毀佚，已無跡可尋。傳世藏本僅有：長垣、華陰、四明、順德四種拓本。

### 長垣本

明末清初為河南長垣王文蓀藏本，後人以藏品主人的籍貫命名為"長垣本"。（插圖二、三）清康熙三十八年（1699）歸商丘宋犖，後經陳伯恭、成親王、劉喜海、黃琴川、宗源瀚、宗舜年、端方遞藏。雖凍墨拓制，濃重掩字，但以其存字最全傲視他本，屬宋拓未斷本。此本歷經王鐸、朱彝尊、翁方綱、吳雲、成親王、吳載熙、阮元、何紹基、吳榮光、楊守敬、李文田、劉鶚、趙烈文、翁同龢、端方等名公碩儒題跋。一九一一年辛亥革命，端方入川被殺，收藏散出，長垣本後為天津某氏所有，旋由法院罰沒出售，民國十八年（1929）八月廿四日為中日甲午戰爭隨軍日本記者，集藏家、作家、學者和書畫家於一身的中村不折以三萬日元購得，現為日本書道博物館鎮館重寶之一。

### 華陰本

此本明萬曆間藏陝西華陰東肇商（雲駒）家之墨莊樓，天啟元年（1621）東肇商轉贈華州郭宗昌，郭氏家童靈偃、史明二人善裝裱，於天啟四年（1624）重新裝潢。清順治元年（1644）歸華陰王弘撰之嘯月樓收藏，故名"華陰本"。乾隆三十一年（1766）轉歸上海黃文蓮，七年後又歸朱筠。道光十六年（1836）為梁章鉅所得，光緒末年歸端方，民國後歸吳乃琛。現存北京故宮博物院。（插圖四、五）

此本屬明拓，較長垣本尤晚，殘缺百餘字（碑已斷裂為五，佚失前五行中段），但拓工最精，明清題跋最夥，諸如：郭宗昌、梁爾昇、韓霖、錢謙益、王鐸、王弘撰、錢大昕、黃文蓮、翁方綱、朱筠、阮元、梁章鉅、張岳崧、徐樹銘、王瓘、楊守敬等。剪裱本外裝以紅木盒，刻有桂馥隸書題簽以及郭宗昌、伊秉綬、劉墉、翁方綱等題記。（參見紅木盒題刻拓片插圖七）

### 四明本

明浙江四明進士豐熙舊藏，後經全祖望、天一閣范氏、錢大昕、阮元、完顏崇實遞藏。此本明拓，拓制最晚，較華陰本又增泐二十餘字，如：第七行"者以"、（參見華陰本插圖八）十一行"禮從"、十七行"望侯"、（參見華陰本插圖九）十八行"民說"等字皆泐損。但系整紙拓本未經割裱，尤為難得，唐宋人題刻齊備，可資瞭解原碑形制和行文款式。（參見插圖一）嘉慶十四年（1809），阮元令吳國寶重刻此本置於揚州北湖祠塾，（插圖一〇）並撰《漢延熹西嶽華山碑考》四卷。道光三年（1823）阮元將前五行缺字補刻於巨硯石上。（插圖六）道光年間錢寶甫亦有重刻整紙本。（插圖一一）四明本後歸長白完顏崇實，其文孫景賢轉贈端方。民國初此本為端方女兒出嫁袁世凱五公子袁克權妝奩，隨後又散出歸潘復、胡惠春所有。一九七五年胡氏將此本捐贈北京故宮博物院。

### 順德本

此本系金農舊藏，後歸馬曰璐小玲瓏山館收藏，嘉慶年間歸金陵伍福詒堂，道光元年（1821）陽城張薦桼以緡錢十五萬購得。（插圖一二、一三）清同治十一年（1872），廣東順德李文田又以俸銀三百買下，遂名其齋曰"泰華樓"（因又藏宋拓《泰山刻石》，故名）。二年後，李文田先後借得長垣、華陰、四明三本校勘，並將校記注於此冊四周空白處。（插圖一四）順德本歷代收藏者秘藏又不輕易示人，故世人只知長垣、華陰、四明，而不知有順德，或誤為殘本或半本。

此本宋拓未斷本，紙墨古雅，拓工優於長垣本，捶拓時間早於長垣本，是四本中最早者。其中十餘字較長垣本完整，如：第二行"生殖也"之"殖"字完好，長垣本斜裂；（插圖一五、對照長垣本插圖一六）十七行"明德惟馨"之"惟馨"完好，（插圖一七）長垣本"惟"字左下角損、"馨"字左上角損。唯一遺憾的是冊中缺兩開（計九十六字，在小玲瓏山館時已經缺失，李文田先後請趙之謙、胡钁雙鉤補摹）。有孫星衍、張薦棻、龔自珍、張敦仁、宗源瀚、潘祖蔭等題記，李文田過錄嚴可均題跋。

清末，除順德本外三本俱為兩江總督端方網羅，因顏其齋堂曰"寶華盦"，後又曾委派陳伯陶遊說李文田子淵碩，許以官位，欲囊括傳世《華山廟碑》，遭拒絕。一九三六年，李淵碩、潘復、吳乃琛三人作華山廟碑會，輯錄三冊題跋與校勘，發表在《燕京大學考古學社社刊》，並精印順德本一百部

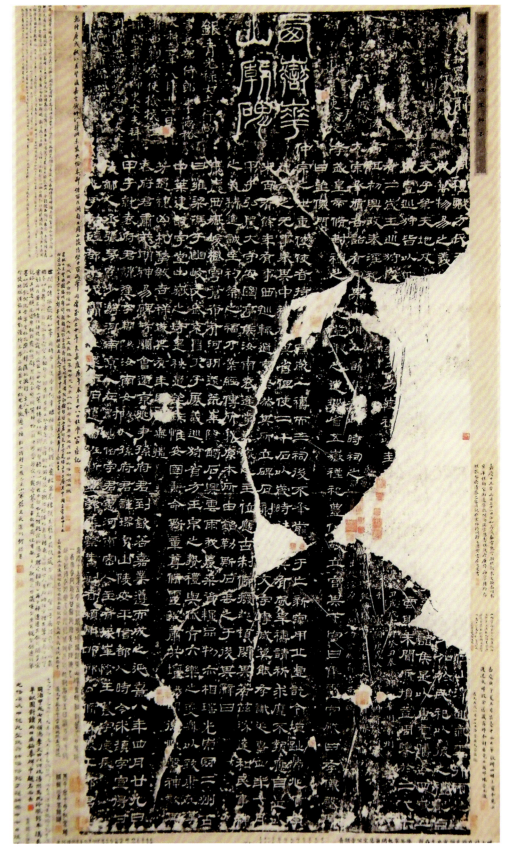

插圖一

分贈同好。此本今藏香港中文大學，香港中大文物館林業強先生有詳盡考證。

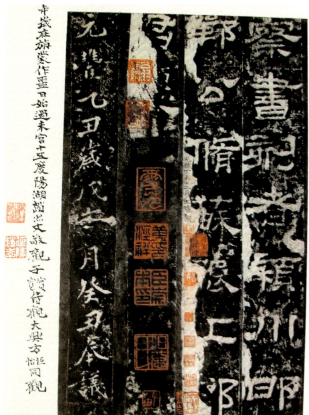

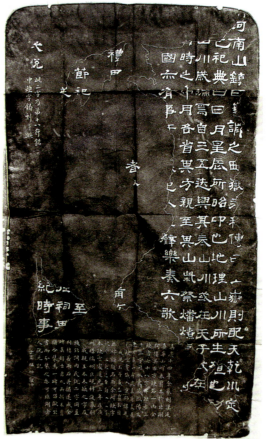

插圖二
插圖三
插圖四
插圖五
插圖六

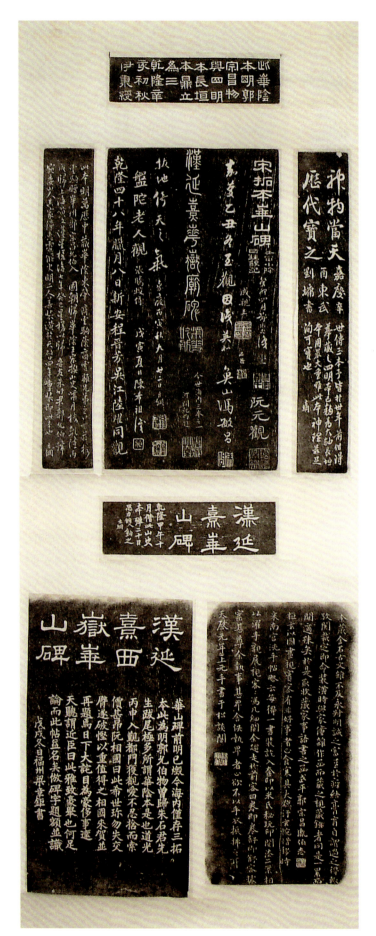

插圖七

插圖八

插圖九

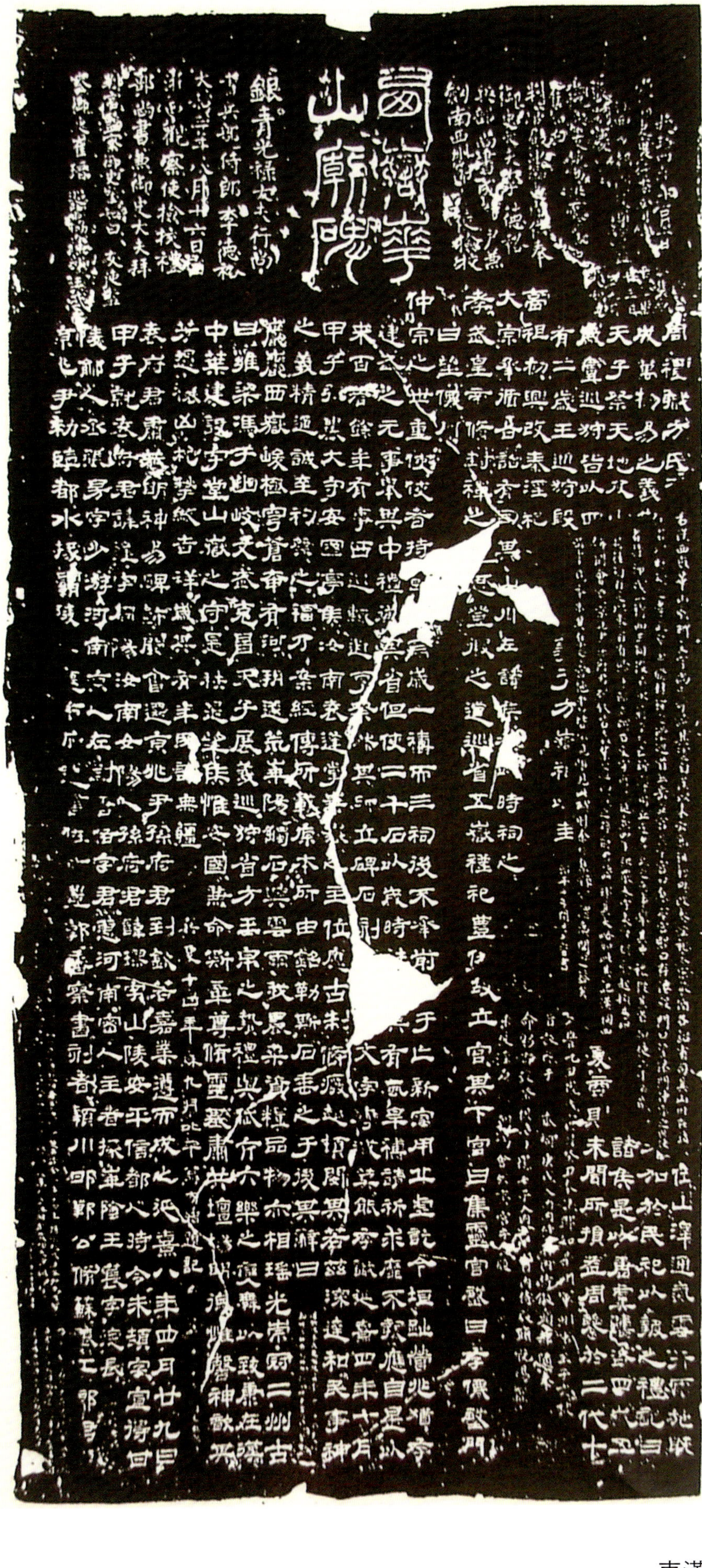

插圖一〇

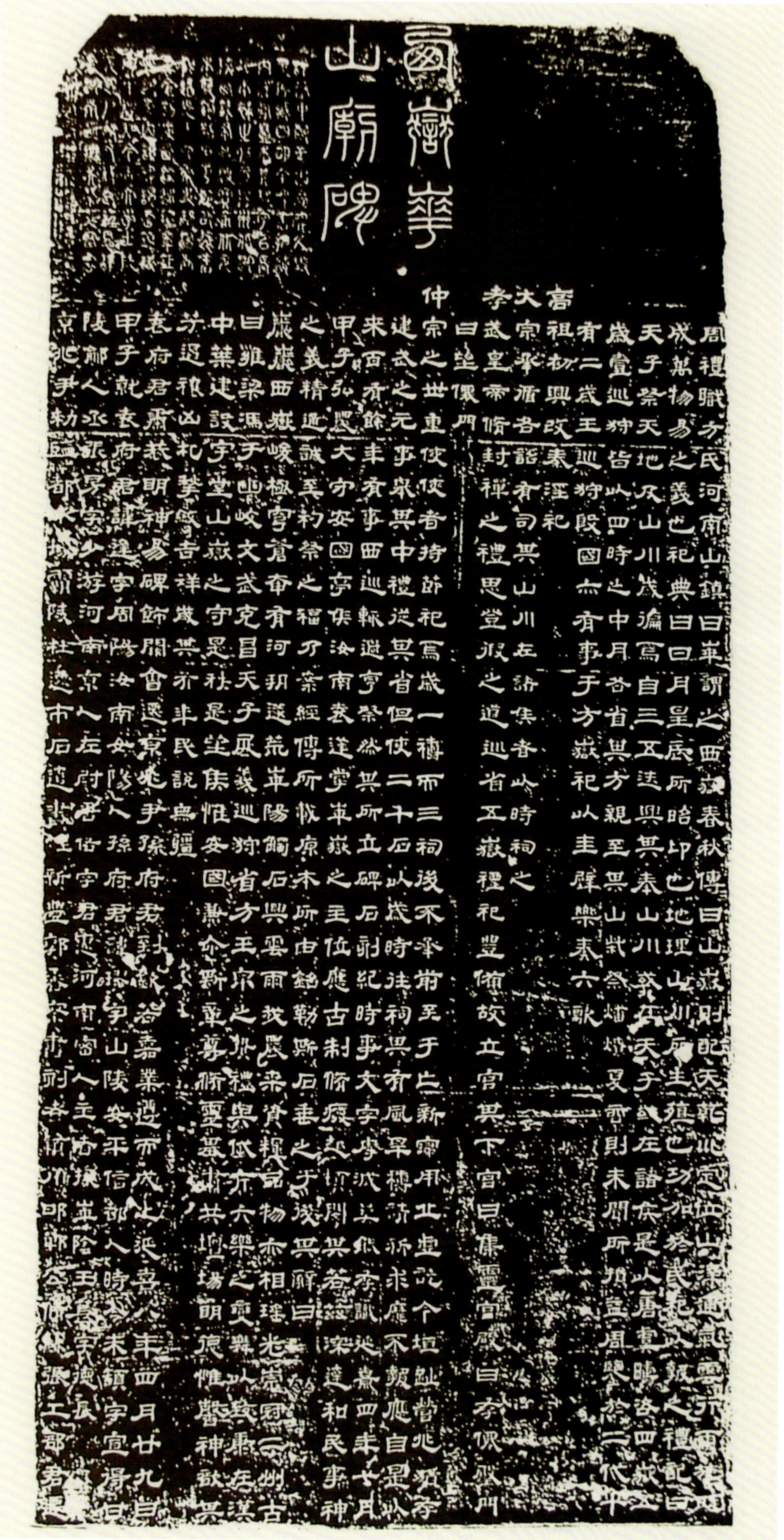

插圖一一

插圖一二

插圖一三

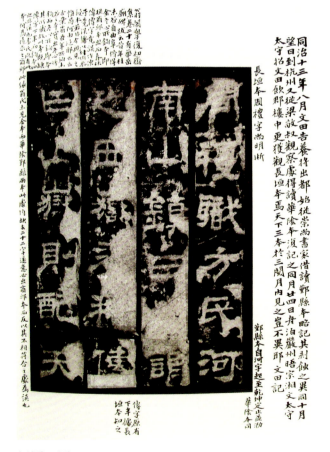

插圖一四

前圖學字復知繼
集葉二十有華桂
廟殊批金皆其印
末宏自由鈞印印
乃鄭州招而廟印
此海廟民小見金本而華陰鄭縣兩本此廟內地二十六字遠應必出廟本各反以其不相等合之廟必漢碑也

長垣本闕禮字尚明晰

鄭縣本自河宇起至乾坤定止並泐
華陰本同

傳寫原有
下半爐長
垣本知之

同治十三年八月文田嗜養將出郡始從崇尚書家借讀鄭縣本暗記其剝触之異同十月
望日到杭州又從梁敬叔觀察慶得讀華陰本復記之同月廿四日舟泊嚴州晤崇湘文太守
太守招文田飲郡樓中更獲觀長垣本為天下三本於三閱月內見之豈不異耶文田記

插圖一五

此字係兩疏合繼之
廟上又致悅上面一
層篆長垣本興字
與接作也形

殘字長垣本有
缺泐

東漢篇 71

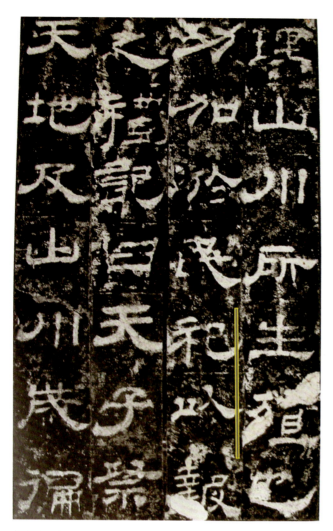

插圖一六

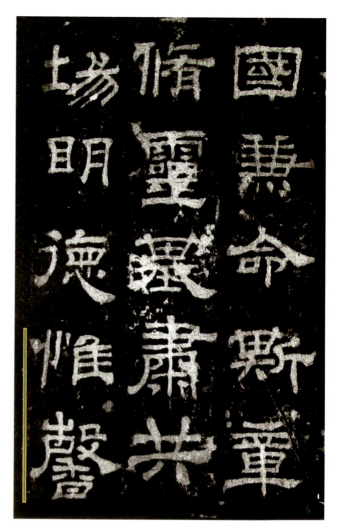

插圖一七

### 張壽殘碑

　　建寧元年（168）五月十五日。碑在山東城武縣古文亭山。北宋碑尚完好，明代人妄改為碑座，僅存上截十六行，行十五字，中鑿榫槽孔處占十行，行減四字。（插圖一）乾隆五十六年（1791）林紹龍刻跋于榫槽孔。今殘碑藏成武縣文化館。

### 最舊拓本

　　第一行"其先蓋晉大夫"之"蓋"字僅損左上角，"晉"字完好。見藝苑真賞社影印本，有秦絅孫題。因系裱本，已不知其有無林氏刻跋。（插圖二，對照插圖三）

### 乾嘉拓本

　　第一行"其先蓋晉大夫"之"蓋"字泐左上大片，其下"皿"部尚存，"晉"字雖漫漶，但依稀可辨。（插圖三）

### 嘉道拓本

　　第一行"其先蓋晉大夫"之"蓋"字"皿"部全泐，"晉"字仍清晰可辨（可能重新刓出）。（插圖四）

### 道光以後拓本

　　第一行"其先蓋晉大夫張老盛"之"晉"字亦泐盡。

### 翻刻本

　　全碑僅一二字有損，其餘字字清晰，但字口呆板。

　　第一行"字仲吾"下"其先蓋晉大夫張老盛"字字清晰，原刻則漫漶不可辨。（翻刻本插圖五）

插圖一

插圖一（局部）

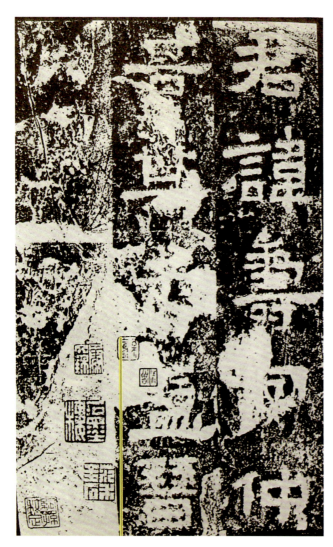

插圖二

插圖三

插圖四

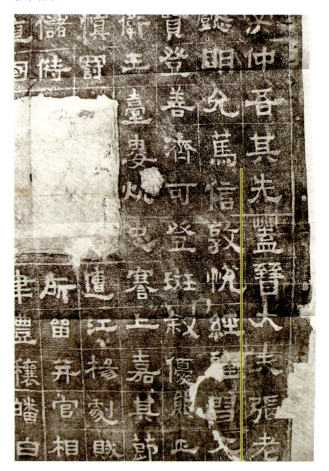

插圖五

## 衡方碑

建寧元年（168）九月十七日。隸書。碑陽二十三行，行三十六字。有額隸書，陽文十字。碑原在山東汶上縣，清雍正八年（1730）汶水泛決，碑石倒撲，村人郭承錫等出資重立，一九五三年移至山東泰安岱廟炳靈門內，今在岱廟碑廊。

### 明拓本

首行"君諱方"之"方"字右側不損，所見多有塗描。

二行"砥仁厲"之"厲"字未損。

三行"廬江太守"之"太"字未損。

三行"雁門太守"之"守"字未損。

六行"都尉將"之"將"字未損。

### 清初拓本

首行"君諱方"之"方"字右側已損，此時未損者定系塗墨。（插圖一、二）

首行"因而氏焉"之"氏"字可見左半。

二行"砥仁厲"之"厲"字能見右上角。

（按：首行"氏"字、二行"厲"字在整紙拓本中尚可得見，早期裱本一般剪棄。國家圖書館藏有清初拓整紙拓本可見此二字，孫星衍藏沈樹鏞跋本則遭剪棄）

四行"長以欽明"之"以"字（注：似"呂"字狀）尚可辨。（插圖三，對照插圖八）

六行"都尉，將繼南仲"之"將"字右下鉤筆微泐，下"南"字可見。（插圖四）

七行"悼蔘儀之劬勞"之"儀之"二字尚可辨。（插圖五，對照插圖一一）

七行"仍留上言"之"仍"字可見左上一角。（插圖六）

### 道光拓本

首行"號稱阿衡，因而氏焉"之"而氏焉"三字泐盡。（插圖七）

二行"砥仁"下"厲"字泐盡且石花侵及"仁"字末劃。（參見插圖七）

三行"廬江太守"之"太"字雖損而左撇尚

存。（插圖八，對照插圖一〇）

四行"長以欽明"之"以"字（注：似"呂"字狀）僅存左下角少許。（參見插圖八，對照插圖一〇）

六行"都尉，將繼南仲"之"將"字泐下半。

七行"悼蔘儀之劬勞"之"儀"字已損。

八行"徵拜儀郎"之"儀"字"義"部首點未與左石花泐連。（插圖九）

### 清末民初拓本

三行"廬江太守"之"太"字左撇泐去。（插圖一〇）

四行"長以欽明"之"以"字泐盡。（插圖一〇）

六行"都尉，將繼南仲"之"將"字泐盡，"尉"字泐下半。

七行"悼蔘儀之劬勞"之"儀之"二字皆泐去右半。（插圖一一）

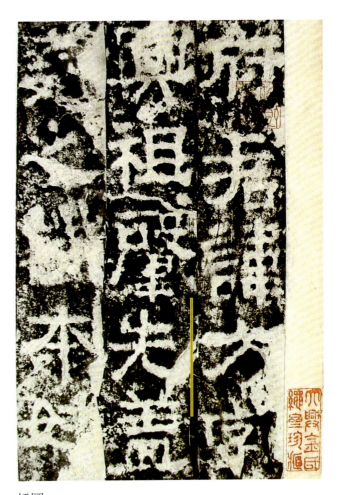

插圖一

插圖六

插圖八

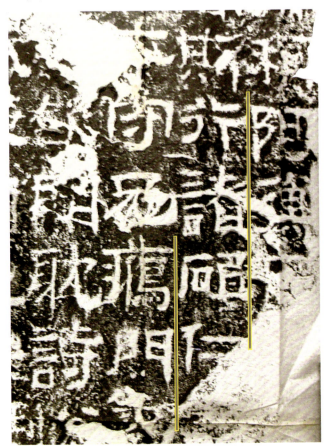

插圖七

插圖九

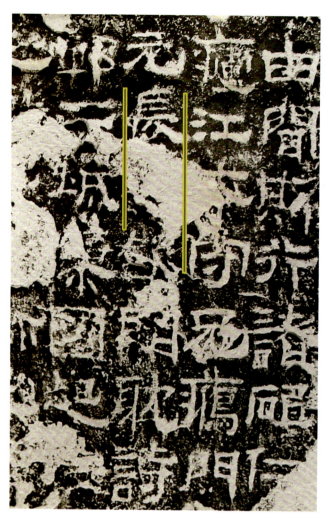
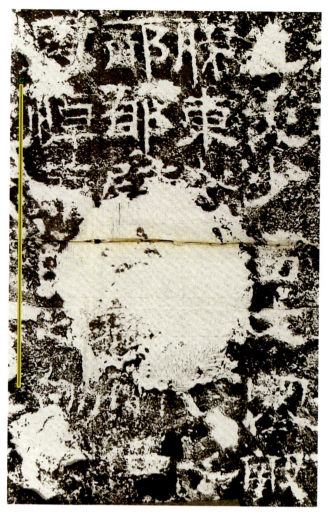

插圖一〇

插圖一一

### 郭有道碑

又名"郭泰碑"，建寧二年（169）正月。原石在山西介休，蔡邕撰並隸書。久佚。傳世皆重書本或重刻本。

### 重書本、重刻本有三：

#### 傅山本

十二行本，行四十字，在山西介休郭泰墓旁。乾隆丁酉（1777）介休縣令呂滋碩刊刻，傅山書寫。（插圖一、二）舊評云："為體既杜撰，蹟復醜惡。"

#### 鄭簠本

十六行本，行三十二字，在山西介休郭泰墓旁。首行刻有蔡邕書撰款，傳為鄭簠書寫，亦拙劣。（插圖三、四）

#### 斧鑿本

十六行本，行三十二字，在山東省濟寧小金石館。晚清翻刻，遍佈斧鑿與石花，金石氣遠勝上述二種，碑賈以此充原石拓本，玩家紛紛受騙，後因此石背面為武氏祠畫像露出馬腳，因郭有道碑原石不可能利用武氏祠畫像石，顯系晚清人作偽。碑文君諱"泰"刻作"太"與傳本有異。（插圖五）（按：《後漢書》作者南朝劉宋范曄為避父諱，改"郭泰"為"郭太"，故書寫"郭太"必在南朝以後通行）

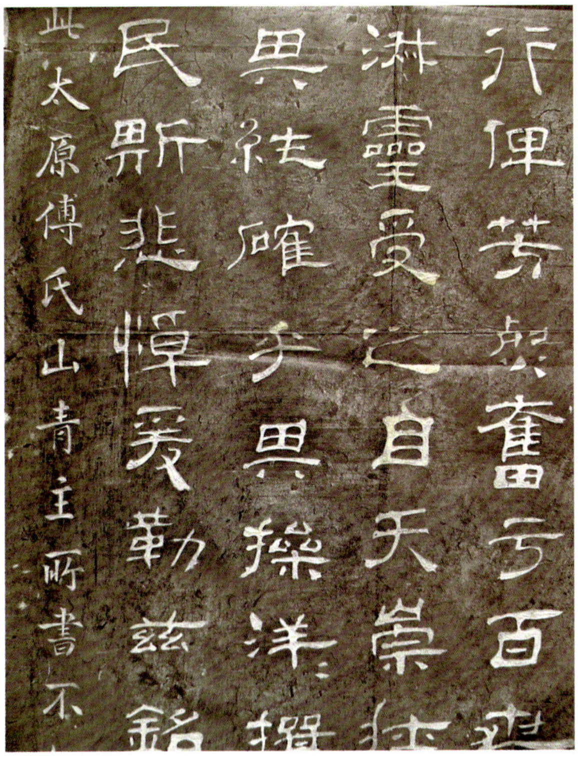

插圖一

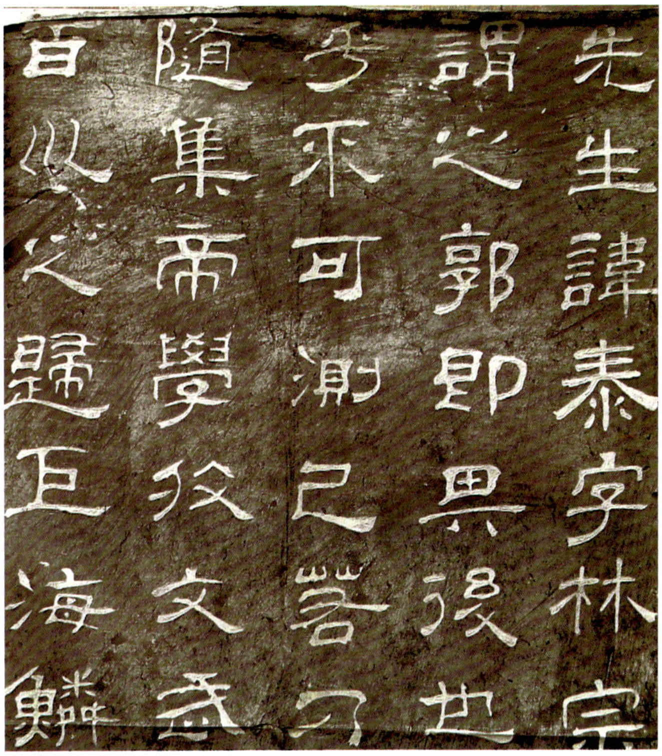

插圖二

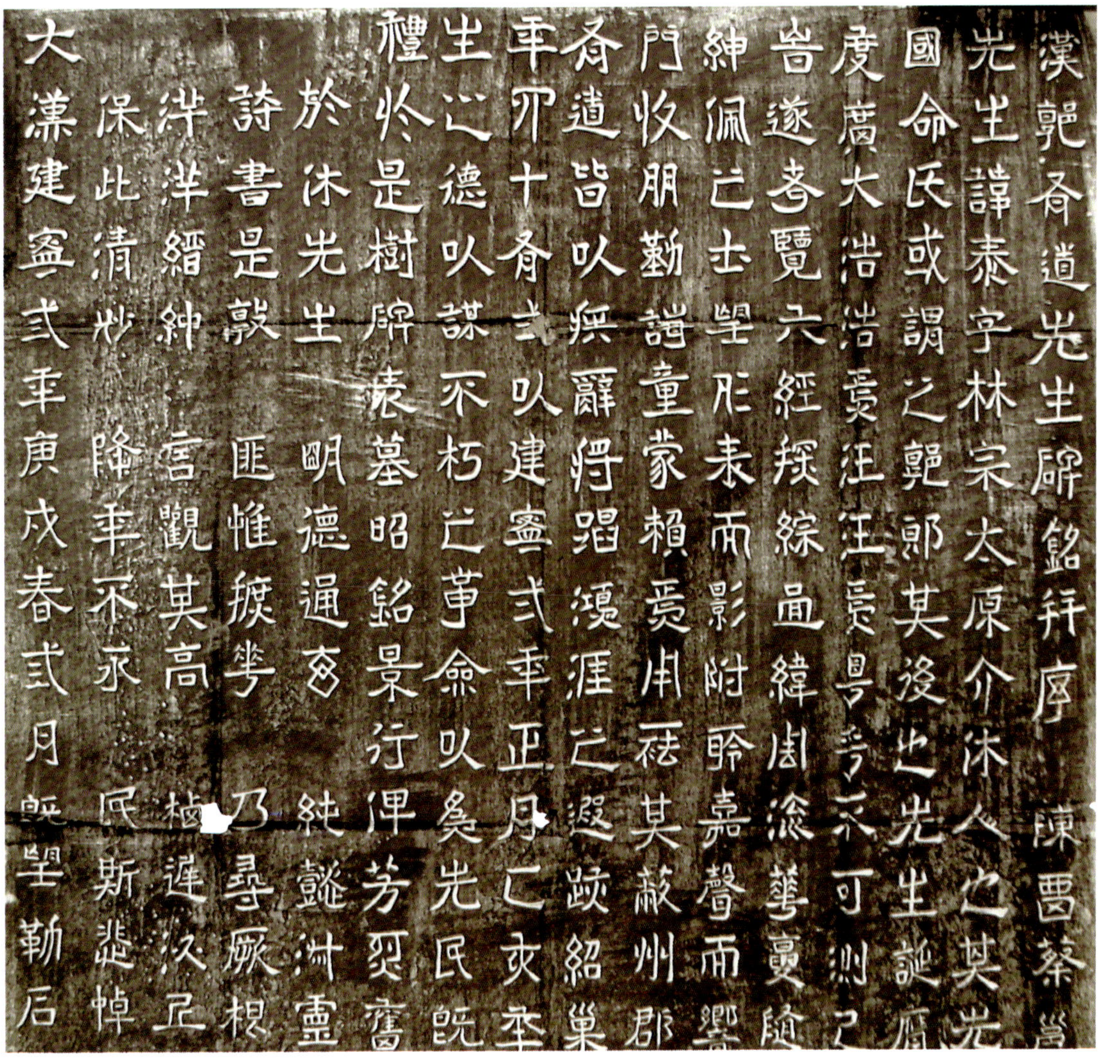

插圖三

插圖四

插圖五

## 史晨碑

建寧二年（169）。前碑（碑陽）又名"史晨奏銘"，隸書，十七行，行三十六字。後碑（碑陰）又名"史晨饗孔廟碑"，隸書十四行，行三十六字，前八行字略小，後六行字稍大，尾刻有唐天授二年（691）馬元貞等題名四行。原在山東曲阜孔廟東廡，一九九六年移入孔府西倉漢魏碑刻陳列館。

明末清初，碑每行最末一字沉入土中，未拓出，故拓本每行只三十五字。乾隆年間昇碑，然每行又多得半字。（插圖一）重刻本多種，石花大多呆板，雖偶有精刻者，馬腳亦露在每行最末一字，一般僅刻上半字。（翻刻本插圖二）

### 前碑〔建寧二年（169）三月七日〕

#### 明初拓本

每行存字三十六（尚未埋入土中），稱"三十六字本"。

二行"闡弘德政"之"闡"字右豎筆完好。

九行"有益於民"之"益"字底橫不連石花。

按：唯有何紹基藏殘本（僅存前九行，至"有益於民"止）符合此等條件，今藏中國國家博物館。

#### 明中葉拓本

九行"有益於民"之"於"字"方"部尚未與左下石花泐連。

十一行"臣輒依社稷出王家穀春秋行禮"之"穀"字"殳"部（右半部）中橫未損。（插圖三，對照插圖五）

十二行"增異輒上"之"增"字下石泐僅損及末筆，"曰"部中橫完好。（插圖四，對照插圖六）

十五行"黑不代倉"下一字尚可見"廣"形。

孫氏小墨妙亭藏本即為明中葉拓本，現藏上海圖書館。

#### 明末拓本（"秋字本"）

十一行"臣輒依社稷出王家穀春秋行禮"

之"穀"字"殳"部（右半部）中橫已半損。"秋"字首撇雖損但未淌去（俗稱"秋字本"）。（插圖五）

十二行"增異輒上"之"增"字"曰"部中橫已淌。（插圖六）

## 清初拓本（"大半秋字本"）

二行"闡弘德政"之"弘"字"口"部未與右上方石花淌連。（插圖七）

五行"乾（川）坤所挺，西狩獲麟"之"獲"字右上角草字頭未淌去。

七行"德亞皇代，雖有襃成"之"襃"字捺筆未連及石花。（插圖八，對照插圖一三）

十一行"臣輒依社稷出王家穀春秋行禮"之"秋"字首撇及第二筆橫劃已淌去（俗稱"大半秋字本"），"王"字稍損，"家"字淌去右下一大塊。（插圖九）

## 乾嘉拓本

四行"蕭蕭猶存"之第二"蕭"字，僅長橫劃右端稍損。

十一行"臣輒依社稷出王家穀春秋行禮"之"秋"字僅存末筆，"行禮"之"行"字明白可辨。

十二行"增"字"曰"部全部淌去，但"誠惶誠恐"之"惶"字未淌去。

十四行"大司農府治所部"之"治"字未淌去。

十五行"黑不代倉"之"代"右半未淌去，"歎鳳不臻"之"鳳"字中"鳥"尚存。（插圖一〇，對照插圖一六）

## 道光以後拓本

四行"蕭蕭猶存"第二"蕭"字幾乎淌盡。（插圖一一）

五行"乾（川）坤所挺，西狩獲麟"之"狩"字淌盡，"獲"字僅存右下半。（插圖一二）

七行"德亞皇代，雖有襃成"之"代"字、"襃"字皆淌損不可辨。（插圖一三）

九行"有益於民，矧乃孔子"，"於民"二

字淌盡。

十一行"出王家穀春秋行禮"之"家"僅存兩撇，"穀"字左半淌盡，"行禮"字亦淌不可辨。

十二行"為效增異輒上臣晨誠惶誠恐"之"增異輒上"四字幾乎淌盡，僅存"上"字底橫，（插圖一四）"誠惶誠恐"之"惶"字淌去。

十四行"大司農府治所部"之"治"字亦淌。（插圖一五）

十五行"黑不代倉"之"不"字淌左下大半，"代"淌右半。（參見插圖一五）"歎鳳不臻"之"鳳"字中"鳥"亦淌去。（插圖一六）

十六行"道審可行"之"道"字淌去。（參見插圖一六）

## 後碑〔建寧元年（168）〕

後碑字蹟自明代至今無大損。明代拓本很少見有附拓後碑者，多用清末民初拓本補配之。

### 最舊拓

六行"惟處士孔襃文禮"之"襃文"二字間淌痕細如一線。

八行"上下蒙福"之"蒙"字右側石淌尚未連及字劃。

### 嘉道間拓本

六行"惟處士孔襃文禮"之"襃文"二字間淌痕增大三倍。（插圖一七）

八行"上下蒙福"之"蒙"字右旁石淌已連及字劃。

### 道光以後拓本

七行"九百"與六行"襃文"間石花淌連一片。（插圖一八）道光以前拓尚未淌連。（插圖一九）

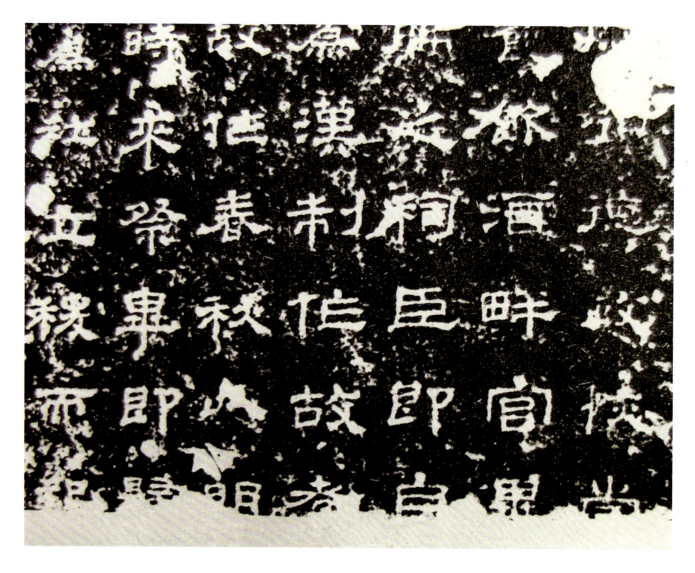

插圖一

插圖二

插圖三

插圖四

插圖五

插圖六

插圖七

插圖八

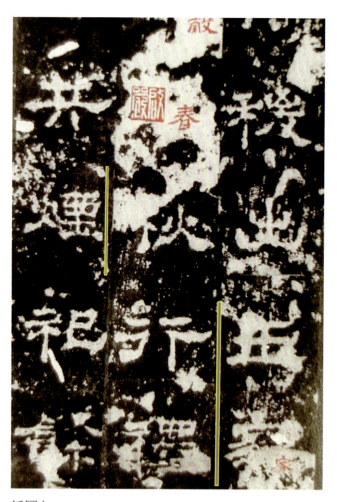

插圖九

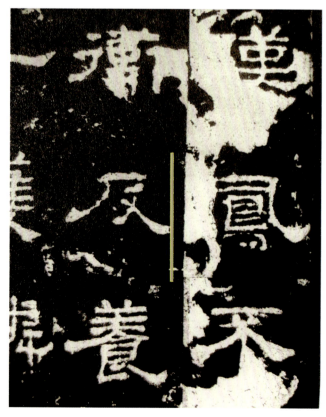

插圖一〇

插圖一一

插圖一二

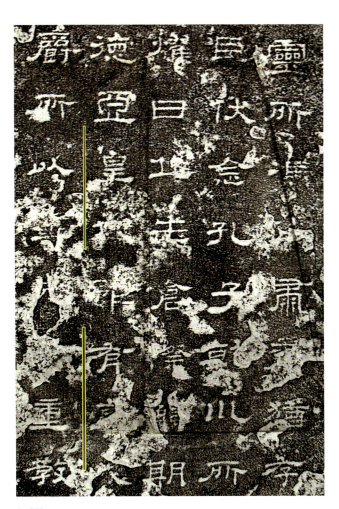

插圖一三

插圖一四

插圖一五

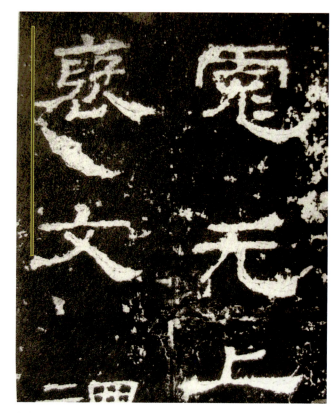

插圖一七

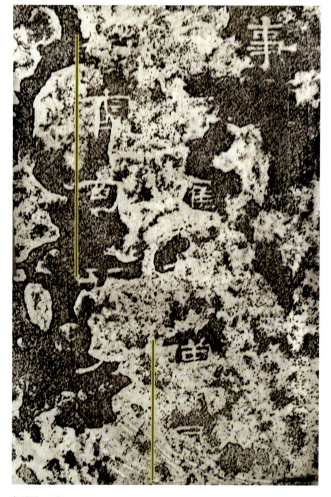

插圖一六

插圖一八

插圖一九

## 夏承碑

建寧三年（170）六月二十八日。隸書，十四行，行二十七字，有額篆書陽文"漢北海淳于長夏承碑"三行九字。碑宋元祐間在河北永年縣出土，一字不損。明成化十五年（1479）郡守秦民悅建愛古軒儲之，此時碑之下截剝蝕的一百一十字重新剜出，人稱"成化本"，嘉靖二十二年（1543）毀於築城之役，嘉靖二十四年（1545）唐曜取"成化本"重刻於漳川書院，改作十三行，行三十字，（插圖一）末行"垂後不朽"下刻"淳于長夏承碑"二行楷書印章，末行左側刻"建寧三年蔡邕伯喈書"楷書款及唐曜題刻四行。（插圖二）今在河北永年紫山書院。其他翻刻不少，易辨。

此石未見原拓流傳，臨川李宗瀚所藏"宋拓本"（華氏真賞齋舊藏，有豐道生、楊繩祖、翁方綱、李宗瀚題跋）亦是翻刻。此本中缺三十字（"化行"至"五十有"），內容正好與"唐曜重刻本"第七行相同，由此推

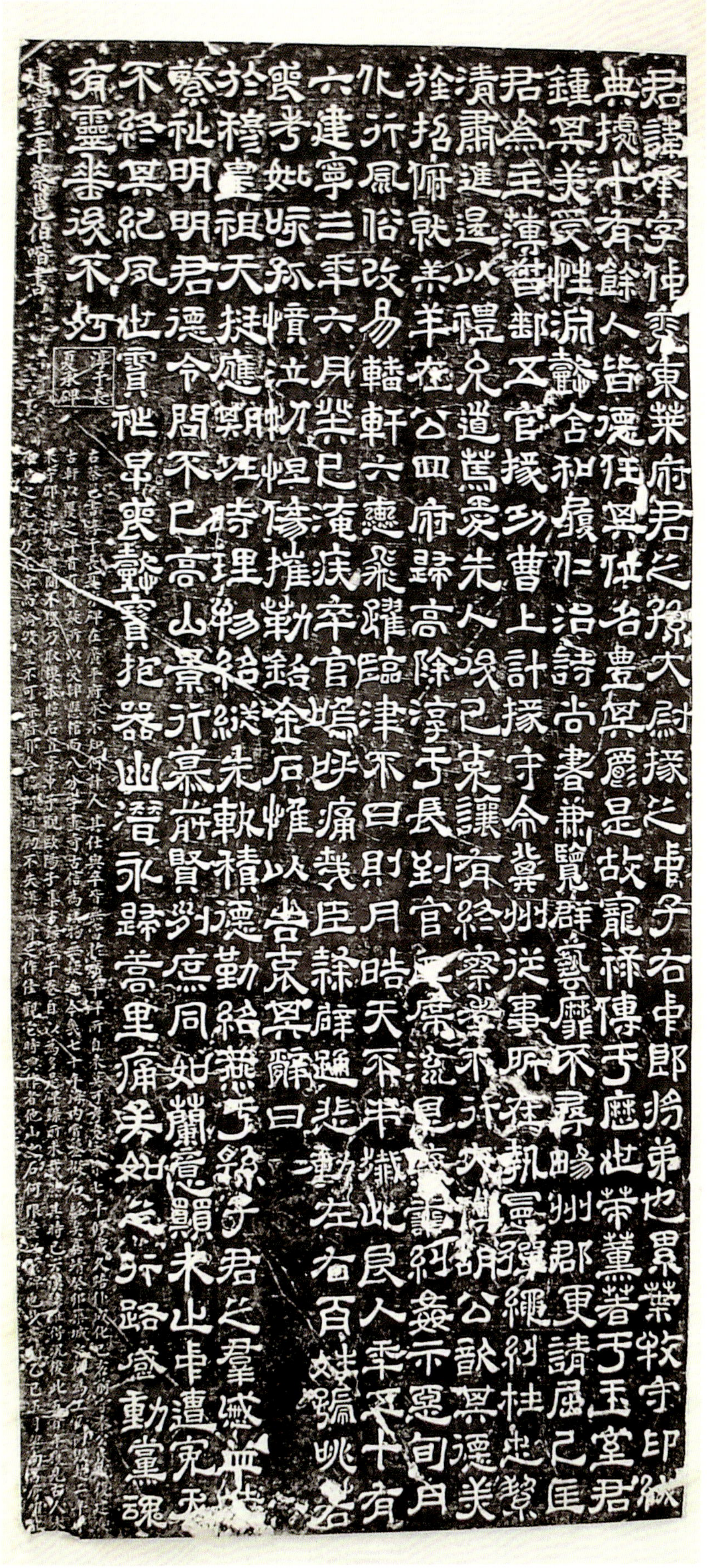

插圖一

斷，李宗瀚藏本極有可能亦為十三行本，行三十字。臨川李氏本三行"兼覽群藝"之"群"刻作上下結構，唐曜刻本作左右結構，（插圖三，參見唐曜刻本插圖四）十行刻作"勤約"，唐曜刻本作"勤紹"。（插圖五，參見唐曜刻本插圖六）

或云姚貴昉所藏《君子等字殘石》（插圖七）與此碑雷同，乃是真龍，非也。

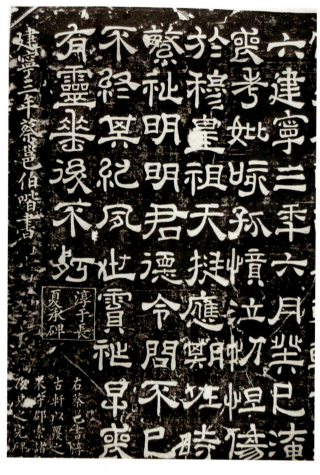

插圖六

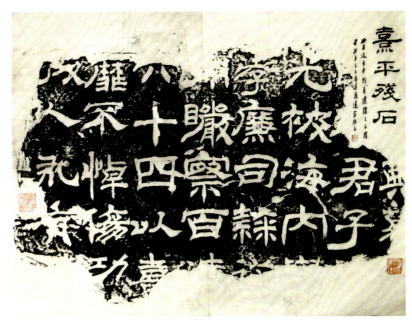

插圖七

## 西狹頌

建寧四年（171）六月十三日。仇靖隸書，二十行，行二十字。有額篆書"惠安西表"四字。石在甘肅成縣天井山崖壁。

摩崖石質絕佳，幾無風化，舊拓與近拓差別不大。

### 清初前拓本

十一行"過者創楚"之"創"字"口"部可見，後"口"部泐作白塊，（插圖一）末行"建寧"二字未損。（參見已損本插圖二）若"建寧"已損，"創"字"口"部完好，必是塗描。

### 乾隆拓本

三行"是以三蘺苻守"之"是"字捺筆末端未泐連石花。（插圖三，參見已泐本四）

### 清末拓本

十四行"因常緜道徒"之"因"字右下兩塊小石花已連貫成一片（原有中間黑條塊剝泐）。（插圖五）

有翻刻，一字不損。

另，西狹頌右側刻《五瑞圖》，《五瑞圖》左側刻有題記兩行二十六字。《五瑞圖》之全拓還應包括"木連理"樹根下方"上官正、楊嗣等題名"四行以及黃龍龍須上方刻有"黃龍"兩字，碑賈拓工多省紙棄之不拓，故全拓舊拓難得一見。（插圖六）

西狹頌之左側刻扶風陳倉呂國等人題名計十二行。

插圖一

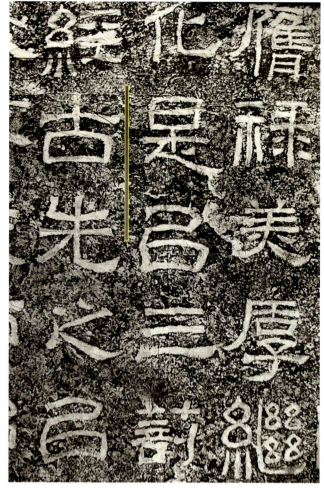

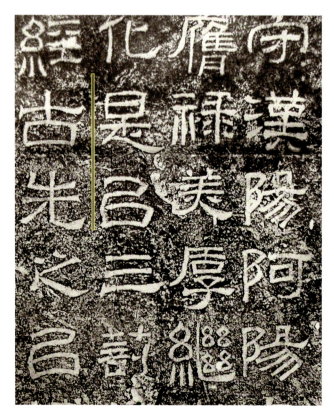

插圖六

## 楊叔恭殘碑

建寧四年（171）七月六日。隸書。碑陽存十二行，行一字至九字不等，總計七十一字。碑陰漫漶。碑側"禪伯友"等字四行二十字大小相間。（插圖一）碑在山東巨野出土，嘉慶二十一年（1816）歸馬邦玉，道光二十七年（1847），孟廣均有跋刻詳述馬氏得石經過。後經端方、王緒組、周進遞藏。上世紀五十年代天津周氏捐贈給北京故宮博物院。

### 最初拓本

五行"陳留韓"下空第三字處尚存兩筆劃（狀似"水"部）。（插圖二）

六行"縣球八方"之"方"可辨。（參見插圖二）

傳至馬星翼（馬邦玉之子）時，"陳留韓"下空三字處兩筆劃漶盡，"方"字如舊，（插圖三）歸端方後以上考據點皆漶。（插圖四）

### 翻刻本

翻刻多見，點劃呆板，第九行"開"字中央"开"部，原刻初拓已損，翻刻則完好無損。第七行第五字（在六行"縣球八方"之"球"字左側）原刻已漶盡，翻刻則作一"放"字。（插圖五）

插圖一

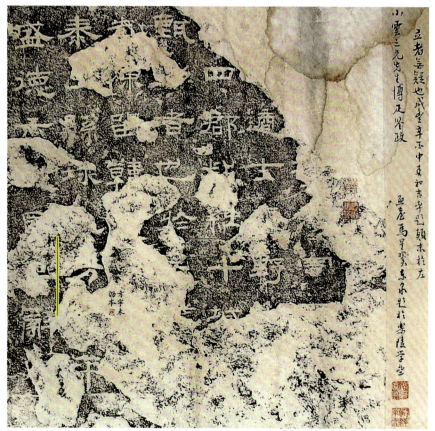

插圖二

插圖三

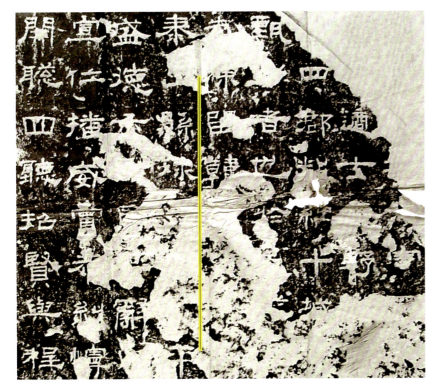

插圖四

插圖五

## 孔彪碑

建寧四年（171）七月十三日。隸書。碑陽十八行，行四十五字。碑陰十三行。有額篆書陰文二行十字。原在山東曲阜孔廟，一九九六年移入孔府西倉漢魏碑刻陳列館。

明代拓本字口尚清晰，入清後碑文漫漶嚴重，但清初與清末變化不大。

### 明初拓本

六行"坐家不命"之"家不"二字不損。

### 明拓本

二行"乃翻爾束帶"之"乃"字橫劃不連石花。清末拓本幾乎漶盡。（參見乾嘉拓本插圖一，參見清末拓本插圖二）

五行"膺皋陶之廉恕"之"膺"字雖少損，但"广"一撇可見，清末拓本一撇幾乎漶盡，石花蔓延至左行"丙"字。（參見清末拓本插圖三）

六行"坐家不命君"之"命"撇捺末端稍損，清末拓本右下大半全漶。（參見清末拓本插圖四）

六行"削四凶"之"削"字"肖"旁上

"小"可見。（參見清末拓本插圖五）

九行"辭官去位"之"位"字僅單人旁左側稍損，清末拓本全漶。（參見清末拓本插圖六）

十四行"辯物居方"之"辯"字僅損左"辛"部之左半，"物"字僅損"牛"部，清末拓本"辯"字僅存中間"口"部及右"辛"部，"物"、"居"字均漶盡。（參見清末拓本插圖七，參見乾嘉拓本插圖九）

### 乾嘉拓本

六行"削四凶"之"削"字"肖"旁上"小"雖損"月"部不損，（插圖八，對照插圖五）

十四行"辯物居方"之"居"字"古"部可見。（插圖九）

### 道光前拓本

六行"削四凶"之"削"字，"月"部頂端未連石花。清末拓本"小"部全漶，石花侵及"月"部上橫。（參見插圖五）

十四行"辯物居方"之"居"字能見"尸"部二橫。清末拓本"居"字漶盡。（參見插圖七）

插圖一

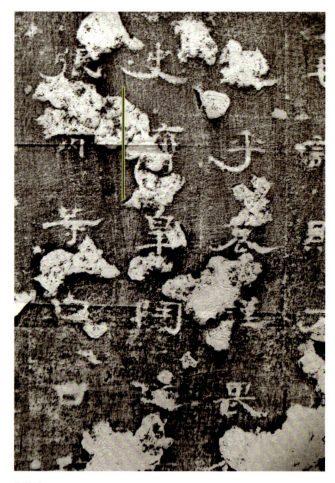

插圖三

插圖二

插圖四

插圖五

插圖七

插圖六

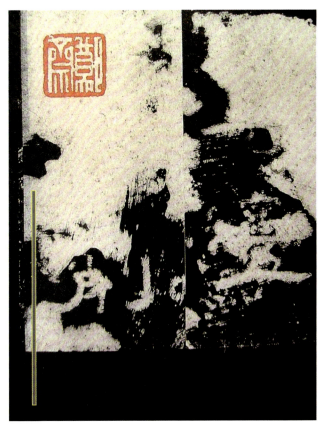

插圖八

插圖九

### 孔褒碑

　　無刻立年月，一般依《金石萃編》附《孔彪碑》後，或云漢中平元年（184）以後刻立。隸書，十四行，行三十字。有額隸書"漢故豫州從事孔君之碑"十字。碑文漫漶，最後兩行（十三、十四行）文字全漶，拓本多為"十二行本"。雍正三年（1725）鄉民在縣東周公廟側犁田時出土，原在山東曲阜孔廟，一九九六年移入孔府西倉漢魏碑刻陳列館。

### 雍正初拓本

　　二行"繼德前葉"之"繼"字未損，稱"繼字本"。"繼"字上"君"字"口"部清晰可見。（插圖一，對照清末拓本插圖八）

　　四行"鱗浮雲集者"之"浮"字三點水基本完好，"者"字"曰"部僅損底橫。（插圖二）

　　五行"察孝廉"之"察"字尚存上半，"察"字上還有一"高"字（僅漶起首點、橫兩筆）。（插圖三，對照清末拓本插圖四）

　　八行"各爭授命"之"命"字右下角完好。（插圖五，對照清末拓本插圖六）

　　上海圖書館藏有雍正年間全拓十四行本，十三行"仁風既邈"等字與末行"表"字可見。（插圖七）

### 乾隆拓本

　　以上考據點皆漶去，唯第二行"繼德前葉"之"繼"字僅存下半。

### 嘉道拓本

　　二行"繼德前葉"之"繼"字僅存底部（約占全字的四分之一）。

　　三行"篇籍靡遺"之"遺"字右半尚存，"眾琦幼眇"之"幼眇"二字可見。

### 清末拓本

　　二行"繼德前葉"之"繼"字僅存末筆。（插圖八）

　　三行"篇籍靡遺"之"遺"字，先漶左半，後漶盡。"眾琦幼眇"之"琦"字漶"口"部，"幼"字漶盡，"眇"字僅存下半。（插圖九，對照初拓本插圖一〇）

　　九行"有勇臨難"之"勇"字先漶上半，後全漶盡。（插圖一一）

插圖一

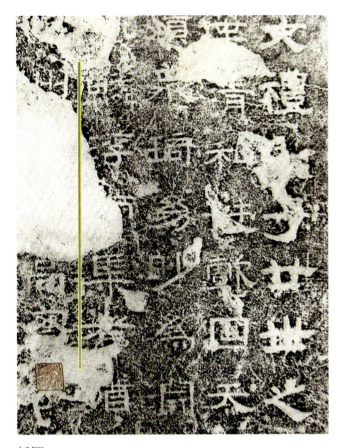

插圖二

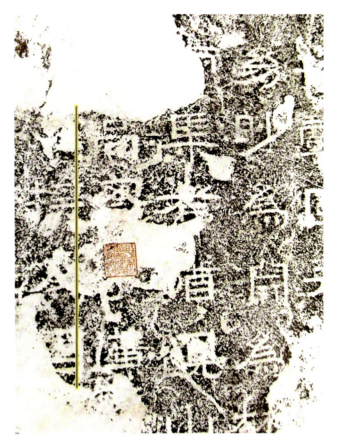

插圖三

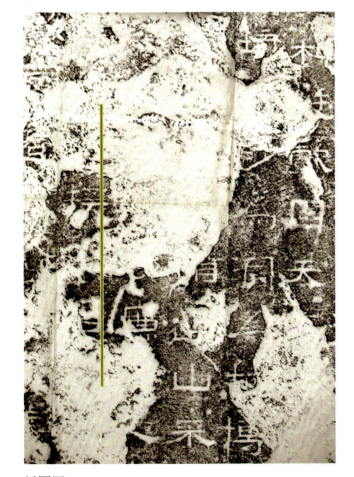

插圖四

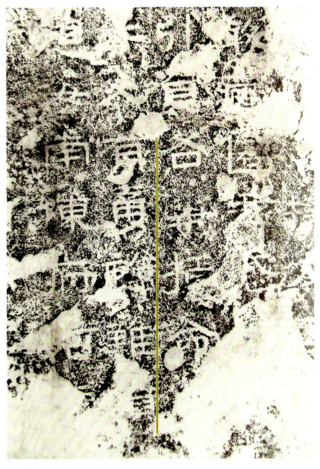

插圖五

插圖九

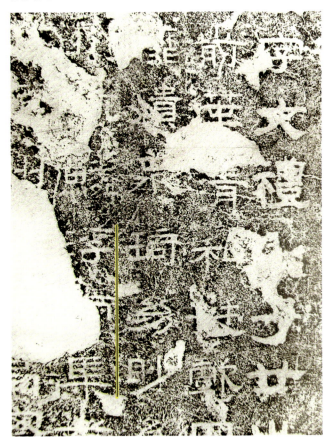

插圖一〇

插圖一一

### 郙閣頌

建寧五年（172）二月十八日。仇靖撰文，仇紼隸書，十九行，行二十七字。前七行右下角缺失三十餘字，後十行左上角缺失五十餘字。石在陝西略陽棧道。此摩崖石質不佳，碑文字口風化嚴重，題刻位置又正在棧道拐彎處，縴夫拖拉縴繩在碑文左上角磨出數條縴繩痕，損字不少。

### 明末拓本

八行"開石門元功不朽"之"功"字完好。

### 清初拓本

八行"開石門元功不朽"之"功"字"力"部撇劃已與石花泐連，"功"下尚存"不朽"兩字之左半殘餘。（插圖一）

九行末"校致攻堅"四字完好。（插圖二）

十一行"艾康萬里臣"之"里"字清晰。（插圖三）

十三行"降茲惠君"之"茲"字未泐。（插圖四）

**清末拓本**

八行"開石門元功不朽"之"功"字泐去。（插圖五）

九行"校致攻"三字僅存左半。（插圖五）

十二行"石示後"之"示"字首橫正當綷繩

痕，泐去。

十三行"降茲惠君"之"茲"字正當綷繩痕，泐去起首兩點。（插圖六，對照未泐本插圖七）

| 插圖一 | 插圖二 | 插圖三 |
|---|---|---|
| 插圖四 | 插圖五 | |

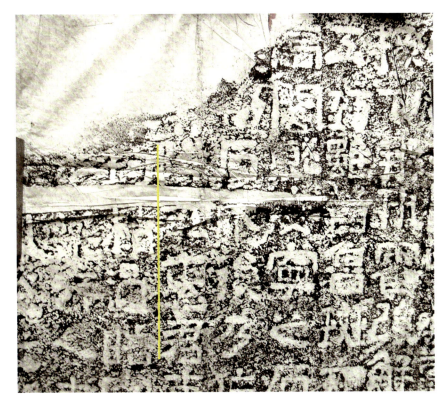

插圖六

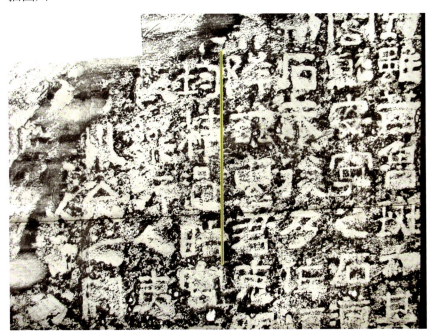

插圖七

拓魚子紋尤顯。（插圖一）

### 最初拓本

首行"左氏國語"之"語"字"言"部左半尚可辨。（插圖二，對照民初拓本插圖三）

二行"魚於雙匹"之"雙"字存左側下半。（插圖四）

三行"遷執金吾"之"遷"字存底部。

### 乾隆拓本

首行"傳講孝經論語漢書"之"孝"字"子"部可見下半豎鉤，"漢"字存頂部。（插圖五）

二行"學優則仕"之"優"字能辨。

四行"加遇害氣"之"加"字"力"部完好。（插圖六）

五行"廉孝相承，亦世載德"之"相"字可見底部些許。（插圖六）

### 道光拓本

首行"傳講孝經論語漢書"之"孝"字全泐，"經"字損右角。

二行"魚於雙匹，學優則仕"之"優"字泐。

### 民國拓本

首行"傳講孝經論語漢書"，"傳講"下文字全泐。（插圖七）

二行"魚於雙匹，學優則仕"，"魚於"以下文字全泐盡。（插圖七）

二行"蔡府君察舉孝廉"之"君察"二字泐右半。（插圖七）

四行"加遇害氣"之"加"字撇之左上全泐，僅存口部。（插圖七）

### 武榮碑

建寧年間（168～172），亦有著錄為永康元年（167）。隸書，十行，行三十一字。有額隸書十字。碑原在山東嘉祥，清代移往濟寧，今在濟寧小金石館。

此碑石面有魚子紋，與北魏《曹望憘造像》、隋《首山棲岩道場舍利塔碑》同，淡墨舊

插圖一

插圖二

插圖三

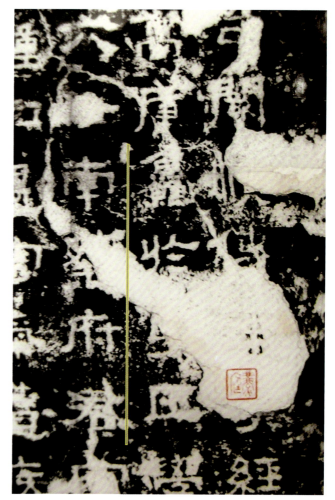

插圖四

插圖五

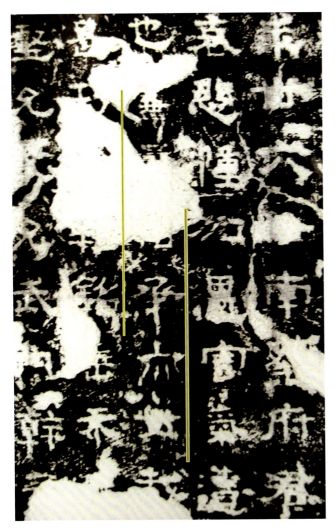

插圖六

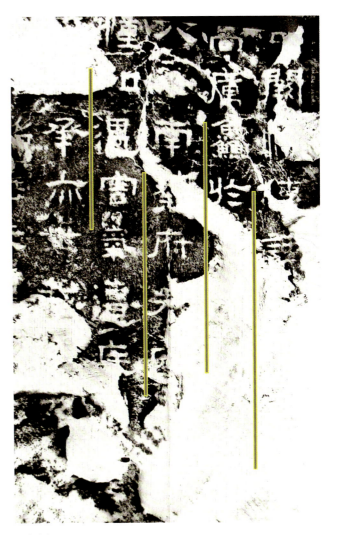

插圖七

### 楊淮表記

熹平二年（173）二月二十二日。隸書，七行，行二十五、六字不等。摩崖舊在陝西褒城石門，今在漢中博物館。

### 乾隆前拓本

七行“黃門同郡卞玉”之“黃門”、“卞玉”四字完好。

### 嘉道拓本

七行“黃門同郡卞玉”之“黃”字僅存上半截草字頭，“門”字上餘石較多，“門”字右側（六行）“約”字筆畫可見，“玉”底橫起筆處稍泐粗。（插圖一）

### 道咸拓本

七行“黃門同郡卞玉”之“黃”字失拓，不見草字頭。（插圖二）亦有“卞玉”兩字失拓者。

### 清末拓本

七行“黃門同郡卞玉”之“黃”字重新剜出，“門”字右側（六行）“約”字筆劃已泐去。（插圖三）

### 翻刻本

翻刻石花自然，字口稍顯清晰，極不易辨。

原刻摩崖石面開裂不平，拓本在開裂處有高低層次（凸出者邊緣受墨重，發黑；凹進者受墨輕，發白），翻刻者雖亦開裂，但僅有一個平面，無層次感。例如：五行“元弟”之“弟”字原刻上端層次分明，翻刻呆板無層次。（翻刻本插圖四，對照原刻本插圖一）

插圖一

插圖二

插圖三

插圖四

### 魯峻碑

熹平二年（173）四月二十二日。隸書。碑陽十七行，行三十二字。碑陰二列，各二十一行。有額隸書十二字。碑中斷為二，原在山東任城，現在濟寧博物館。

**最舊拓本（匡源跋本，現藏北京故宮博物院）**

一行"伯禽"之"伯"字單人旁未連上方石花。（插圖一）

二行"修武令"之"令"字完好。（插圖二）

七行"董督京輦"之"董"字完好。（插圖三，對照插圖七）

十一行"汝南干商"之"干商"未損。

十二行"宣尼"二字完好。

十五行"當遷緄職"之"遷"字完好。

十五行"允文允武"之"文"字尚可辨，"武"字完好。（插圖四）

十六行"匪究南山遐邇"之"山遐邇"三字

完好。（插圖五，對照插圖九）

## 明拓本

三行"博覽群書"上有"秋"字，尚存"禾"之一豎，與撇劃未泐連。

七行"董督京輦"之"董"字完好。

## 雍乾拓本

七行"董督京輦"之"董"字僅草字頭泐損。

十五行"允文允武"之"武"字雖損猶存。

## 嘉道拓本

二行"仁義之操"之"仁"字完好。（插圖六）

七行"董督京輦"之"董"字僅見中間七八短橫。（插圖七）

十一行末"圖"字基本完好。（插圖八）

十六行"遐邇"二字"遐"字損上半，"邇"字損下半。（插圖九）

## 清末拓本

二行"仁"字僅存單人旁。

十一行末"圖"字缺右上角。

十二行"宣尼"二字中間石花貫通成片。

十六行"遐邇"二字泐盡。

北京大學圖書館藏清末拓本塗描，飾為清初拓，十一行末"圖"完好，十二行"宣尼"二字完好，十五行"武"字完好，十六行"遐邇"二字完好，（插圖一〇）但二行"仁"字僅存單人旁，（插圖一一）七行"董"字幾乎泐盡，最終露出馬腳。（插圖一二）

插圖一

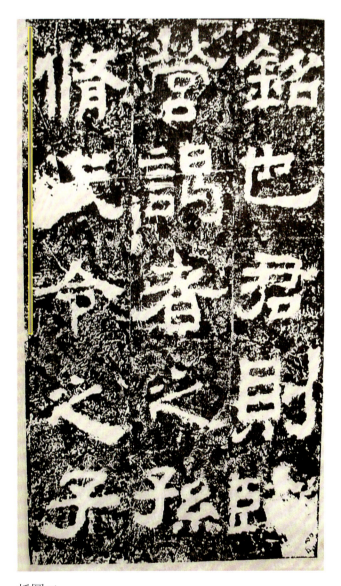

插圖二

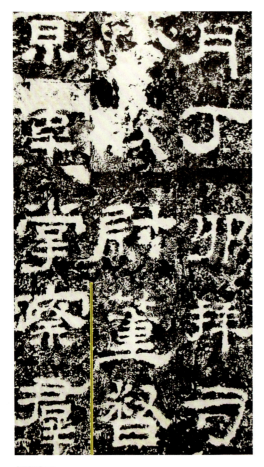

插圖三

插圖五

插圖四

插圖六

插圖七

插圖九

插圖八

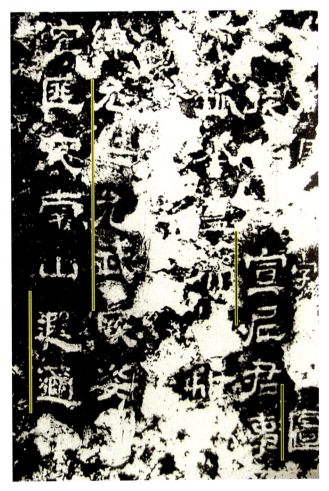

插圖一〇

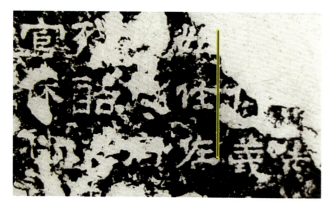

插圖一一

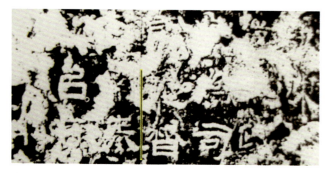

插圖一二

### 熹平殘碑

熹平二年（173）十一月二十一日。隸書，存
八行。前半行八字，第二行十三字，第三行至第
七行各十四字，末行一字。（插圖一）舊在山東
曲阜孔廟東廡，一九九六年移入孔府西倉漢魏碑
刻陳列館。

清乾隆五十八年（1793）黃易在曲阜東關外
訪得此碑，移置孔廟，旋即殘石左側刻上阮元題
跋，此後又在阮氏題跋左側刻入曲阜知縣袁氏等
人觀款題名隸書二行。再後刻上北平翁方綱父子
題名。（插圖二）最後刻上道光戊戌（1838）曲
阜孔昭薰等人嵌石題識。（插圖三）

此類拓片鑒定方法最為簡單，是典型的依靠
題記多寡定先後的案例。

### 乾隆拓本

無阮氏題刻者為最初拓本，極少見。

### 嘉慶拓本

阮元題跋完好。

### 道光前拓本

無曲阜孔氏嵌石題識。（插圖二）

### 清末拓本

刻有孔氏題識，阮元題跋多殘損。（插圖三）

### 翻刻本

有翻刻，字口呆板易辨。（插圖四）

插圖一

插圖二

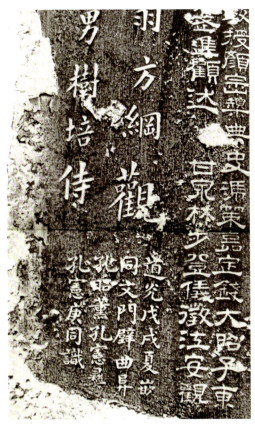

插圖三

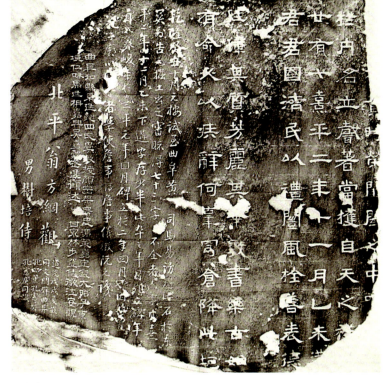

插圖四

### 韓仁銘

　　熹平四年（175）十一月三十日。隸書，八行，行十八、九字，右下角略有殘缺。有額篆書十字。碑文不滿布，靠右。此碑正大五年（1228）河南滎陽縣出土，縣令李天翼移立縣署。左側刻有金正大五年（1228）十一月趙秉文、李獻能題跋，又刻滎陽縣令李天翼正大六年（1229）八月題名。今在河南滎陽第六初級中學內。

### 清初拓本

　　五行"以少牢祠"之"少"字長撇未損。（插圖一）

### 乾隆拓本

　　七行"謂京"之"京"字未損。（插圖二）

### 嘉慶拓本

　　四行"身為"之"為"字下四點完好。（插圖三）

　　七行"謂京"之"京"字長橫前段已泐。

### 道光拓本

　　四行"身為"之"為"字下左側兩點泐連。（插圖四）

　　七行"謂京"二字間石花已經侵及"謂"字底部及"京"字頂部。（插圖五）

### 咸同拓本

　　五行"以少牢祠"之"牢"字右下角泐損一片。（插圖六，對照未損本插圖七）

　　七行"君丞"之"君"字撇畫泐損。

　　七行"謂京"之"謂"字泐去左下角"口"部。

### 清末拓本

　　四行"為"字下左側三點泐連。（插圖八，對照乾隆拓本插圖九）

　　五行"少牢"之"牢"字泐去右半。（插圖八，對照乾隆拓本插圖九）

　　七行"京"字底部泐。（插圖八，對照乾隆拓本插圖九）

插圖一

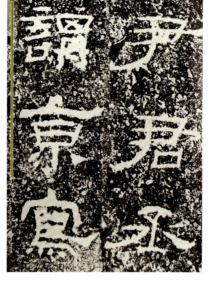

插圖二

插圖三

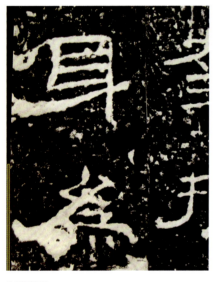

插圖四

插圖五

插圖六

插圖七

插圖八

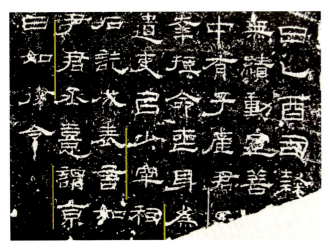

插圖九

## 尹宙碑

熹平六年（177）四月二十四日。隸書，十四行，行二十七字。碑額篆書殘存"從銘"兩字。碑在河南鄢陵。

元皇慶元年（1312），鄢陵縣達魯花赤奉詔書追封孔子為大成至聖文宣王，欲選石材立碑紀事，不料在洧川覓得此碑，不忍刮磨新刻，遂移至孔廟保存。此碑不知何時又沒於土中，明嘉靖年間（一作萬曆間）洧水泛漲崩岸，碑石重出，再立于鄢陵孔廟。現此廟改為縣立第二初級中學。碑陰刻有皇慶三年（1314）李瞥重立碑記。

### 明拓本

七行裂紋線處不損字劃。

十二行"守攝百里"之"攝"字右下雙"耳"可辨。

十三行"位不福德"之"德"字"心"部可辨。

### 清初時拓

十二行"守攝百里"之"攝"字右下雙"耳"皆損。（插圖一）

十三行"位不福德"之"德"字"心"部泐。

### 乾隆拓本

十三行"壽不隨仁"之"不"字泐左下角。

十三行"位不福德"之"德"字極漫漶。（插圖二）

乾隆時拓本，字劃雖損，但一字不缺，俗稱"全文本"。（插圖三）

### 乾隆晚期拓本

十三行"位不福德壽不"之"壽"字泐下半，"不"字全泐，俗稱"缺一角本"（缺碑之左下角）。（插圖四）

### 嘉慶以後拓本

俗稱"缺兩角本"。（插圖五）

首行"因以為氏"之"以為"泐右半。（插圖六，對照未損本插圖七）

八行至十三行泐去一大塊，滅十九字，如：八行"昆陽令州"之"令州"，（插圖八，對照未損本插圖九）九行"高位不以為榮"之"以為榮"，十行"季六十有二"之"十有二"，十一行"宜勒金石乃作銘曰"之"乃作銘曰"，十二行"優劣殊分，守攝百里"之"守攝百"，十三行"為漢輔臣，位不福德，壽不隨仁"之"福德壽不"皆泐去。（插圖五）

### 道光以後拓本

首行末"因以為"之"因"泐右下，"以為"二字泐盡。石花侵及二行"風雅"之"雅"字。

六至八行增泐一塊，滅三字，如：六行末"子也"之"子"，七行末"貞賢是與"之"是與"兩字。（插圖一〇）

### 清末民初以後拓本

五至八行又增泐一條，滅四字，如：五行末"牧守相"之"守"，六行末"也"字，七行末"治"字，八行末"辟"字上半。"昆陽令州"之"陽"幾泐盡矣。另，右下角增泐一大塊，一行"因"字，二行"列于風雅及"之"風雅及"，三行"支判流遷或居"之"或居"等六字全泐。（插圖一一）

此碑考據主要在碑之下截，剝蝕趨勢從乾隆全文本（插圖三）——乾隆晚期缺一角本（插圖四）——嘉慶以後缺兩角本（插圖五）——道光拓（插圖一〇）——至近拓。（插圖一一）

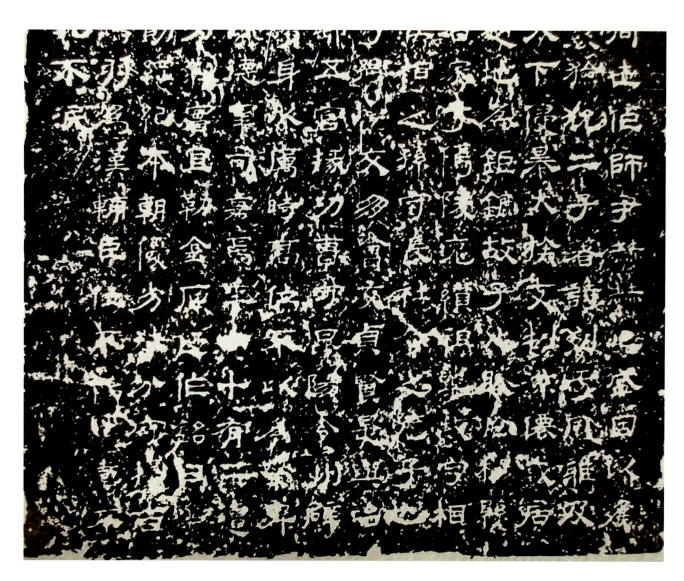

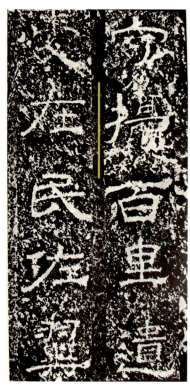

插圖四

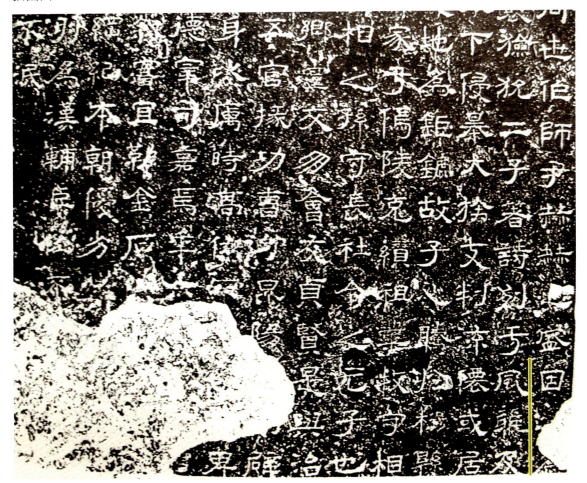

插圖五

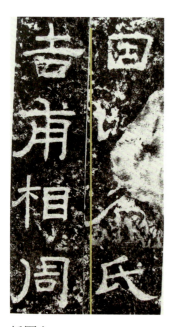

插圖六

插圖七

插圖八

插圖九

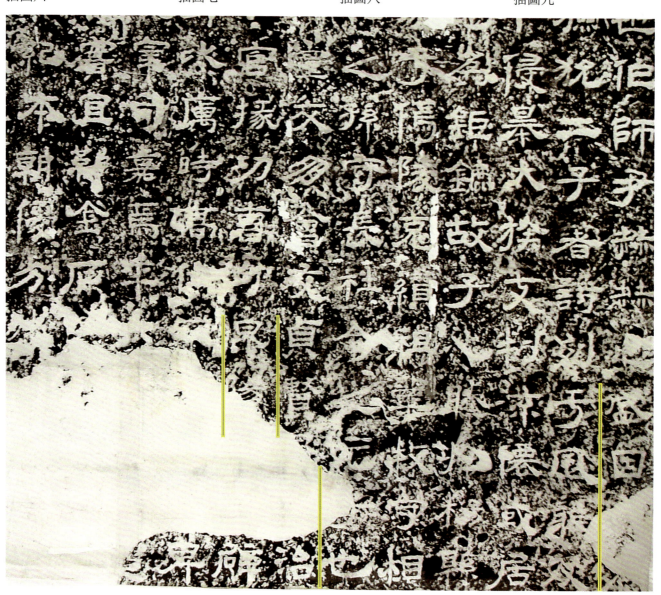

插圖一〇

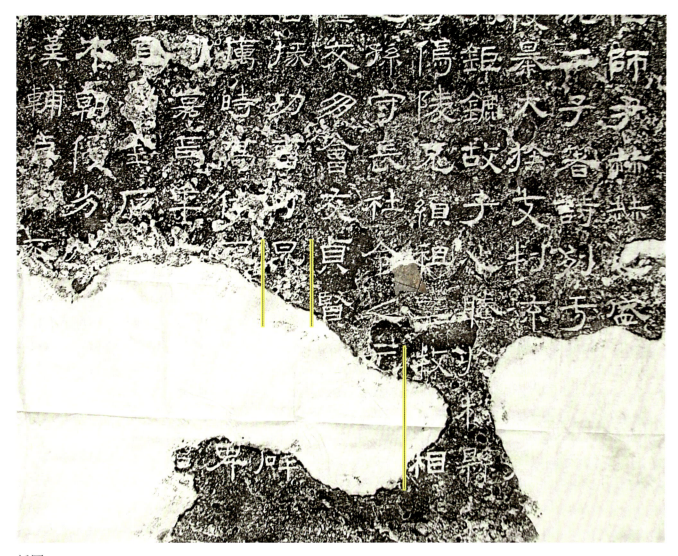

插圖一一

## 校官碑

又名"潘乾墓碑"，光和四年（181）十月二十一日。正文十六行，行二十七字。其後題名三列，上列三行，中下列各五行，末一行紀造立年月。有額隸書陰文四字。（插圖一）宋紹興十一年（1141）溧水尉喻仲遠在固城湖發現此碑，元至順四年（1333）單禧移置溧陽學宮，同年五月在碑陰刻入洪景伯《校官碑釋文》及單禧題跋。（插圖二）碑刻今藏南京博物院。

### 明拓本

末行"光和四年"之"光"字未損，"四"字完好。

### 清初拓本

末行"光和四年"之"光"字末筆已泐，但"四"字未損。（插圖三）

### 嘉道拓本

末行"光和四年"之"四"字泐盡。有嵌蠟補字冒充明末清初拓本。

### 清末拓本

末行"光和四年"之"和"字僅存一"口"部，"禾"部不可辨，其他並無大變。（插圖四）

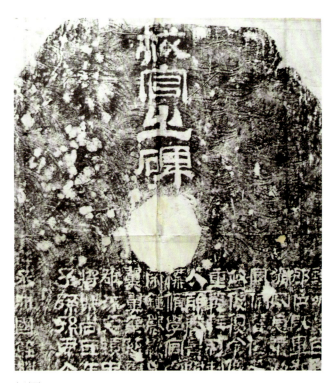

插圖一

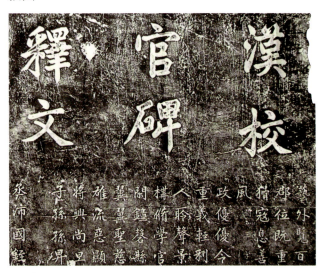

插圖二

插圖三

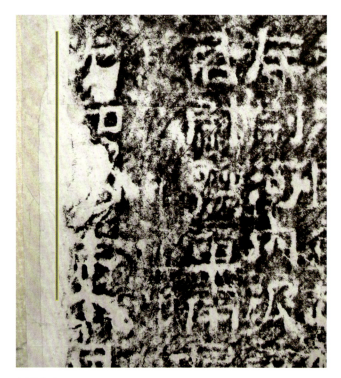

插圖四

## 白石神君碑

　　光和六年（183）。隸書。碑陽十六行，行三十五字，末行有燕元璽三年（354）正月十日後人妄刻一行。碑陰三列，上列四行，中列十二行，下列十一行。有額隸書陽文五字。清康熙三十年（1691），陳奕禧在元氏縣開化寺訪得。碑今在河北元氏封龍山漢碑亭。

### 初拓本

　　六行"高等"之"等"字不連石花。（插圖一，對照插圖四）

　　十一行"峻極太清"之"清"字首點不損。（插圖二）（上海圖書館藏本，有沈樹鏞、李昌運題跋，李筠盦題簽，較初拓本略晚）

### 嘉慶拓本

　　碑陰下列第三行"主薄馬靖文"之"文"字稍損。（參見已泐本插圖三）

### 嘉道拓本

　　六行"高等"之"等"字泐連石花，所見拓本多有塗描。（插圖四）

　　九行"火無灾煇"之"煇"字完好。（插圖五，對照已泐本插圖六）

十一行"峻極太清"之"清"字已損首點。

十三行"匪奢匪儉"之第二"匪"字未損。（插圖七，對照已泐本插圖八）

以上五字均泐。（插圖九）

## 清末拓本

插圖一

插圖三

## 翻刻本

有翻刻，石花呆板。（翻刻本插圖一〇、一一）

插圖二

插圖四

插圖五

插圖七

插圖六

插圖八

插圖九

插圖一〇

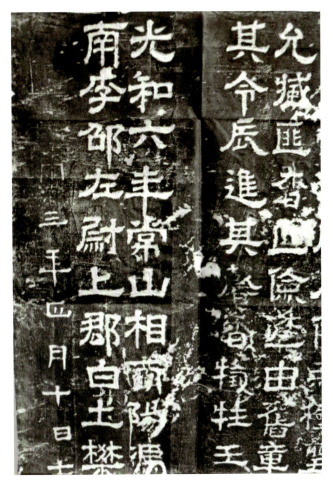

插圖一一

## 曹全碑

中平二年（185）十月二十一日。隸書。碑陽二十行，行四十五字。碑陰五列。此碑年款"中平二年十月丙辰造"九字，刻在碑文末行後隔四行處，拓工多分拓二紙，或省紙棄而不拓。（插圖一）明萬曆初年在陝西郃陽莘里村出土，後移置郃陽城内孔廟，明末大風折樹壓碑，撲倒中斷。今藏西安碑林。

### 初出土拓本

相傳當時碑還未運入城内，稱"城外本"，極罕見。後移置郃陽城内孔廟時，不慎磕碰掉碑之右下小角，首行最末一字"因"字右下損泐。（插圖二）故初拓本又稱"因"字不損本。上海博物館藏本，有沈樹鏞題跋二則，"因"字左下稍損，但未侵及外框，十九行"貢王庭"之"王"字完好，確系"因"字不損本。（插圖三、四）

又見蔣祖詒舊藏本（今藏大阪"漢和堂"，

二〇〇七年文物出版社影印），亦稱"因"字不損本，但"因"字外框右豎劃呆板，與全本其他點劃線條不類，（插圖五）十九行"貢王庭"之"王"字已損，十八行"臨槐里"之"臨"字右下亦不淨潔。（插圖六）

## 明末拓本（斷後初拓本）

明末碑身自首行"商"至十九行"吏"斷裂一道。

十八行"臨槐里"之"臨"字雖當裂道，然右下二"口"多似無損。（插圖七，對照民國拓本插圖八）

十九行"貢王庭"之"王"字完好。

中國國家博物館藏本系明末斷後初拓本。

## 明末清初拓本

九行"悉以薄官"之"悉"字完好。（插圖九）

十一行"咸曰君哉"之"曰"字剜成"白"字。（參見已剜本插圖一〇）

## 康熙拓本

九行"悉以薄官"之"悉"字"心"部左側損。（插圖一一）

## 乾隆拓本

首行"秉乾之機"之"乾"字左旁剜作"車"旁。（插圖一二，參見未剜本插圖一三）另，拓本多有嵌蠟填塗描本充作"乾"字未剜本，其中拙劣者只顧將"車"部中間"田"部改作"曰"部，忽略原本"乾"字左上角作一點下接一橫，仍作"十"字形，或一點上部過長。

## 嘉道拓本

十六行"庶使學者"之"學"字末筆損。（插圖一四）

## 咸同拓本

十行"七年三月"之"月"字泐。

## 清末拓本

二行"遷於"之"遷"字右捺點挖成彎角。（插圖一五）

## 翻刻本

此碑翻刻極精，有已斷、未斷之分。

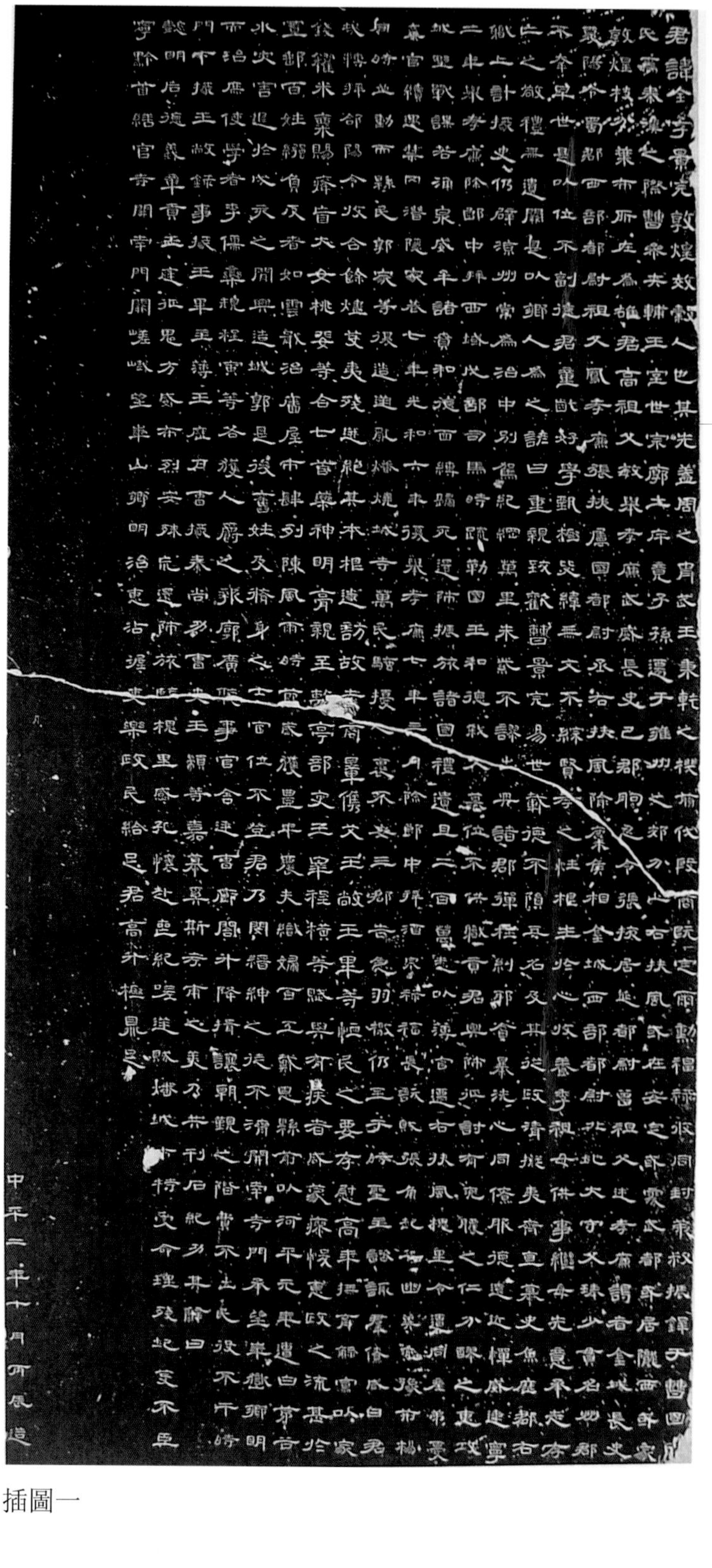

插圖一

插圖二

插圖三

插圖四

插圖五

插圖六

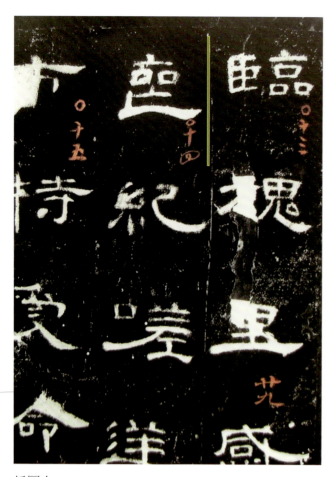

插圖七

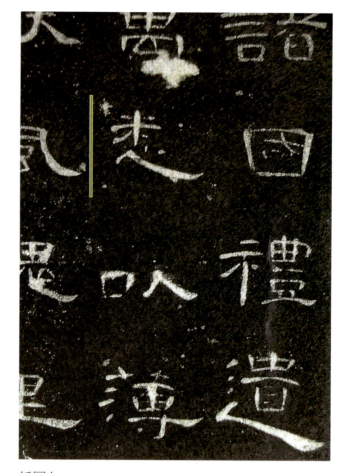

插圖九

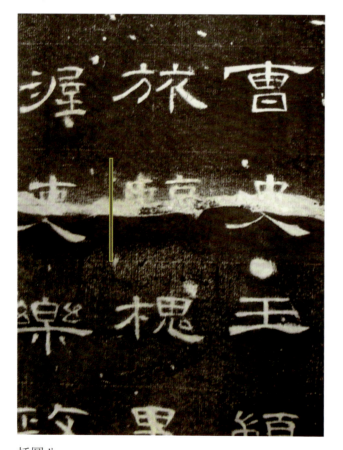

插圖八

插圖一〇

插圖一一

插圖一二

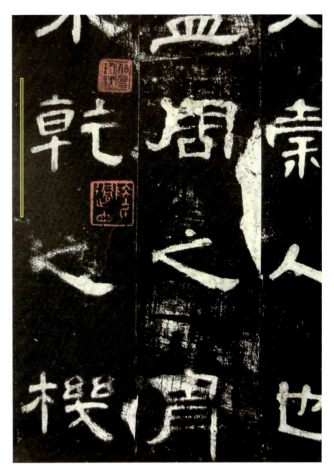

插圖一三

插圖一四

插圖一五

### 張遷碑

中平三年（186）二月上旬。隸書。碑陽十五行，行四十二字。碑陰三列，上二列各十九行、下列三行。有額篆書二行共十二字。此碑明代山東東平出土，一九六五年移至山東泰安岱廟炳靈門內。一九八三年移入岱廟碑廊。

### 明代拓本

八行"東里潤色"之"里"字未泐，"潤"字水部完好。（插圖一）

九行"頡頏"之"頏"字"頁"部未泐。（插圖二）

"東里潤色"四字完好無損本，相傳唯有朱翼盦舊藏有桂未穀跋本，今藏北京故宮博物院，其實此本"東里潤"、"頏"字均有塗描痕跡。（參見插圖一、二）

注：碑帖善本多有塗描，雖說美中不足，但亦不失善本身份。因為字劃真正全泐，也已無法塗描。有些宋拓本表面上看似整本塗描，其實亦未必盡然，因考據點與非考據點上均有墨色參差痕跡，加之歷時數百年，古氣彌漫，可謂一"古"遮百醜。

此外上海圖書館藏整紙卷軸，"東里潤色"四字處亦有作偽。

### 清初拓本

首行"煥知其祖"之"煥"字右下角未泐。

八行"東里潤色"之"東"字泐去左下大半，"里"字泐盡，"潤"字泐去左上角，只"色"字還在。（插圖三，對照清末民初拓本插圖四）

### 乾隆拓本

首行"諱"字"韋"旁下垂二筆完好清晰。（插圖五，對照插圖九）

八行"東里潤色"之"東"字左上角石花未侵及其上"恩"字。（參見清末民初插圖六）

六行末"徵拜郎中"之"拜"字完好。（插圖七）

若整紙拓本，第十三、十四行間（注：在十四行"上旬陽氣析厥感意"右側）未刻"己亥十月朔翁方綱觀"一行。"己亥"即乾隆四十四年（1779），此觀款不久即被鑿去，若此處見有鑿痕，定是乾隆以後拓本。

### 道光拓本

第七行"犁種宿野"之"犁"字"牛"部二橫劃右端雖損但未泐去。（插圖八，對照插圖一二）

### 清末拓本

首行"諱"字"韋"旁下垂二筆已漫滅。（插圖九）

四行"北震五狄"之"五"字泐右下半。（插圖一〇）

七行"休囚歸賀"之"囚"字底橫與石花完全相連。（插圖一一）又"犁種宿野"之"犁"字下二劃右端泐去，"宿"字右上鉤筆亦泐。（插圖一二）

十一行"銘勒萬載"之"勒"字"力"旁上半泐。（插圖一三）

### 翻刻本

有翻刻多種，易辨。（插圖一四、一五）

海豐吳氏藏"東里潤色"四字未泐本，光緒十八年（1892）壬辰毀於火，常熟翁氏有摹刻本。（插圖一六）

插圖一

插圖二

插圖三

插圖四

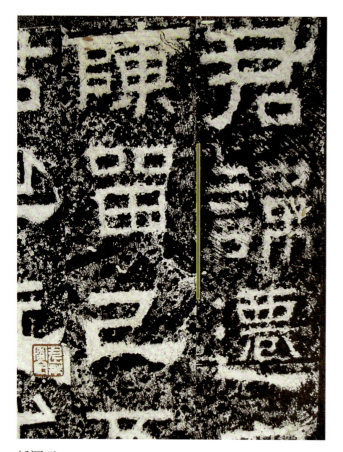

插圖五

插圖七

插圖六

插圖八

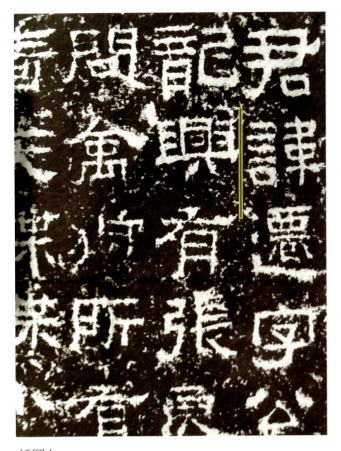

插圖九

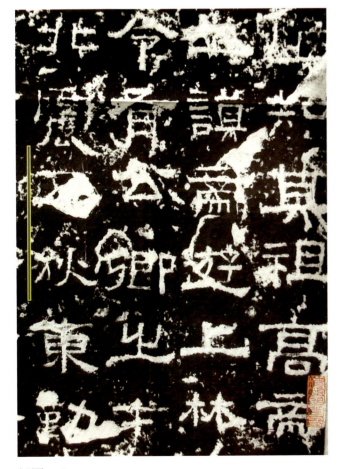

插圖一〇

插圖一一

插圖一二

插圖一三

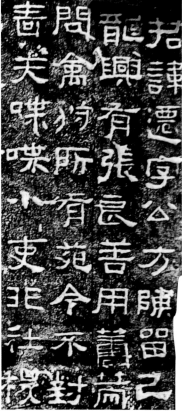

插圖一四

插圖一五

插圖一六

## 鄭季宣殘碑

中平三年（186）四月二十八日。隸書。碑兩面剝蝕嚴重，文字漫漶。碑陽約十八行，字數新舊拓各異。碑原在濟寧孔廟戟門東側，因碑陽面太靠牆壁，拓工只能從兩側伸手探入捶拓，故傳拓甚少。碑陰二列，各二十行，行六字、八字不等，上橫列篆書“尉氏故吏處士人名”八字。此碑下截埋入土中，故凡舊拓本只得上半文，碑陽四十八字，又半字三。乾隆五十一年（1786）翁方綱囑黃易昇碑並移離牆壁，碑字全露，乃得全拓。碑陽為七十一字又半字四，碑陰題名一百五十七字。碑側刻有黃易、翁方綱題記。（插圖一、二）碑在山東濟寧小金石館。

### 舊拓上半截拓本

碑陽十二行“能”下“惠”字上半尚見。
碑陰首行“故郡”之“郡”字右半尚見。

### 乾隆昇碑後全拓本

碑陽下截七行“駕賊”字以後至第十四行“子車之殉”前，其間計二十二字又半字六。（插圖三，對照插圖四）

### 清末拓本

碑陽下截七行“駕賊”字以後至第十四行“子車之殉”前，僅存“駕賊”二字，其餘全泐。（插圖四）

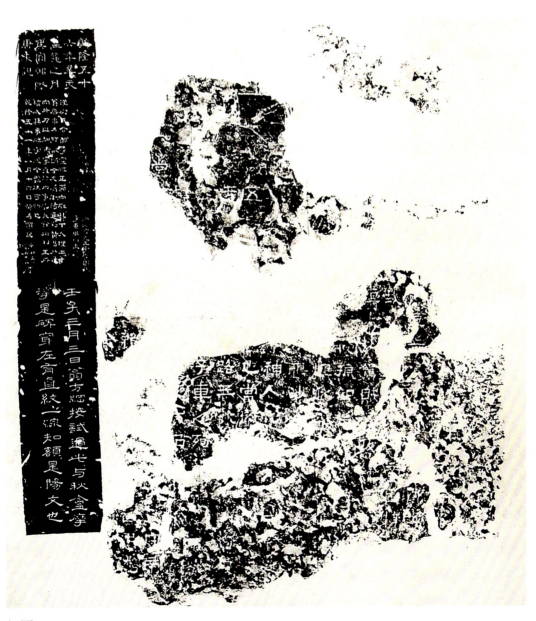

插圖一

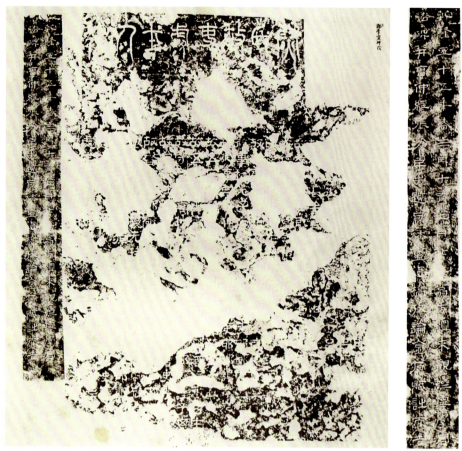

插圖二　｜　插圖二（局部）

插圖三

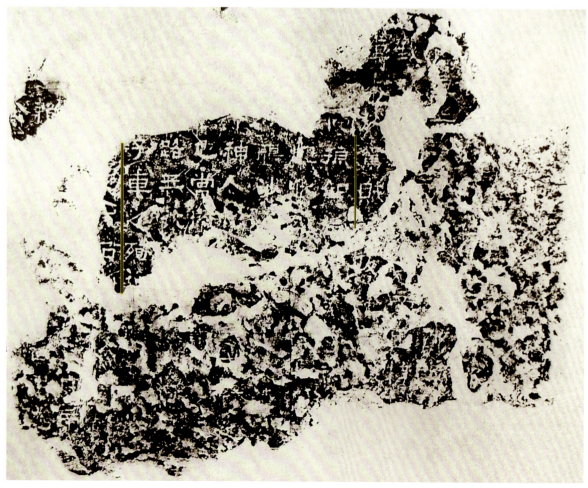

插圖四

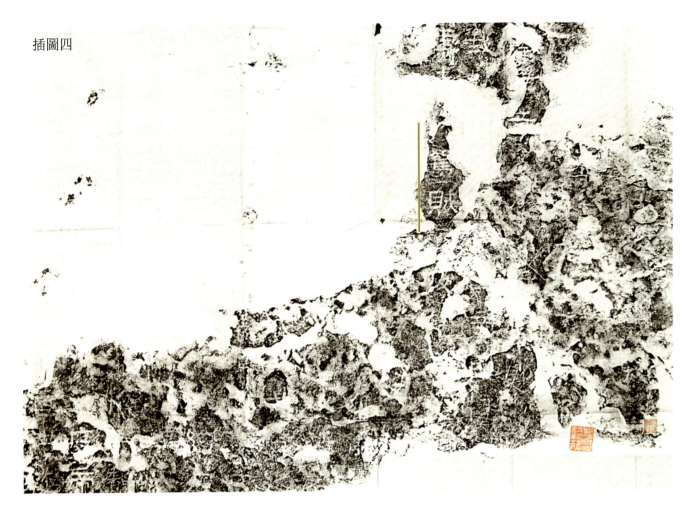

## 朝侯小子等字殘碑

俗稱"小子殘碑"，隸書，存十四行，行十四、五字不等。首行有"朝侯小子"等字因名。有陰存"種樹"等字三行。宣統三年（1911）陝西西安出土，初出土拓本多為濃墨拓，多鈐有"陝西愛古山房初拓"印記。石歸周進後，始用薄紙蟬翼拓。現藏北京故宮博物院。

## 翻刻本

原石首行"朝侯"之"朝"字"月"部上方石面微凹，拓本呈灰白。（原石插圖一）翻刻本誤作點畫，在"月"部上增刻一橫，"朝"字左上角刻作"山"狀。（翻刻插圖二）

另，首行"朝"無增刻橫劃亦有翻刻案例。原石第七行上"好"字左上角有特定的石質紋理（在拓片上呈黑色突起狀），七行下"家"左上角亦有石質紋理。（插圖三）翻刻則無石質紋理痕，代之以鑿痕。（參見翻刻本插圖四、五、六）

插圖一

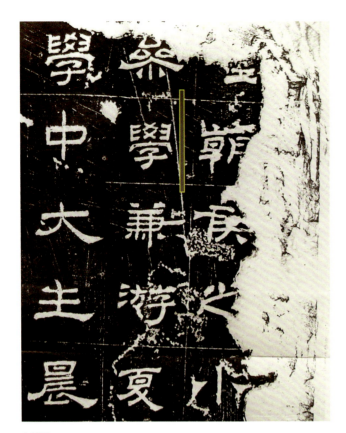

插圖二

插圖三

插圖四

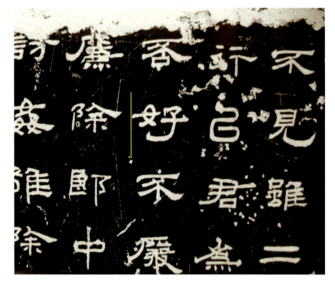

插圖五

插圖六

## 劉熊碑

無年月。隸書,有碑陰。碑石原在河南延津,久毀久佚,傳世殘石拓本僅有:劉鶚藏本、范氏天一閣本。

### 劉鶚藏本

此本整幅卷軸裝,系明中葉以後拓本,後歸端方,有楊守敬、繆筱山、羅振玉等題跋。碑已碎裂為上、下兩塊殘石,上段十五行,行十二字,下段二十三行,行十五、六字不等。現藏於中國國家博物館。(插圖一)

### 范氏天一閣本

亦為剪裱本復原裝成整幅,有道光二十三年(1843)范懋政題字,鈐有"范德壽秘寶"印章。此本與劉鶚藏本基本同時拓制,現藏北京故宮博物院。(插圖二、三)

民國四年(1915)顧燮光於河南延津校官舊廨訪得劉熊碑陰殘石一塊,存字八行,計六十餘字(可識者僅二十餘字)。碑側有宋人題記八行。現存河南省延津縣文化館。顧燮光又以新出碑陰殘石及碑側宋人題記以金屬版影印。(插圖四、五)

### 翻刻本

文字或痴肥呆板,或枯瘦僵硬,易分辨。(插圖六、七)

插圖一

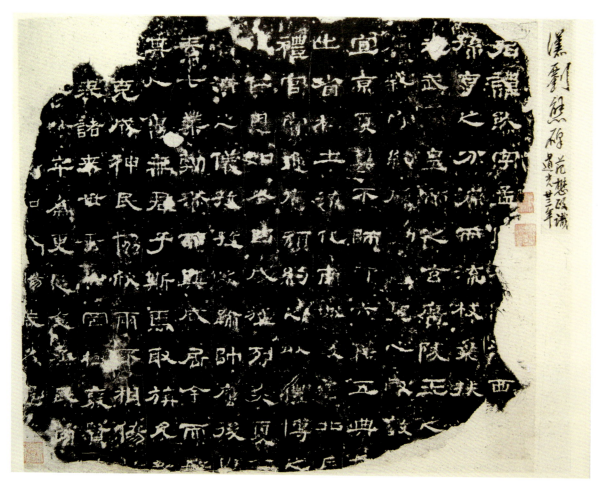

插圖二

插圖三

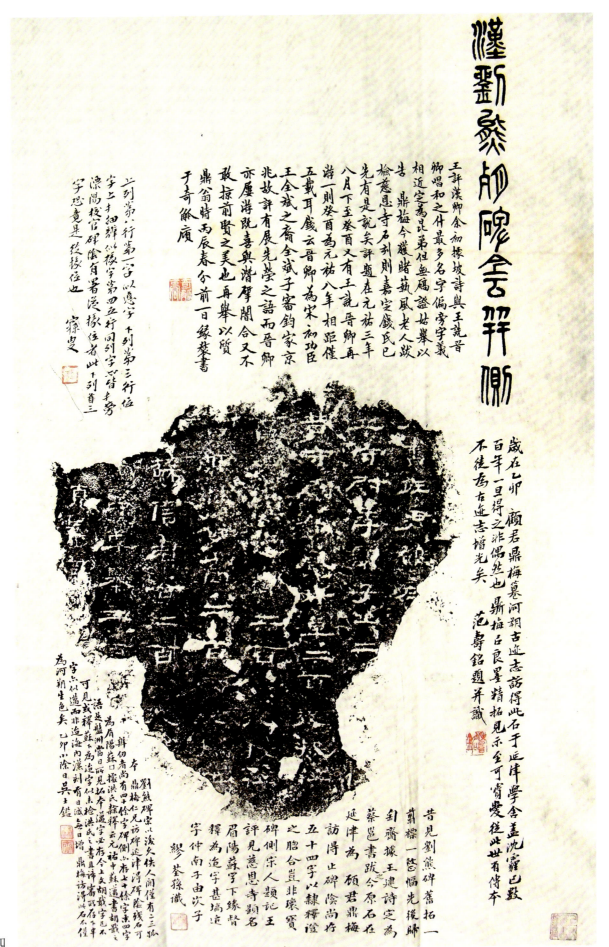

插圖四

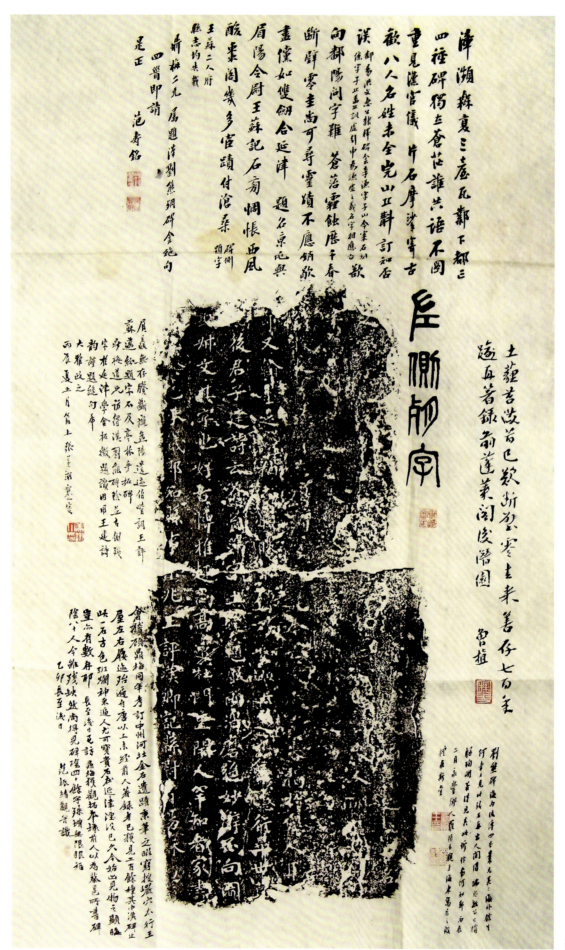

插圖五

插圖六

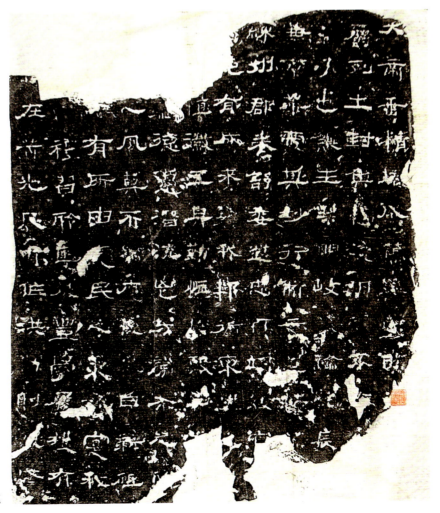

插圖七

## 武梁祠畫像題榜

漢武氏墓群石刊於山東濟寧嘉祥縣武宅山。歷經河患，祠堂久沒地下。清乾隆五十一年（1786），黃易過嘉祥縣署，得"武梁祠堂畫像"、"孔子見老子畫像"、"後石室畫像"、"武家林"斷石柱、"前石室畫像"、"祥瑞圖"等二十餘石。後李東琪、桂馥、翁方綱等捐資重修祠宇。

畫像全部題記實計一百九十九榜（插圖一）隸書，然所見拓本往往不全，前帝王像"夏桀"二字一條往往失拓，只一百五、六十條。（插圖二）

乾隆五十一年（1786）黃小松訪得初拓本。

前石室第五石"此亭長"三字未泐，祠堂"藺相如趙臣也"一條，初拓本"藺"字尚露一筆，"相"字露半。

### 乾隆末年黃小松監拓本

依"武梁祠堂"、"祥瑞圖"、"孔子見老子畫像"、"武氏前石室"、"武氏後石室"、"武氏左石室"次序裱裝，除正書"武家林"、隸書"武氏祠"及《武氏石闕銘》，李東琪、李克正跋刻各一則外，計榜題一百九十九條。"此亭長"監拓時已泐。（插圖三）前石室第六石第七榜，"功曹車"三字雖損尚存，後拓僅存"車"字少許。"藺相如趙臣也"一條僅存"如"字之半"口"。（插圖四）"功曹車"、"此秦王"皆尚存。

上海圖書館藏有二冊黃小松監拓本，經崇恩、沈樹鏞遞藏，有清嘉慶元年（1796）黃易題跋六篇。（插圖五）

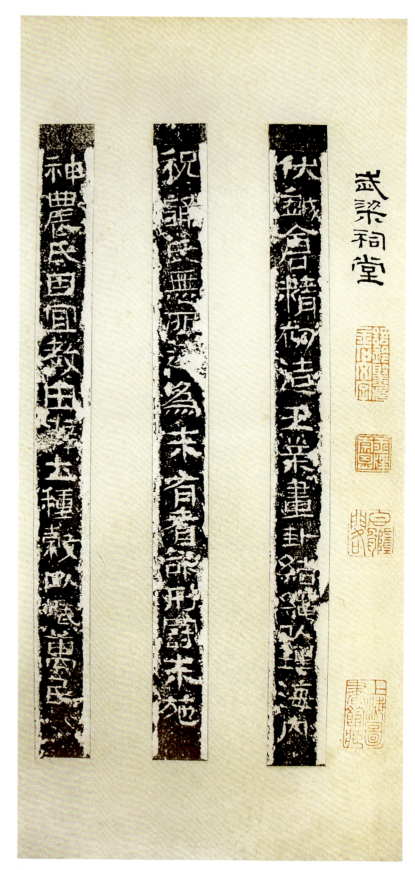

插圖一

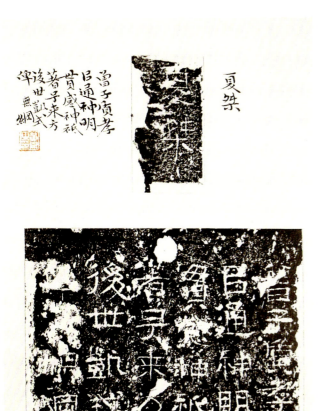

夏渠

魯子貢孝
呂通神明
賁威神祇
普子來方
伻後世凱式
無綱

藺相如趙

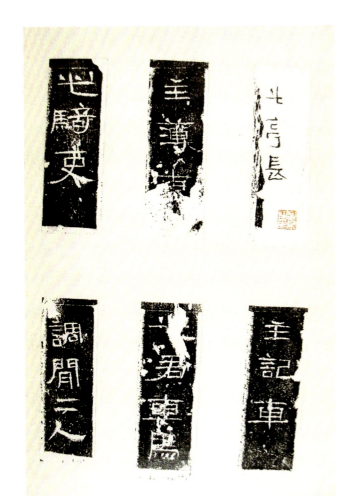

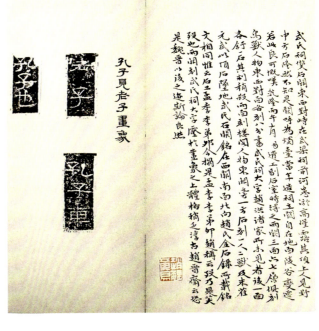

孔子見老子畫象

武氏祠畫石闕東西對峙在武梁祠前河岸於高隆露其頂上大對中方石隆然不知是闕時搆槾臺當年造祠主閣自在地而陵谷變遷若此也良可慨嘆武氏隆後而午有為通工副石室時得之兩闕三面六文俱係刻鳥戰人物東對西各列八分書武氏祠大字趙洪諸家西未見者該一面各存石其刻稍剝洞同樓閣人物東闕南南北內趙氏金石錄而載銘元戚以頂石隆地武氏石闕銘在西闕南南北內趙氏銷橫云殳方畟笑文相同惟三石三盡李弟邬銘橫云殳方畟笑段地兩闕剝刻武氏祠大字厤代重象之上禮拓稍之淳古趙晉齋云恕是魏晉以後之近新論良逝

## 李夫人靈第題字

俗稱"福祿臨門"。左側隸書題字三行，行七字，其右側刻"神鹿圖"，又稱"天祿圖"，畫像古樸，剝蝕自然，似漢物，但其題字書風絕非漢人，疑系清人出土時添刻作偽。石光緒初山東出土，後歸濰縣張允勤，傳石今在日本。所見拓本多鈐有"蓬萊張允勤所藏漢石"或"允勤藏石"。（插圖一）另，張允勤所藏北魏《光州靈山舍利塔銘》亦不可靠。

插圖一

**見有拓本數種：**

題字清晰，三行首字未刻空缺，鹿眼眼眶內，眼珠外尚有一圓圈。（插圖二）畫像自然，但題字不類漢隸。

題字剝蝕，三行首字似有字，鹿尾右側似有花邊。（插圖三，吳雲題跋本）畫像、題字均似翻刻。

題字剝蝕，三行首字似無字，鹿尾右側無花邊，鹿尾伸入花邊框。（插圖四）

又一件，畫像古樸，但題字亦不類漢隸，此刻可能就是蓬萊張允勤藏石原物。（插圖五）

插圖二（局部）

插圖二

插圖三

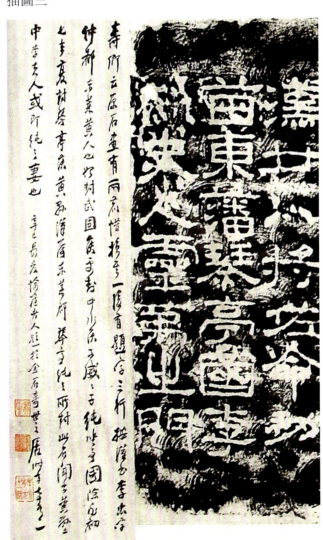

插圖三 （局部一）

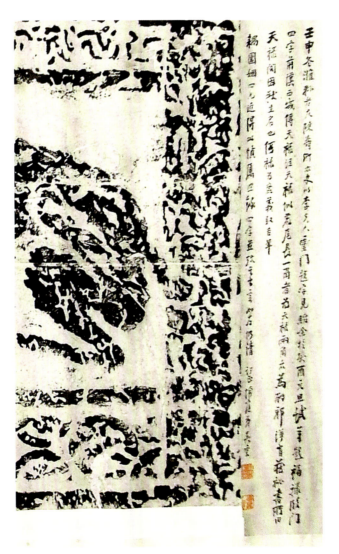

插圖三 （局部二）

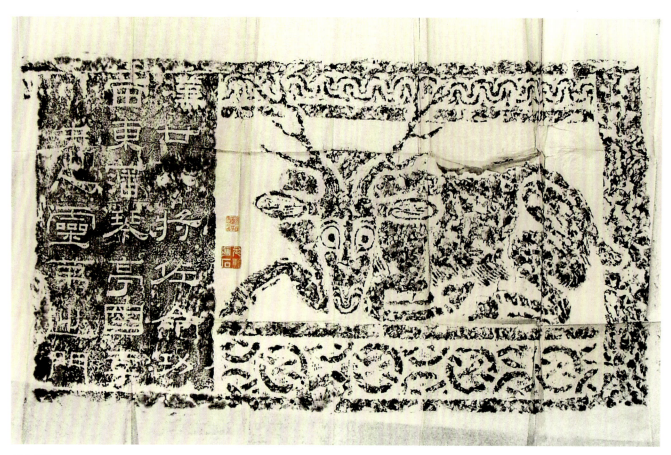

插圖四

插圖五

# 魏晉篇

# 三國魏

## 受禪表

黃初元年（220）十月二十九日立。隸書，二十二行，行四十九字。有額篆書陽文三字。石在河南臨潁縣繁城鎮漢獻帝廟內，與《上尊號碑》東西並列。書者有鍾繇、衛覬、梁鵠諸說，均無確據。

## 明拓本

首行"黃初"之"初"字完好無損。

上海圖書館藏有明拓殘本，未經剜洗（注：清初此碑遭剜洗），字體渾厚而峻朗，可惜僅存後十二行。

## 清初拓本

首行"維黃初元年冬"六字尚存，"初"字僅損左半。（插圖一，對照插圖四）

二行"皇帝受禪于"五字，僅"受"字左下損。（插圖二，對照插圖四）

三行"是以降"之"降"字損。"是以降"下"且二百年"之"且"字右豎尚存。

北京大學圖書館藏陳定遠題跋本系清初拓本。

北京故宮博物院趙世駿、周進、陳叔通遞藏本亦是清初拓本。（插圖三）

## 嘉道拓本

首行"維黃初元年冬"之"維"字泐大半，"冬"字泐盡。（插圖四）

二行"皇帝"泐甚。（插圖四）

三行"是以"之"是"字存。"是以降"下"且二百年"之"且"字右豎已泐。（插圖四）

## 清末拓本

右上角全泐。

首行"維黃初元年冬"六字全泐。（插圖五）

二行"皇帝受禪于"五字全泐。（插圖五）

三行"是以降"僅存"是"字。（插圖五）

碑額民國時被人偷運進京，此後拓本無額，碑額今在北京故宮博物院。

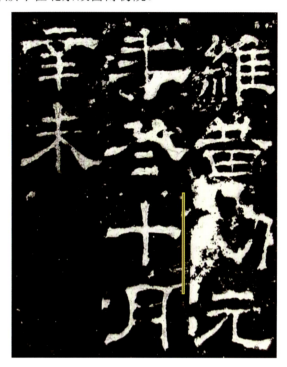

插圖一

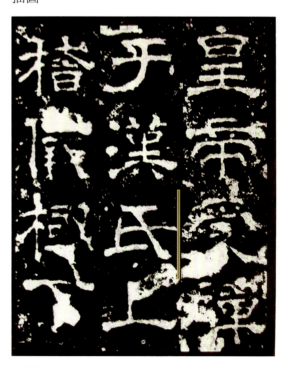

插圖二

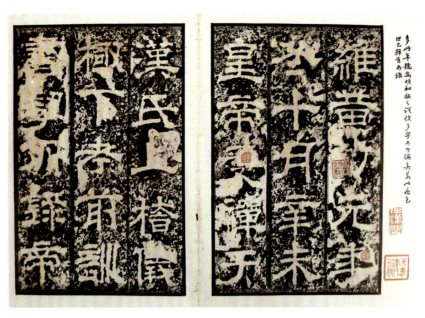

插圖三

插圖五

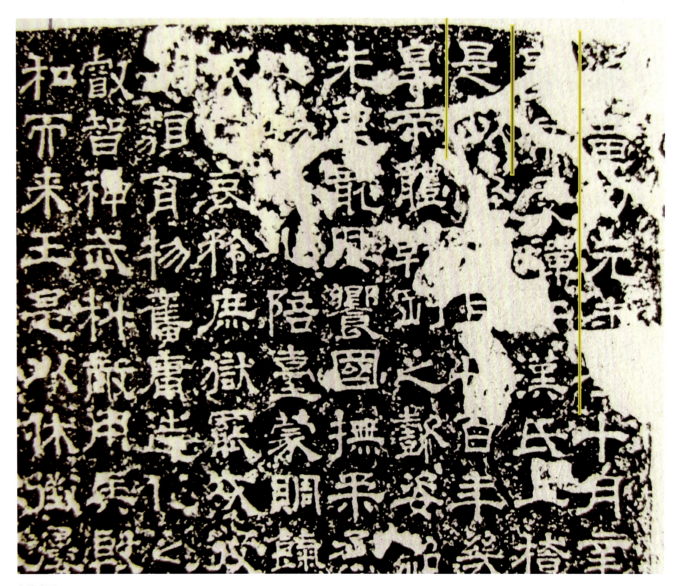

插圖四

三国魏

## 上尊號碑

黃初元年（220）。隸書，碑陽二十二行，碑陰十行，行各四十九字。清初以前拓本多為碑陽二十二行本，乾隆以後碑陰拓本才見流傳，且碑陽、碑陰多為連貫拓，世人誤以為碑為三十二行。（插圖一）有額篆書陽文八字。今在河南臨潁縣繁城鎮漢獻帝廟內，與《受禪表》東西並列。

### 明拓本

首行"御史大夫安陵亭侯臣朗"之"夫安陵"三字俱完好。清初拓本"夫"字長撇已泐，"陵"字左耳旁泐盡。（插圖二，拓片有硬傷，對照清初拓本插圖七）"安陵亭侯臣朗使持節"下尚存"行都督督"四字。（參見插圖二）

二行"輕車將軍"下"都"字完好。

三行"揚州刺史征東將軍"之"將軍"二字存。（參見清初已損本插圖三）

六行"臣繇大晨臣霸少府臣林督軍"之"林"字可見。清初拓本"林"字僅存字頭些許。（參見清初已損本插圖四）

八行"振武將軍尉猛亭侯臣當，忠義將軍樂鄉亭侯"，"當"字存半，"忠義將軍樂"五字猶存。

九行"樂亭侯俊安"下"夷"字猶存。

十行"漢帝奉天命以固"下"禪群臣"三字存。

十一行"頑愚猶知其不可"之"愚猶知"尚存。

十四行"堯知天命□已"下"故得"二字存。

十五行"畏天命也"之"畏"字可見。清初拓本"畏"字漫漶不可辨。（參見清初已損本插圖五）

十六行"魏受命"之"魏受"二字存。清初拓本"魏"字泐左上半，"受"字泐盡。（參見清初已損本插圖六）

上海圖書館藏有明初拓一冊（殘存碑陽十三行，多缺字），經羅聘、金農、沈樹鏞等收藏，有金農題簽。

### 清初拓本

首行"御史大夫安陵亭侯"之"夫"字左下泐損，"安"字尚完好，"陵"字左上角泐。（插圖七）

二行"輕車將軍"下"都"字左下"日"底部微連石花。（插圖八）

國家圖書館有王任堂舊藏本，系清初拓本。

### 乾隆拓本

首行"御史大夫安陵亭侯"之"夫安陵亭"四字泐盡。（插圖九）

二行"輕車將軍都亭"之"都"字"日"部中橫已泐，尚未泐及"日"字最上橫。（插圖九）

五行"單于臣泉奉常臣"之"奉"、"臣"字完好。（插圖一〇）

八行"樂鄉亭侯"之"樂"字右上角可辨。（插圖一一）

二十二行"華裔"以下後段十行已並拓。

碑陰第三行"珍祥瑞物"之"物"字完好，下"雜澡"之"雜"字亦可見。

### 嘉道拓本

二行"輕車將軍都亭"之"都"字之"日"部泐盡，清末民初拓本"都"字全泐盡。（插圖一二，對照清末民初拓本插圖一三）

碑陰首行"昭文德"三字尚存。（插圖一四）

碑陰第一行"飢者"二字未泐。（插圖一五）

### 清末民初拓本

二行"輕車將軍都亭"之"都"字全損。（參見插圖一三）

碑陰首行"昭文德"三字已泐。（插圖一六，對照插圖一四）

碑陰一行"援飢者"之"飢者"二字泐。（插圖一七，對照插圖一五）

碑陰二行"皇天則降甘露"之"甘"字泐盡，"露"字泐左半。（插圖一七，對照插圖一五）

插圖一

碑陰三行"珍祥瑞物雜遝"之"物雜遝"字
泐。（插圖一七，對照插圖一五）

　　碑陰四行"所以陳敘"之"陳"字泐下半，
"敘"泐盡。（插圖一七，對照插圖一五）

　　碑陰五行"可謂信矣"之"信矣"最晚泐
去。（插圖一七，對照插圖一五）

　　有翻刻一字不損，碑額左側刻有"嶷碑延康
元年鍾繇所書，歐陽詢識"字樣。

插圖二　　　　　　　　　　　　　　　　　　　　插圖三

插圖四　　　　　插圖五　　　　　　插圖六

插圖七

插圖八

插圖一〇

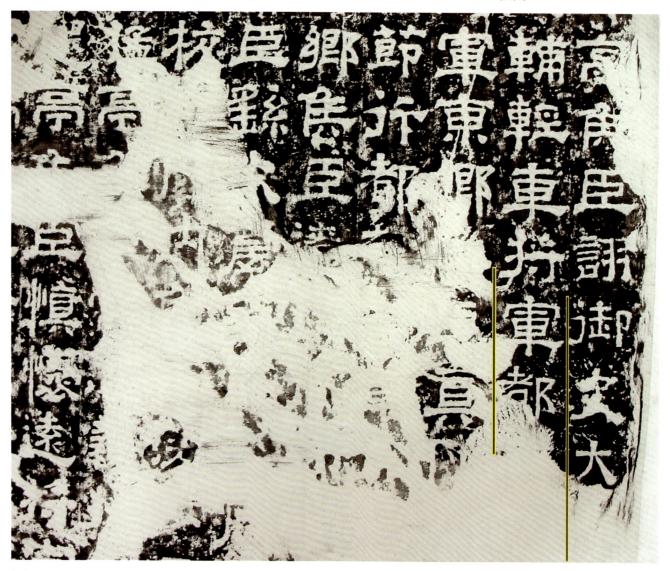

插圖九

插圖一一

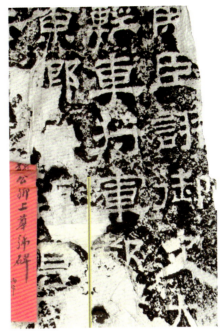

插圖一二

插圖一四

插圖一三

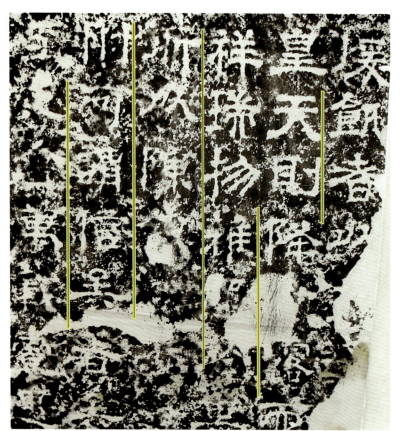

插圖一五

插圖一六

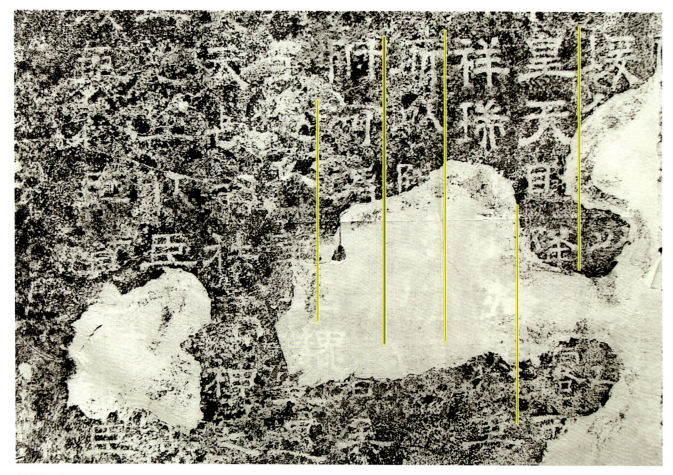

插圖一七

## 孔羨碑

又名"魯孔子廟碑"，黃初元年（220）。隸書，二十二行，行四十字。有額篆書六字。原在山東曲阜孔廟東廡，一九九六年移入孔府西倉漢魏碑刻陳列館。末行下刻有楷書"魏陳思王曹植詞"、"梁鵠書"、"宋嘉祐七年（1062）張稚圭按圖謹記"三行（按：張稚圭還曾在《乙瑛碑》後妄刻"後漢鍾太尉書"字樣）。

### 明拓本

十八行"體黃虞"之"體"字"曲"部六格僅損右下一格，左側"骨"部完好。黃易舊藏本，今藏北京故宮博物院。

### 清初拓本

十八行"體黃虞"之"體"字"曲"部損右下二格。（插圖一，對照插圖二）

奚岡、趙魏遞藏本系清初拓本，今在上海圖書館。

### 乾嘉拓本

十八行"體黃虞"之"體"字"曲"部，損及四、五格，旋即全泐，"骨"部下半損。（插圖二）

四行"大聖之才"的"才"字泐。（插圖三）

八行"所謂崇化"之"所"字還可辨，"謂"左下角"口"部不連石花，"化"鉤筆未連石花，出鋒向右。（插圖四，對照插圖一〇）

三行末"以奉孔子之祀"之"祀"字"示"部首點尚存。（插圖五，對照插圖一一）

九行"置百石"之"石"字"口"部僅泐底橫。（參見插圖五）

### 道光拓本

首行"大魏受命"之"命"字，"口"部與"卩"部之間石花尚未泐連。（插圖六，對照插圖一二）

二行"秩群祀于無文"之"無"字未損。（參見稍損本插圖七）

四行"魯衛"之"魯"字"魚"部已損右半，但左半筆劃分明。（插圖八）

七行"亂百"與八行"謂崇"四字間石花已連字劃。（插圖九）

八行"所謂崇化"之"所"字泐大半，已不可辨，且石泐已侵及"謂"字左半及下腳，"化"字鉤筆泐連石花，出鋒向上。（插圖一〇）

### 清末拓本

三行末"以奉孔子之祀"之"祀"字"示"部首點泐去。民國拓本橫劃已泐。（插圖一一）

首行"大魏受命"之"命"字"口"與"卩"部泐連，"大"字泐成"太"字。（插圖一二）

四行"魯衛"之"魯"字"魚"部損左半亦泐，不可辨。

九行"置百石"之"石"字，民國拓本"口"部泐盡。

插圖一

插圖二

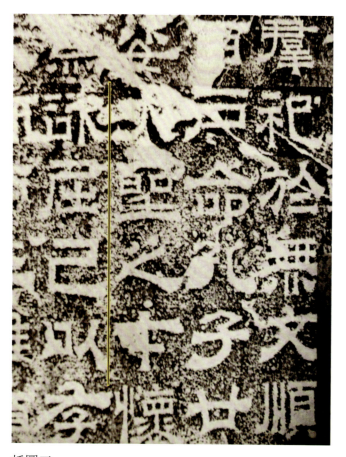

插圖三

插圖四

插圖五

插圖六

插圖七

插圖八

插圖九

插圖一〇

插圖一一

插圖一二

## 黃初殘碑

黃初五年（224）。隸書，殘石僅存四塊，分別命名為"利弟"、"少昊國為"、"我君愛遐"、"黃初"。原石已佚。

"利第"等字一石，又稱"牧伯"殘石。清初出土，最早放置在《曹全碑》旁，後歸郃陽康強，此石最先出土，前人曾誤認為漢碑。乾嘉拓本，二行"修德義"下"休"字完好。（插圖一）稍晚拓"休"字已有損泐，清末拓"休"字全泐。（插圖二）

"黃初"、"少昊國為"、"我君愛遐"三石乾隆元年（1736）出土。

其中"黃初"殘石共十三字，因起首文曰"疾病卒"，亦稱"疾病殘石"，人多諱稱，又因刻有"黃初五年"字樣，故多以"黃初殘石"稱之。後刻"乾隆元年夏五既望，得于郃陽，莘野臨漢圃藏"款四行。（插圖三）

"我君愛遐"六字殘石。（插圖四）

"少昊國為"四字殘石。（插圖五）

以上三石舊藏郃陽許秉簡家，當時只傳拓"黃初"、"我君愛遐"二石，"少昊國為"多不拓，當時拓本罕見。流傳拓本多見"黃初"、"我君愛遐"二石同時拓。（插圖六）

康強與許秉簡是表兄弟，乾隆年間金石家分獲兩家四石拓本後，始疑四塊殘石當出於同一魏碑，最終將四石合稱為"黃初殘碑"，康許兩家合拓四石本才見流行。故"黃初"、"少昊國為"、"我君愛遐"最初拓本無"利弟"一石，端方藏本即屬此種，許家三石系乾隆拓本，康家一石為後配拓本（民國十九年神州國光社影印）。

張廷濟舊藏四石乾隆拓本，從拓制手法來看，"黃初"、"我君愛遐"與"少昊國為"不同時拓，"利第"又另一時拓。（插圖七）今藏北京故宮博物院。

翻刻多種，與原刻相較，真偽立判。（插圖八、九、一〇、一一）

插圖一

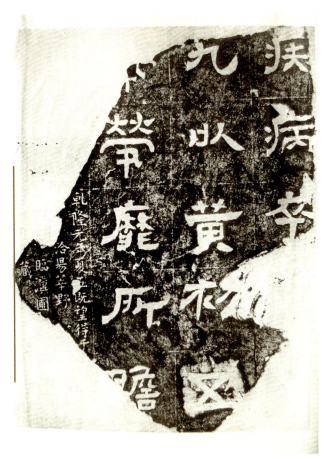

插圖三

插圖二

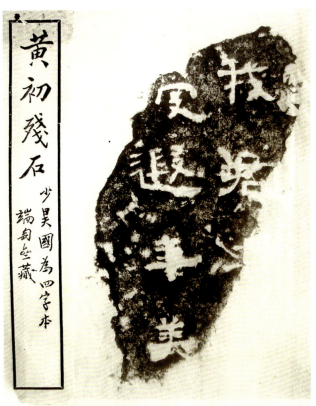

插圖四

插圖五

插圖六

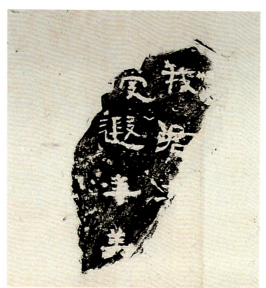

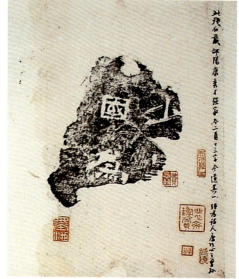

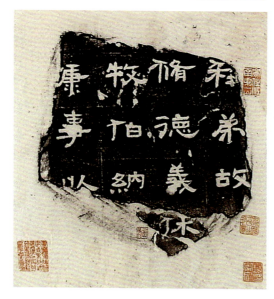

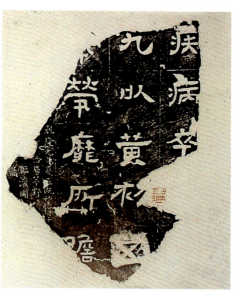

插圖七

插圖八

插圖九

插圖一〇

插圖一一

## 曹真殘碑

太和五年（231）。隸書。碑陽存二十行，行十七字至十字不等。碑陰二列，各三十行。（插圖一）道光二十三年（1843）出土，曾經端方、周進遞藏。今在北京故宮博物院。此碑初出土後，鄉人見碑文第八行刻有"蜀賊諸葛亮"等字，就將"賊"字鑿去，以後又陸續鑿去一些碑字。

### 初拓本

八行"蜀賊諸葛亮稱兵上郢，公拜大將軍授"之"賊"字完好，"郢"字左旁未損。（參見已損本插圖二）

十一行"舊雷霆於未然，屠蜀賊於"之"蜀"字未損。（參見已損本插圖二）

碑陰上列二十行首"尉"字完好，二十一行首"將"字完好。（參見已損本插圖三）

### 道咸拓本

八行"蜀賊諸葛亮稱兵"之"賊"字鑿去，但"諸葛亮"三字完好。（插圖二）

碑陰上列二十二行"督廣武亭侯"之"督"字完好。（插圖三）

碑陰下列三行"郭胤"之"胤"字上半未損。（插圖四）

碑陰下列四行"胡牧"之"牧"字僅撇、捺兩筆末端損泐。（插圖四）

碑陰下列二十九行"蕭儀"之"蕭"字完好。（插圖五）

碑陰下列末行下一"州"字中豎完好。（插圖六）

### 清末拓本（參見插圖一）

五行"妖道公張羅設"之"妖道公"鑿去。

八行"蜀賊諸葛亮稱兵上郢，公拜大將軍授"鑿去"蜀賊諸葛亮稱兵上郢，公拜"，僅存"大將軍授"四字。

九行"援於賊公"之"賊"字鑿去。

十一行"舊雷霆于未然，屠蜀賊於"鑿去"屠蜀賊"三字。

### 翻刻本

五行"妖道公張羅設"之"妖道公"鑿去，八行"稱兵上郢"之"稱"字下"再"部之右豎向內過分彎曲，與原石不類。

插圖一

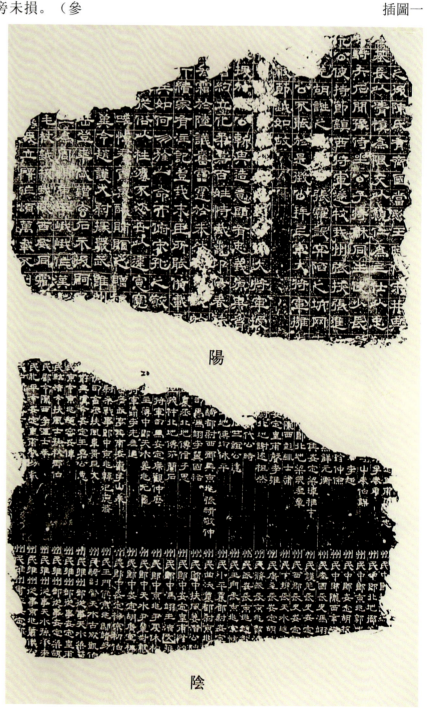

陽

陰

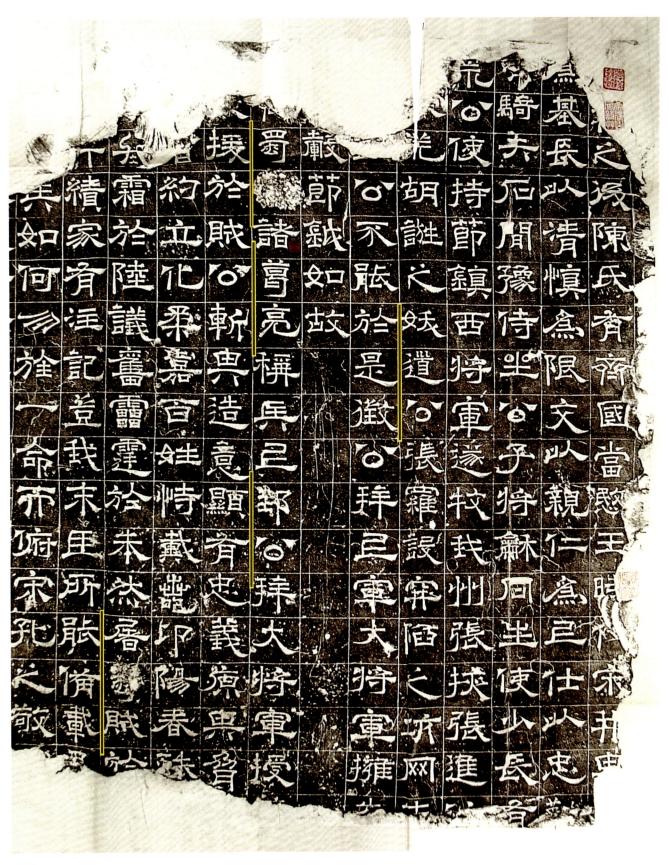

插圖二

插圖三

插圖四

插圖五

插圖六

### 范式殘碑

　　青龍三年（235）。隸書。此碑宋以後斷裂佚失。清乾隆四十三年（1778），膠州崔儒際在濟寧州學西龍門池口找到碑額，篆書十字。乾隆五十四年（1789）濟寧李東琪（鐵橋）又在學宮欞星門西發現碑身殘石。今藏山東濟寧小金石館。

　　碑陽存十二行，滿行十六字。（插圖一）碑陽頂部（碑額下面）右側刻有乾隆五十四年（1789）李東琪隸書題記（十八行，行四字）。碑陰存題名四列，碑陰左下刻有乾隆己酉（1789）黃易行書題跋四行。黃易跋後又刻有李克正隸書題記三行。（插圖二）

### 宋拓本

　　黃易舊藏宋拓孤本，有盧文昭、張塤、畢沅、黃易等人題跋，拓墨精善，較乾隆年間重新出土後拓本約多二百餘字，今藏北京故宮博物院。（插圖三）

## 乾隆拓本（重新出土之初拓本）

碑陽頂部無李東琪題記十八行。

## 乾嘉拓本（刻跋後初拓本）

李東琪題跋後，黃易助立款前，有"顧文洪、鄭支宗、李學曾"小字題名三行九字清晰。民國拓本則漫漶不可見。（參見民國拓本插圖四）

## 道光拓本

二行"士會"之"會"字右上無石花，繼則有石花，（插圖五）後此石花侵及"會"字捺筆。（插圖六）

## 清末拓本

為省紙，此石最底一列多漏拓（首行末缺一"夏"字、第二缺"實"、三行缺"百"）每行成"十五字本"。（參見十六字本插圖七）

插圖一（局部）

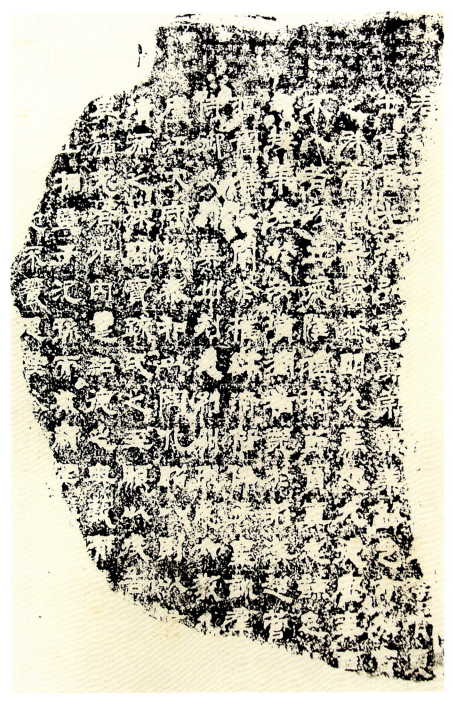

插圖一

插圖二

插圖三

插圖四

插圖五

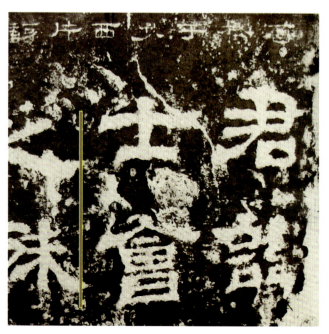

插圖六

插圖七

## 正始石經

三國魏正始年間（240～249）在洛陽太學刊刻了《尚書》、《春秋》、《左傳》（未全部刻完），世稱"正始石經"或稱"魏石經"。此次刊刻都是古文經，又因古文難識，便附刻了篆書、隸書字樣，故又稱為"三體石經"。

《正始石經》的刊石數目，有三十五碑與二十八碑兩種說法，現在尚無定論。其文字排列據羅振玉考證，每石刻三十四至三十五行，每行刻古文經二十字，連同附刻的篆書與隸書每行共六十字。另外，《尚書》中有兩篇文字編排有所不同，古文在上，其下並列橫排篆、隸書，呈"品"字形排列，（插圖一）每石刻二十六至二十七行，每行刻古文三十七字，連同篆、隸書共一百一十一字。

石經歷經損毀，到唐貞觀初年，已"十不存一"。上世紀二、三十年代，漢、魏石經殘石在洛陽太學遺址紛紛出土，到目前為止，魏石經殘石共有二千五百餘字。其中最大的一塊在民國十一年（1922）出土，其陽刻《尚書·無逸》存三十四行，行二十四字至三十五字不等，其陰刻

《春秋·僖公》三十二行，行二十二至三十二字不等。出土後不久，即遭盜賣者從中央一鑿為二（損二十餘字），以便偷運。今一半在河南省博物館，一半在中國國家博物館。（插圖二）

初拓未斷拓本，極為罕覯，相傳當時僅拓十三份，上海圖書館藏二份。其一是于右任以二百七十元購得，有王廣慶、章炳麟、李健、胡韞玉跋，李根源觀款。（插圖三）

另見馬衡舊藏初拓未斷拓本，此本下截打上界格，按原有位置補上零星殘字，是最完整的初拓本，今藏北京故宮博物院。（插圖四、五）

插圖一

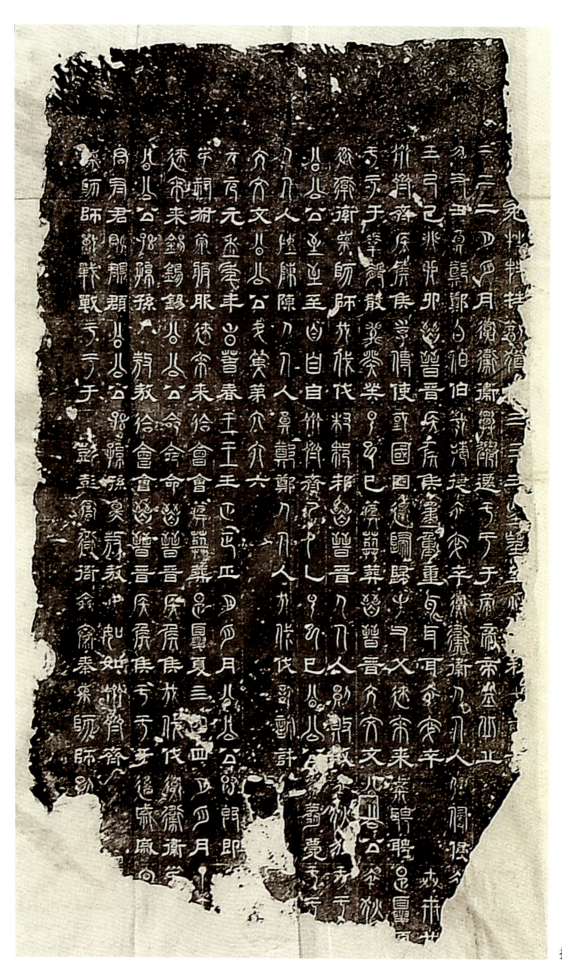

插圖二（左半石）

插圖二（右半石）

插圖三

插圖四

插圖五

## 王基殘碑

景元二年（261）四月
二十四日卒。隸書，十九
行，前三行，行二十二字，
其餘均二十一字。（插圖
一）碑在河南洛陽。

乾隆初年在河南洛陽城
北十五里安駕溝村出土。初
出土時碑上尚有書丹未刻之
字，前三行每行上端各有一
字朱書，後十六行每行各有
二字朱書，下端每行各有五
字朱書，可惜沒有錄文，不
久書丹朱字消失，乃知此碑
未刻竣即埋入土中。光緒八
年（1882），杜夢麟刻跋於
末行後。碑曾在河南洛陽明
德中學，今在洛陽古代石刻
藝術館。

### 初拓本

一字不損，字劃間格線
也清晰。

首行"仕于齊"之"于
齊"兩字完好。（插圖二，
對照插圖三、一二）

有趙聲伯舊藏初拓本，
今藏北京故宮博物院。

### 乾隆拓本

首行"仕于齊"之"于"
第二橫劃右側已泐，"齊"字
基本完好。（插圖三）

二行"兼"字完好。
（插圖四）

三行"形文"之"文"
字完好。（插圖五，對照已
損本插圖六）

四行"柔民"之"柔"
字完好。（插圖五，對照已
損本插圖七）

五行"司徒"之"司"字完好。（參見已損本插圖八）

六行"國典"之"典"字完好。（參見已損本插圖七）

七行"躬以"之"以"字完好。（參見已損本插圖七）

八行"所麾"之"麾"字、"賜爵"之"爵"字均完好。（參見已損本插圖九）

十行"舉無廢"三字完好。（參見已損本插圖一〇）

十五行"奉冊"之"冊"字完好。（參見已損本插圖一一）

## 道光拓本

首行"仕于齊"之"于齊"兩字與右石泐痕損連。（插圖一二）

三行"判群言"三字未損。

## 光緒八年前拓本

末行後未刻杜夢麟跋。（插圖一，參見刻跋本插圖一三）

## 清末民國拓本

增損數十字之多。

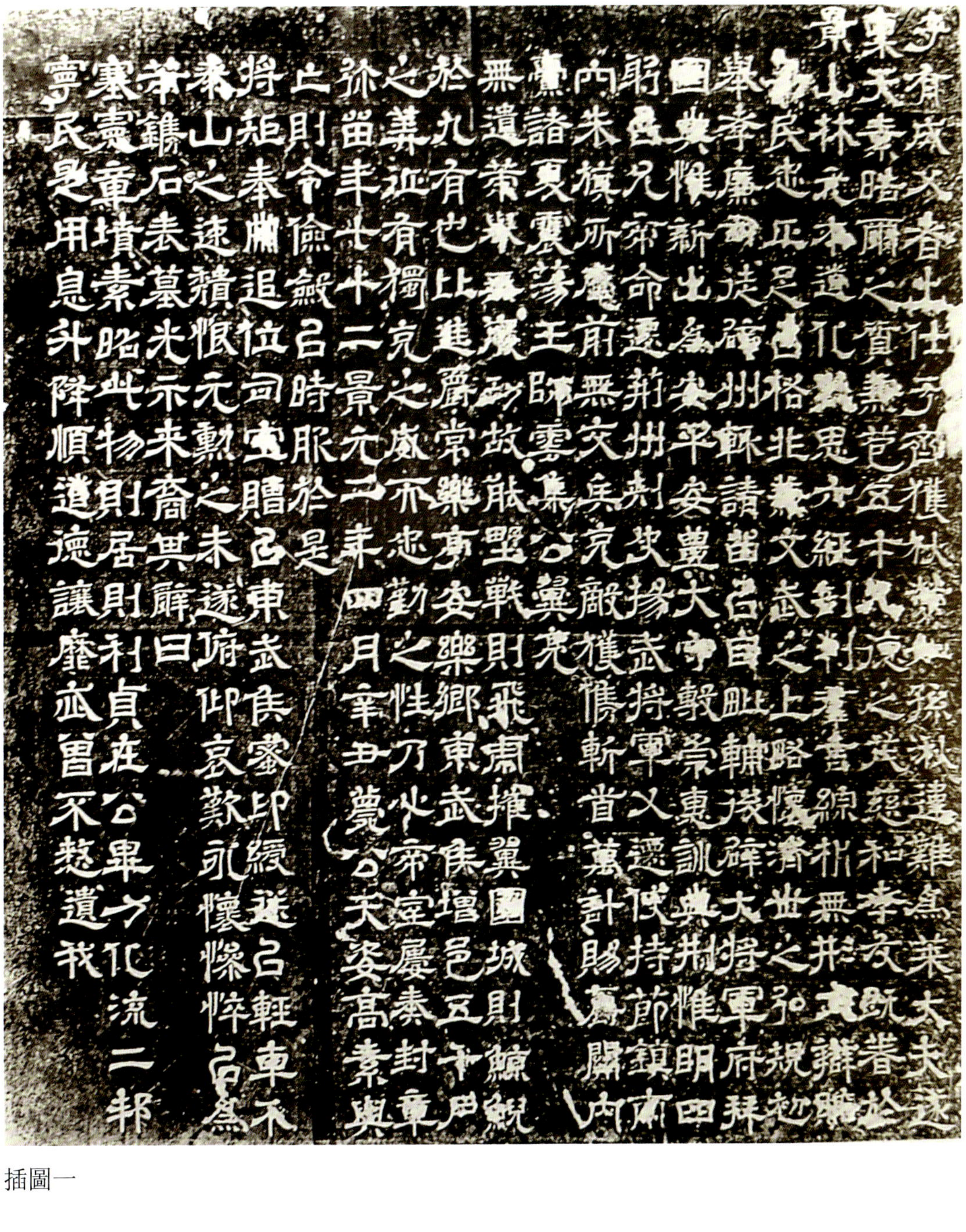

插圖一

插圖二

插圖三

插圖四

插圖五

插圖六

插圖七

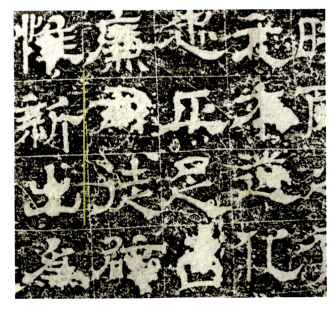

插圖八

插圖九

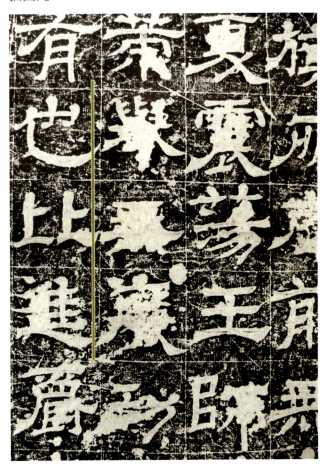

插圖一〇

插圖一一

插圖一二

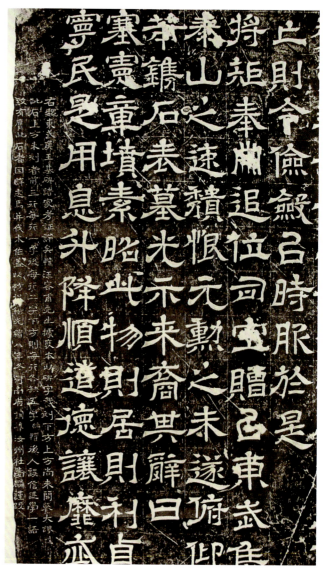

插圖一三

## 池陽令張君殘碑

隸書，殘碑共三塊。因碑文首行刻有“西鄉侯之兄”，故俗稱“西鄉侯碑”，碑主當為張既之兄。

### 1. 右殘石

光緒二十六年（1900）最大一塊殘石在河南出土，存十行，行十六到十八字不等，末行六字。為山東碑帖商人杜九錫訪得，運至北京，經端方、葛成修、周進遞藏。（參見插圖一）

### 2. 左下殘石

民國二十四年（1935）周進又得殘石一小塊（左下石），存字五行，行八九字不等，此二塊

今藏北京故宫博物院。（參見插圖一）

### 3. 左上殘石

民國二十七年（1938）黃伯川又得殘石一塊（左上石），計五行，行十四字，與先前出土的殘石左上可拼接，藏者居奇，未能合併，傳拓亦少。（參見插圖一）

最先出一石，末行僅存右半的六字，細辨之為"疾辭命不應辭"六字，其中"不"字右點（注：在長橫之下，捺筆之上）有損與未損之別，其他變化不大。（插圖二，參見已損本插圖三）

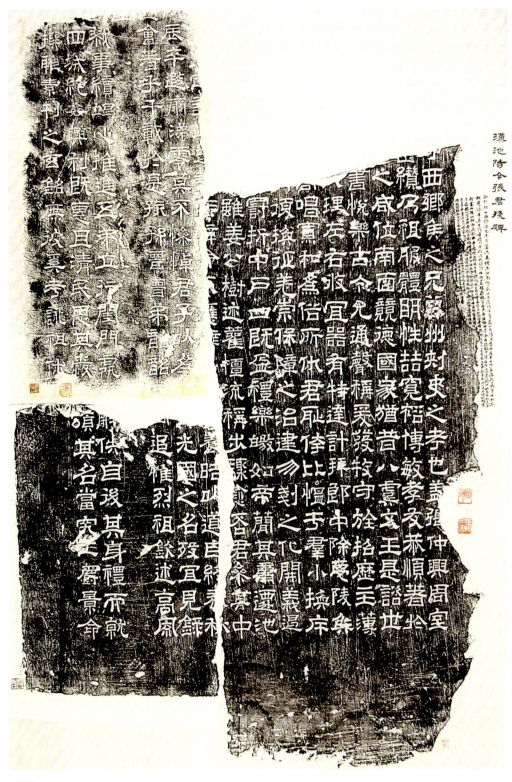

插圖一

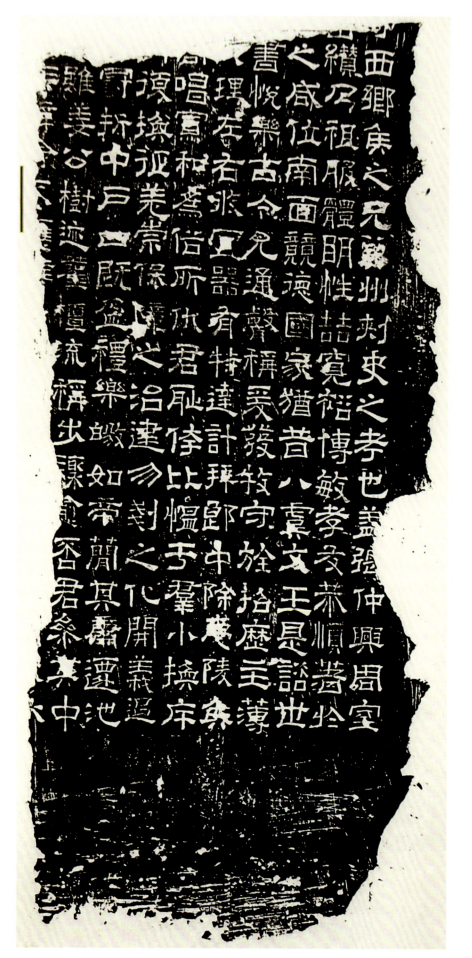

續石　西鄉侯之兄
咸位祖服體之
悅樂南面明性兄
理左古令競遠哲
唱右名通國博
撥迸崇鳥毅家敏
中戸美器有猶喜
樹逺既保特昔孝
逺垂盈仇達八文
禮流禮之君計牧王
稱樂治胤達拜郡是
出皦遠俘少郎除諮
珠如比幟割中歷主
愈帝刻幃之除陵世
吝蘭開化撥小至宋
君其義遷遷義陵
條露　　池　中

姜谷樹迸

扐中戸姜谷樹迸

插圖二　插圖二（局部）　插圖三　插圖三（局部）

西鄉集乃元藟州刾史之孝也盖强仲興周室
咸乃祖服體明性詰史之孝世盖強攴仲興周室
悦位古南面競魂國家寬裕昔博敏孝文恭順諮著世公
理樂右令允通聲器特稱猶昊發八宇旌招是諮薄
唱左收宜有君之達計拜杖郎中旌除招小慶撲陵主宗矣
頃換涩和倍所仇匡之治逹比圖于羣開小義撲過
寗折中戶四崇既盈禮樂歠如帝刘蘭之其化冪遷池中
雖姜公樹远蘿檀流稱出課否君桼冀中

# 三國吳

### 谷朗碑

鳳凰元年（272）四月。隸書，十八行，行二十四字。有額隸書陰文十一字。在湖南耒陽杜甫祠。

### 清初拓本

首行"朗字義先桂陽耒陽人"右側見有明人題字一行"男童段回祖保寄名石□"，文字清晰。（插圖一、二）

末行"勒茲名石，永光無窮"之"窮"字下見有谷氏後人題名五列，極清晰。（參見插圖一局部）

### 乾隆拓本

左右兩則題名字蹟清初時尚完好，碑額左旁又刻乾隆重修款字，十四、五行起首"乃"字、"於"字上有"重修"兩字。

九行"萬里肅齊"之"肅齊"已泐大半。（參見民國已損本插圖三）

### 道光拓本

左右題名及碑額左旁刻乾隆四年（1739）重修款字均已鑿去。鑿後初拓本第十七行"哲人"左側尚能辨出谷氏後人題名"鳳"字和"谷尚"二字。

### 清末拓本

兩側題名已鑿去不可見，碑文字剜出而走形。（插圖四）

插圖一（局部）

插圖一

插圖二

插圖三

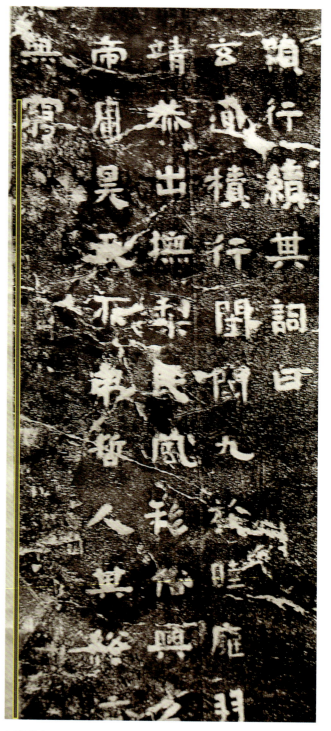

插圖四

### 禪國山碑

　　天璽元年（276）。篆書，碑形微圓，四面環刻，俗稱"囤碑"。四十三行，行二十五字，東北二面多磨滅，西南二面微泐。碑在江蘇宜興張朱鎮西南五十里董山。

**舊拓本**

　　多以西、南二面為主，拓本行數不一，全拓

極少。

## 光緒初年拓本

可見碑尾刻有"同治辛未（1871）春閔甘澤宣來拓並記"十三字。

## 清末民國拓本

碑尾同治題刻已鑿去，漫漶不可識，所見多為四十三行全拓本。（插圖一）

碑石質不佳，歷經剜剔。十行"大宮"（按：碑文環刻，加之文字漫漶，拓工多不明碑文起止，常以"大宮"兩字列在首行），（插圖二）二十七行"三玉人玉印"，二十八行"色者卅有三"等字重新剜挖，清晰異常。（插圖三）

插圖二

插圖一

插圖三

## 天發神讖碑

天璽元年（276）八月一日。篆書，碑呈圓幢形，舊斷為三截，故俗稱"三段碑"。上段存二十二行（有一空行），中段存十九行（尾部"刊銘敷垂"後三行多泐或漏拓，常見拓本均十六行），下段存十行（有一空行）。（插圖一）有石刻題跋三則：元祐六年（1091）三月胡宗師跋在上段之尾部（按：碑為圓形環刻，無分首尾，亦見有裝裱在起首處）。（插圖二）崇寧元年（1102）石豫亨跋在上段第二行至第七行上方（按：所見拓本多漏拓石氏跋，翻刻本亦漏刻）。（插圖三）嘉靖四十三年（1564）耿定向跋在上段第十七行至二十二行上方。石原在江寧縣學尊經閣下。嘉慶十年（1805）三月，校官毛藻命匠刷印王氏《玉海》，不戒於火，碑石焚毀。

### 明初拓本

中段第十六行"刊銘敷垂億載"之"敷垂"二字完好，（插圖四）"載"下半完好。（插圖五）

中段第十八行"吳郡"二字，"吳"字僅泐"口"部，"郡"字基本完好，僅"卩"部微損而筆劃清晰。十九行"工陳"，可見"工"之末筆和"陳"之"東"部。（參見插圖四）

故宮藏最舊本，羅振玉、朱翼庵遞藏，舊稱宋拓實為明初拓本。

### 明拓本

中段第十六行"敷垂億載"之"敷"字左下部未損，"垂"字左上稍損，"載"字泐盡，"億"字可見筆劃。

中段第十八行"吳郡"二字，"吳"字下半已泐，"郡"字耳部漫漶。

上段二十二行"東海夏侯"四字漫漶，但仍可分辨。（插圖六，對照清初本插圖七）

### 清初拓本

中段第十六行"敷垂億載"之"敷"字左下微泐，"垂"字損左半。（插圖八）

上段第二行"步于日月"之"日"字完好。（插圖九）

上段第十二行"中書郎"之"郎"字完好。（插圖一〇）

上段第十三行"費宇"之"費"字"貝"部右上角未泐。（參見插圖一〇）

北京故宮博物院、國家圖書館均有整紙拓本。

### 雍乾拓本

中段第十六行"敷"左下全泐，"垂"字僅存右上角（約占全字的四分之一）。（插圖一一）

中段第十八行"吳郡"二字泐盡。

上段第二行"步于日月"之"日"字中橫右上角泐。

上段第十二行"中書郎"之"郎"字左上角泐。

嘉慶十年（1805）碑毀於火後，原石拓本矜貴，翻刻應運而生。

### 翻刻本

其中最著者為林曙生"東雲本"，俗稱"黃泥牆本"，摹刻精善，石花自然，舊在北京，旋毀，拓本較少見。（插圖一二、一三、一四）

另，阮元摹刻兩種，分置揚州、杭州府學。光緒三十三年（1907）端方命姚京受摹刻，置於江寧縣學尊經閣。（插圖一五、一六、一七）

插圖一

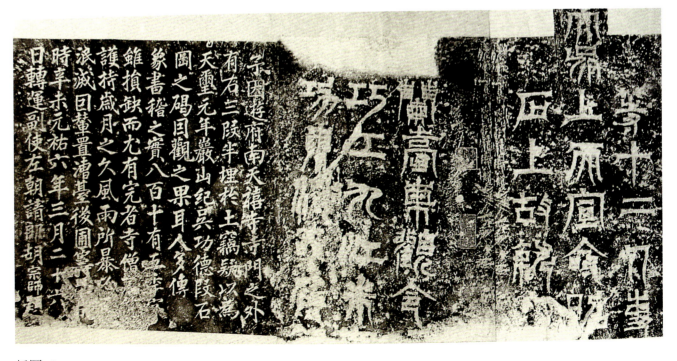

插圖二

插圖三

插圖四

插圖五

插圖六

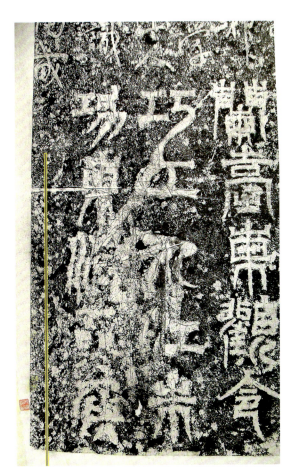

插圖七

插圖八

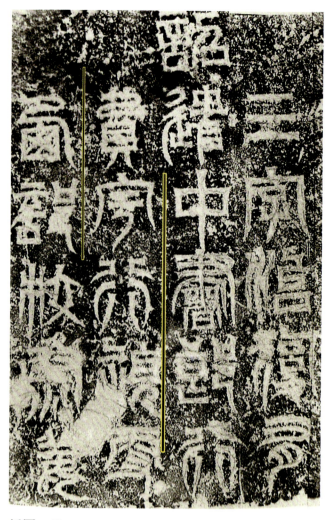

插圖一〇

插圖九

插圖一一

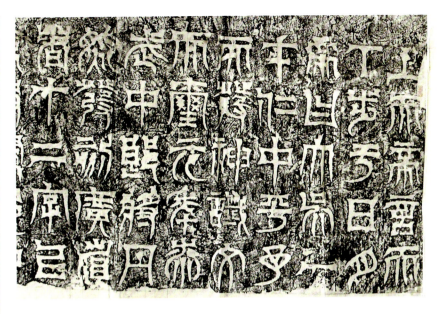

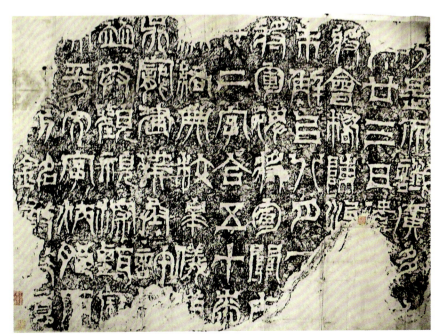

吴天玺神谶碑旧在江宁县学尊径阁嘉庆十年乙丑校官毛藻命匠刷印王氏玉海不戒於火并石幢为阮文达公摹刻两本分置扬州杭州两府学而江宁顾阁如也岁丙午余奉命至杭城张祖翼来全陵为余言其门人同里姚觐石因属属初凡六阅月而藏事度之臂暑西围二千年古物顾潢旧观雪夜详碑与中石亦尾首中欺之似文达诮知当掀髫许为知已宣统建元岁次己酉月丙元日溧阳端方题记

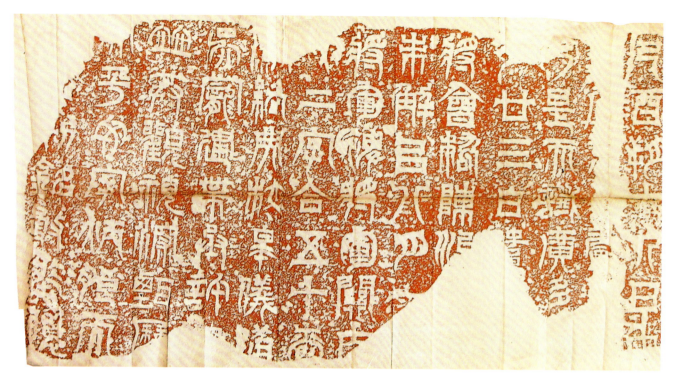

插圖一六

插圖一七

# 晉

## 潘宗伯等造橋閣題字摩崖

泰始六年（270）五月摩崖刻。隸書，一行二十字。左側刻有三國魏景元四年（263）十二月《蕩寇將軍李苞開通閣道題記》，隸書三行，多合拓。石在陝西褒城。（插圖一）一九七一年，遷入漢中博物館。

### 清初拓本

字蹟清晰。

首行"造此橋格"之"此"鉤筆雖中斷，但裂紋右側筆劃尚存。（插圖二）

國家圖書館藏卷軸本，有周大烈、梁啟超題跋。

故宮博物院藏裱本，有乾隆六十年（1795）阮元題跋。

### 乾隆以後拓本

首行"造此橋格"之"此"鉤筆右側筆劃已泐。

嘉道間此碑傳拓較少。清末後拓本重新流行。

### 翻刻本

原刻首行"五月"之"五"字漫漶，似"五"又似"元"，翻刻"五"字分明。（翻刻本插圖三、四）

另，清同治十年（1871）羅秀書在石門南側又發現摩崖題刻兩行："景元四年十二月十日，蕩寇將軍浮亭侯"，俗稱"小李苞"，字蹟稍似，以免混淆。

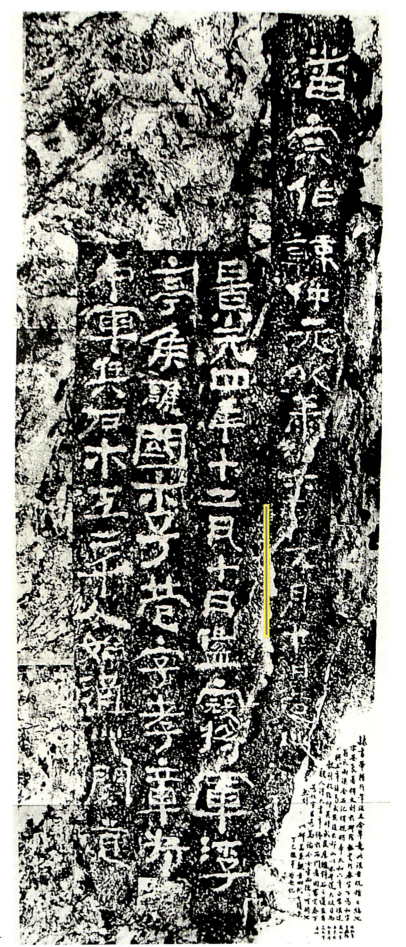

插圖一

## 孫夫人碑

泰始八年（272）十二月十五日。隸書，二十行，行三十七字。有額隸書十一字。乾隆五十八年（1793），江鳳彝在山東新泰縣新甫山下張孫莊訪得，後移入縣學，碑陰刻有清嘉慶二年（1797）江鳳彝書寫《建碑亭記》隸書九行。（插圖一）碑原在新泰縣，一九六五年移至泰安岱廟炳靈門內，一九八三年移入岱廟碑廊。

### 乾嘉初拓本

初拓本有江鳳彝長條木印："乾隆癸丑錢塘江鳳彝得於新甫山麓"，下鈐"江氏金石"印。（插圖二）

十七行"是乃追"之"乃追"二字微損。

末行"曰古"之"曰"字存下大半，"古"字存右大半。（插圖三）

碑額"太守"之"守"字首完好。

### 嘉慶拓本（插圖四，對照民國拓本傳拓一〇）

十行"眾皆悅"之"眾"字筆道可辨。

十二行"為婦卅餘載"之"婦"字未泐，（插圖五）又"言無口過"字"過"字尚存左半。（插圖六，對照插圖九）

十三行"夫人之口"之"之"字基本完好。（插圖七）

十九行"仍罹"之"仍"字未泐。（插圖八）

### 嘉道間拓本

十二行"為婦卅餘載"之"卅"完好。又"言無口過"之"過"字幾乎全泐。（插圖九）

十三行"由弗違"三字完好。

十九行"仍罹"之"仍"字，損及單人旁。

### 道咸拓本

十二行"為婦卅餘載"之"婦"字泐左半，"卅"字全泐。

十三行"由弗違"三字均損。

十九行"仍罹"之"仍"字泐盡。

### 民國拓本

碑左上角斷裂紋加大。（插圖一〇）

十二行"為婦卅餘載"之"婦"字全泐。（插圖一〇）

十三行"由弗違"三字全泐。（插圖一〇）

插圖一
———
插圖二

插圖三

插圖五

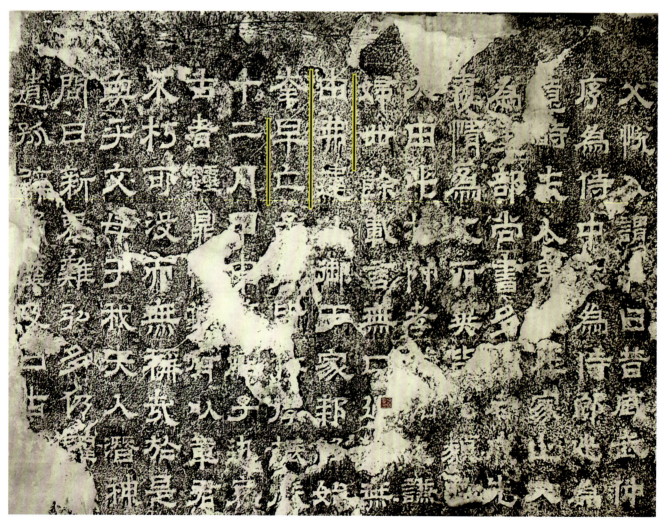

插圖四

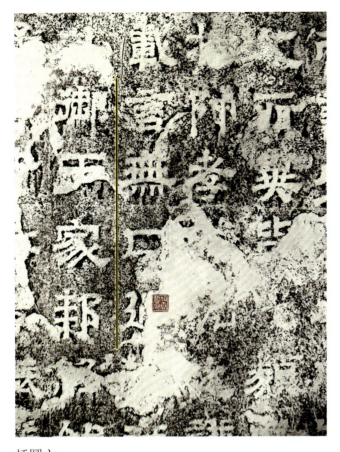

插圖六

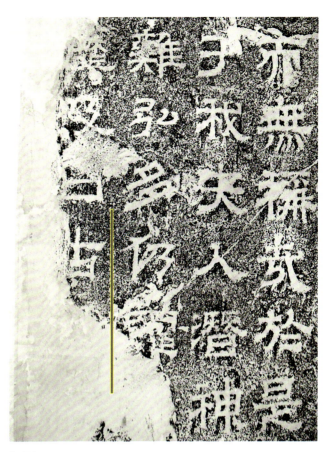

插圖八

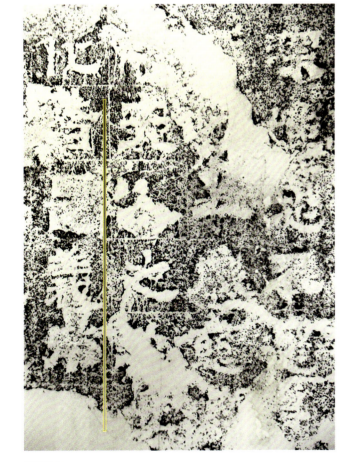

插圖七

插圖九

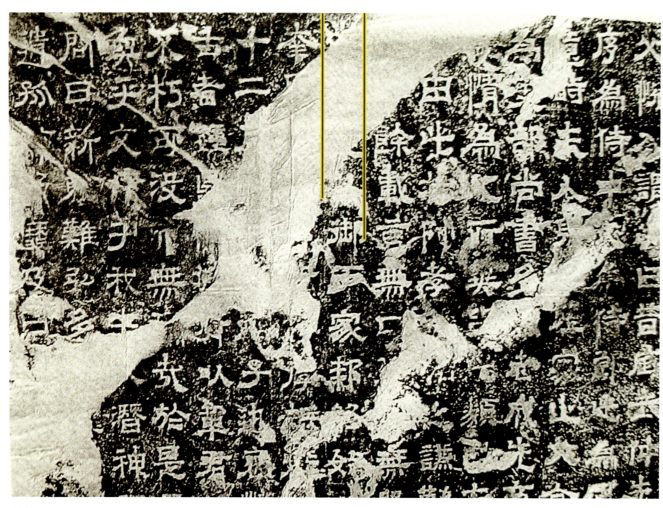

插圖一〇

## 呂望表

太康十年（289）三月十九日。隸書，二十行，行三十字。有額隸書六字。碑陰題名約二十一行甚漫漶。碑明代已中斷（斷在第十三列水平線上），後不知下落。清乾隆五十一年（1786）黃易在河南衛輝訪得此碑上截，乾隆五十六年（1791）下截重又出土。嘉慶四年（1799）李元澐移置學宮。（插圖一）碑今在河南衛輝市孔廟。

### 明拓本

二行"有盜發冢"之"冢"字未漶。

三行"文王夢天帝服□襄以立於令狐之津"之"服"字未漶。

九行"垂示無窮者矣"之"者"字未漶。

僅據舊說，筆者未見明拓。

### 乾嘉拓本（重新出土後初拓本）

二行"有盜發冢"之"冢"字末筆稍損。（插圖二，對照插圖七）

三行"文王夢天帝服□襄以立於令狐之津"之"服"字右半下漶連石花。

九行"垂示無窮者矣"之"者"字未漶。

國家圖書館藏有整紙拓本，系乾嘉初拓本。（參見插圖一）

### 嘉慶拓本

嘉慶四年（1799）刻李元澐、李震二跋（李元澐隸書跋刻兩行，在碑之上段二十一行、二十二行處，李震楷書刻跋兩行在下段末行年款左側）。（插圖三、四）

中斷線下十四行至十八行無其他裂痕，以下諸字皆見存，如：十四行"德玄通"之"德"字，第十五行"遂作心膂寅亮天工"之"膂寅"

三字，十六行"般磎之山"四字，十七行"敬報以介福"之"敬報以"三字，十八行"遠迮"兩字。（插圖五，對照插圖六、插圖八）

## 道光拓本

二行"有盜發冢"之"冢"字泐下大半。

三行"文王夢天帝服□襄以立於令狐之津"之"服"字全泐。

九行"垂示無窮者矣"之"者"字泐下半。

中斷線下十四行至十八行，增裂一道，裂紋線貫穿十四行"德玄通"之"德"字，第十五行"遂作心膂寅亮天工"之"寅"字，十六行"般磎之山"之"山"字，十七行"敬報以介福"之"以介"二字間，十八行"遠迮"之"迮"。（插圖六）另，自第十五行"遂作心膂寅亮天工"之"心"字起，至十九行"無隙茲令"之"隙"字斜裂一道。十六行"聲烈彌洪"之"洪"字泐，十九行"無隙茲令"之"隙"字上有裂紋。（參見插圖六）

## 清末拓本

第二行"有盜發冢"之"冢"字全泐。（插圖七）

中斷線下十四行至十八行，兩條裂紋中一大塊石面剝泐，泐去十餘字，如：十四行"德玄通"之"德"字，第十五

行"遂作心膂寅亮天工"之"心膂寅"三字，十六行"般磎之山"四字，十七行"敬報以介福"之"敬報以"三字，十八行"遠迮"兩字。（插圖八、九）

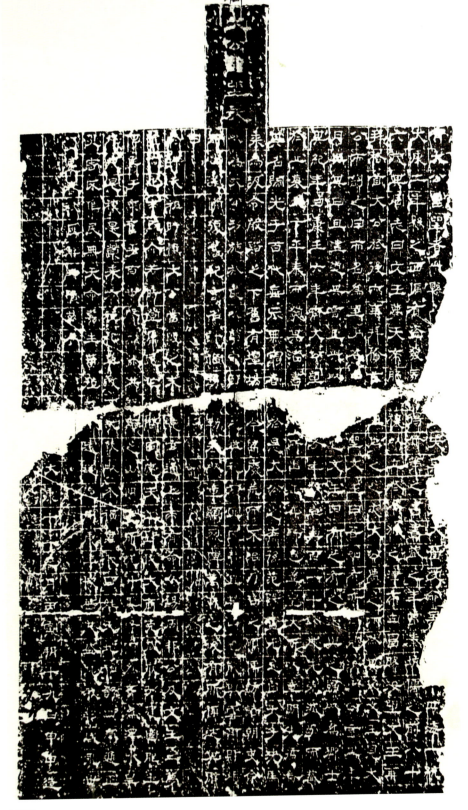

插圖一

插圖二

插圖三

插圖三（局部）

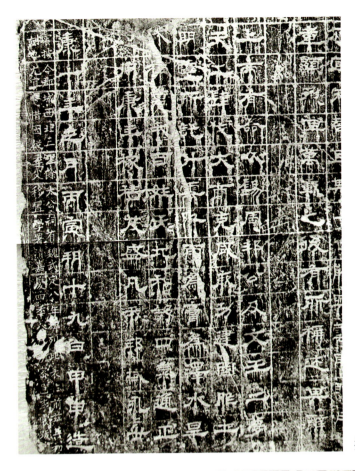

插圖四

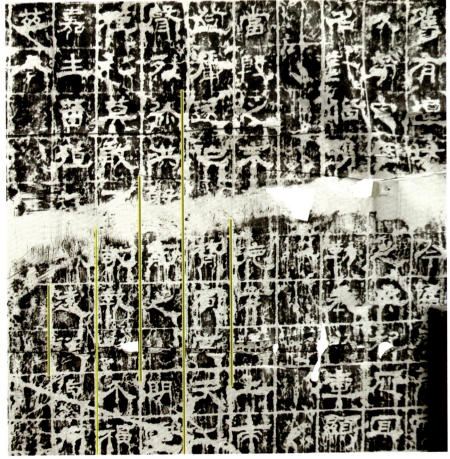

插圖五

插圖四（局部）

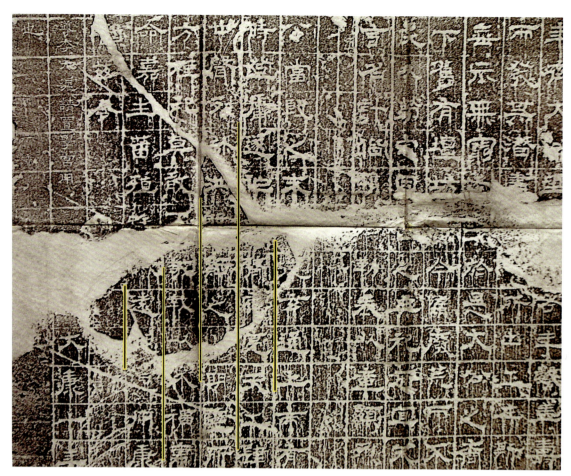

插圖六

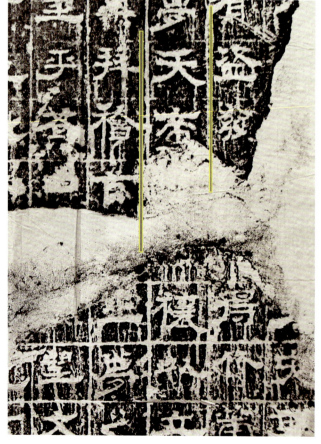

插圖七

插圖八

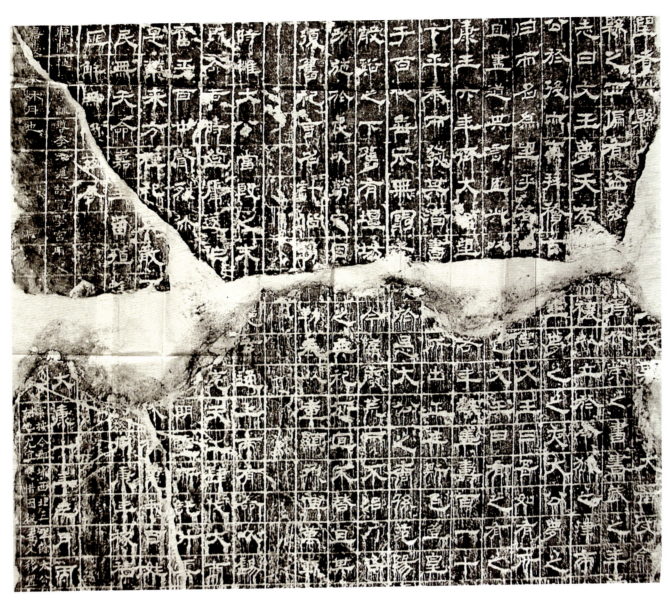

插圖九

## 張朗墓誌

永康元年（300）十一月十五日。隸書。二面刻，正面十九行，行十九字。陰面六行，行十字。一九一六年，洛陽城東後營村出土，（插圖一、二）後歸日本太倉集古館，一九二四年地震毀裂成數小塊，碎石仍在日本太倉院集古館。有翻刻本行世。

## 翻刻本

翻刻碑陽石面有數處微凹，如：三行"世相韓"之"世"字，十二行"春秋"之"春"字左上，拓片發白。（翻刻本插圖三）

翻刻碑額首行"晉"字首橫離碑額邊框較近，幾乎穿出邊框。原刻碑額首行"沛"右側有石釘痕，翻刻則無。（翻刻本插圖四，對照原刻本插圖一）

十二行"先烈"之"烈"字"歹"部，（參見原刻本插圖五）翻刻漏刻左上一撇。（翻刻本插圖六）

翻刻碑陰有額題（文字與碑陽同），原刻碑陰無額題。（翻刻本插圖七，參見原石插圖二）

翻刻本碑陰石面極不平整，拓片墨色不均，如大花臉。（參見翻刻本插圖七）

插圖一

插圖二

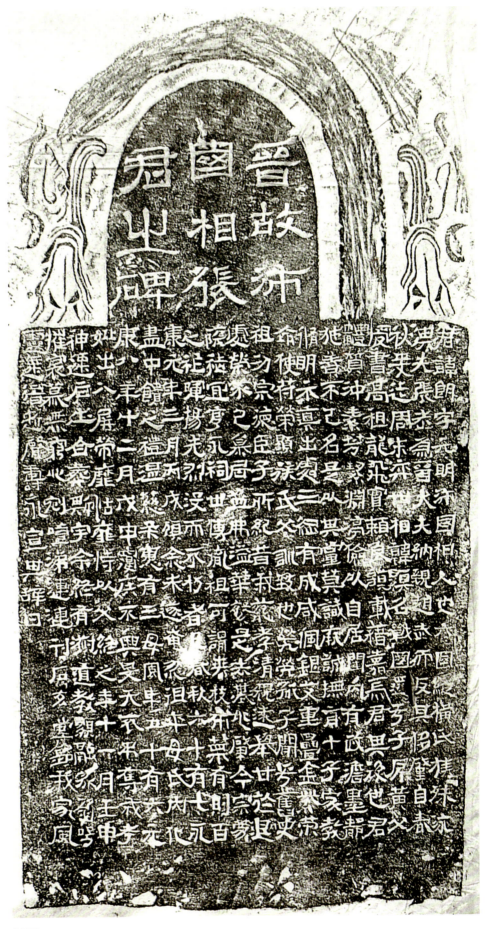

插圖三

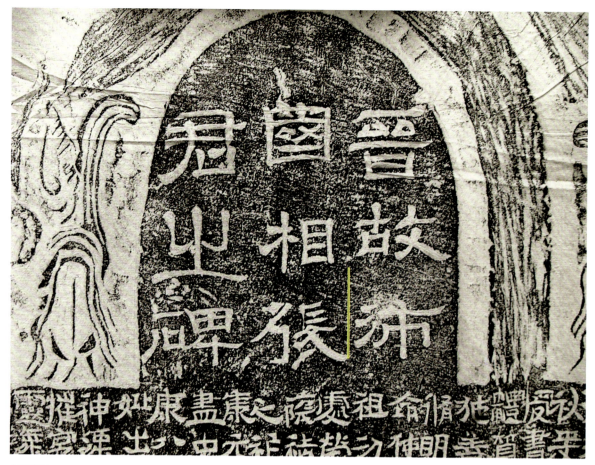

插圖四

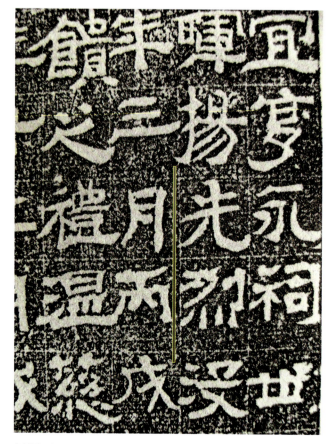

插圖五

插圖六

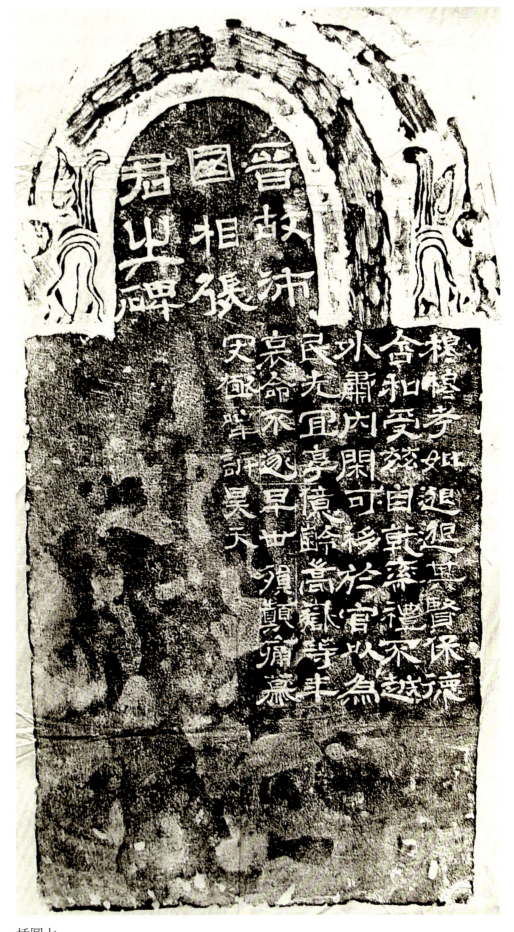

插圖七

## 石定墓誌

永嘉二年（308）
七月十九日。隸書，
十行，行二十字。
一九一九年河南洛陽馬
汶坡出土。曾歸建德周
進。（插圖一）有翻刻
本行世。

### 翻刻本

原刻首行右下角
"昌安"兩字上有細擦
痕一條，翻刻則無。
（原刻本插圖二、翻刻
本插圖三）

第八行"莫不嗟
歎"之"不"橫劃，翻
刻越過右邊界線，與第
七行"致"首筆幾乎相
連，原石則餘地較多。
（原刻本插圖四、翻刻
本插圖五）其他誤刻之
字較多，茲不贅錄。

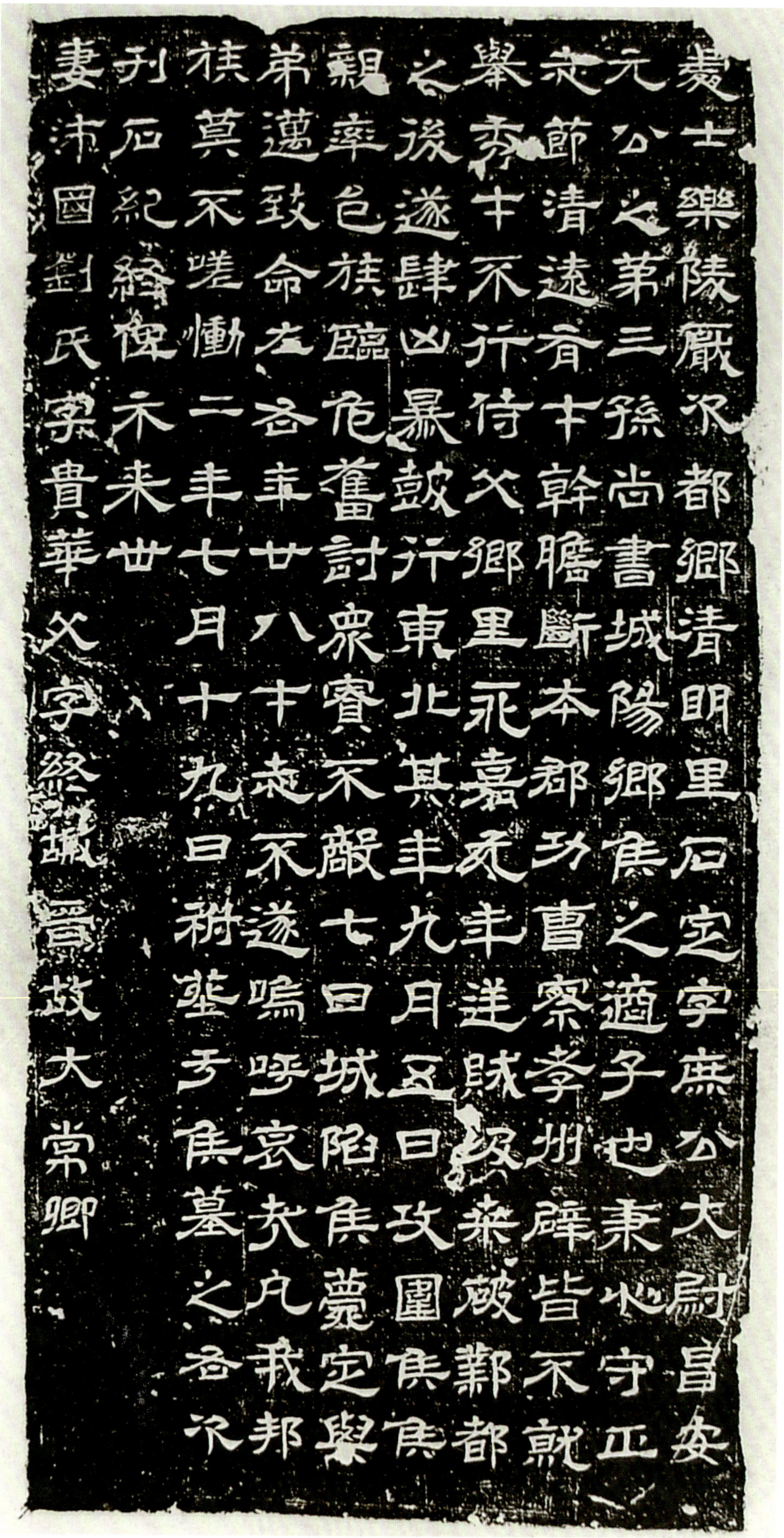

插圖一

插圖二　　　　插圖三

插圖四

插圖五

### 爨寶子碑

　　太亨四年（405）四月。隸書，十三行，行三十字。下截另刻立碑人題名十三行，行四字。今在雲南曲靖縣第一中學。

　　碑乾隆四十三年（1778）在南寧城南揚旗田出土。咸豐初為纂修《南寧縣誌》搜集金石文字，始將此碑移置郡城武侯祠，末行下刻有咸豐二年（1852）七月鄧爾恒小字隸書題跋六行。

　　此碑拓片多有嵌蠟或塗描，且手段高超，鑒定有一定難度。

### 乾嘉拓本

　　末行下無咸豐二年題跋，又稱"無跋本"。（插圖一）

　　六行"在陰嘉和"之"在"字右上角未損。

　　九行"之緒"、十行"如何"、十一行"顏張"，此六字間有斜向細裂紋一條，但未傷及"如"字右半。九行"緒"字"曰"部完好（按：呈"目"狀，後剜改成"曰"狀，再後泐成白塊）。（插圖二，對照插圖三，對照插圖四）

　　十行"影命不長"之"命"字捺筆未損。（插圖五，對照插圖八）

另，所見碑下截題名末行"威儀王"下尚存"玉"字者，多是偽補，無一真品。重點觀察裂紋線上墨色變化。（插圖六，對照插圖七）

## 咸豐拓本

有咸豐二年初刻鄧跋，題跋文字清晰無損，又稱"初跋本"。

十行"影命不長"之"命"字捺筆已損。（插圖八）

## 清末拓本

咸豐二年初刻鄧跋五行"不"字豎筆誤穿上，六行"尤"字誤為"光"字、"咸豐"之"咸"字"口"上誤增一筆成二劃。（插圖九）此外，新舊拓本變化不大。

附：曾見嶺南美術出版社影印"玉字不損本"，（插圖一〇）此本舊為雲南空軍學校校長劉毅夫收藏，後贈廣東省主席陳銘樞，陳氏又轉贈李濟深。此本首行"瓌偉"之"瓌"，二行"道兼行葦"之"兼"，三行"俟駕"之"俟"，四行"春秋廿三"之"三"，六行"穆穆君侯"之"君"，六行"在陰嘉和"之"在"，八行"鳴鸞"之"鳴"等（插圖一一，對照清末民初拓本插圖一二）字均完好，以上諸字故宮博物院藏"無跋本"已損泐。另，九行"緒"字"曰"部完好（參見插圖一三）（按：呈"曰"狀與故宮本"目"狀迥異，但從已泐本殘餘跡象分析，原刻未損時應呈"目"狀）。因印本質量低劣，無法分辨有無塗描。

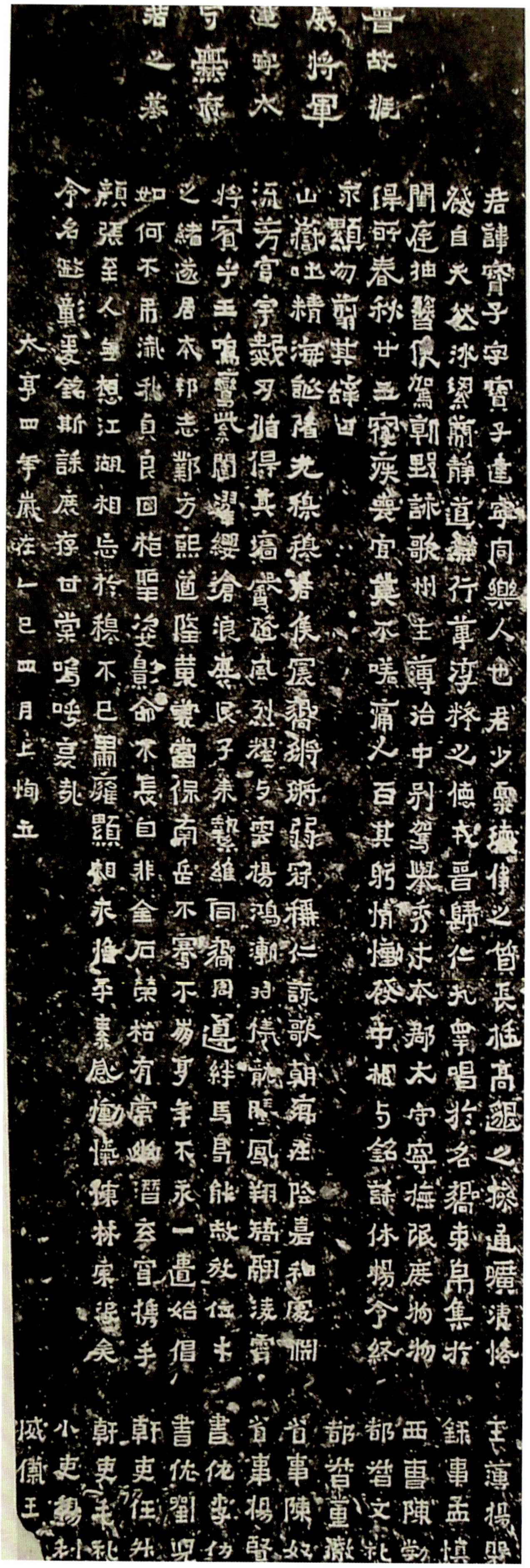

插圖一

插圖二

插圖三

插圖五

插圖四

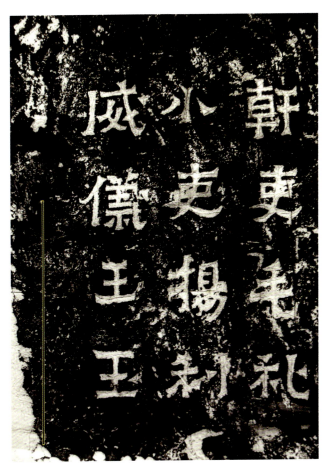

插圖六

插圖七

插圖九

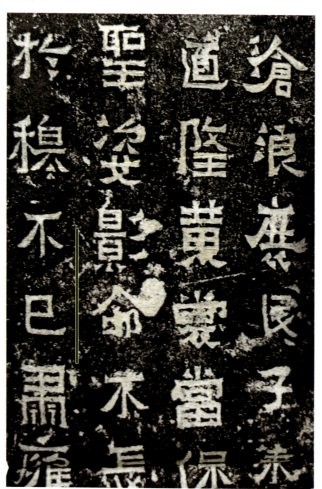

插圖八

插圖一〇

插圖一一

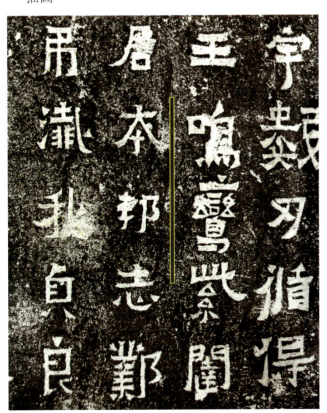

插圖一二

插圖一三

### 劉韜墓誌

晉刻。隸書，五行，行十三字。舊在河南偃師杏園莊出土，乾隆四十八年（1783）為偃師縣令武億所得，道光以後不知下落。

### 最舊拓本

第一行末“征”字，第二行末“墓”字，雖正當裂處，筆劃未泐，極稀見。

### 舊拓本

“征”、“墓”二字首部已泐，“征”字上之“事”字亦泐右下半。（插圖一）

### 翻刻本

石小字少，極易翻刻。吳大徵、費念慈、端方遞藏者屬翻刻，據傳此翻刻石今在上海博物館。

原石第三行“君”字左方有弧形細劃痕，（原刻本插圖二）第四行“子”字第五行“夫”字間有石花，此外絕無剝蝕痕。（原刻本參見插圖一）

曾見翻刻本多種，其中摹刻最精者，末行“夫人”之“人”字左側有石花，“蔡氏”之“氏”右下角亦有石花，四行“君”字左側無弧形細劃痕，且只拓上截文字部分，下截無字部分欲拓又止。（翻刻本插圖三）可能下截餘石甚少，拓出反倒露出馬腳（按：原石下截餘石甚多，起到插入土中豎立作用）。

晉故使持節都督青徐諸軍車東
將軍軍司關中兵劉府君之
君諱韜字秦伯刱孝慶士君之
夫子也沛國蔡氏

# 前　秦

民國九年拓本（重新發現後之初拓本）

　　上海圖書館藏，有印銙民國九年（1920）十二月題跋。（插圖五）

　　碑陽四行"聲特"之"聲"字"耳"部筆劃

## 廣武將軍碑

　　建元四年（368）十月一日。隸書。碑陽十七行，行三十一字。碑陰上段十五行，下段十八行。碑兩側，一側二列，一側八列。（插圖一、二）有額，隸書陰文五字。碑原在陝西白水縣史官村倉頡廟，乾隆初碑石不知下落。民國九年（1920）碑在陝西白水縣仲目鎮南彭衙村寒崇祠中被重新發現，經西安碑賈謝秀峰傳拓出售，大行天下。一九七二年移置西安碑林。

## 最舊拓本

　　碑陽四行"聲特"之"聲"字"耳"部可見字中兩橫劃。（插圖三，對照插圖四、六、七）

## 乾隆前拓本

　　碑陽四行"聲特"之"聲"字，"耳"部可見字中一橫劃。（插圖四）

　　碑陽末行第五字左側"言"部之左下"口"未泐白。

　　碑陰二行（按：在右下角）"將軍秦國□秦"之"將軍"二字右半可見，下一"秦"字完好。

　　碑陰十行"戶曹"（按：第二個"戶曹"，在碑身中間）之"戶"字可見。

插圖一

全泐。（插圖六、參見插圖七）

碑陽十行“孟已”下有“頁”部可見，且石泐痕與上“已”字不連。（參見民國九年初拓本插圖八），此條考據過去定為乾隆拓本，非也。稍後再泐連。（已泐本插圖九）

碑陰二行右下角“將軍秦國囗秦”之“將軍”二字右半已泐。又下一“秦”字“禾”稍損。（插圖一〇）

碑陰十行“戶曹”（按：第二個“戶曹”，在碑身中間）之“戶”字右上角泐。

另，原石碑陽中下部石花呈雲片狀剝落，翻刻則呈爛樹皮狀。

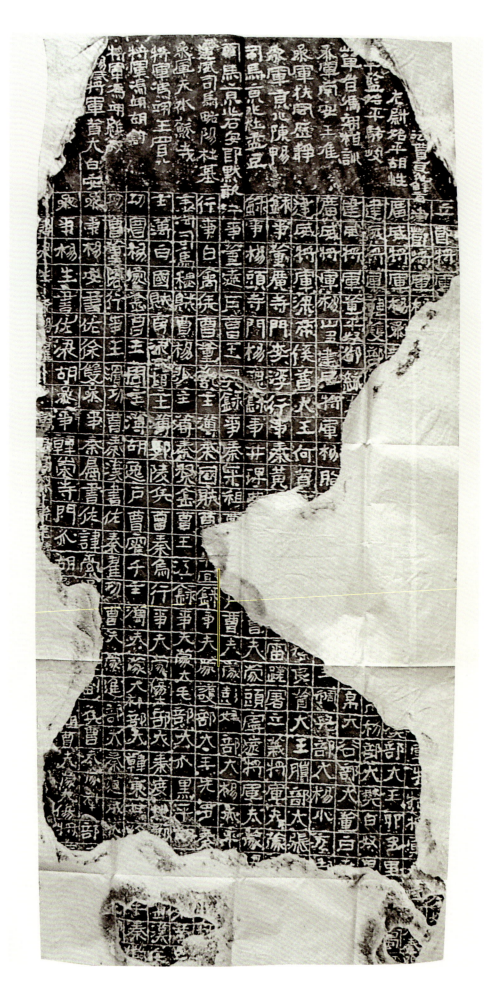

插圖二

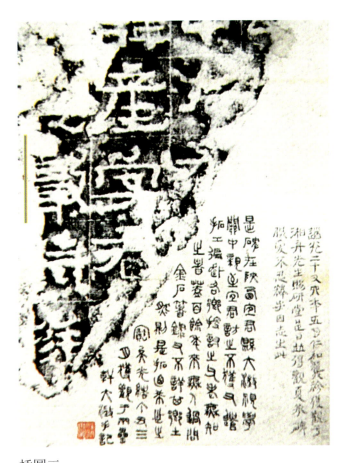

插圖三

插圖五

插圖四

插圖六

插圖七

插圖九

插圖八

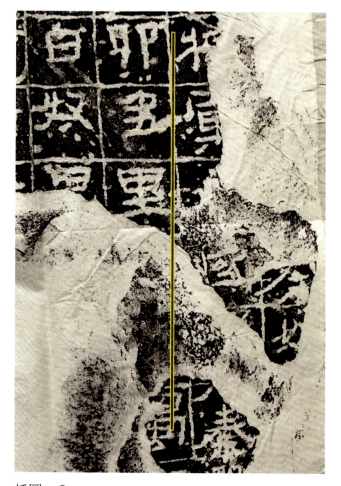

插圖一〇

# 南朝篇

# 南朝宋

### 爨龍顏碑

大明二年（458）九月十一日。爨道慶撰文，楷書，碑陽二十四行，行四十五字。碑陰三列，上列十五行，中列十七行，下列十六行。（插圖一）有額楷書六行，行四字。碑在雲南陸涼貞元堡，地處邊陲，鮮有傳拓，自道光初阮元訪拓後，拓本流行，聲名漸顯。

碑文二十三、二十四行下留有阮元隸書題刻三行，（插圖二）道光七年（1827）建亭保護。道光十二年（1832），在碑第十九行至第二十二行下方空隙處，增刻邱均恩楷書題跋六行。（插圖三）光緒二十八年（1902）在邱氏題跋正下方又添刻楊珮題跋六行。

### 道光初年拓本

無阮氏刻跋（刻跋位置在二十二行"上旬壬子浦嗣孫"之左側，注意作偽冒充無跋）。

首行"顥"字右半"頁"未損。

九行"万里歸闕"之"里"未損（按：稍後"里"字右側豎筆損，故亦有"里"字已損的無跋本）。（插圖四，對照插圖六）

十二行"卓尔不群"四字完好。（參見插圖四，對照插圖七、插圖一〇）

二十一行"次弟驎崇"之"驎"字"馬"旁橫豎筆與鉤筆均完好，"馬"下四點尚存兩點。

二十二行"孫碩"之"碩"上半猶存。

吳兆潢"十爨齋"舊藏十餘份無阮氏刻跋本，今在北京故宮博物院。（插圖五無阮氏刻跋本）

### 邱跋本

增刻邱均恩楷書題跋六行。

首行"顥"字右半已損。

九行"万里歸闕"之"里"字全泐。（插圖六）

十二行"卓尔不群"之"不"字，撇劃僅損中段少許。（插圖七）

二十一行"次弟驎崇"之"驎"字"馬"旁可見鉤筆與一點。（插圖八，對照插圖一一）

二十二行"孫碩"之"碩"字僅存"頁"部起始兩筆，其下"貝"部全泐。（插圖九）

二十二行（行之中下部）左側刻有"道光七年知府□□建亭記"。

國家圖書館藏本，吳雲、劉鶚、陳景陶遞藏，題為"無阮氏刻跋本"，實為邱跋本。

近日又見文物出版社新印整紙本，拓工墨色極佳，有羅振玉題簽"爨龍顏碑初拓至精本"，梁啟超觀款"此殆阮傅時中原士夫督拓"。整幅雖不見阮跋、邱跋，且題跋位置石花自然，從印刷品上看不出作偽跡象，但考據點皆為"邱跋本"。

### 楊跋本

邱氏題跋正下方又添刻楊珮題跋六行。

十二行"卓尔不群"之"不"字撇劃泐到撇尾，"群"字長橫左端亦損。（插圖一〇）

二十一行"次弟驎崇"之"驎"字"馬"部幾乎全泐。（插圖一一）

二十二行左側"道光七年知府□□建亭記"，僅有"道"、"七年"三字尚可見。（插圖一二）

### 翻刻本

首行"顥項"之"顥"字右半缺筆不刻。（翻刻本插圖一三）

插圖一

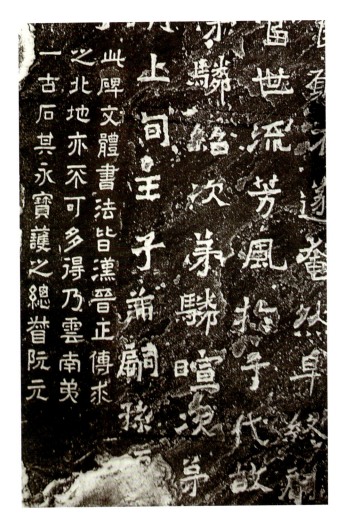

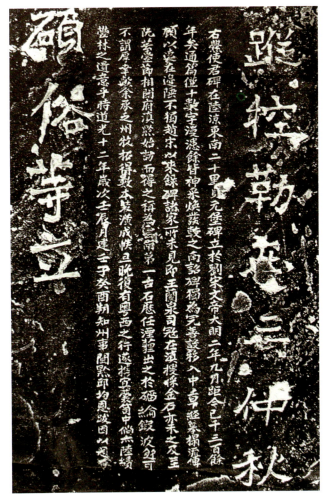

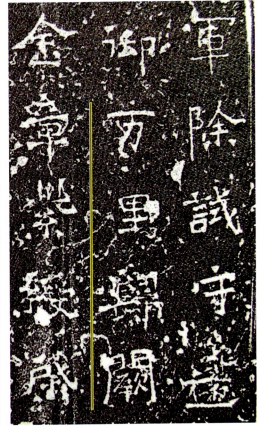

插圖五

插圖六

插圖八

插圖七

插圖九

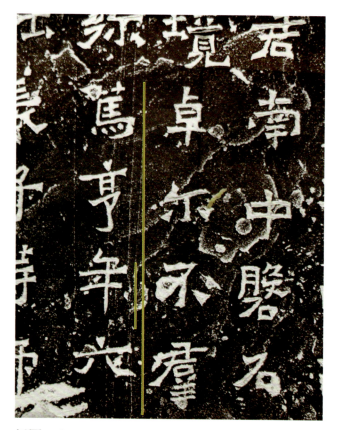

插圖一〇

插圖一二

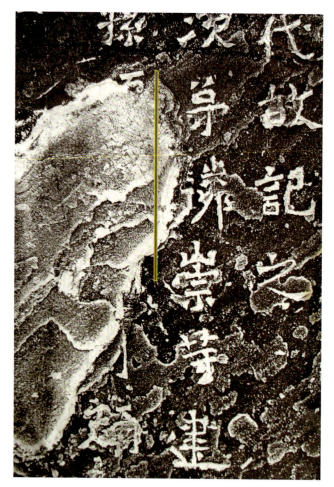

插圖一一

插圖一三

## 劉懷民墓誌

大明八年（464）正月。楷書，十六行，行十四字。

銘文列於序文之前，別為一例，少見。山東濟南平原縣出土，旋即運往河南開封。光緒十四年（1888），福山王懿榮以千金購得，後歸端方。民國十年（1921）端方後人將此誌與《張貴男墓誌》同時售出，經韓心壽手運往天津，歸曹錕之四弟曹銳。民國二十三年（1934）羅振玉將其編入《六朝墓誌菁英》影印出版。

### 初拓本

末行（第十六行）雖泐，但"郎建義將軍□□太守"諸字依稀可辨。（插圖一）

### 石歸端方後拓本

末行"郎建義將軍□□太守"諸字僅見"太守"二字（位於十五行"清河太守"之"河太"左側）。（插圖二）

十四行"君所經位"之"所"字泐損加劇。（插圖二，對照插圖一）

十五行"本州別駕"之"本"字漫漶不清。（插圖二，對照插圖一）

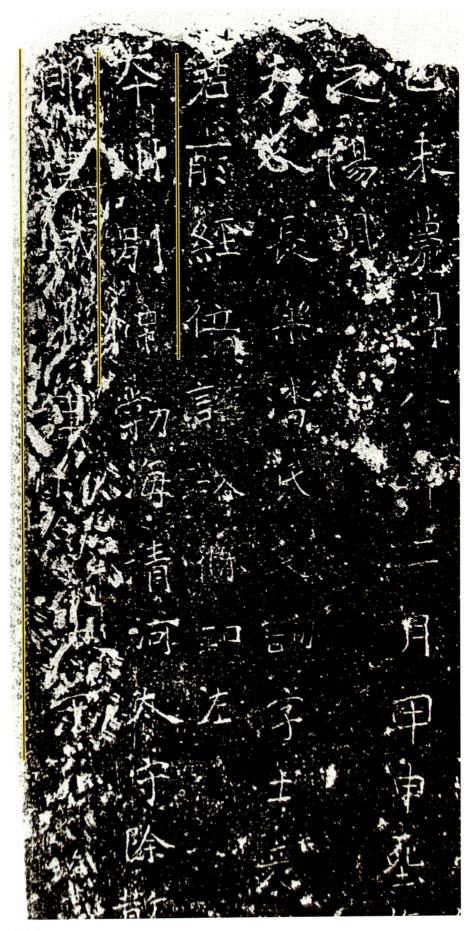

插圖一

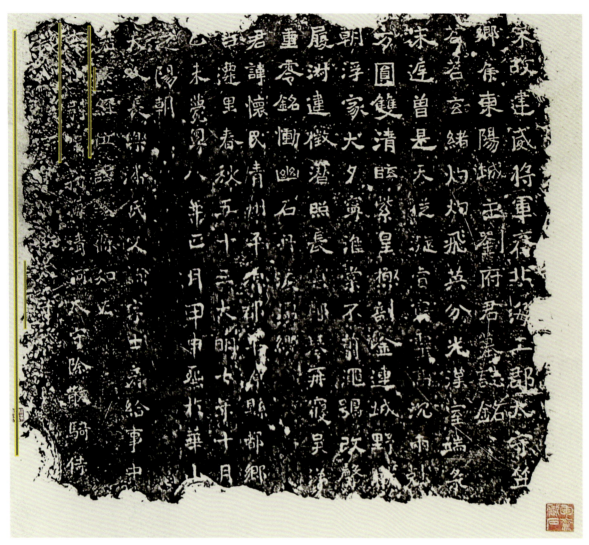

插圖二

# 南朝梁

### 瘞鶴銘

《瘞鶴銘》是江蘇鎮江焦山西麓著名摩崖石刻，由於銘文的紀年採用干支形式，人名採用別號來替代，所以有關其書刻年代及書寫作者的爭論由來已久。將各種刊刻年代的推測歸納起來，其刊刻上限在晉朝，下限要到唐朝。常定為南朝梁刻石。

瘞鶴銘刻於焦山西麓，不知何年墜入江中。直至北宋年間，冬季長江枯水期，才有人在江灘邊發現灘石上有文字，經宋代歐陽修《集古錄》著錄後，聲名大顯。

清康熙五十一年（1712）冬由謫居鎮江的陳鵬年主持打撈江中殘石，並對石刻進行清理剔垢，共得銘文八十六字，其中殘字九個，全字七十七個。後按前人考證的石刻銘文行次進行殘石拼接鑲補復位，置於焦山定慧寺大殿左面，建亭加以保護。現存焦山殘石共有五塊九十三字，分左上石、左下石、中上石、中下石、右上石。（插圖一）

自殘石打撈出水置於亭中後，《瘞鶴銘》拓本即有出水前本、出水後本之分，水前本因椎拓不易，極稀見。出水後拓本即便字數增多，摹拓精於水前本，然其版本價值仍不能與水前本同日而語。

水後本又分為“五石本”和“拼合本”。五石初出水後置於焦山西南觀音庵，尚未拼合復位，拓分五紙，此時拓本稱為“五石本”，亦屬舊拓。後又拼合為一體，左下石"化于朱方"左下刻有題名兩行，稱為"拼合本"，同治以後題名雖被鑿去，但痕跡顯然。

此碑歷經墜崖崩壞、江水沖刷、剜洗鑿刻已失舊貌，出水前江中捶拓本多湮水，字口有不同程度變形，而且缺少真實可信的"水前拓"標準件，所見舊拓幾乎沒有不塗描的。出水後碑賈又在石面歷次反復塗抹油灰以充舊拓，點劃多寡、粗細皆可人為做作，更有用水後湮水拓本冒充"水前本"，版本極為複雜，鑒定工作幾乎無法用傳統的考據點來開展，不能有效分清版本前後。筆者可以推斷，今人在高人的指點下，還能仿製出"水前本"。

對待"水前本"的鑒別態度，應該是順從清代鑒定家的意見，即便是人為做作，亦成舊時文物。對待"水後本"的態度，重點放在拓工精粗上，有無塗描填墨上，而不能糾纏於所謂的考據點，進行強定。

試舉一例來證明以上觀點不謬。現今流傳拓本，文字、字數各異，然"未遂吾翔"一般均存，故"遂"字成為鑒定常用的考據點。所見水後拓本"遂"字捺筆不全，其捺筆左端均有一條黑線，系墨包敲擊到石邊緣所致。（插圖二、三）但是，所見"遂"字不損者，此"遂"字捺筆中段亦有一條細黑線（45°角斜貫），此類《瘞鶴銘》之"遂"字系人工作偽，其他例子不勝枚舉。（插圖四、五）

### 傳世善本

目前可檢閱的相傳水前拓《瘞鶴銘》本有以下幾種：

（1）中國國家圖書館藏清何紹基舊藏水前拓《瘞鶴銘》二十九字（中上石）。（插圖六）

（2）秦古柳藏俞復舊藏水前拓《瘞鶴銘》九十一字本。

（3）上海圖書館藏水前拓《瘞鶴銘》四十二字本（中上石、中下石），"遂"字捺筆中段亦有一條細黑線。（插圖七、八）

（4）清劉墉舊藏水前拓《瘞鶴銘》九十八字本。

（5）故宮博物館藏有清王文治舊藏仰石三十字水前拓《瘞鶴銘》本，有塗描。（插圖九）

另，所見民國整幅拓片，字口周圍皆用小撲點拓，石花多被塗去，看似翻刻，實為原石拓本。一般"中下石"下截小字題刻不作塗描，是分辨原石的關鍵方法。

### 翻刻本舉要：

（1）壯觀亭別刻本，傳為宋刻，存上段九行五十五字，下段磨去改刻明人詩文。（插圖一四）

（2）寶墨軒本，康熙五十三年林企忠刻，計八十二字，又半泐二字。

（3）康熙年間陳鵬年重刻本，計八十字，又半泐十二字。

（4）康熙五十三年（1714）林企忠、祝應端重刻本，一百六十五字本。（插圖一〇）

（5）光緒二十七年（1901）向萬錄重刻本，鶴洲僧鉤刻，共八十九字。（插圖一一、一二）

（6）清末碑式八行本，相傳為乾隆皇帝臨本，現存焦山碑林。此刻右行，原石左行。（插圖一三）

插圖一

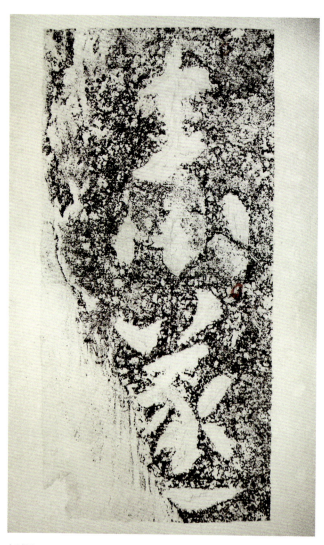

插圖二

插圖四

插圖三

插圖五

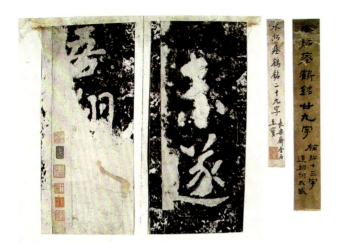

插圖六

插圖九

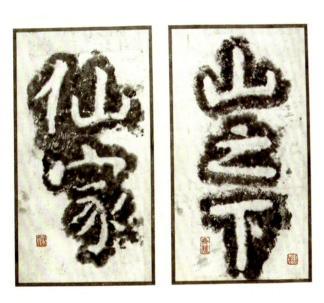

插圖七

插圖一〇

插圖八

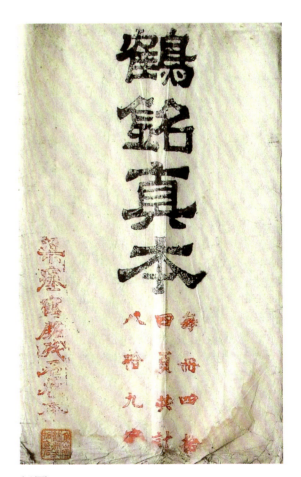

插圖一一

瘞鶴銘并序　華陽真逸撰
鶴壽不知其紀也玉辰歲得於華亭甲午歲
其未遂吾翔寥廓耶奚奪之遽也迺裹
藏乎玆山之下仙家有立石旌事篆銘不朽
浮丘著經迺徵前事出於上真余欲無言紀
去敏華表留聲我唯髣髴事亦微尔尔何
蕩洪流前固重扃右割荊門未下華亭爰集
銘上皇山樵人逸少書爰山徵士丹楊外仙尉江

插圖一二　｜　插圖一三

插圖一四

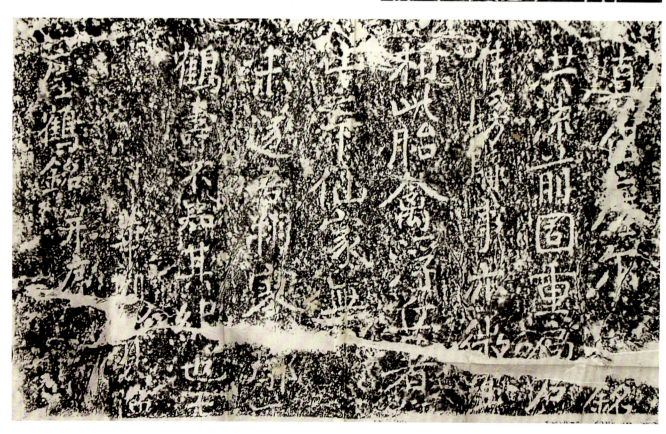

## 太祖文皇帝神道闕

楷書，東、西二闕正反書刻，各四行，行二字。石在江蘇丹陽。

東闕反書，（插圖一）西闕正書。（插圖二）同治八年（1869）婁縣楊葆光訪得此闕，同治九年（1870）莫友芝在東闕右側題刻四行，故無莫氏題字者為初出土拓本。（參見題刻本插圖三）民國初，莫氏題刻文字已漫漶不可辨。（插圖四）

西闕正書出土時已斷為二，"之"、"道"捺筆皆斷損，不以捺筆長短定優劣（注：拓匠人為做作）。舊拓二斷石拼綴不齊整，未粘合，"文"字捺筆未對齊。（插圖五）

東闕反書碑刻相傳有"鈐印本"，如同蓋章，油墨塗在石碑上，用紙覆蓋擦刷，所得印本為正書，而非反文。其實並無所謂的鈐印本，而是圖錄類書籍出版時照片底片正反顛倒所致。（插圖六，《北京圖書館歷代石刻拓本彙編》第二冊圖版）

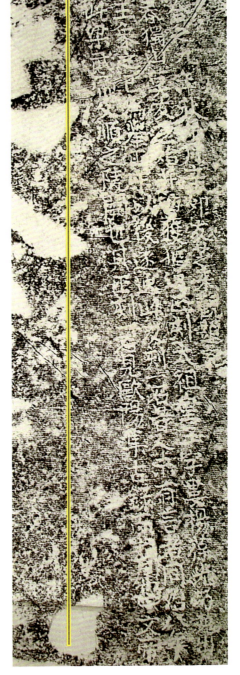

插圖一
插圖三
插圖二

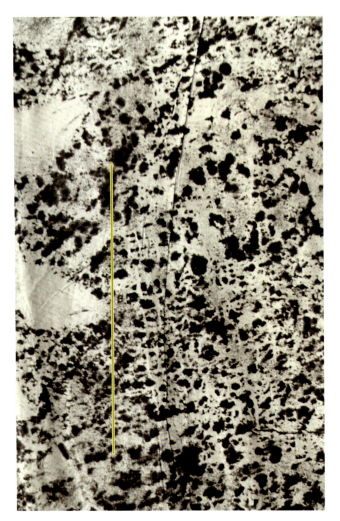

插圖四

插圖五

插圖六

## 蕭宏神道闕

南朝梁刻。東西二闕，各五行，行五字。據《梁書·蕭宏傳》載，蕭宏卒于普通七年（526）。同治戊辰（1868）莫友芝奉曾國藩之命親往訪拓，時搜蕭梁碑刻二十種，大半為前人未著錄者，莫氏拓本皆精拓本，遠勝於清末民初拓本。

### 同治莫氏精拓本

東、西兩闕完好無損。（插圖一、二）

### 清末民初拓本

西闕已斷裂為二，傷及字劃。（插圖三）

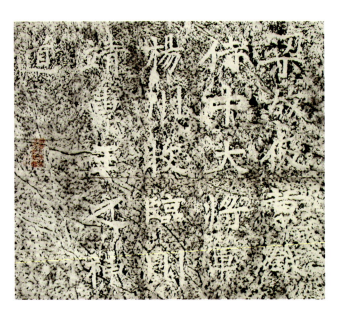

插圖一

插圖二

插圖三

## 蕭敷墓誌

普通元年（520）十一月。

楷書。原石久佚。

僅有攀古樓潘祖蔭藏孤本傳世。此本與《永陽敬太妃王氏墓誌》合裝一冊，系宋拓明代庫裝本，所存文字比元陶宗儀《古刻叢鈔》所錄還多，內鈐有王著小印，另有何紹基、王懿榮等人題記。此本後歸吳湖帆、潘靜淑夫婦收藏，今在上海博物館。（插圖一、二）

插圖一

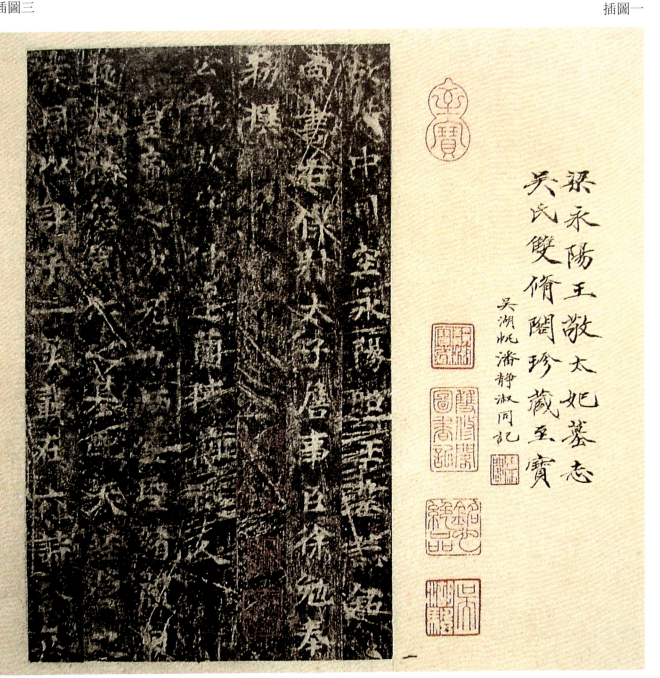

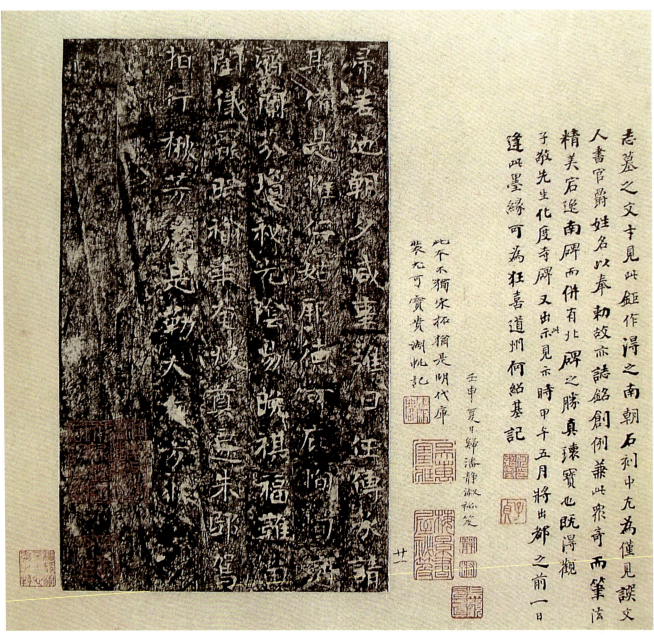

志墓之文才見此鉅作得之南朝石刻中尤為僅見誤文

人書官爵姓名以奉勒故亦誌銘創例兼此眾奇而筆法

精美宕逸南碑而併有北碑之勝真瑓寶也既得觀

子敬先生化度寺碑又出示時甲午五月將出郡之前一日

逢此墨緣可為狂喜道州何紹基記

此不獨宋拓猶是明代府

裝尤可寶賫澗帆記

壬申夏日歸潘靜淑祕笈

廿

廿一

插圖二

## 蕭憺碑

普通三年（522）十一月。碑陽三十六行，行八十六字。徐勉撰文，貝義淵楷書。有額楷書五行共十七字。（插圖一）是碑全文二千八百四十餘字，《金石萃編》所錄一千三百六十餘字，同治戊辰莫友芝監拓精本（插圖二）前六行下半字皆可讀，碑字多於《金石萃編》一千二百二十字。（參見清末民初拓本插圖三）碑在江蘇上元城北黃城村，舊時傾側欲墜，不易傳拓。

### 舊拓本

末行"貝義淵書"之"淵"字右鉤筆可辯。

### 清末民初拓本

末行"貝義淵書"之"淵"字泐下半。（插圖四）

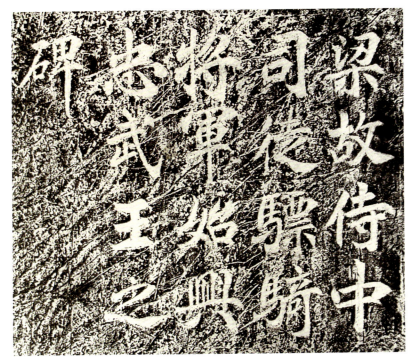

插圖一

插圖三

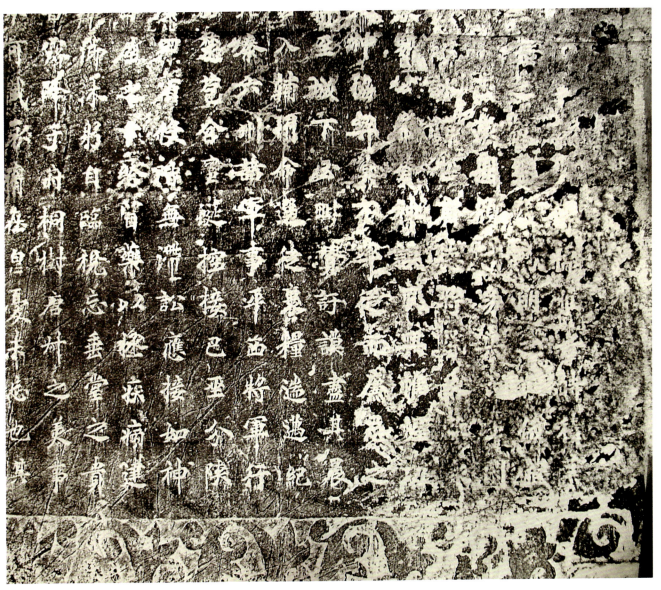

插圖二

插圖四

## 程虔墓誌

太清三年（549）二月二十八日。楷書，九行，行十八字。宣統二年（1910）在湖北襄陽出土。羅振玉《石交錄》云石出土後即佚。

### 翻刻本

（一）

原石石面有魚鱗狀石紋，石花自然。（原刻本插圖一）翻刻石面光潔，一字不損。（翻刻本插圖二）

末行"甲寅"之"寅"字，中間"田"部，漏刻一橫劃呈"曰"狀。（翻刻本插圖三）

（二）

末行"甲寅"之"寅"字無異。

三行"南陽"之"南"之"羊"部，誤刻成二橫一豎狀。（翻刻本插圖四）

五行首"聲"字之"聲"部與原石刻法不同。

六行末"侯"字缺刻末筆。（翻刻本插圖五，參見原刻插圖六）

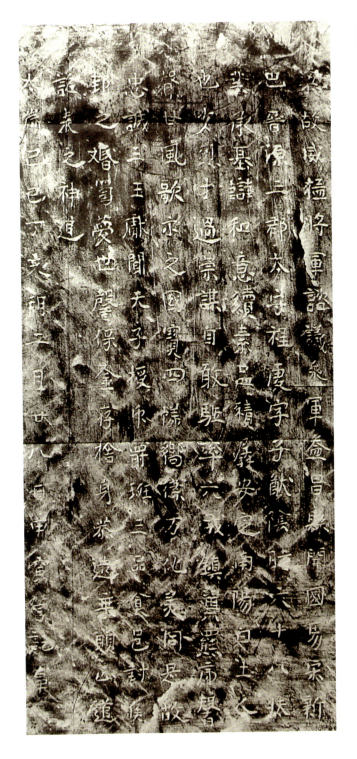

梁故威猛將軍諮議叅軍益昌縣開國男采新
巴晉源二郡太守程度字子猷陰時六十八秩
業承基讓和意績業品積壽安定南陽白主人
也少列才過崇謀自敢駈率六戎鎮真罷帝替
督甘風歌示之國寶四悌𡥟儻係萬化美同是故
忠誠三王廟聞天子授爾爵班三品食邑封侯
郑之婚蜀愛世馨保金存捨身恭造乗輿頌志道
誠表之神道
太歲己巳丁亥朔二月廿八日甲寅營記彙

插圖一　插圖二

插圖三

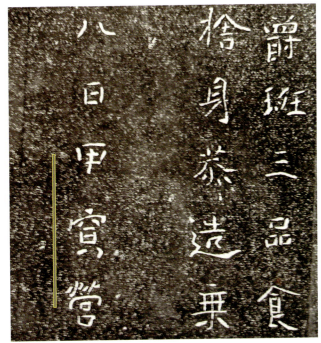

爵班三品食
捨身恭造乗
八日甲寅營

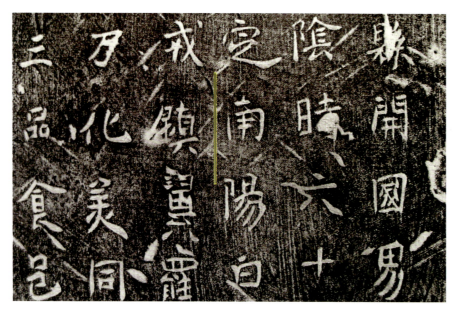

插圖四

插圖五

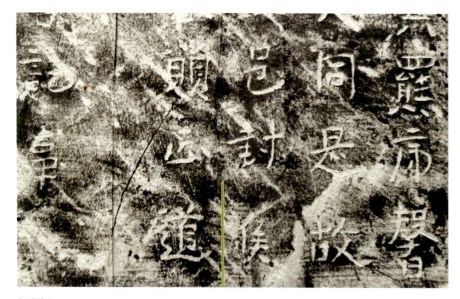

插圖六

# 北魏篇

## 中嶽嵩高靈廟碑

北魏太延年間（435～440）。寇謙之撰文，楷書。碑陽二十三行，行五十字。碑中間剝蝕嚴重幾及全碑之半（按：碑中大片石花形狀猶如一個巨型榜書"壽"字）。碑陰七列。有額篆書陽文八字。原碑在河南登封嵩山中嶽廟，現代翻刻碑同時樹立於旁側。

### 明中期拓本

首行"太極剖判"四字完好。（插圖一，對照插圖八、插圖一三）（按："太極剖判"四字過去一直是鑒定此碑最重要的考據點，其實此四字到清初還未損）。

八行"報應之契"下"若"字完好。（插圖二，對照插圖六）

八行"聲故禋祀"之"故"字捺筆已連石花。（插圖二，對照插圖六）

十七行"以舊祠毀壞"之"祠"字完好。（插圖三，對照插圖七）

十七行"奏遣"下，尚存"道士楊龍子更造新廟太廷"十一字。（插圖四，對照插圖七、插圖一二）

陳叔通藏本系明中期拓本，有潘景鄭題跋校記，今藏北京故宮博物院。

### 明拓本

六行"嘉生不潔於是"之"於"字完好。"是"下半漶去，但石花沒有侵及長橫劃。（插圖五）

八行"報應之契"下"若"字口部底橫與石花漶連。（插圖六）

八行"聲故禋祀"之"故"字撇劃亦連石花，"禋"字頂部已漶，"祀"字完好。（參見插圖六）

十七行"以舊祠"之"以舊"不損，"祠"字豎鉤筆右側漶。（插圖七）

十七行"奏遣"下，"道士楊龍子更造新廟太廷"僅存"道"、"龍子"三字，其餘皆漶盡。其中"龍"字僅左上角稍損，"子"字僅存左上角。（參見插圖七）

朱翼庵藏本和中村不折藏本均屬此類明拓。

### 清初拓本

首行"太極剖判"四字完好。

六行首"季九黎亂"之"季"字完好。

八行"聲故禋祀"之"故"字漶大半，"禋"字全漶，"祀"字漶左半。

### 乾隆拓本

首行"太極剖判"僅損"剖"字"立"部。

六行首"季"字之"子"部橫劃起筆處有損。

六行"嘉生不潔於是"之"於"字完好，"是"字存"曰"部，長橫劃已漶。

十行"歷魏晉"之"歷"、"晉"二字完好。

十一行"祭非祀典□□民叛"之"祭"字完好，"民叛"之"民"字完好。

十七行"以舊祠"之"以"字漶半，"舊"字漶盡，"祠"字右半漶。

### 嘉道拓本

首行"太極"之"極"字完好，"剖"字漶上半，"口"部可見。（插圖八）

六行首"季九黎亂"之"季"字，石花損及"禾"部左側。（插圖九，對照插圖一四）

六行"嘉生不潔於是"之"於"字損下大半，"是"字"曰"部已漶去。

十行"歷魏晉"之"歷"字首筆損，"晉"字左上損。（插圖一〇）

十一行"祭非祀典"之"祭"字左下稍損，（插圖一一，對照插圖一五）"民叛"之"民"字漶右大半。（參見插圖一〇）

十七行"奏遣道"之"奏遣"二字完好，"道"字尚可辨。（插圖一二）

**清末民初拓本**

首行"極"字四點泐，"剖"字泐盡，"判"字損上半。（插圖一三）

四行"其山也則崇峻而神"之"也"字泐盡。（插圖一四）

五行"道大"之"道"字泐盡。

六行首"季九黎亂"之"季"字，左半全泐，僅見右上角殘餘三筆。（參見插圖一四）

六行"民濁齋明嘉生不潔於是"之"嘉生"、"潔於是"五字全泐。（插圖一五）

九行"不復行于方嶽"之"行"字下半泐，"于方"二字泐盡。（插圖一五）

十一行"祭非祀典□□民叛"之"民叛"兩字泐盡。（插圖一五）

十七行"奏遣"二字有損，"道"字泐盡。

| 插圖二 | 插圖四 | 插圖六 |
|---|---|---|
| 插圖一 | 插圖三 | 插圖五 | 插圖七 |

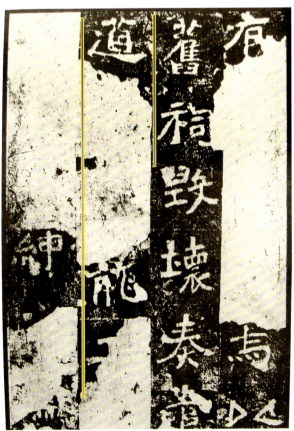

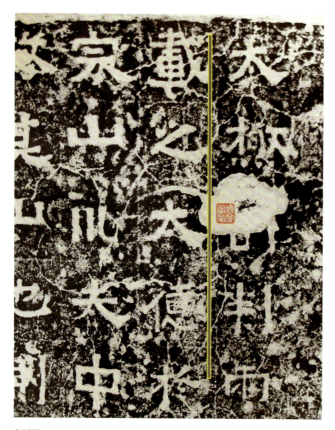

插圖八

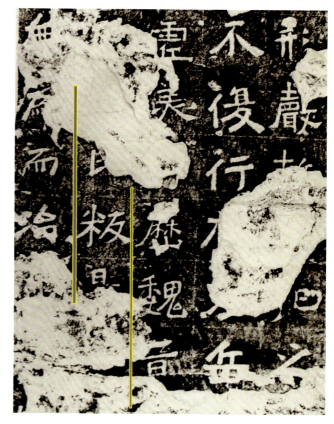

插圖一〇

插圖九

插圖一一

插圖一二

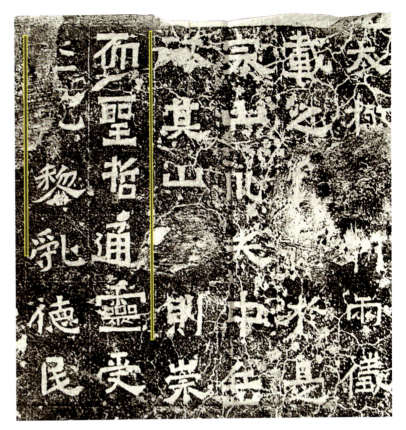

插圖一四

插圖一三

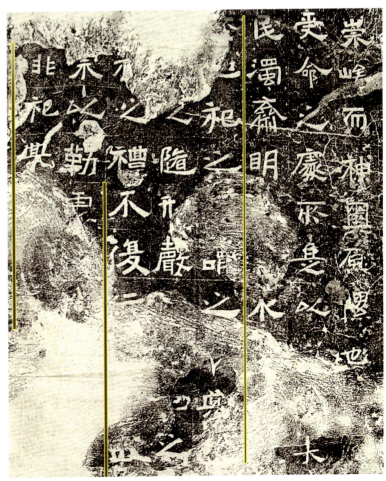

插圖一五

### 光州靈山寺舍利塔銘

太和元年（477）十二月八日。圓形，銘文楷書，十行，滿行十字。另有額題亦圓形，楷書陽文九字。原石咸豐間山東黃縣出土，歸蓬萊張允勤，或云已佚。周進云："此銘原石亦不真，乃濰縣人偽作，石甚舊，而刻劃及石邊皆新鑿者。後張氏亦知其偽，不願多拓以贈人，其拓本少見，蓋以此也。"另，張允勤所藏漢《李夫人靈第題字》亦不可靠。

#### 其他翻刻本

（一）

原石額題二行"靈山寺"之"靈"、"寺"長橫收筆處有向上翹尾，翻刻則無。（翻刻本插圖一）

翻刻本銘文一石無邊框圈，七行"苦海"之"海"字"母"部漏刻中豎（代二點），此拓多鈐有"泰安碑帖店同行公議章"二行楷書印章。（翻刻本插圖二、三）

（二）

額題首行"光州"之"光"字，原石有破筆之刻痕，翻刻則無。翻刻額題後來破裂成三塊。（翻刻本插圖四）

銘文四行"葛洪"之"葛"字，原石草字頭，呈兩個"十"字狀，翻刻誤成"八"字形，且"葛"字下部漏刻一短豎。（翻刻本插圖五）

四行末"敬造"之"造"字，原石漫漶尚可辯，翻刻則刻不成形。（參見插圖五）

六行"家眷"之"眷"字，"目"部誤刻為"曰"部。（參見插圖五）

九行"牟文雍"之"牟"，"牛"部漏刻一撇。（參見插圖五）

（三）

原石五行"六通"之"通"字末筆未損，翻刻已損。

（四）

在方磚上翻刻，塔銘外形不圓整。（翻刻本插圖六、七）

五行"六通"之"通"字，走字底上誤刻入一橫。（翻刻本插圖八）

插圖一

插圖二

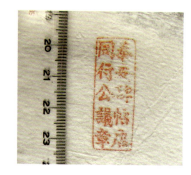

插圖三

插圖四

插圖五

插圖七

插圖五（局部）

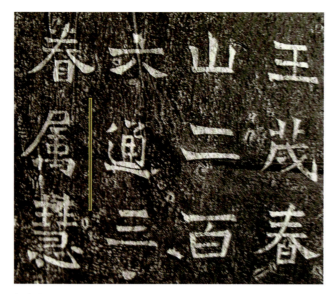

插圖八

二行"比干之墓"之"墓"字漫漶，"乃命"之"乃"字撇劃末端稍損。（插圖三）

十行"何其愛義勇若歸歟"之"若"字多完好。（插圖四）

附：《殷比干墓》拓本。（插圖五）
《周武王封比干墓銅盤》拓本。（插圖六）

插圖二

### 吊比干文

太和十八年（494）十一月四日。楷書。二十八行，行四十六字。原石久佚。宋元祐五年（1090）吳處厚重刻，篆額四行"皇帝吊殷比干文"，碑陰刻元祐五年（1090）九月吳處厚撰二十八行《碑陰記》，林舍楷書。（插圖一）石在河南汲縣西北十五里比干廟。

所見拓本文字基本完好，僅右下角稍缺，傷及首行最末字"途"捺筆。（插圖二）

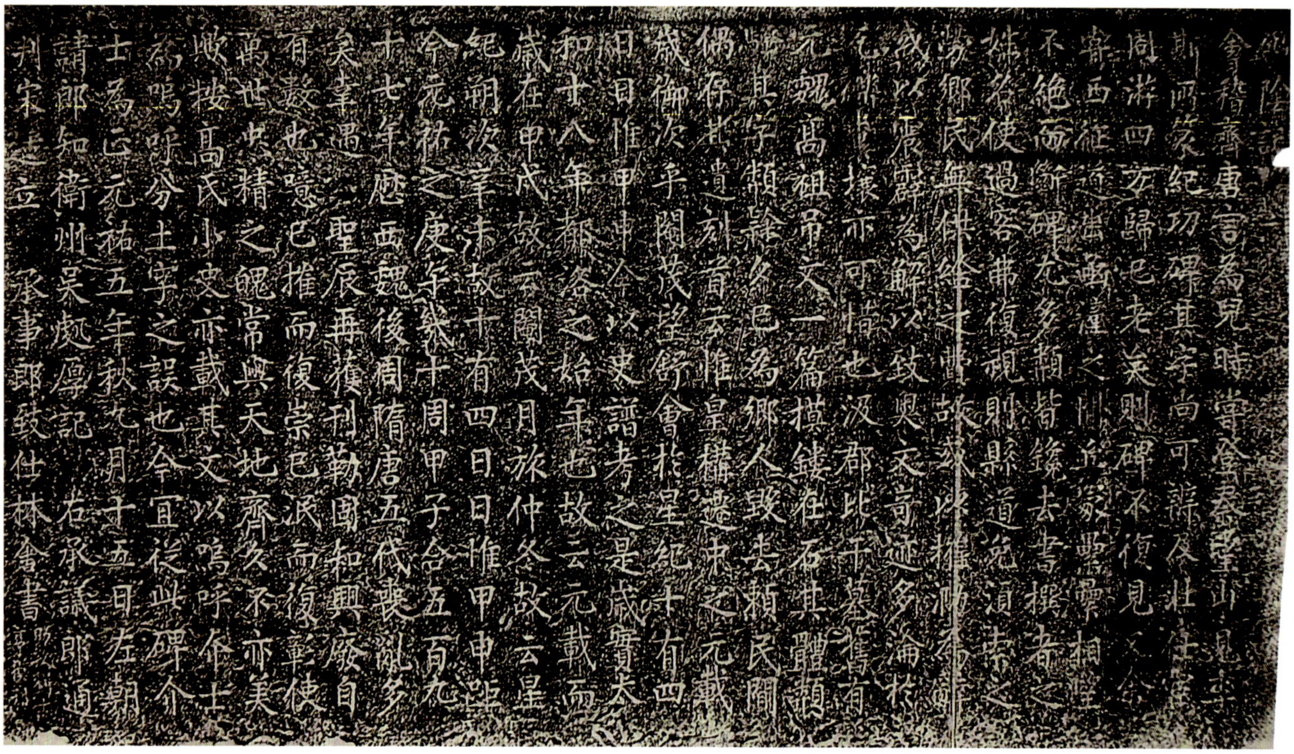

插圖一

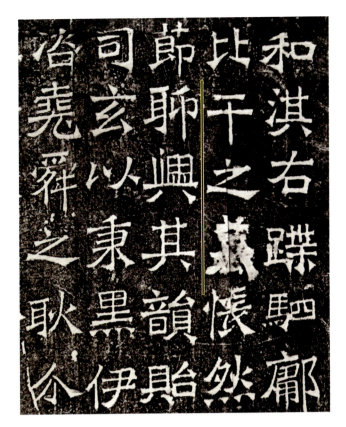

插圖三 ｜ 插圖五

插圖四 ｜ 插圖六

## 丘穆陵亮夫人尉遲造像記

太和十九年（495）十一月。楷書，七行，行十六字。在河南洛陽龍門石窟古陽洞北壁。

### 乾嘉拓本

二行"牛橛"之"橛"字完好。（插圖一）

### 道光拓本

二行"牛橛"之"橛"字，僅損右側兩點。（插圖二）

### 光緒拓本

二行"牛橛"之"橛"字，石花侵及"厥"部右豎劃。（插圖三）

### 清末拓本

二行"牛橛"之"橛"字，"厥"部右豎劃泐盡，石花蔓延到"厥"之"羊"部，石花還泐連右側（首行）"公"字。（插圖四）

五行末"若有"之"若"字，"口"部未損，再後拓則泐成一白塊。（參見插圖四）

### 翻刻本

無界格，首行"空"字至六行"趣"字下有一道石泐痕，原石則無。

有界格，但四行"無礙"之"礙"字捺筆撞右界格。

首行第三字原石泐，翻刻本則空一格不刻。三行首"鏤"字，原石稍有模糊，翻刻本亦作空一格不刻。

插圖二　　　　　　　插圖三

插圖四

## 始平公造像記

太和二十二年（498）九月十四日。孟達撰文，朱義章楷書，十行，行二十字。系陽文，有方界格。有額亦楷書，陽文六字。石在河南洛陽龍門石窟古陽洞北壁。全碑陽文減地刻，舊拓減地痕（無字處留有細麻點）尚存，道光年間，碑賈嫌麻點撩眼，遂將減地處挖深，麻點全部鏟除。故拓本分為"未鏟底本"與"鏟底本"兩種。（"鏟底本"插圖一、"未鏟底本"插圖二）

### 未鏟底本

三行"比丘慧"之"慧"字完好。（插圖三，對照插圖九、一○）

三行"邀逢昌"之"昌"字完好，稍後則"昌"字左下泐損。（插圖四，對照插圖一一）

五行"始平公"之"公"僅損末點。稍後泐及"公"字橫劃。（插圖五）

六行"匪鳥"之"鳥"字下四點全，稍後為三點。清末民初拓本"鳥"字幾乎全泐。（插圖

插圖一

六，對照插圖七、八）

## 鏟底本初拓

三行"比丘慧"之"慧"字右上"丰"部僅泐中橫。（插圖九）

三行"邀逢昌"之"邀"字僅下部微損，稍晚即大損。

七行"周十地"之"周"字撇劃起筆處尚存。

## 清末民國拓

三行"比丘慧"之"慧"字右上"丰"部三橫皆泐。（插圖一〇）

三行"邀逢昌"之"昌"字增泐。（插圖一一）

七行"周十地"之"周"字上半泐，"十"字下半泐，"地"字稍損（插圖一二），"玄照則"之"玄"字泐下半。（插圖一三）

八行"眷屬"之"眷"字下"目"部舊有殘餘筆劃全泐。（插圖一四）"悟"字豎心旁左點泐。（插圖一五）

九行"群"字之"尹"部中橫已泐去。

## 翻刻本

造像碑額"平"字，原石左撇與長橫劃不連（有一絲縫隙），翻刻則完全相連。（翻刻本插圖一六，參見原石插圖一七）

題記首行"崇"字"示"部，原刻下豎鉤極

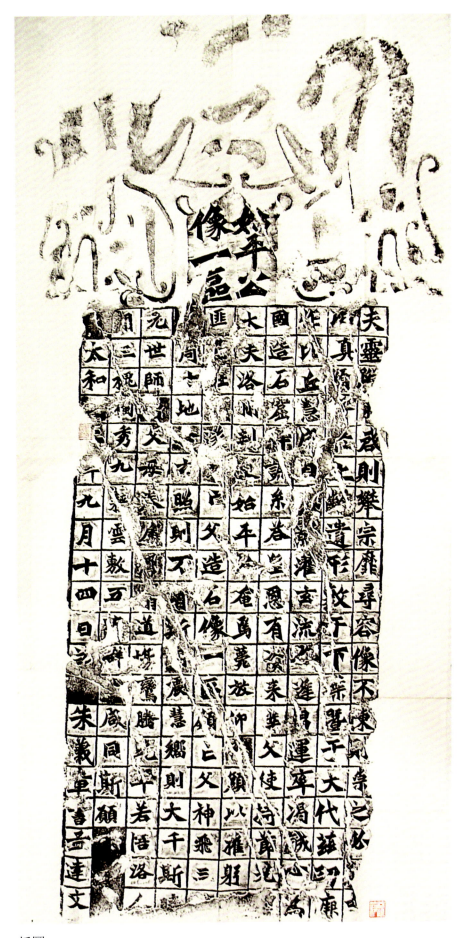

插圖一

粗（是長橫劃粗細的
兩倍），翻刻與橫劃
等粗。（翻刻本插圖
一八，參見原石插圖
一九）

五、六行"焉"、
"像"兩字，原石
"像"字捺筆與"焉"
字下橫劃起筆處非常接
近，幾乎相連，翻刻則
相距較遠。（翻刻本插
圖二○，參見原石插圖
二一）

原石界格線如墨
線，翻刻則歪斜凹凸
不平。

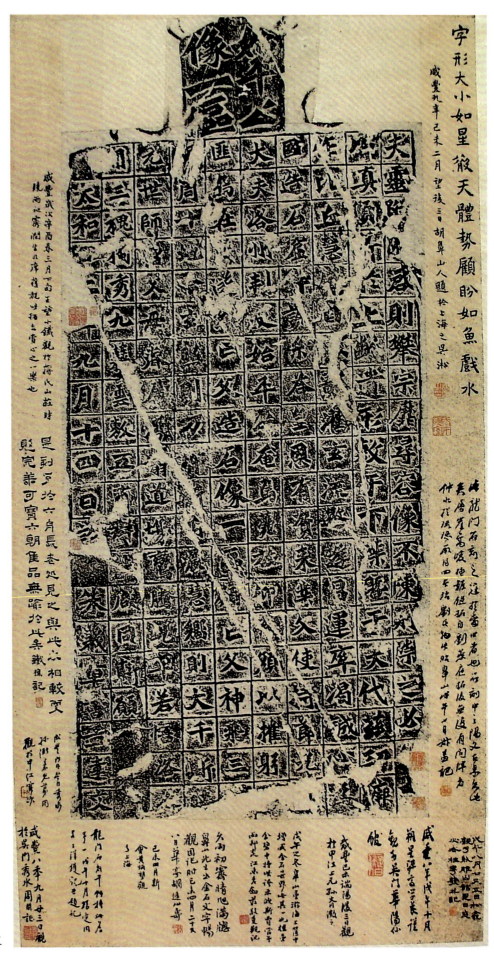

插圖二

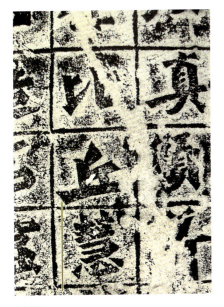

插圖三

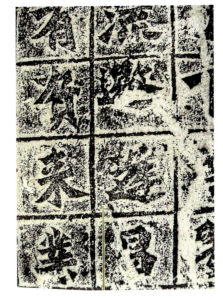

插圖四

插圖五

插圖六

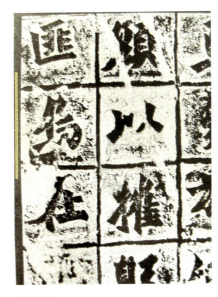

插圖七

插圖八

插圖九

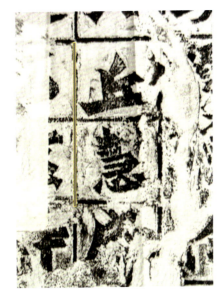

插圖一〇

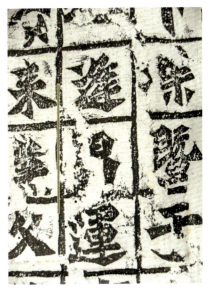

插圖一一

插圖一二

插圖一三

插圖一四

插圖一五

插圖一六

插圖一七

插圖一八

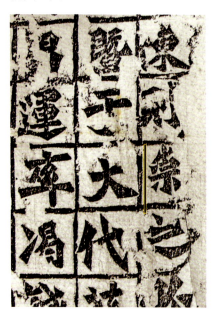

插圖一九

插圖二〇

插圖二一

## 北海王元詳造像記

太和二十二年（499）年九月二十三日。楷書。九行，行十八字。石在河南洛陽龍門石窟古陽洞北壁。（插圖一）

### 翻刻本

原石有兩條石裂紋斜貫。翻刻裂紋線用無數鑿點代替。造像底部鑿痕尤為明顯。（翻刻本插圖二）

另，末行"侍中"之"侍"字"寸"部翻刻漏刻一點。（翻刻本插圖三，對照原石插圖四）

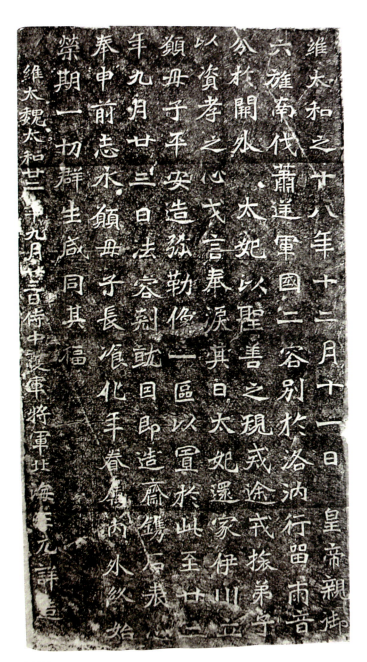

插圖一

插圖二

插圖三

插圖四

### 韓顯宗墓誌

太和二十三年（499）十二月二十六日。楷書，前十五行，行二十四字。後三行，行二十二字，末行刻篆書年款。有額，篆書陽文九字。光緒十六年（1890）在河南洛陽出土，光緒十七年（1891）八月存河南府學惜餘齋，杜夢麟在誌額左側刊刻題跋五行，後歸江蘇寶應朱士瑞收藏。

插圖一

#### 初拓本

額左未刻杜夢麟題跋五行，極少見。

#### 舊拓本

杜氏跋文文字清晰。（插圖一）

後杜夢麟題跋逐漸漫漶，再後又磨去。

#### 翻刻本

（一）

界格線有直線無橫線。

四行首"麟"字原石"粦"部上作二"火"，翻刻二"火"皆失左點。（翻刻本插圖二，對照原刻插圖三）

插圖二

十四行"帝念功賜爵"之"帝"，原石直豎中斷為二筆狀，但斷處極不明顯，中間似斷還連，翻刻本則顯然中斷作二筆狀。（翻刻本插圖四，對照原刻插圖五）

末行"二十三年"之"三"字，"丁酉"之"酉"字原石未損，翻刻泐損。（翻刻本插圖六）

（二）

四行"麟閣"之"閣"字"各"部，翻刻誤刻為"右"。（翻刻本插圖七）

十四行"賜爵"之"爵"字（作別體）中"凶"部，翻刻誤作"山"。（翻刻本插圖八，對照原刻本插圖五）

十六行"持節冠軍"之"軍"字，原石"軍"字之"車"部中豎明顯偏左，致使"車"部的右留白是左留白的一倍以上。

誌額左側無杜夢麟跋。（翻刻本插圖九，對照原刻插圖一）

插圖三

插圖四

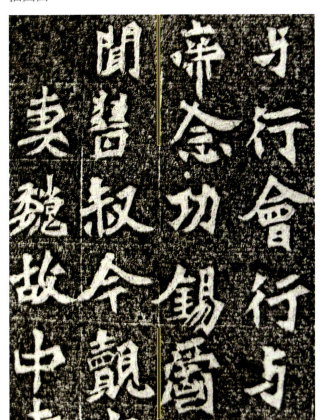

插圖五

會行与心符欽賢尚德立弍存誤揚貞東觀建節

功錫爾是予上天不予枕疾纏軀人之云亡永禾

叔今覿齋孫輖野慎愴親友歙歔銘之玄石以裹

魏故中書侍郎使持節寧軍將軍毗州刺史昌平

孫玄朗之叔女

祖卅三歲流弓非十二尺壬申朔廿六日丁酉

插圖六

插圖七

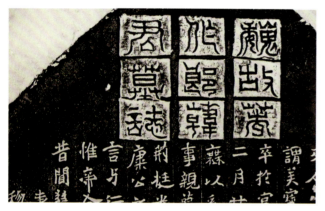

插圖九

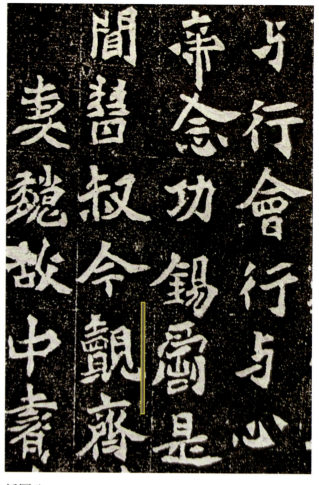

插圖八

## 解伯達造像記

北魏太和年間（477～499），十四行，行五字。石在河南洛陽龍門石窟古陽洞北壁。

### 清拓本

完好不損。（插圖一）

### 民國間拓本

造像題記後半泐損嚴重，八至十四行間增泐二十六字，二、三、四行首各泐一字，前後計泐二十九字。

再後拓本，首行"都"字又泐。（插圖二）

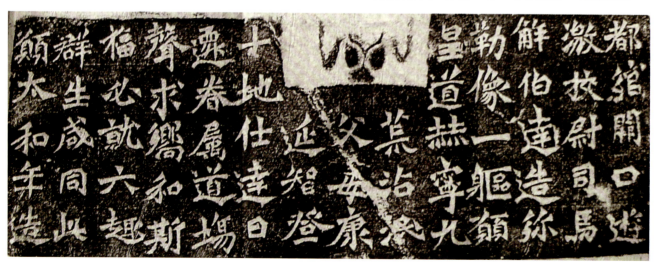

插圖一

插圖二

## 元羽墓誌

景明二年（501）七月二十九日葬。楷書，十三行，行十五字。一九一八年洛陽城北南陳莊出土。今在中國國家博物館。

## 翻刻本

（一）

首行"墓銘誌"之"誌"字"心"鉤原石已損，翻刻不損。（參見原石插圖一）

四行"歲在辛巳"之"在"字，翻刻"在"字的左豎出頭，向上穿出撇劃。（參見原石插圖二）

八行"當春競綵"之"當"字，翻刻"當"字"田"部漏刻中豎成"曰"部。（參見原石插圖三）

九行"揚鉉司鼎"之"鉉"字"金"部，原石"金"部中豎與底橫不連，翻刻相連。（參見原石插圖三）

（二）

二行"使持節侍中"之"使"字，原石長撇中分"口"部，翻刻長撇偏右，致使"口"部中間的留白左大右小。原石左右相當。（翻刻本插圖四）

四行"歲在辛巳"之"在"字，翻刻"在"字的撇劃過長，大大超過左豎的底端。翻本誌石左側石擦痕為人工仿刻，且石面佈滿細擦痕，原石石面光潔。（翻刻本插圖五，對照原石插圖二）

十行"援聲革響"之"援"字，原石"爰"之首筆撇劃右高左低，翻刻將撇劃誤刻成橫劃且左高右低。（翻刻本插圖六，對照原石插圖三）

（三）

二行"驃騎大將軍"之"驃"字，翻刻"驃"字"示"部漏刻左點。（翻刻本插圖七）

八行"輟袞東岳"之"袞"字、"岳"字，翻刻均漏刻點劃。（翻刻本插圖八）

十行"二穆層光"之"層"字，原石"層"字中的"田"部無左豎呈左開口狀，翻刻則作封口"田"形。（參見插圖八，對照原刻插圖九）

十一行"恊贊伊人"之"恊"字漏刻左點。（翻刻本插圖一〇）

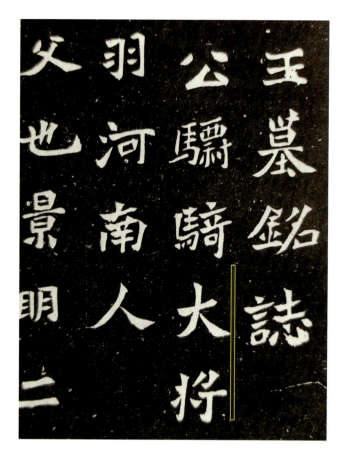

插圖一

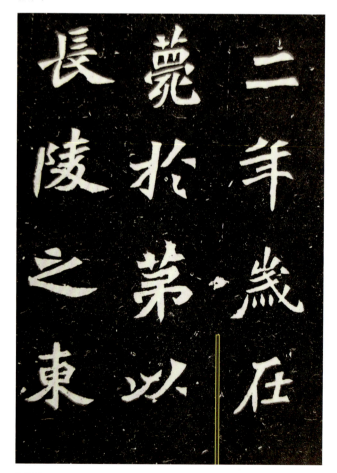

插圖二

插圖三

插圖四

插圖五

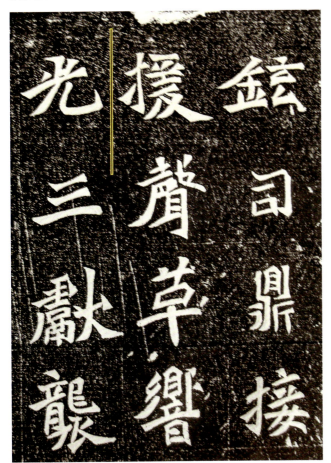

插圖六

插圖七

插圖八

插圖九

插圖一〇

### 鄭長猷造像記

北魏景明二年（501）九月三日。八行，行十二字。石在河南洛陽龍門石窟古陽洞南壁。（插圖一）在題刻左上角（第六至第八行頂端）少數拓本附有"清信女佛弟子□□姬為亡父母造像一區"題記五行。（插圖二）

### 舊拓本

七行"敬造彌勒像一軀"，"軀"字"身"部完好。（參見插圖一）

### 稍舊拓本

七行"敬造彌勒像一軀"，"軀"字"身"部雖損尤可辨。（插圖三）

### 翻刻本

（一）

七行"敬造彌勒像一軀"之"軀"字"身"部不刻，代之以呆板的石花。（插圖四）

（二）

七行"敬造彌勒像一軀"之"敬"字少刻左上點，"軀"字"身"部不刻，字劃較原石瘦細。

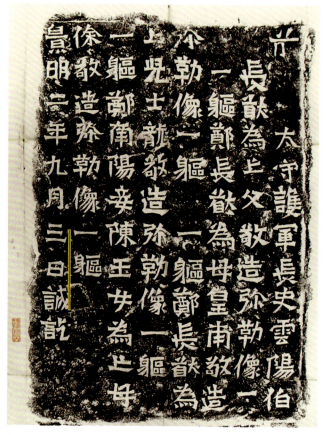

插圖一

插圖一（局部）

插圖二

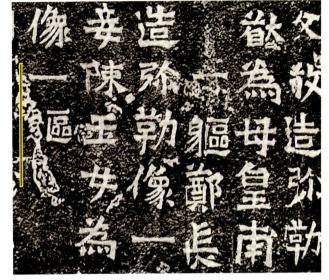

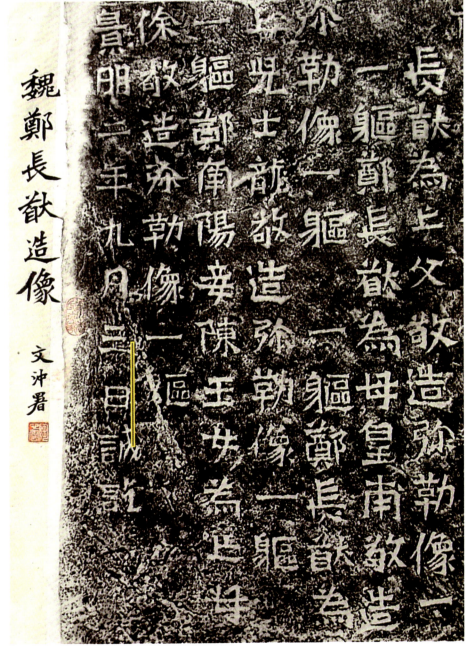

魏鄭長猷造像　文沖署

插圖二
（局部）　插圖四

插圖三

## 比丘惠感造像記

景明三年（502）五月二十日，楷書，十二行，行五字。十三、四行為比丘法寧造像題名。（插圖一）石在河南洛陽龍門石窟古陽洞北壁。

### 翻刻本

六行"（國）祚永隆"、七行"（三）寶彌顯"上原刻似有一乳釘紋，翻刻則亂刀代之。七行"三寶彌顯"下空缺不刻。（翻刻本插圖二）

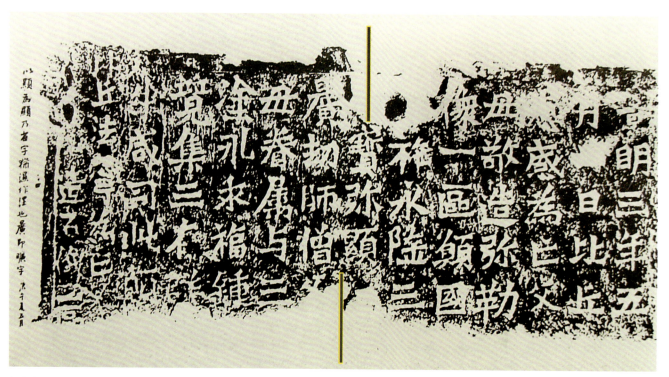

插圖一

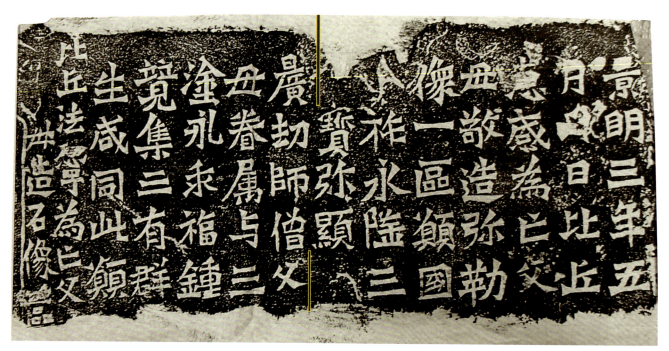

插圖二

插圖一（局部）

插圖二（局部）

## 孫秋生等造像記

景明三年（502）五月二十七日。孟廣達撰文，蕭顯慶楷書。上列題記十三行，行九字。下列題名十五行，行三十字。有額楷書陰文"邑子像"三字。額題兩旁題名，右二行，左三行。石在河南洛陽龍門石窟古陽洞南壁。

### 乾隆拓本

上列題記三行"劉起祖"之"劉"字完好。

下列題名末行"來祖香解廷儁"，"解"字"角"部撇筆未損。

### 嘉慶拓本

#### 上列題記

首行"大代"之"代"字，已看似"伐"字，但撇劃極細。

三行"劉起祖"之"劉"字稍損。

五行"三寶彌顯"之"顯"字"頁"部未損。（插圖一，對照插圖五）

#### 下列題名

末行"來祖香解廷儁"之"祖香"二字完好，"解"字"角"部撇端已微連石泐痕，"廷"字基本完好。（插圖二，對照插圖六、插圖一〇）

常見嵌蠟作偽本，飾為"祖香"不損本。（參見插圖三，此圖"廷"字處有硬傷）

### 道光咸豐拓本

#### 上列題記

首行"大代"之"代"字已挖成"伐"字，撇劃剜粗。（插圖四）

三行"劉起祖"之"劉"字已泐。（插圖四）

五行"三寶彌顯"之"顯"字"頁"部泐損。（插圖五）

#### 下列題名

首行"衛辰"之"辰"字，僅損捺筆。

五行"劉曇樂"之"曇"字"曰"部未損，"劉仲起"之"劉"字未損。

六行"衛國樹"之"樹"字未損。

七行"高珍國"之"高"字未損。

末行"來祖香解廷儁"之"祖"左半泐，"香"上半泐，"解"字泐左大半，"廷"字泐左半。（插圖六）

### 清末拓本

#### 下列題名

首行"衛辰"之"辰"字泐盡。

五行"劉曇樂"之"曇"字"曰"部泐，（插圖七）"劉仲起"之"劉"字"金"部泐。（插圖八）

六行"衛國樹"之"樹"字損。（插圖八）

七行"高珍國"之"高"字泐左大半。（插圖九）

十四行"上官犂"之"犂"字"牛"部損。

末行"祖香解廷"幾乎泐盡，僅見"祖"字右半和"廷"字末筆。（插圖一〇）

### 翻刻本

上列題記首行"新"字"斤"部，翻刻誤將石花刻成點劃。（翻刻本插圖一一，對照原石插圖一二）

八行"誕"字石花誤刻成點劃。（翻刻本插圖一三，對照原石插圖一四）

九行"福"字"田"部刻成"曰"，且界格線過分明顯。（翻刻本插圖一三，對照原石插圖一四）

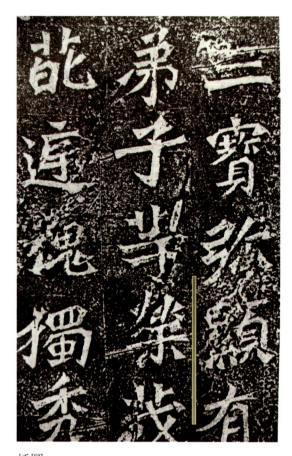

插圖一

插圖二

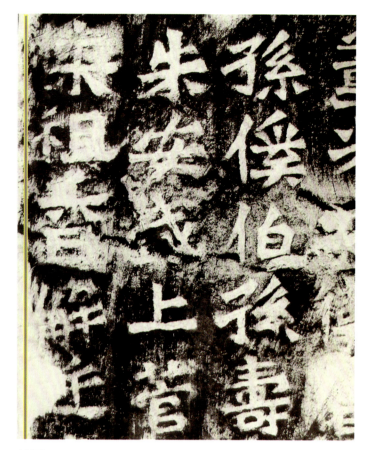

插圖三

插圖四

插圖五

插圖六

插圖七

插圖八

插圖九

插圖一一

插圖一〇

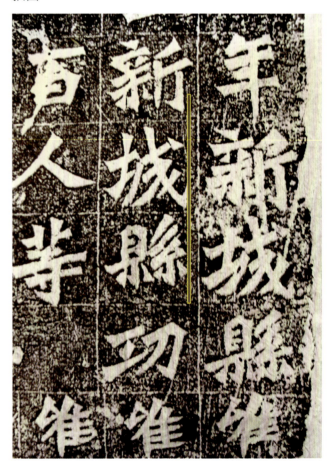

插圖一二

　北　魏

插圖一三

插圖一四

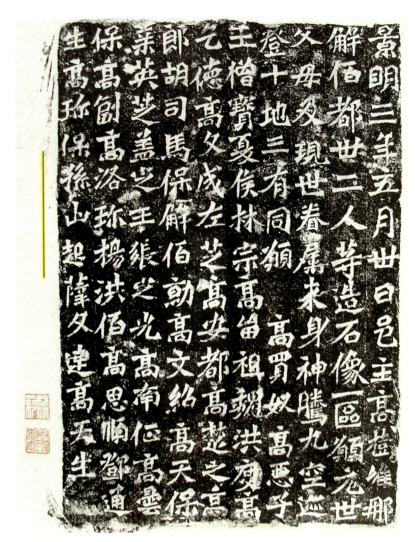

插圖一

插圖二

### 高樹造像記

　　景明三年（502）五月三十日。十行，行十五字左右。（插圖一）石在河南洛陽龍門石窟古陽洞。

### 翻刻本

　　五行“魏洪度”之“魏”字“女”部刻不成形。（參見原刻插圖二）

　　八行“高曇”之“曇”字“曰”部漏刻一橫劃。（參見原刻插圖二）

　　末行“孫山起”之“孫”字漏刻首筆。（參見原刻插圖一）

　　另有：景明三年（502）五月三十日《高樹解伯都等三十一人造像》（共八行），前七行文字幾乎相同，每行最末三字缺失，造像亦精工，疑後人偽造。（插圖三）

插圖三

## 馬振拜造像記

景明四年（503）八月五日。楷書，九行，行十五字，有額"邑子像"三字。石在河南洛陽龍門石窟古陽洞洞頂。

### 翻刻本

三行"劉苟生"之"劉"字刻不成形。（翻刻本插圖一，對照原刻插圖二）

七行"龍馬"之"龍"刻不成形。（翻刻本插圖三，對照原刻插圖四）

此外，翻刻本題記底邊斧鑿痕明顯。（翻刻本插圖五，對照原刻插圖六）

插圖一

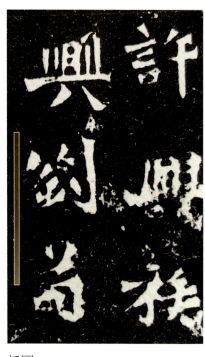

插圖二

插圖三

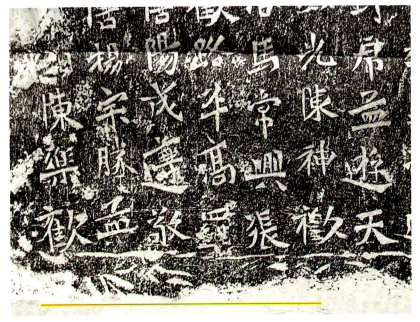

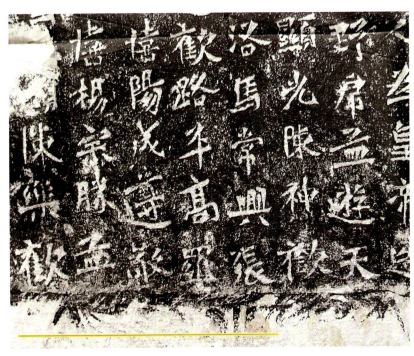

插圖四 | 插圖五
　　　 | 插圖六

## 比丘法生造像記

　　景明四年（503）十二月一日。楷書，十一行，行十三字。左角有斜裂紋兩條。石在河南洛陽龍門石窟古陽洞南壁。（插圖一）

### 稍舊拓本

　　六行"庶幾"之"幾"字"戈"部撇劃未損。（插圖二）

### 翻刻本

　　原石第九行"福"字"示"部豎筆起筆處有凹凸，翻刻則無。（參見原刻插圖三）

　　八行"霄"字"月"部撇劃，原石幾乎垂直，翻刻則向左傾斜嚴重。（參見插圖三）

　　七行"並"、"北"兩字間，原石有一條石花，石花中間有塊黑點，翻刻則刻成"一"字狀，中間無黑點分隔。（參見原刻插圖四）

夫抱音投澗美惡必酬振服依河
長短交目斯乃德音道俗水鏡古
令法生遨逸孝文皇帝專心於
寶又遇北海毋子崇信於二京妙
澱之際屬切求遙一降淨今為申
五載思樹茲子庶幾湏瑜
孝文弃北海毋子造像表情以申
接遇法生惆始王家身終同風霄締
敬歸切齊帝生萬品眾生一切比丘法
覬景明四年十二月一日此比丘造
生 文皇帝弃 海王毋子造

插圖一

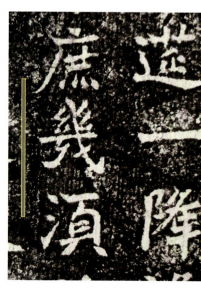

插圖二

插圖三

插圖四

### 楊大眼造像記

北魏景明年間（500～503）。楷書，十一行，行二十三字。有額楷書三字。石在河南洛陽龍門石窟古陽洞北壁。

#### 乾隆拓本

首行"楊大眼為孝文皇帝"之"文"字，捺筆稍損。（插圖一，對照插圖二、插圖六）

五行"遠踵應府"之"遠"字末筆完好。（插圖一，對照插圖三）

十行末"備列刊石記"之"刊石"二字完好，稍後"刊"字豎鉤已損。

#### 嘉慶拓本

首行"孝文皇帝"之"文"字可見。

二行"不遺"之"不"字完好。

五行"誕承龍曜"之"龍"字未泐。

六行末"也摧百萬"之"也摧"二字完好。

#### 道光拓本

首行"楊大眼為孝文皇帝"之"文"字泐盡。（插圖二，對照插圖六）

二行"不遺"之"不"字右上泐。（插圖二）

五行"誕承龍曜"之"龍"字右半泐。又下"遠踵應府"之"踵應"二字基本完好。（插圖三，對照插圖四）

六行"也摧百萬"之"也"字底部泐損，"摧"字"山"部泐。

十行"備列刊石記"之"石"字上橫泐去。

#### 光緒拓本

首行"楊大眼為孝文皇帝"之"孝"字微損。

五行"遠踵應府"二字之"踵"字泐上半，"應"字泐"心"部。（插圖四，對照插圖八）

十行"備列刊石記功"之"刊"字泐下半，"石"字泐上半。（插圖五，對照插圖九）

#### 清末民初拓本

首行"楊大眼為孝文皇帝"之"孝"字泐盡。（插圖六）

五行"誕承龍曜"之"龍"僅存左上角，"曜"字泐盡。（插圖七，對照插圖三）

五行"資遠踵應府"之"踵"字僅存最末二筆，"應"字"雁"部底橫已損。（插圖八，對照插圖三）

十行"備列刊石記功"之"刊石"二字泐盡。（插圖九）

#### 翻刻本

二行"永夜之□"的"之"字刻不成形。（翻刻本插圖一〇，對照原石插圖一一）

八行"掃雲"之"掃"字，右側中間穴寶蓋之首點，原石此點向右，翻刻則垂直。（翻刻本插圖一二，對照原石插圖一三）

插圖一

插圖一（局部）

插圖二

插圖三

插圖四

插圖五

插圖六

插圖七

插圖八

插圖九

插圖一〇

插圖一一

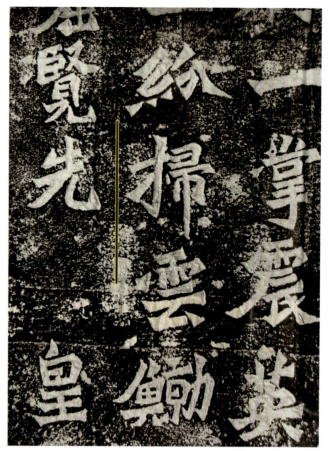

插圖一二

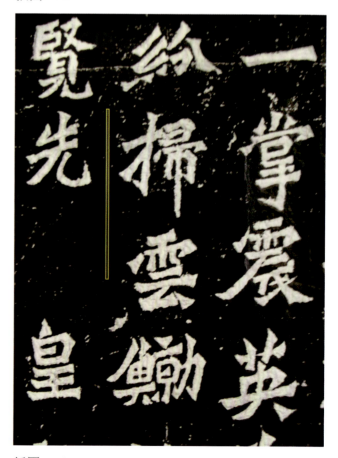

插圖一三

## 魏靈藏薛法紹造像記

北魏景明年間（500～503）。楷書，十行，行二十三字。有額楷書三字，兩旁題名各一行。石在河南洛陽龍門石窟古陽洞北壁。

### 乾隆拓本

三行"騰空"之"騰"字"馬"部可見。（插圖一）

### 嘉道間拓本

三行"騰空"之"空"字完好。稍舊拓"空"字右上角已損。（插圖二）

### 光緒拓本

三行"騰空"之"空"字下半泐去。（插圖三）

### 民國拓本

民國十年（1921）碑下截遭鑿毀，僅存上截五、六十字。拓本存十行，首行存四字（半泐者二字），二行存十字（半泐者二字），三行存十字（半泐者一字），四行存九字（半泐者一字），五行存十字（半泐者一字），六行存十字（半泐者一字），七行存八字，八行存六字，九行存三字（半泐者一字），十行存三字（半泐者一字），額存"藏"、"迦像"、"薛法紹"六字。（民國拓本插圖四，參見未損本插圖五）

### 翻刻本

三行"靡憑"之"憑"字，"馬"部中豎向左傾斜，原石垂直。（翻刻本插圖六）

三行"爰暨下代"之"爰"左上角石花誤刻成一點。（參見插圖六）

九行"無生"之"無"字，中間四豎原石不相連，翻刻第二、三豎畫相連。（參見插圖六）

另見絲織品《魏靈藏》，有民國三十四年（1945）標價叁萬伍仟元的標籤，刺繡精湛，當入絲綢博物館珍藏。（插圖七）

插圖一

插圖二

插圖三

插圖四

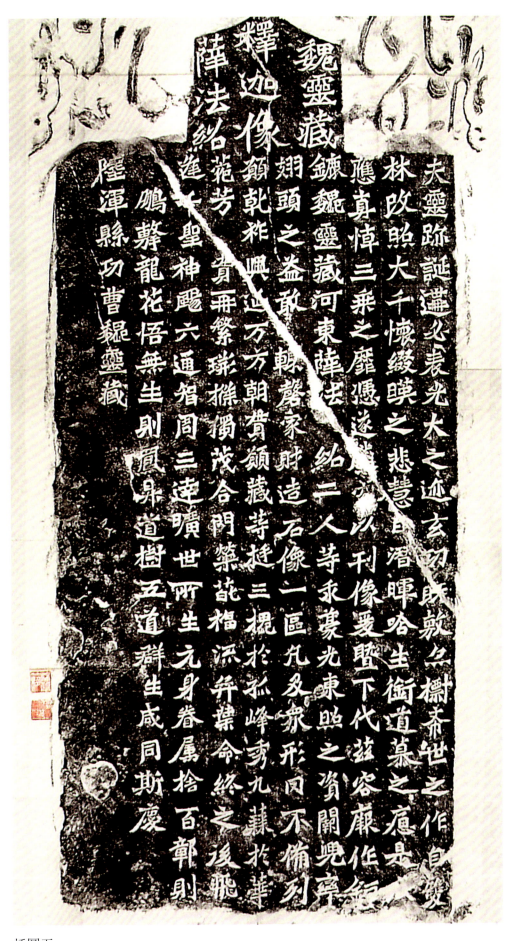

插圖五

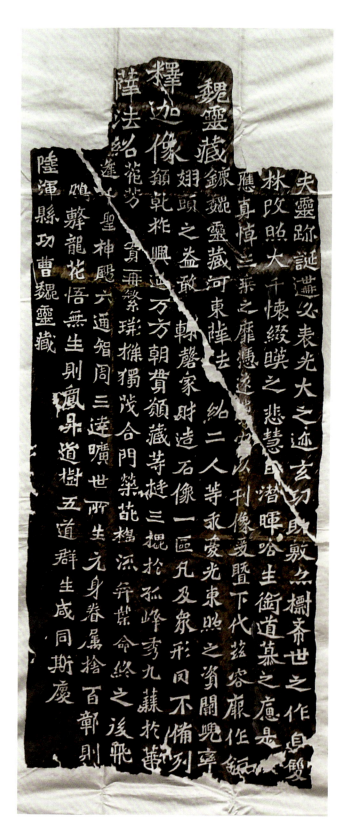

### 僧暈造像記

北魏正始二年（505）二月四日刻題記，像建於太和十六年（492）。

此造像題記刻石形制奇特，可能為佛像方形底座。造像題記石分內外兩層，文字均按順時針環刻，外環共九十四字，內環共五十五字。內層中央有一直徑十九釐米的圓孔。所見拓本內外環交界處均有剪裁痕，說明該題記內、外環不在同一平面，捶拓時不得不分用二紙，然後裝裱粘貼在一處。（插圖一）

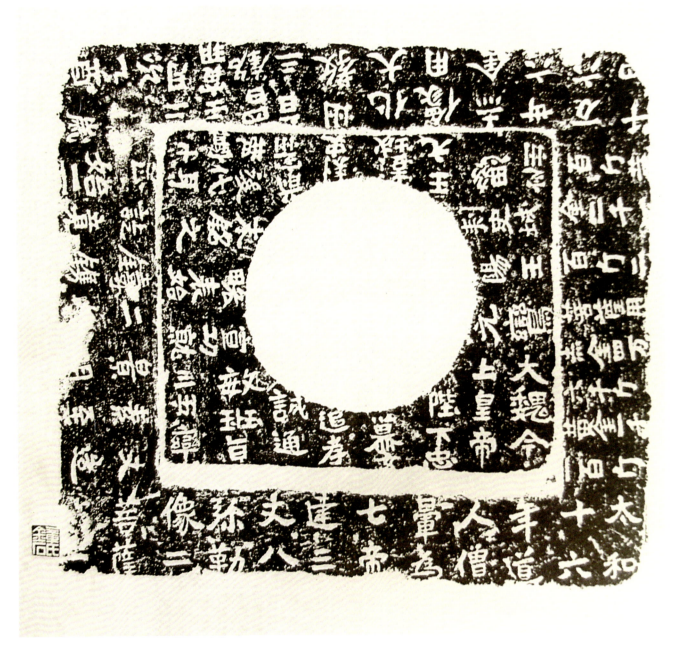

插圖一

## 元始和墓誌

正始二年（505）十一月十八日。楷書，十八行，行十九字。民國三年（1914）河南洛陽南陳莊出土。曾歸番禺葉氏，或傳毀於火。

### 翻刻本

誌文第八行末"忠"字，翻刻本"中"部豎劃與"心"中一點完全相連，原刻似連非連。（參見原刻插圖一）

十一行"如不勝同氣"之"不"字，翻刻本撇劃與橫劃不相連，原刻相連。（參見原刻插圖二）

又十一行"號憶以自絕"之"憶"字"意"部，翻刻本心鉤末端與"曰"部相連，原刻不連。（參見原刻插圖三）

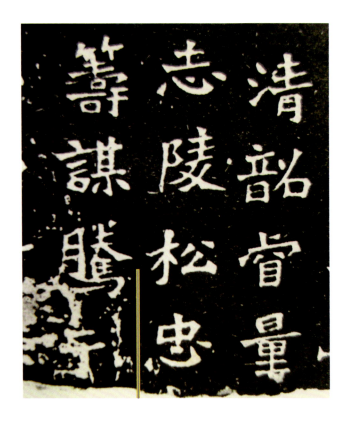

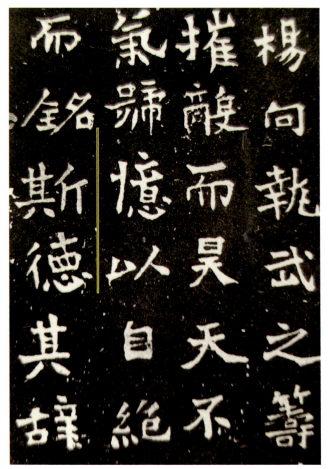

插圖一 ｜ 插圖二

插圖三

## 安定王元爕造像記

正始四年（507）二月。楷書，十三行，行九字。石在洛陽龍門石窟古陽洞右壁佛座上方。（插圖一）

### 舊拓本

石面較平整。（插圖二）

### 民國拓本

石面粗糙，字口外多麻點。（插圖三）

### 翻刻本

六行末"就"字"尤"部，鉤筆内原石有石花，翻刻誤為點劃，刻作一點。（參見原刻插圖四）

十行"諸佛"之"諸"字，翻刻本"言"部刻不成形，"者"部漏刻首橫。（參見原刻插圖五）

附：另有永平四年（511）十月十六日《安定王元爕造像記》，在龍門古陽洞北壁（按：元爕在龍門石窟造像共有三處）。（插圖六）

插圖一

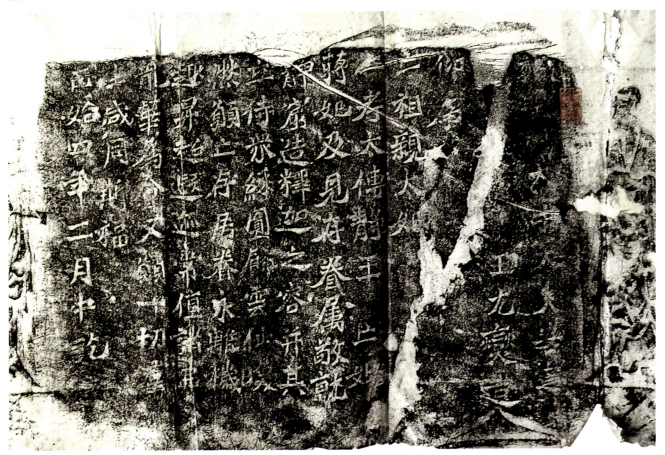

插圖二

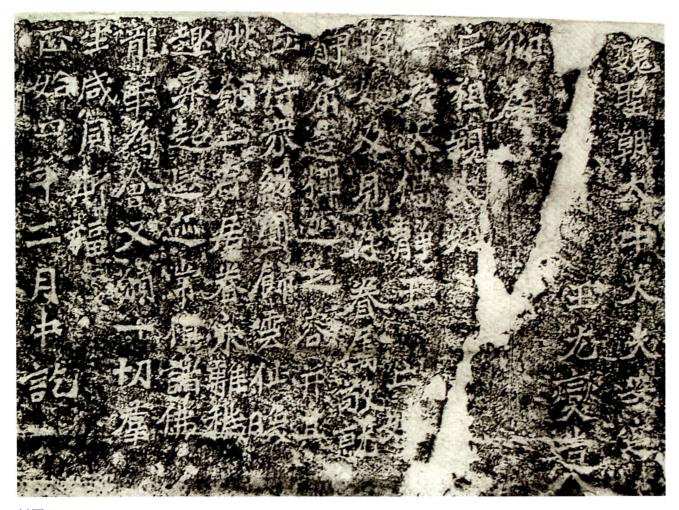

插圖三

插圖四

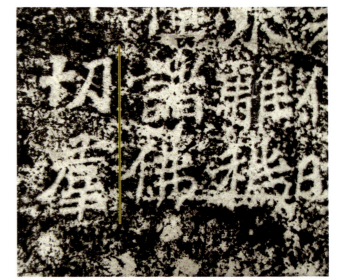

插圖五

插圖六

### 元思墓誌

正始四年（507）三月二十五日。十八行，行十七字。一九一六年河南洛陽出土。

### 翻刻本

二行"恭宗景穆皇帝"之"恭"字，原石"恭"字頭部已泐，翻本不泐。（翻刻本插圖一，對照原刻插圖二）

五行"風教舊鄉"之"風"字，翻本"虫"部中豎向上穿出短撇。（翻刻本插圖三，對照原刻插圖四）

插圖一

插圖二

插圖三

## 元緒墓誌

正始四年（507）十月三十日。楷書，二十六行，行二十七字。一九一八年冬洛陽城北安駕溝出土，徐世昌舊藏。

### 翻刻本

六行末"僧"字"曰"部誤刻成"口"部。（參見原刻插圖一）

末行"委骨長冥"之"骨"字，原刻上部作"內"狀（碑別字），翻刻有缺筆。（參見原刻插圖二）

插圖一

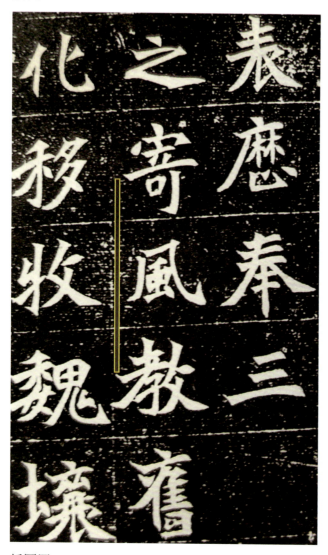

插圖四

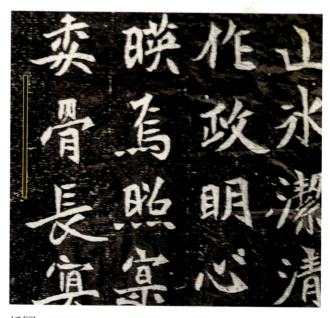

插圖二

## 元詳墓誌

永平元年（508）十一月六日。楷書，十二行，行十六字，民國九年（1920）洛陽城北出土，曾炳章、陶湘舊藏，原石現存上海博物館。

### 翻刻本

六行末"永平元年"之"平"字長橫斷作二筆，原刻作一筆。（參見原刻插圖一）

十行"禮"字"面"部中二小橫漏刻。（參見原刻插圖二）

插圖一

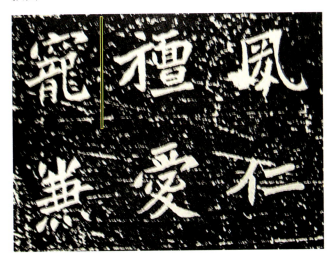

插圖二

## 元勰墓誌

永平元年（508）十一月六日。楷書，十五行，行十七字。左側另有二行二列，字略小。民國八年（1919）河南洛陽張羊村出土，曾歸江蘇武進陶湘。（參見陶湘所藏六朝墓誌拓片題簽樣式與鈐印插圖一、二）現存遼寧省博物館。

### 翻刻本

五行"太師"之"太"字，翻刻漏刻一點作"大"字。（翻刻本插圖三，對照原刻插圖四）

十行"含仁履敬"之"仁履"、十一行"端風丕映"之"丕映"，原石此四字上有石質痕，翻刻則無。（插圖五，對照原刻插圖六）

翻本第五行至第十行間有一條斜向細裂痕（自十行"胄皇緒聖"之"胄"字起，斜貫至五行"太師"之"太"字），原刻則無。（翻刻本插圖七）

原石八行"領司徒公謚曰"六字上有一條斜細擦痕，翻刻則無。（參見翻刻插圖七，對照原刻插圖八）

插圖一

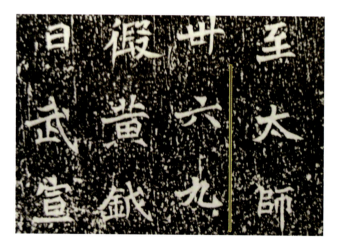

| 插圖二 | 插圖六 |
| --- | --- |
| 插圖三 | 插圖七 |
| 插圖四 | |
| 插圖五 | |

插圖八

插圖一

### 江陽王次妃石婉墓誌

永平元年（508）十一月二十三日。楷書，十八行，行二十字。宣統元年（1909）洛陽城北張羊村出土。曾經常熟曾炳章、陳漁春遞藏。一九六〇年王壯弘先生從陳氏處購得此石並《元診墓誌》、《元倪墓誌》及一隋誌共四石，今藏上海博物館。

### 翻刻本

十三行末“陳王羞賦”之“賦”字“貝”部，原石左下小撇尚可辨，翻刻本則泐作一團。（參見原刻插圖一）

十七行末“堂潛玉跡”之“潛”字“曰”部，翻刻本誤刻作“目”部。（參見原刻插圖一）

五行“觸物能賦”之“賦”字，翻刻本“賦”字刻越出左側界格線。（參見原刻插圖二）

插圖二

## 石門銘

永平二年（509）正月三十日。王遠撰文，楷書，二十八行，行二十二字。石師武阿仁鑿字。其右下方另有摩崖題刻一段，楷書，七行，行九字十字不等，題刻下還有宋紹定二年（1229）賈哲字三德等題名，以上題刻題名傳拓少見。（插圖一）原在陝西褒城古褒斜道石門東壁，現在漢中博物館。

### 明末清初本

二行"此門"之"門"字，左上角未與石花渤連，極少見。

### 乾隆拓本

二行"此門"之"此"字完好，"門"字左上角（左豎劃頂端）已與石花渤連。"門"字右上角石渤較細（呈條狀），（插圖二）稍後增大（呈塊狀）。（插圖三，對照插圖六）

因二行"此門"之"此"字作偽者較多，故附真本數種以供校對。

故宮博物院張之洞舊藏裱本。（參見插圖二）

北京大學圖書館張仁蠡藏整紙本。（參見插圖三）

王宜權舊藏，今歸日本依藤滋收藏，與故宮本同，乾隆前期拓本。（插圖四）

葉志銑平安館舊藏，與北京大學本同，乾隆後期拓本。

### 嘉道拓本

三行"自晉氏南遷"之"晉"字左側石花僅與上二橫首端微連，石花距"晉"字"日"部尚遠。（插圖五，對照插圖七）

### 道光以後拓本

二行"此門"之"此"字已渤佚。（插圖六）

三行"自晉氏南遷"之"晉"字左側石花侵及"曰"部左豎。（插圖七）再後"晉"字半渤。

### 翻刻本

所見翻刻極多，（翻刻本插圖八）依靠石質紋理是最簡易的區分法。

原石三行"自晉氏南遷"的"自晉"兩字間石面凸起，原拓上有黑塊一直蔓延到左側（第四行）"數"字上。（參見原刻本插圖五）

另，原石第二行"永平中所穿將五百載"之"將"字左邊旁之左側亦有凸起黑色線條斜貫。（參見插圖五）翻刻沒有以上特徵。（翻刻本插圖九）

插圖一

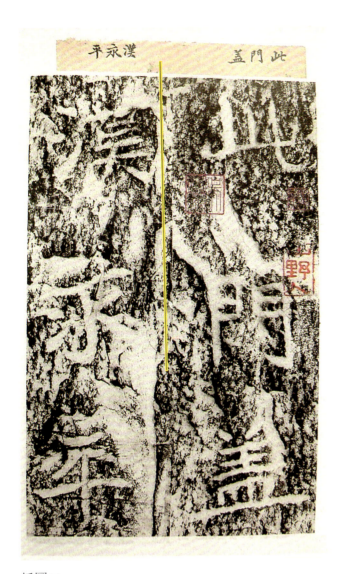

插圖二

舊拓魏王遠書石門銘 比字本 殷△義

插圖四

插圖三

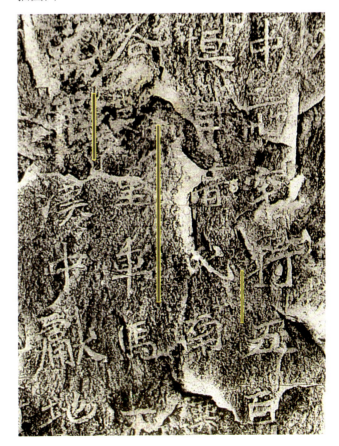

插圖五

插圖六

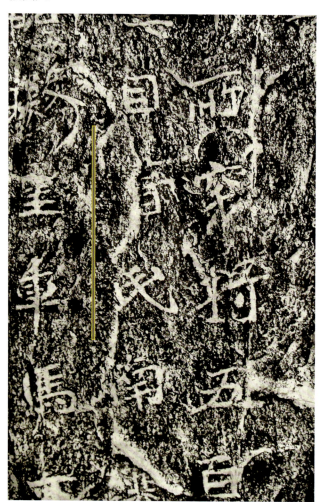

插圖七

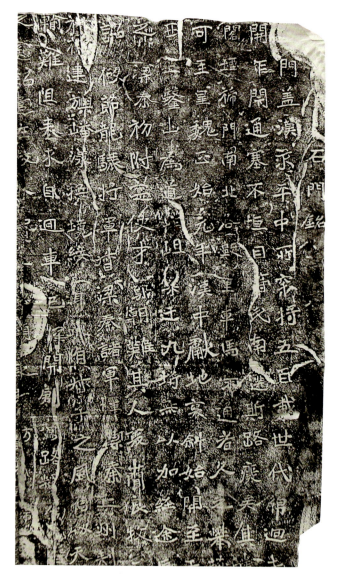

插圖八

插圖九

## 寧陵公主墓誌

又名"王誦妻元氏墓誌"，永平三年（510）正月八日。楷書，十一行，滿行二十字。誌文刻在中央，左右兩側有較大空處（墓誌首題右側空四行，末行紀年與誌文又空四行）。民國十年（1921）洛陽城北北陳莊出土。

### 翻刻本

翻刻本界格十分明顯，首行"墓誌"之"墓"字，原刻本一點似連非連，翻刻則完全相連。（參見原刻本插圖一）

九行"伊人長古"之"長"字的捺筆，翻刻過長，已與界格線相碰。（參見原刻本插圖二）

末行"正月八日"之"八"字，原刻"八"字右側字口帶毛，翻本則無。（參見原刻本插圖三）

插圖二 ｜ 插圖三

插圖一

## 司馬紹墓誌

永平四年（511）十月十一日。楷書，十七行，行二十二字。乾隆二十年（1755）孟縣東北八里葛村與《司馬昺》、《司馬昇》、《司馬景和妻》同時出土，後轉入河南河內，不久即佚，拓本極難得。

唯見陶湘玻璃版印本《四司馬》中是原石拓，餘皆翻刻本。所見傳本皆乾隆三十年（1765）湯令名翻刻，另有傳為馮敏昌翻刻本，極精善。（馮刻本插圖一）

### 翻刻本

#### 湯令名翻刻本

呈碑狀，有碑額"重刻魏誌"四字，額上有暈紋三條，末行左側刻有湯令名乾隆三十年（1765）題跋四行。（翻刻本插圖二）

五行"王欽之玄孫"之"玄"字避諱未刻。（翻刻本插圖三，對照馮敏昌刻本插圖四）

十一行"未遂"上有線刻圈紋，十三行"遷葬"之"葬"字（原刻碑別字無草字頭），翻刻訛作"葬"。（翻刻本插圖五，對照馮敏昌刻本插圖六）此翻刻本早期拓本墓誌下截文字尚清楚，碑額多被裁去，湯令名題刻亦裁去。（插圖七）晚拓下截漫漶。（對照插圖二）

#### 馮敏昌刻本

第八行"遠"、第九行"寧"、第十行"長"字、第十一行"未"等字石面較低窪，拓紙發白。北京大學圖書館藏陶濬宣跋本、國家圖書館顧千里藏本均是此種翻刻本。（插圖八）

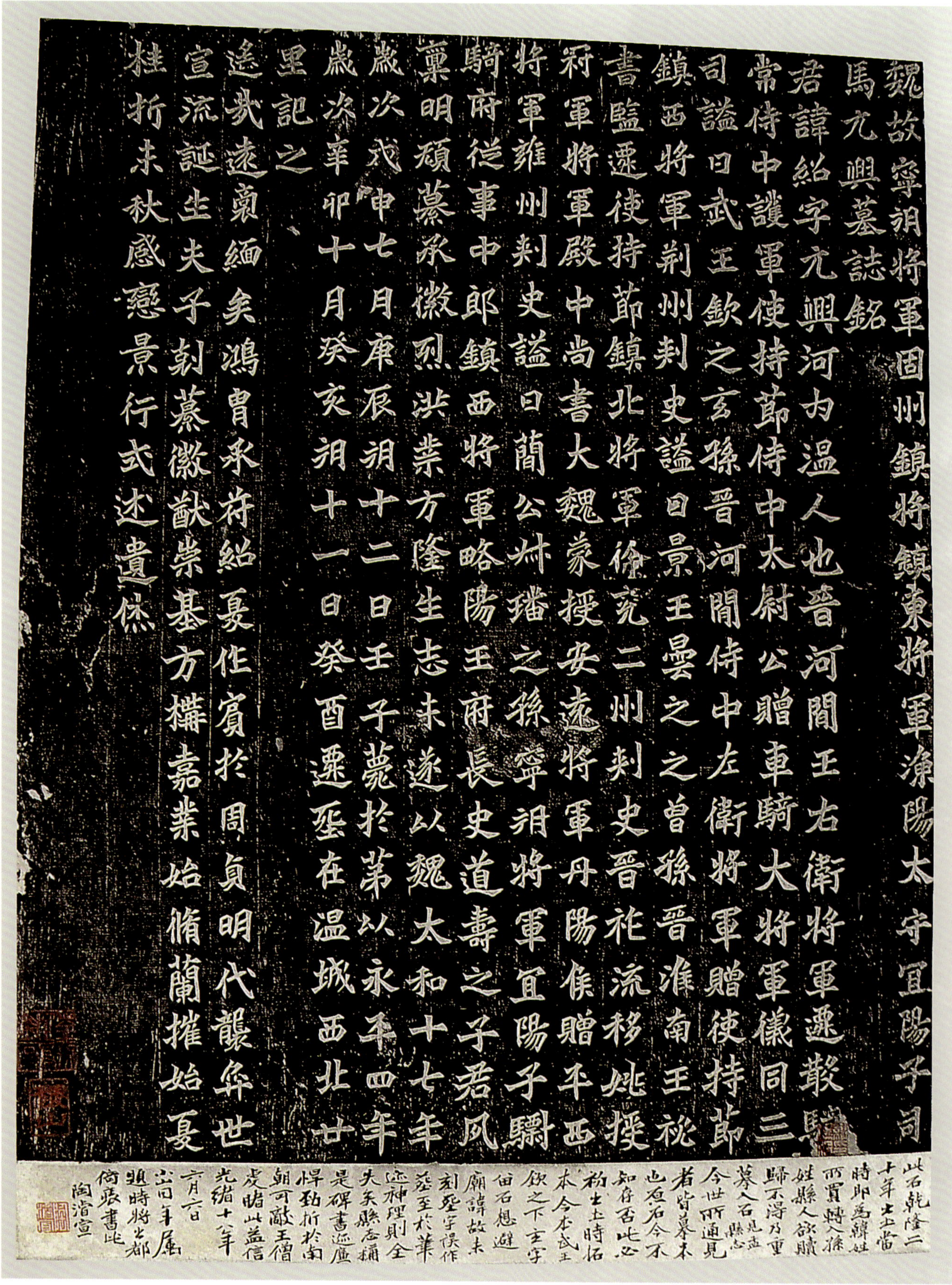

插圖一

魏故寧朔將軍固州鎮將鎮東將軍濮陽太守宜陽子司
馬元興墓誌銘
君諱紹字元興河內溫人也晉河間王右衛將軍遷散騎
常侍中護軍使持節侍中太尉公贈車騎大將軍儀同三
司諡曰武王歆之玄孫晉河間侍中左衛將軍贈使持節
鎮西將軍荊州刺史諡曰景王曇之之曾孫晉淮南王祕授
書監遷使持節鎮北將軍徐兗二州刺史祉流移姚授
衿軍將軍殿中尚書大魏蒙授安遠將軍寧二州刺史
將軍雍州刺史諡曰簡公州之孫寧胡
騎府從事中郎鎮西將軍略陽王府長史道壽之子君風
稟明碩蕩藻徽烈洪業方隆志未遂以魏太和十七年
歲次戊申七月庫辰胡十二日壬子薨於第以永平四年
歲次辛卯十月癸亥胡十一日癸酉遷窆在溫城西北廿
里記之、
逖哉遠緬矣鴻胄承符紹夏任於周貞明代釀弈世
宣流誕生夫子剖蕤徽猷崇基方構嘉業始備蘭摧始夏
桂折未秋感慟景行式述遺休

插圖二

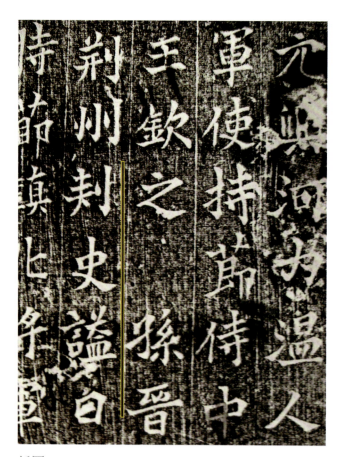

插圖三

插圖四

插圖五

插圖六

插圖八

插圖一

## 楊範墓誌

永平四年（511）十一月十七日。楷書，十三行，行九字。石陝西華陰出土。（插圖一）

### 翻刻本

（一）

見有縮刻翻本，此誌有界格，按界格外框計，原石外框長約十八釐米，寬約二十四釐米；翻刻則長約十五釐米，寬約二十一釐米。七八行之間有斷痕。

（二）

七行"窆於里焉"之"焉"字，下面四點中第三、四兩點僅在筆鋒尖端處微連（仍是兩個獨立的點），翻本則完全相連而融為一體，似一橫臥的阿拉伯數字"3"。（翻刻本插圖二，對照原刻本插圖三）

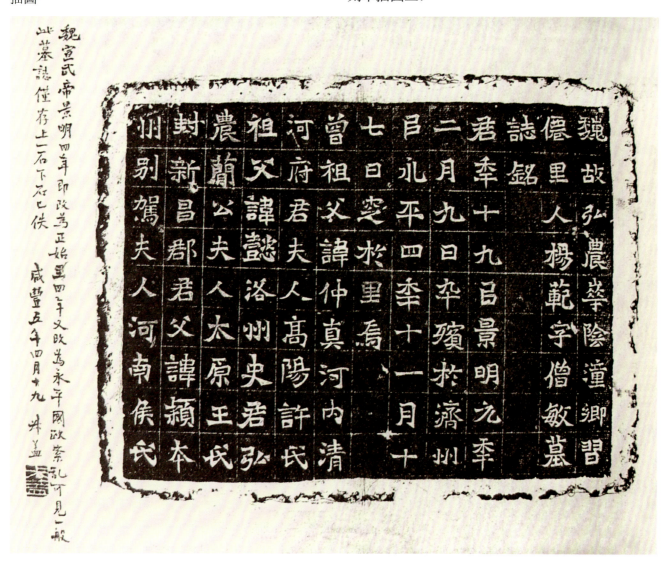

插圖二

插圖二（局部）

插圖三

### 鄭文公下碑

永平四年（511）。楷書，上碑二十行，行五十字。下碑五十一行，行二十九字，尾有宋政和三年（1113）題名四行。下碑有額楷書陰文七字。下碑在山東掖縣雲峰山，上碑在平度天柱山。上碑字稍小，石面風化嚴重，文字漫漶，加之地處危崖，傳拓較少，故傳世拓本以下碑為常見。（下碑插圖一）

下碑清乾隆間始有拓本流傳，摩崖石質堅硬，清末民國拓本字口亦變化不大。清末碑學興盛，雲峰摩崖諸刻拓本質量越晚越精。

### 最舊拓本

下碑三十四行"先仁惠不嚴之治"的"惠"字"心"部未損，"不"字能見下部三筆。

故宮博物院藏本上下碑合裝，拓工極劣，並有塗描，朱翼庵審定為明拓，"惠"字"心"部已損，"不"字不可辨，應是乾隆末年當地民工

手拓。（插圖二、三、四）

## 嘉道拓本

下碑三十四行"先仁惠不嚴之治"的"惠"字"心"部已損，下碑四十二行"作頌曰"之"頌"字完好。（插圖五、六）

北京大學圖書館藏本，"頌"字不損。

## 同治拓本

下碑四十二行"作頌曰"之"頌"字已損，而十六行"舉秀才"之"秀"字未損。（插圖七）

## 清末民初拓本

下碑十六行"舉秀才"之"秀"字"禾"部已損。

## 翻刻及反模多種（參見翻刻本插圖八）

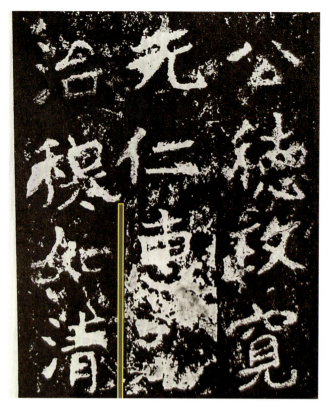

插圖二

插圖一

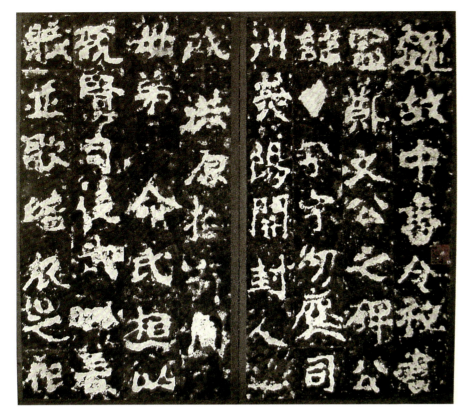

插圖三（上碑）

插圖五

插圖四（下碑）

插圖六

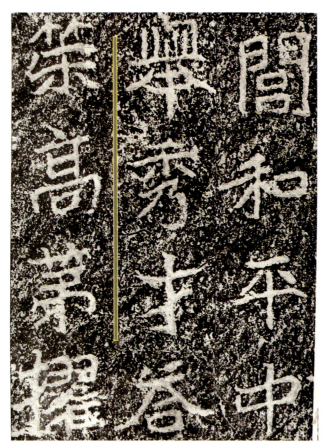

插圖七

插圖八

## 元診墓誌（一作元詮）

延昌元年（512）八月二十六日。楷書，二十二行，行二十三字。

此石一九一七年洛陽出土，曾經曾炳章、陳漁春遞藏。一九六〇年王壯弘先生從陳氏處得此石並北魏《漢敦煌鎮將軍元倪墓誌》、北魏《江陽王次妃石夫人墓誌》及一隋誌共四石，今藏上海博物館。

### 翻刻本

（一）

原石誌文中有橫直格線，翻刻則無。

四行第二字原石作"及"翻刻誤作"反"。（翻刻本插圖一，對照原刻本插圖二）

四行"散騎常侍賷銅虎符"之"賷"字中豎翻刻誤作小點。（翻刻本插圖三，對照原刻本插圖四）

六行首"督"字，翻刻本左上角漏刻一點。（參見翻刻本插圖一，對照原刻本插圖二）

九行"廩捨秩粟"之"秩"字，左半部（"示"部）翻刻漏刻一右點，右半部（"失"部）又漏刻一撇。（翻刻本插圖五，對照原刻本插圖六）

十二行"左僕"之"僕"翻刻中間漏刻一點。（翻刻本插圖七，對照原刻本插圖八）

十六行"有馥其馨"之"馨"字"香"部，翻刻漏刻中豎。（翻刻本插圖九，對照原刻本插圖一〇）

（二）

首行"刺史"之"夾"部長撇，原刻作一筆，翻刻分作二筆（一短豎、一小撇）。（翻刻本插圖一一，對照原刻本插圖一二）

四、五行"光"、"奉"兩字間原刻有石質痕，翻刻則為鑿刻痕。（翻刻本插圖一三，對照原刻本插圖一四）

十四行"驃騎將軍"之"將軍"兩字間有一黃豆大小黑色石釘痕，翻本則無。（翻刻本插圖一五，對照原刻本插圖一六）

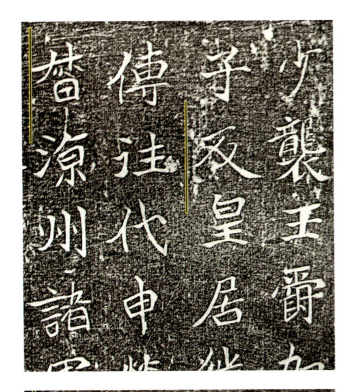

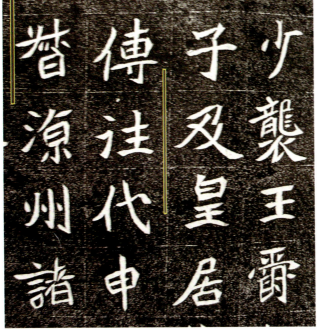

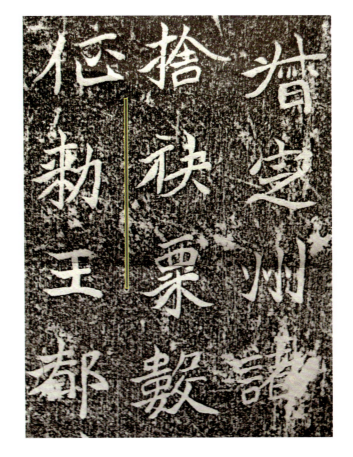

插圖六

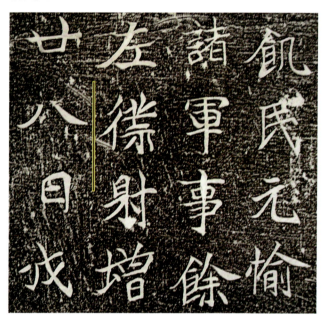

插圖七

插圖八

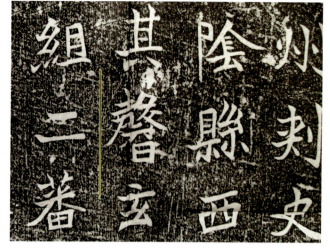

插圖九

插圖一〇

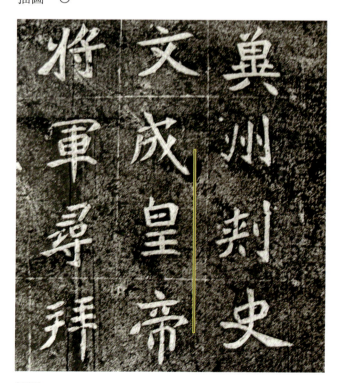

插圖一一

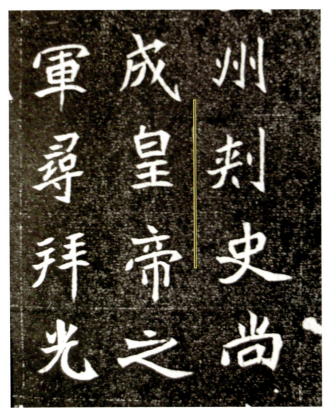

插圖一二

插圖一三

插圖一四

插圖一五

插圖一六

## 元顯儁墓誌

延昌二年（513）二月二十九日葬。楷書，十九行，行二十一字。一九一七年冬洛陽出土。石今藏中國國家博物館。墓蓋一行八字亦楷書，墓誌墓蓋二石相合成龜形。此誌書刻俱佳，聲名顯赫，翻刻極多。因誌蓋龜背弧形拱起，故誌蓋拓片四周有皺褶露白痕，翻刻誌蓋多平面（碑刻），無皺褶露白痕。（翻刻本插圖一，對照原刻本插圖二）

按：龜形墓誌尚有一九七三年在陝西三原陵前公社出土的《李壽墓誌》，今藏西安碑林。李壽是唐太宗李世民的叔父，此誌刻於唐貞觀四年（630），初出土時誌石全身彩繪貼金，富麗堂皇，雕刻技藝優於《元顯儁墓誌》。近年又在山西出土一盒刻於隋大業三年（607）《浩喆墓誌》的龜形墓誌。

## 翻刻本

### （一）

此本刻工技藝精湛。

首行"歲次癸巳"之"癸"字"夕"部第一二兩筆間斷開，原刻不斷。（翻刻本插圖三）

四行"瓊峰万里"之"峰"字"山"字頭泐，原石不泐。（翻刻本插圖四）

四行"龍檋紫引"之"檋"字中豎刻成一筆，原刻分為兩筆。（翻刻本插圖五，對照原刻本插圖六）

五行"曾孫"之"孫"字"系"部中間一點，翻刻作頓點，原刻作撇點。（參見翻刻本插圖四）

十一行"金聲璀璨"之"聲"字右上角誤增一點，原石此處為石花，非點劃。（翻刻本插圖七，對照原刻本插圖八）

十二行"甫齡三五"之"齡"字"齒"部右上一"人"部捺劃過長，伸入右旁"令"部撇劃下，原刻無此病。（翻刻本插圖九，對照原刻本插圖一〇）

原石第十六行"陵踐霜雪"之"踐"字右上角有石擦痕，翻本則無。（翻刻本插圖一一，對照原刻本插圖一二）

### （二）

三行末"靈"字中部三"口"，左"口"刻損成一白塊，原石不損（按：亦見有"靈"字"口"部完好的翻刻本）。（翻刻本插圖一三，對照原刻本插圖一四）

十七行"逸翰先折"之"翰"字"卓"部中，原刻作"曰"，翻刻漏刻中一小橫作"口"。（翻刻本插圖一五，對照原刻本插圖一六）

### （三）

二行"墓"字原刻左撇泐粗，翻刻本卻完好。（參見原刻本插圖一七）

十七行"扶搖未搏"之"搏"字"才"部，原石似"牛"狀，翻刻本漏刻一撇，作提手旁。

### （四）

第十七行"逸翰"之"翰"字"龠"部中"口"原石完好，翻刻成一白塊。（翻刻本插圖一八，對照原刻本插圖一六）

原石有細擦痕一條，擦痕經十八行"斯人永矣"之"永"字首點，十七行"喧"字下，十六行"雪"字下斜入，翻刻本則無。（插圖一九，對照原刻本插圖二〇）

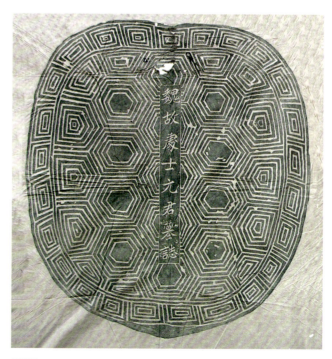

插圖一

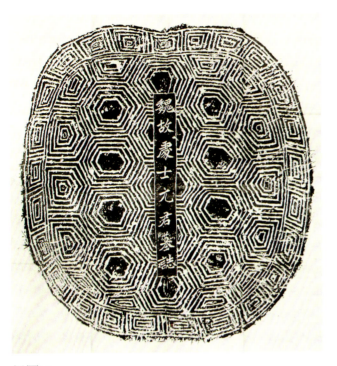

插圖二

插圖五

插圖六

插圖三

插圖七

插圖八

插圖九

插圖一〇

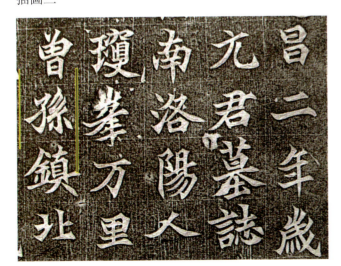

插圖四

插圖一一

插圖一二

插圖一三

插圖一四

插圖一五

插圖一六

插圖一七

插圖一八

插圖一九

插圖二〇

### 嚴震墓誌

延昌二年（513）四月十七日葬。楷書，二十行，行二十字。河南洛陽出土，方若定為偽刻。尚有翻刻傳世。

### 翻刻本

騰沖李氏所藏之石即是翻刻，翻刻之石後歸蘇州古物保存會，抗日戰爭時此石也毀。（插圖一，左圖為原刻本）

十六行末"朔"字"月"部第二短橫下多刻一點。（插圖二，對照原刻本插圖三）

如第十九行末"采"字原石首撇左上有石花，翻刻誤作二撇狀。（插圖二，對照原刻本插圖三）

插圖一

插圖二

插圖三

## 元颺妻王夫人墓誌

延昌二年（513）十二月四日葬。右上角毀佚，泐缺二十字。存十五行，行存十四至十七字不等。（插圖一）清宣統二年（1910）河南洛陽張羊村出土，民國間石由董康售與日本太倉喜八郎，一九二四年日本地震時，石裂成數小塊。

插圖一

插圖二　　　　　　　　　插圖三　　　　　　　　插圖四

## 翻刻本

首行"墓"字"土"部漏刻一點。（參見原刻本插圖二）

首行"夫人"之"夫"，原刻"夫"字筆順反常，捺筆連上方豎筆，撇劃卻與上方豎筆不連。翻刻則正常為"夫"字。（參見原刻本插圖二）

十行"寂寂"二字，首一"寂"字"叔"部，原石中橫中斷作二筆狀，翻刻誤作一筆。"寂"下"墳"字"貝"部中間二橫，重刻只一橫。（參見原刻本插圖三）

四行"陽平王"之"平"字，原刻長橫中斷為兩筆，翻刻不斷。（參見原刻本插圖四）

七行"易稱家人美"之"易"字"曰"部，原刻無底橫，翻刻則增刻底橫。

末行"莨哀幽桂"之"桂"字，翻刻右豎穿過底橫，原刻不過。

原石一至五行，每行第七字處有一條石質痕，依次貫"左"、"周"、"訓"、"陽"、"四"等字。

原石又有一條石裂紋自九行"辛巳朔四日"之"朔"起，斜貫至十四行"胡為當春"之"春"字，翻刻均無。（參見原刻本插圖五）

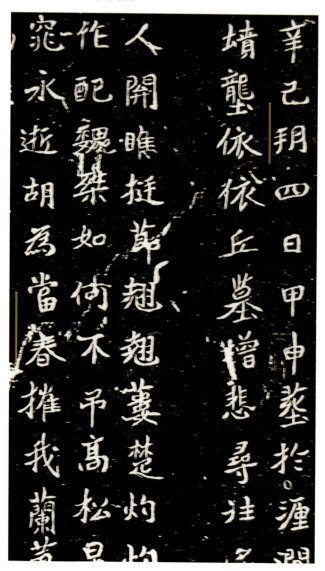

插圖五

## 司馬昞妻孟敬訓墓誌

又名"司馬景和妻墓誌"，延昌三年（514）正月十二日葬。楷書，二十一行，行二十一字。清乾隆二十年（1755）河南孟縣葛村與《司馬紹》、《司馬景和》、《司馬昇》同時出土。乾隆五十四年（1789）在墓誌末行下刻馮敏昌觀款，並在墓誌左側刻馮敏昌題跋四行。曾經端方、姚華收藏，一九六五年原石入藏北京故宮博物院。（插圖一）

### 初拓本

無馮敏昌觀款及題刻。

二行"字敬訓"左側尚無一馬蹄大小半圓環狀泐痕。（插圖二，對照插圖五）

十五行"延昌二年"之"年"字，中有一道垂直泐痕與中豎並行，但未傷及中豎。（插圖三，對照插圖六）

十五行"春秋卌有二"之"春"字撇筆光涓無損。（對照插圖三）

二十行"早世祖傾"之"世"字長橫未泐損。（插圖四，對照插圖七）

上海圖書館藏本有乾隆四十三年（1778）王昶題跋，作於馮氏刻款前。"年"字垂直泐痕未傷及中豎，乃傳世最佳拓本。

故宮博物院藏初拓整紙本。

### 稍晚拓本

二行"字敬訓"左側已有馬蹄大小半圓環狀泐痕，（插圖五）並有馮敏昌乾隆己酉觀款。

十五行"延昌二年"之"年"字泐痕與中豎並連成一白塊。（插圖六）

二十行"早世祖傾"之"世"字長橫已泐損。（插圖七）

此外，所見此誌拓片多將馮敏昌乾隆己酉觀款塗抹，刻款位置應在末行第十一至十六界格間，須細辨。（參見插圖一）

### 翻刻本

刻工精善，舊氣十足。

四行"稟懷叡之奇氣"之"叡"字，原石左下刻為"目"部，翻刻誤為"日"部。（翻刻本

插圖八，對照原刻本插圖九）

五行"鼓鍾千里"之"鍾"字"重"部，原刻為撇、橫，下加一"里"部（即"里"字中豎向上不出頭），翻刻則出頭與長橫相連。（翻刻本插圖一〇，對照原刻本插圖九）

六行"撿無違度"之"違"字"韋"部，原石中間一"口"無左豎，翻刻則添刻左豎。（參見翻刻本插圖一〇）

八行"所謂"之"謂"字"言"部，原石"口"作倒三角形，翻刻則作四邊形。（參見翻刻本插圖一〇）

八行"謹言慎行"之"謹"字右旁，原石中間一"口"無左豎，翻刻則添刻左豎。（翻刻本插圖一一，對照原刻本插圖五）

十行"篤小星之逮下"之"篤"字，原刻草字頭的兩小橫，明顯左低右高，翻刻則在一水平直線上。

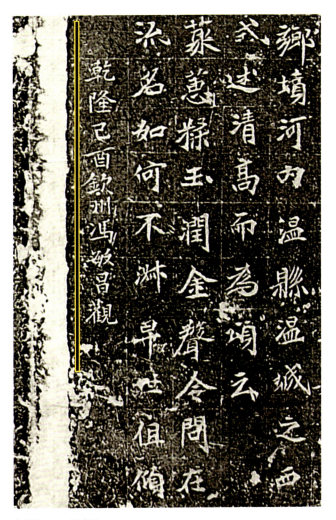

插圖一（局部）

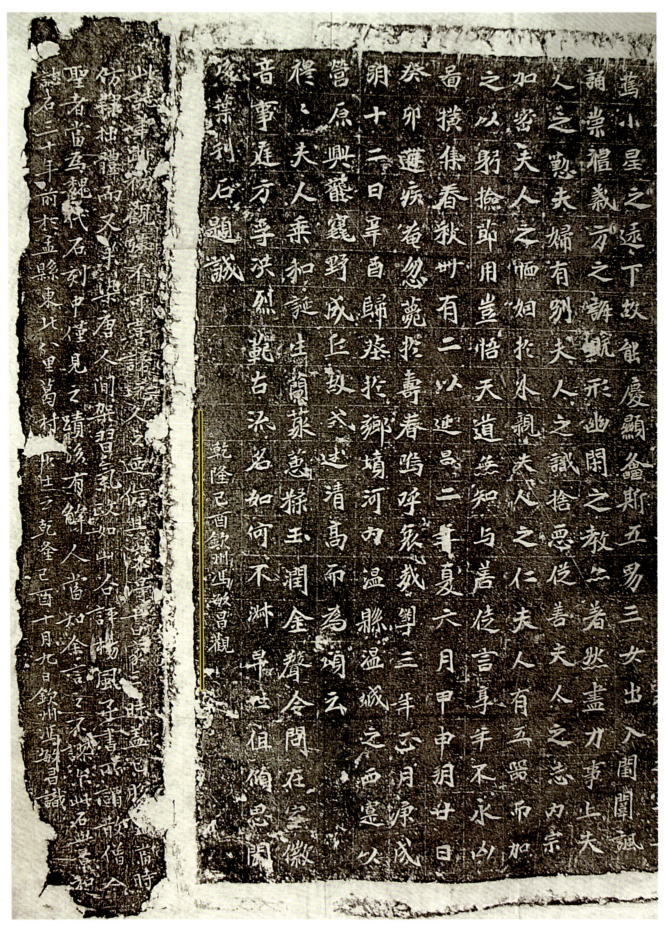

插圖一

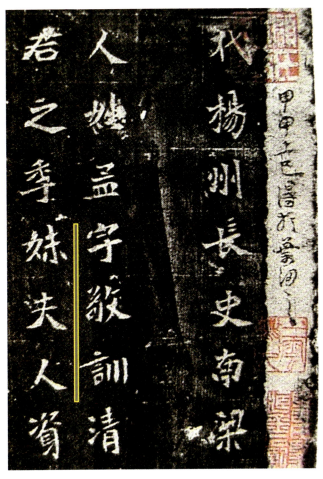

插圖二

插圖四

插圖三

插圖五

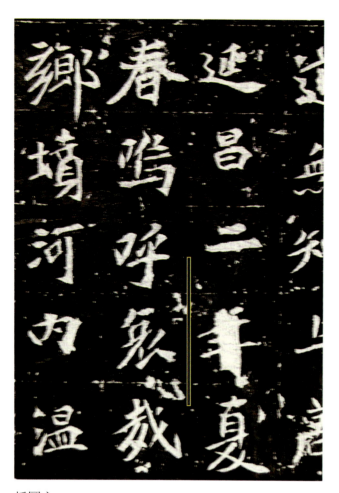

插圖六

插圖七

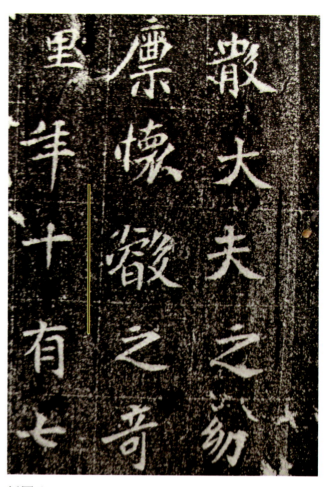

插圖八

插圖九

插圖一〇

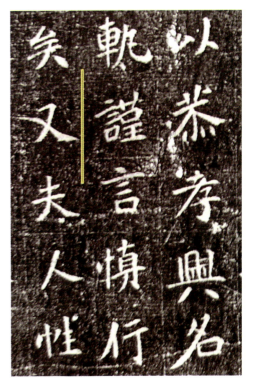

插圖一一

## 元飀墓誌

延昌三年（514）十一月四日葬。楷書，二十四行，行二十六字。清宣統二年（1910）原石河南洛陽張羊村出土後不久即歸日本太倉喜八郎，一九二四年日本大地震時，石震裂成數小塊，拓本稀見。

### 初拓本

首行"墓誌銘"之"誌"字"口"部完好，所見諸本皆渀成白塊。（插圖一）

### 翻刻本

四行"幼則奇偉"之"奇"字缺末筆。（參見原刻本插圖二）

六行"縱容史籍"之"籍"字"曰"部缺右筆。（參見原刻本插圖三）

插圖一

插圖二

插圖三

## 松滋公元萇溫泉頌

延昌年間（512～515）。石舊在陝西臨潼靈泉觀，俗稱"玻璃碑"。楷書，二十一行，行三十字。額篆書陽文，九行，行四字。碑額左側有金大定二十二年（1182）棲雲老人隸書題名四行。（插圖一）碑側有行書題名兩行，行六字。現存臨潼華清池御湯博物館。

### 稍舊拓本

首行"之士"之"之"字右上不連石花。（插圖二）

### 清末民初拓本

首行"之士"之"之"字已連石花。（插圖三）

插圖一

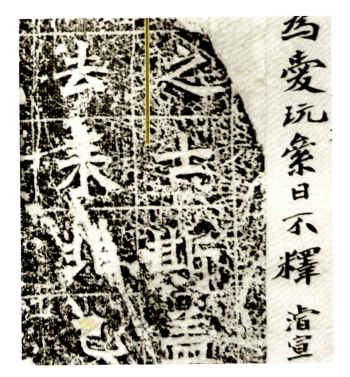

插圖二

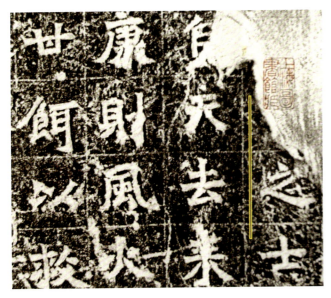

插圖三

### 元彥墓誌

熙平元年（516）十一月十日葬。楷書，二十三行，行二十三字。一九一七年洛陽城北南陳莊出土。經張岱山、葉恭綽遞藏，民國十九年（1930）歸河北博物館。

### 翻刻本

有翻刻，石略小。

原刻二行"墓誌銘"之"銘"字下第三空格的右上角有三小黑點，呈品字形排列，翻刻則

無。（參見原刻本插圖一）

七行"卓爾俗表"之"表"字，翻刻提鉤刻不成形。

十四行"唯王是焉"之"焉"字，原石下三點有遊絲相連，上三小橫平行且等間距分佈，翻刻三點不連，三橫不等分，不平行。

十七行"皎潔斌響"之"斌響"二字間有細石筋痕數條，翻刻亦無。（參見原刻本插圖二）

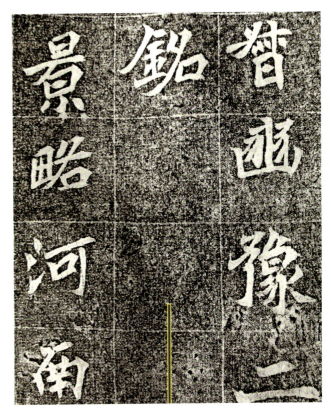

插圖一

插圖二

## 元祐造像記

熙平二年（517）七月二十日。楷書，十四行，行十六字。石在河南洛陽龍門石窟古陽洞南壁。舊選龍門山造像二十種之一。

### 稍舊拓本

十三行"邈絕塵籠圖形泉石"之"籠"字，左半尚有筆劃可見。（插圖一）

十四行"三空"之"空"字寶蓋頭右上角未泐。（插圖一）

另，首行"宗"字近拓亦未泐，不能成為舊拓考據點。（插圖二）

### 翻刻本

第九行"結嘉應"之"應"刻不成形。（翻刻本插圖三，對照原刻本插圖四）

十四行"慶嘉應"之"慶"刻不成形。（翻刻本插圖五，對照原刻本插圖六）

插圖一

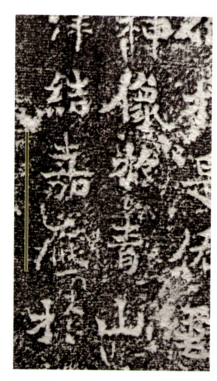
插圖三

插圖五

插圖二

插圖四

插圖六

## 王誦妻元貴妃墓誌

熙平二年（517）八月二十日葬。楷書，十六行，行十九字。民國八年（1919）出土，經羅振玉、陶湘遞藏。今在遼寧省博物館。（插圖一）

### 初拓整紙本

首行"里通"二字右旁無字處無石泐痕。

### 稍晚拓本

首行"里通"二字右旁無字處已有石泐痕。（插圖二）

### 翻刻本

#### （一）

十二行"女儀既穆"之"女儀"間原刻有特定的石質痕，翻刻皆無。（參見原刻本插圖三）

十二行"婦行必齊"之"必"字，翻刻鉤筆在長撇下，與長撇不交叉。（參見原刻本插圖四）

十四行"諞"字"甫"部，右點與右上角轉折處相連，原石則明顯不連。（參見原刻插圖四）

#### （二）

十三行末"徂"字雙人旁之豎劃，原石起筆處較輕，與撇似連非連，重刻則起筆重濁與撇緊連。（參見原刻本插圖五）

末行"長冥"之"長"字，原石鉤筆尖處與長撇僅有一絲相連，翻刻本則完全相連。（參見原刻本插圖六）

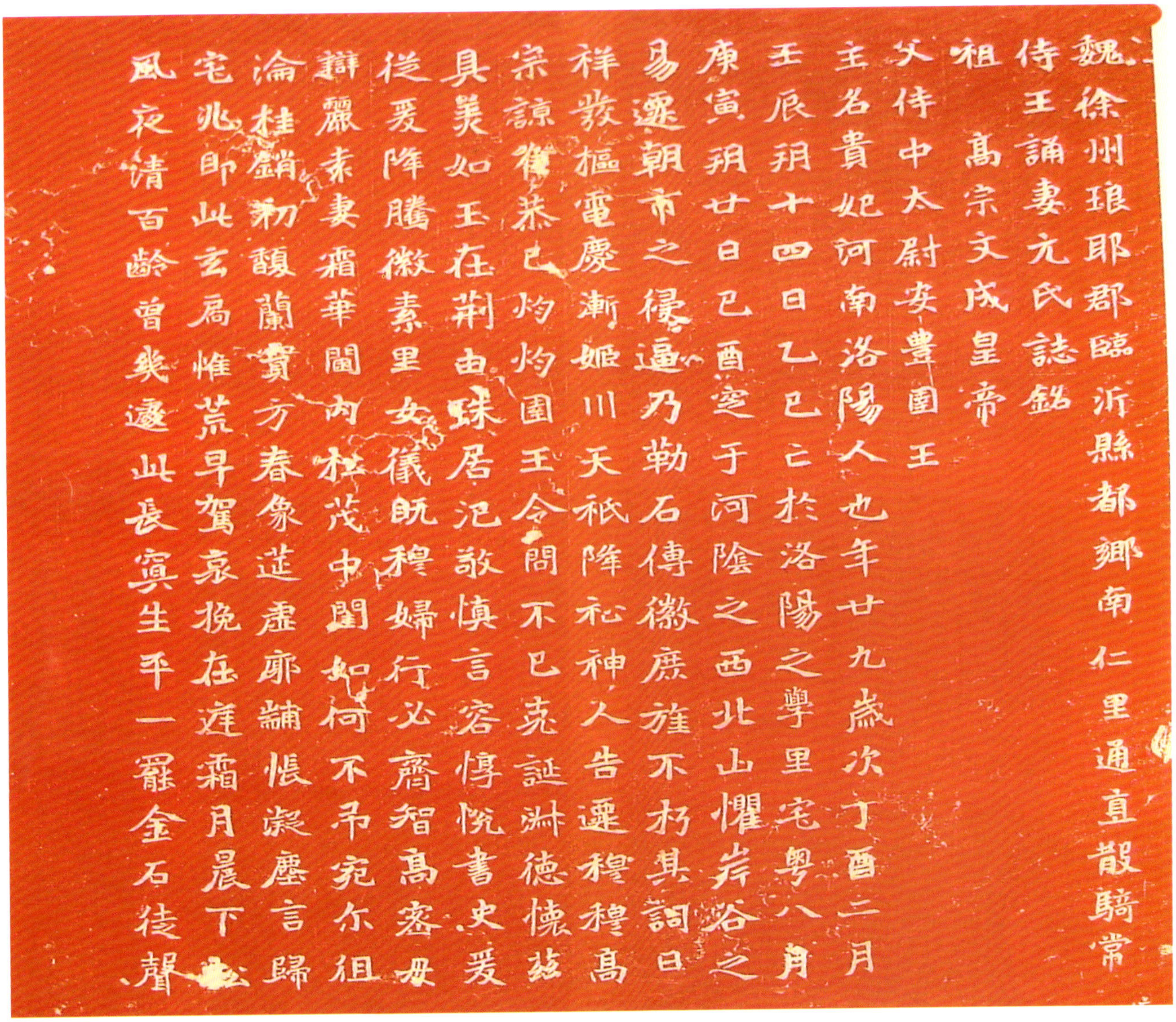

插圖一

插圖二

插圖三

插圖四

插圖五

插圖六

## 刁遵墓誌

熙平二年（517）十月九日葬。楷書，二十八行，行三十二字，右下角缺。有陰二列，一列十四行，一列十九行。石康熙末年河北南皮出土，即缺右下一角（第一行斜斷至十四行）。乾隆二十七年（1762），在缺角處鑲劉克綸木刻跋。道光六年（1826），又添木刻岳鍾甫跋。據傳墓誌出於鹽地，石質軟弱，捶拓加劇剝泐，舊拓較近拓多出近百字。今藏山東省博物館。（插圖一）

### 羅振玉所定最初拓本（康雍間拓本）

斜裂紋（六行起斜貫至倒數第三行）極細，一絲如線，下截字皆清晰。

五行"金紫光祿大夫建平"之"夫建"二字未損。

六行"父雍"之"雍"字雖當裂道而未泐，稱為"父雍未泐本"。

九行"聯輝建侯"之"侯"字未損，"所見者"之"所"字未損。

十二行"便以女妻焉"之"妻"字未損。

十三行"徵為太尉高陽王"之"為"、"王"二字未損。

十六行"薨於位"之"薨"字未損。

按：筆者未見此種拓本。

## "雍"字初損本（乾隆間拓本）

四行"司空羲陽"之"陽"字右側損。（插圖二）

五行"金紫左光祿大夫建平"之"夫建"二字漫漶卻可辨。（插圖二）

六行"雍"字首點已泐，左側"乡"部有損。（插圖二）

八行"姓氏之興"之"姓"有損。（插圖三）

九行"所見者"之"所"字漫漶卻可辨。（插圖三）

十一行"於人無際"之"際"完好，"但昂然愕然者"之"但昂"基本完好，"者"字"曰"部已損。（插圖四）

十二行"見而異之"之"異"完好。十二行"太和中"之"和"完好。（插圖五）

十三行"而德洽於民"之"民"字基本完好，"正始中徵為太尉高陽王諮議參軍事"之"正始中"完好，"徵為"、"陽王"四字漫漶卻可辨。（插圖五）

十四行"均節九賦"之"均節九"完好，"菡事未菁"之"菡"漫漶卻可辨。（插圖六）

十五行"公之立政惠流而壇"之"政惠"石面漫漶但未傷筆劃。

十六行"秋七月廿六日"之"七"、"廿"完好。

十九行"以二年幾次丁酉"之"二"未泐。

凡此等拓本右下角乾隆二十七年（1762）渤海劉克綸木刻跋字嶄新。（插圖七）

所見善本如：夏同憲藏本（有吳昌碩、童大年等題跋）、趙世駿藏本（附劉克綸木刻跋，跋字如新）、楊魯安藏本（有方若、張彥生等題跋）、國家圖書館藏本（有徐堅、汪師韓等題跋）、孫伯淵藏本（竹翁題跋）、故宮博物院藏本（趙世駿審定），皆是此時拓本。

## "溫恭好善"本（嘉道拓本）

三行"父羲"未損。

九行"以忠肅恭懿聯輝建侯"之"聯"、"建"未損。

十八行"居蕃也治"之"居"、"治"未損。

十九行"溫恭好善"之"好"未損。

## "彝"字未泐本（道光拓本）

四行"曾祖彝"之"彝"，稍晚"彝"字右下角損。（插圖八）

劉克綸木刻已是翻刻（按：此時劉克綸木刻跋，與原刻相較，首行"歷隋唐五代"之"歷"字原刻為"广"部有一點，翻刻作"厂"部無點）。（插圖九，對照原刻插圖七）

道光六年（1826），又添木刻岳鍾甫跋。（插圖一〇、一一）

## 清末拓本（插圖一二）

多無木刻跋。

二行"晉侍中"之"晉"、"中"幾乎泐盡。

四行"曾祖彝"之"彝"泐盡。

六行"魏使持節侍中都"之"持節侍中都"五字幾乎泐盡。

七行"東安簡公"之"簡"字泐盡。

九行"謨明"之"謨"泐盡，"以忠肅恭懿"之"肅"、"懿"泐盡。

## 翻刻本（插圖一三、一四）

翻刻本劉克綸木板行書跋，首行"刁氏"誤作"刀氏"，"志銘鎸於"四字刻不成形，"歷隋唐五代宋元"等字之"歷"字誤作"應"，"唐"字誤作"廣"，"五"字誤作"存"，"宋"字"木"部誤作"水"部。此跋刻可能出自於文盲工匠之手。（對照原刻本插圖七）

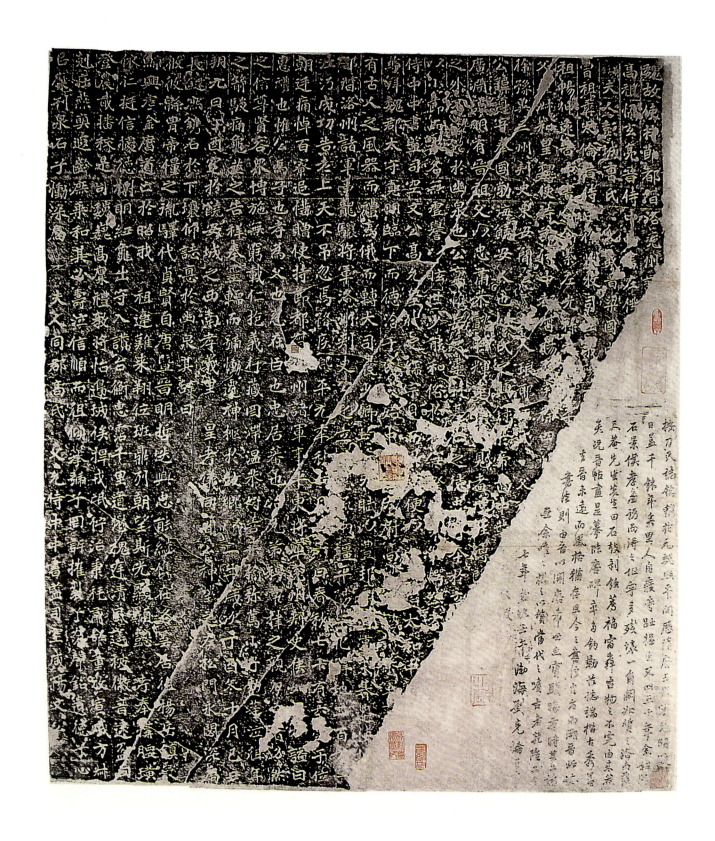

今父雄洲和星魏使時節儓年
祖暢神遠晉中書
都婚楊孫兗徐豫冀
三州刺史東安簡公
左光祿大夫達年
陽
徐豫冀夫人

之外石敛銘於幽泉也公裦
惟岳之靈挺基衣之德忠
本於立名無
蚩譽玄世少能和俗於人
無際僵昂沙愕然者
侍

禮焉儀而轉大司農少卿均
節九賦以豐郎事未碁
遷使都督洛州諸軍事
龍驤將軍洛州刺史父之立
有古人之風器而

琅耶王氏父
守叅國勳海安人也姓氏
之興錄於帝面中世蕭廣淄
譛明有晉祖父以忠
聯輝建見者世註傳
公諱遵

中中書監司空文公高先疊
代之儒宗覘而異之便以安
真焉太和中尋拜魏郡太
守寬明臨下而德洽於民
始中徵為太尉高諮議

楼刀氏德銘鑱於元魏熙平
間歷隋唐五代宋元明以逮今
日蓋千餘年矣里人自瘗寺
址掘出又四五十年余始得
景僕孝廉訪而得之但字多
殘

按刀氏誌銘鐫拓元魏興平間
歷隋唐五代宋元明以迄今日
蓋千餘年矣里人自覆奇寶
摭出又四五十年始涅磨景儀
孝廬訪而得之但字多殘壞一
角闕如順之洛南降一氏菴先生

可惠公遼鄉墓誌里人攟出蓋經康熙
末年云爾歲月遷嬗而凍石公維新葺其字之
古告高翁而獲其家文學劉克綸刀朗
隋貨之始傳拓俾字令殘壞一角闕如
耳子初碑嘗晉與其字之可辨者今通敬順
高座而方成摭感益朗始瀨竏又三四

寸餘今現其文搨六朝體搳不免諛詞率而
寶述少然密宜天涯濤志亦稱之志
蓋謝人朴班先而字重期荔荔中央繼絕
述是笙平刀氏既在所謂世家
大觀率全儺添里為刀公樣而其子姓無
一得志碑足字某父隋公潄左則西世

公侯其地里何知□□□□□會天溼不速述
而此誌道人興□□怖滿榮銳妥城曲内
平無所州里候□□公槽臨邊山右縣西向
絕無所州□□孝 案里其極出之風宜賦求
珠高出泉南志其矣今之夜珠高即葉之求
義王嶽又誌邦祠郡文公高兄棄以女當

即是高座之先人矣 而文公大節炳耀史
冊南皮誌遺之無有如文公為南 然人誰
林此豈古亭之就湮沒谷之無常真不壞
正復兩沈矣 多麥就少所鑴者復拾橛以志
其概
道光廿六年丙戌六月晦日 倪澤嶠鍾甫跋

插圖一一

插圖一二

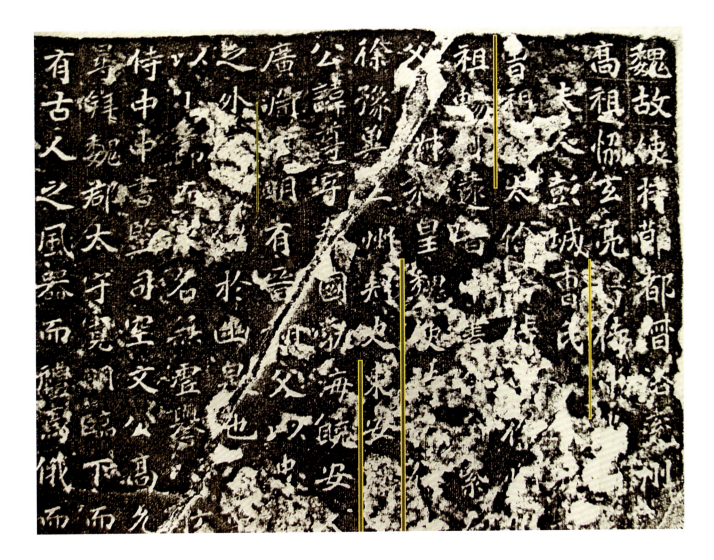

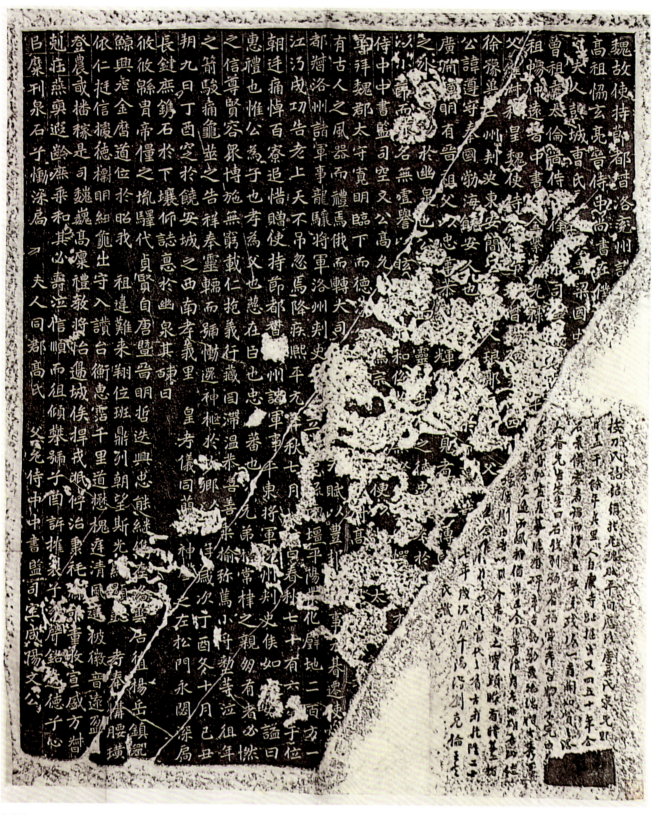

插圖一三

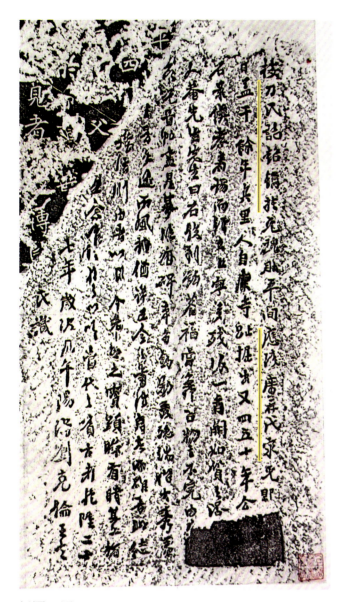

插圖一四

## 崔敬邕墓誌

　　熙平二年（517）十一月二十一日葬。清康熙十八年（1679）河北安平出土。康熙三十年（1691）冬，安平知縣陳崇石將墓誌砌入當地鄉賢祠壁間，嘉慶中某縣令罷任時，攜此墓誌離去，後墓誌下落不明。

　　目前所見傳本又多為裱本，無原紙整幅存世，故誌文行款不清。趙萬里《漢魏南北朝墓誌集釋》中收錄墓誌整紙圖版的底本是據剪裱本改裝而成，其行款為二十九行，行二十九字。世間流傳的整紙翻刻本的行款亦如此。

　　墓誌原石首行文曰：“祖秀才諱殊字敬異，夫人從事中郎趙國李休女。父雙護中書侍郎冠

軍將軍豫州刺史安平敬侯，夫人中書趙國李詵女。”此類將祖、父銜名列于墓誌標題前的撰文樣式在金石例極稀見。後世裝裱拓本者不明其中緣故，多誤將墓誌標題“魏故持節龍驤將軍督營州諸軍事營州刺史征虜將軍大中大夫臨青男崔公墓誌銘”字樣剪裁挪移至祖、父銜名列於題前。翻刻者亦依樣畫葫蘆，以訛傳訛，故凡首行為“……崔公墓誌銘”的整紙拓片必是翻刻偽品。（插圖一）

### 傳世原石拓本僅有五本

　　（1）莫枚舊藏本，舊稱“蘇州某氏本”，清光緒二十九年（1903）為莫枚購得，後歸劉體乾，一九一二年又歸羅振玉。此冊銘文祖、父銜名亦列於墓誌標題前，後有莫枚、王瓘、沈曾植、梁鼎芬、羅振玉題跋。（插圖二）

　　（2）上海圖書館藏濃淡墨拓拼合本。前半本為淡墨本，銘文祖、父銜名亦列於墓誌標題前，經江標、劉體乾、端方遞藏。後半本舊為華陽卓氏濃墨本，清乾隆間刻入《谷園摹古法帖二十卷》之卷三，有陳奕禧題跋，後散佚為半本，經王懿榮、劉鶚、端方遞藏。光緒三十四年（1908）年，兩半本經端方手始合成全璧，匋齋去世後又散出，一九三〇年被蔣祖詒在海王村購得。（插圖三、四）

　　（3）劉鶚舊藏本，即舊傳“揚州成氏本”，經劉鶚、王瓘、王褆遞藏，今不知下落。清光緒二年（1876），劉鶚得全本于揚州成氏，遂將其先前所藏華陽卓氏半冊之陳奕禧題跋移入揚州成氏本。清光緒三十二年（1906）劉鶚用日本寫真版精印百本分贈同好，後有王瓘、羅振玉、方若、劉鶚合影照片一張。（插圖五、六）

　　（4）南京博物院藏本，原為田志山舊藏，雍正年間轉贈翁振翼（迂伯），此冊未經方若著錄。有清雍正十三年（1735）潘寧題跋本。

　　（5）上海朵雲軒藏本，即武進費念慈藏本，舊經清李馥、趙魏、李鴻裔遞藏，宜興任氏曾雙鉤刻木行世。後為新安程屺懷以千金得於上海，一九五九年攜歸鄉里，一九七九年程氏後人售出。此冊有潘寧、戴光曾、陶濬宣題跋及陳豫鍾過錄金文淳跋語。

魏故持莭龍驤將軍甯營州諸軍事營州刺史仳虜將軍太中大夫臨青男

崔公之墓誌銘

祖雙秀才諱殊守敦異　夫人從事中郎趙國李休女

父諱敬中書侍郎冑傳陵安平　夫人中書趙國李諡女

君諱護營然託鸞揚州刺史起家即豫州刺史佐若乃殖姓之始蓋炎帝之子胄積於弱世之冑其故以備之前冊而不

響播詳作錄令譽諾被之信著於童孫音王震聞於弱冠寇羽莃率和鼎特粟清貞

少播詳作錄令譽諾被之信著於家呂為司德府主簿納大崇簡於弱冠寇羽莃率和鼎特薰史部轉以

待詳作錄令譽諾著起於家呂為司德府主簿創物大崇簡宮儲朝遷以

尚書令譽諾被之信高祖孝文皇帝剋制物大崇正始妙蘭宮儲朝遷中郎嘗中

郎膽思凝果善謀好成臨蕭憤扶戡亂拔捉奇前略無滯之劼君拜於左中郎將大都督中郎嘗中

以詮敘為官郎中時景明初丁母憂遷家居喪毀致殻性服終朝遷中郎嘗中

君長史出圍儒義陽城挺定顥拔君於絲水平物徵君拜為左中郎將大都督中

山王長史出圍儒義陽城挺定顥拔君於絲水平物之劼君授龍驤將軍太

君王鄉輙郎丹必也綬接於城拔君於絲水平物之劼君授龍驤將軍大都督太

以膽思凝果善謀好明初君有恊規之徵君授軒鑑始逋退於紳痛惜哀

蕭慎輯郎丹必也綬接於城拔君節營州刺史將軍如故君軒鑑始化聲歡惜哀

府少麾蓋盡服延昌四年以君持節營州刺史將軍如故君蒞政宣風自遠徵德潤鄉紳痛惜於衡衆

以先麾蓋盡任君嬰疾連歲遂以君清平二年十一月廿一日卒於位伯茂衛尉

潭於過服延昌四年以君清平二年十一月廿一日貞祀也孤息遺言刊遺德於

方授美咸依訢泣連訓之贈左將軍濟楊州刺史之以樹洞赾絕與何言刊遺德於

姻鶱方温任君嬰疾連歲遂以君清平二年十一月廿一日貞祀也孤息遺言刊遺德於

在荻推酸冈訢君娶疾連將軍濟楊州刺史之以樹洞赾

路其辭日帝炎孝誕質世皇澤遠融入智淵明育善以和將成辳幕績著天

綿代舉於程叡孝誕質世皇澤遠融入智淵明育善以和將成辳幕績著天

賢丘翼起挩近慶鍾盛世靈秉仁岳峻勳智淵明育善邊戎愛浹遂鄉遂誰孤

軍功僑城颸俊境懷風如何倉吳國寶渝光白楊晦以籠雲松區杳而炟遂誰孤

清方渥蘭爵雅良如何倉吳國寶渝而推鶱痛尊靈之長秘誌遺德子何陳篆

叫其鴫窶覷寶颸而推鶱痛尊靈之長秘誌遺德子何陳篆

迢石子深遂嗚呼哀哉涙仰層篤而推鶱

魏故持節龍驤將軍督
營州諸軍事營州刺史
低虜將軍太中大夫臨
青男崔公之墓誌銘
祖秀才諱殊字敬異

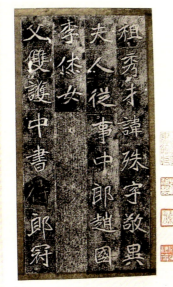

## 崔敬邕墓誌銘

此誌石久佚拓本傳世甚稀兩書
法實為北魏碑誌之冠流傳人間
都祇知者一兩本兩已貢與西嶽華
山碑等重丙子八月浮此本於真州
揚州成氏所藏也用日本寫真收印
百部分贈同好共欣賞者銅梁
王孝禹上虞羅振玉拓定海方藥雨
下方寫真由左而右是也
光緒丙午八月二十五日丹徒劉鑅雲記於
日本東京芝區烏森町吾妻屋旅館

插圖二 ——— 插圖五
插圖三 ——— 插圖六
插圖四 ———

### 寇演墓誌

神龜二年（519）二月二十三日葬。楷書，二十行，行二十一字。一九一九年洛陽城東北攔駕溝出土。曾歸騰沖李根源，後藏江蘇吳縣古物保存會，抗日戰爭時石毀。傳世拓本多見鈐有民國十五年"蘇州古物保存會之章"。（插圖一）

另，傳聞現在河南省石刻藝術館所藏一石為原刻，當年抗戰中毀去之石卻是翻刻。筆者未親見比對。

### 翻刻本

翻本刻甚劣，界格分明，字劃多有刻在界格線上，或刻出界格，與原石不類；多見有"洛邑墨景堂記"之印。

十八行"河南簡公"之"南"字，末筆豎劃不穿出底橫。（參見原刻本插圖二）

末行"秦州刺史"之"秦"字，原石下作"示"部，翻刻則作"禾"部，且翻刻石面多石花。（參見原刻本插圖三）

曾見兩本大小不同，一縱高四十五釐米，一為四十七釐米，相差二釐米，初疑有翻刻，然經細較，幾無差異，石花亦同，定為一石。紙張材質不同，經拓縮水程度亦不同，故不能以拓紙大小定真偽。

插圖二

插圖一

插圖三

## 寇憑墓誌

神龜二年（519）二月二十三日葬。楷書，二十四行，行二十字，末二行各二十三字。一九一八年洛陽城東北攔駕溝出土。曾歸騰沖李氏，後藏江蘇吳縣古物保存所，抗日戰爭時石毀。

### 翻刻本

原石第一行"陽"字左上角，二行"驎"字左下方，末行"司"字左上角，石面微凹，拓片呈灰白圓斑，翻刻則無此現象。（參見原刻本插圖一）

## 元祐墓誌

神龜二年（519）二月二十三日葬。楷書，二十四行，行二十三字。光緒間洛陽高溝村西出土，曾歸陶湘，後歸日本東京太倉氏，今在遼寧省博物館。

### 翻刻本

十一行"秉筆霄墀"之"筆"字"聿"部，翻刻第一筆（橫折）漏刻右短豎。（參見原刻本插圖一）

十五行"寢疾薨於第"之"薨"字，翻刻將草字頭的二短豎與其下"四"部的二短豎刻相連，成曹字頭，原刻不連。（參見原刻本插圖二）

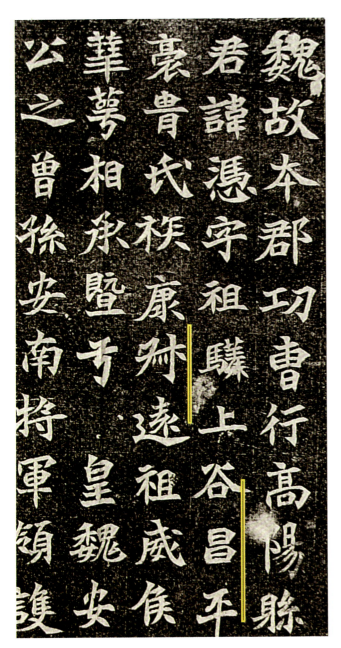

插圖一

插圖一

插圖二

## 賈思伯碑

神龜二年（519）四月。楷書，二十四行，行四十四字。宋紹聖年間溫益訪得，宋代碑舊在相悅堂庖舍中，作膳夫壓肉石，此後又遭湮沒。元至正年間又在北門城下出土。今在山東曲阜孔府西倉漢魏碑刻陳列館。（插圖一）碑陰上刻宋紹聖三年（1096）溫益（禹弼）跋，下刻元至正十二年（1352）李弼顏、蘇若思、丘鎮題記，碑側刻康熙五十九年（1720）金一鳳題記。

### 乾嘉拓本

九行"善文賦"之"文"字，捺筆稍連石花。故宮博物院藏王孝禹藏本系乾嘉拓本。

### 道光拓本

九行"善文賦"之"文"字右半稍損，泐及橫劃右端，但撇劃未損。"流動"二字未損。

### 稍舊拓本

九行"善文賦"之"文"字泐右半，橫劃、撇劃皆損。（插圖二）

### 清末民初拓本

九行"善文賦"之"文"字泐盡。

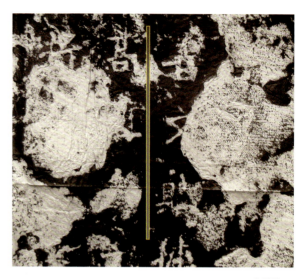

插圖二

插圖一

## 元珽妻穆夫人玉容墓誌

神龜二年（519）十月二十七日葬。楷書、二十行，行二十字。民國十一年（1922）洛陽出土。于右任鴛鴦七誌齋舊藏。民國二十七年（1938）于右任將此石捐贈給西安碑林。

### 翻刻本

三行"中堅將軍"之"堅"字右下一點，原刻此點向左出鋒收筆，翻刻則無。（參見原刻本插圖一）

四行"世欋忠謹"之"欋"字"票"部下二點高低基本齊平，翻刻則左高右低。（參見原刻本插圖一）

翻刻墓蓋也極精，然原刻有界格，翻刻則無。（參見原刻本插圖二）

## 元騰墓誌

神龜二年（519）十一月九日。楷書，十八行，行十八字。民國十四年（1925）洛陽城北徐家溝出土，石藏河南圖書館，解放後入河南博物館。所見拓本多鈐有"河南圖書館藏石"、（插圖一）"何日章謹贈印"（何氏曾任河南圖書館館長）。

### 初拓本

七行"歲次丁亥"之"次"字，"次"字捺筆不損，且右下角無石花。（初拓本插圖二）

### 晚拓本

再後"次"字下有石花如拇指甲大小，石花已與"次"字捺筆相連。

插圖一

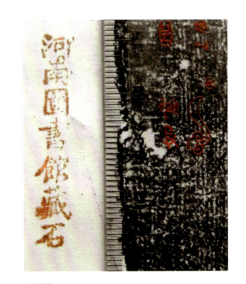

插圖一

插圖二

插圖二

## 元譿墓誌

神龜三年（520）十一月十四日。楷書，十六行，行十五字。民國九年（1920）河南洛陽安駕溝出土，舊藏河南圖書館，今在開封市博物館。

### 初拓本

首行"大魏"之"大"字，右旁無字處（右界格外）完好無損（注：初拓較常見）。（插圖一）

### 晚拓本

首行"大魏"之"大"字，右旁無字處（右界格外）泐去一塊。

### 翻刻本

第十一行"漢壇"之"壇"字，原石右邊旁中橫起筆處與左點相連，翻刻本則明顯不連。（參見原刻本插圖二）

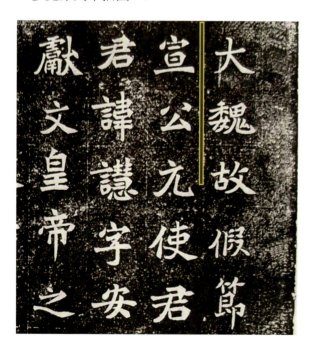

## 高植墓誌

神龜四年（521）。楷書，十九行，行二十八字。康乾間德州城東十八里六屯村出土，誌文漫漶。曾在德州田氏家祠，今不知下落。

### 初拓本

石未經剜洗左空處無"龍飛鳳舞"四字（此四字系後人妄刻，筆劃極細，在"每見我君終始"等字右側，多塗描掩飾）。

### 乾隆拓本

已刻有"龍飛鳳舞"四字，唯"舞"字較明顯，其餘三字極模糊。（插圖一）

首行"涼朔"二字清晰。（插圖二）

二行"植"字可辯。（插圖二）

三行"家傳不復更錄"可見。（插圖二）

八行首"皇帝"之"皇"字基本完好。（插圖三）

十三行首"奸詐"之"奸"字完好。（插圖三）

下截殘存"我以心始君在"六字完好。（插圖四）稍後"以"、"君"泐半。

### 道光拓本

下截"我以心始君在"，僅存"我"字，餘皆泐。

以上所舉諸字皆泐。

少數拓本還見有誌石上端邊側文字，系後人增刻"修學碑"、"鐵"共四字。

按：誌石共十九行（並非方若所言二十一行），側二行，側之第二行存有"大魏神龜"四字之左半（道光後拓本亦有此四字）。（插圖五）

此誌另有偽刻本，二十四行，行二十三字，書在楷隸之間，石作三裂狀（近拓裂為四，首行墓誌銘處又裂一小塊）。誌文載"正光二年十一月十六日葬"，然末行又刻"正光元年三月初八日癸卯朔建"。（插圖六）

插圖一

插圖二

插圖一

插圖四

插圖二

插圖五

插圖六（局部）

插圖三

插圖六

## 司馬昞墓誌

正光元年（520）十一月二十六日葬。楷書，十八行，行十七字。誌石乾隆二十年（1755）河南孟縣葛村出土，歸縣令周洵，久佚。原石拓本極稀，唯見端方、羅振玉藏本兩件。

## 翻刻本

乾隆年間馮敏昌翻刻本，末行左側界格外空一行處刻有馮敏昌題記。另有誌蓋，刻"墓誌銘"三字，其左側刻有馮氏題記兩行。或云此墓誌蓋系原刻非翻刻。

四行"淮南王"之"南"字右側原石有石花，翻刻則刻作空鉤線紋。（翻刻本插圖一，對照原刻本插圖二）

四行"南"字，五行"陽"字，六行"祖"字上，翻刻本有一條細劃痕。（參見翻刻本插圖一）

第五行"宗胤"之"胤"字，翻刻避清帝諱鑿白空缺不刻。（翻刻本插圖三，對照原刻本插圖四）

十四行"玄栩之月"之"玄"字，翻刻避清帝諱鑿白空缺。（翻刻本插圖五，對照原刻本插圖六）

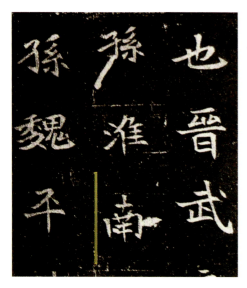

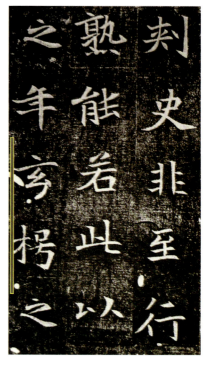

| 插圖一 | 插圖三 | 插圖五 |
|---|---|---|
| 插圖二 | 插圖四 | 插圖六 |

## 李璧墓誌

正光元年（520）十二月二十一日。楷書，三十三行，行三十一字。有陰，一列十四行，字較大。宣統元年（1909）津浦鐵道修至德州北境時掘得此石，山東提學使羅正鈞刻跋四行（在碑陰右側），（插圖一）後移至濟南金石保存所，現藏山東省博物館。誌石系磨去舊碑改作，陰面上截還有原碑螭首。

### 稍舊拓本

首行"璧"字、"元和"等字完好，（插圖二）民國後期拓本全漶。

### 翻刻本

（一）

第三十行"投影臺庭"之"影"字"景"部，翻刻左下"小"部之豎鉤向上竄入"曰"部，使"曰"部成"田"部。

（二）

五行末"曉少"翻刻誤作"曉明"。（翻刻本插圖三，參見原刻本插圖四）五行"雄心"之"雄"字"佳"部，原刻右半未刻豎筆，翻刻添刻豎筆。（翻刻本插圖五）

插圖二

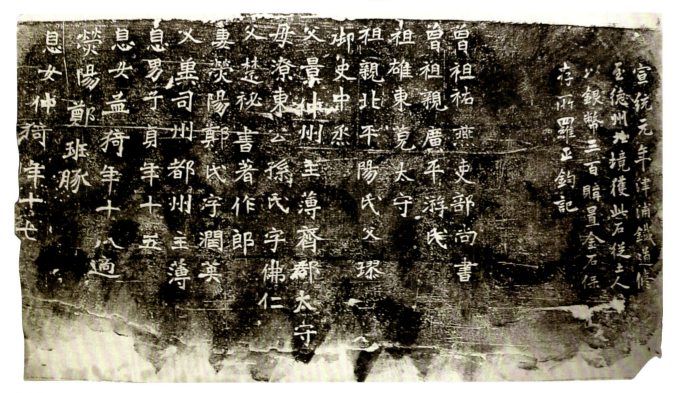

插圖一

插圖三

"田"部底橫相連，且"田"部底橫處開口，長撇頂端由此穿入"田"部內；翻刻長撇則與"田"部底橫相連。（參見原刻本插圖三）

插圖四

插圖五

### 王僧男墓誌

正光二年（521）九月二十日。楷書，十六行，行十六字。蓋楷書兩行，行三字。民國六年（1917）河南洛陽石山村出土，曾歸江蘇武進陶湘。

### 翻刻本

三行"男父以雄俠罔法"之"雄"字，翻刻本漏刻首筆一橫劃。（參見原刻本插圖一）

五行"故簡充學生"之"簡"字，翻刻將其中"門"部刻為"朋"部，且右半"月"還漏刻一小橫。（參見原刻本插圖一）

七行"能記釋嬪嬙"之"釋"字"幸"部，翻刻作"圭"狀。（參見原刻本插圖二）

誌蓋"魏"字"鬼"部，原石長撇不與

插圖一
插圖二
插圖三

## 張猛龍碑

正光三年（522）正月二十二日。楷書。碑陽二十四行，行四十六字。碑陰十二列。有額楷書十二字。碑在山東曲阜孔府西倉漢魏碑刻陳列館。

### 明拓最舊本

首行"不復具載"之"具"字中二、三小橫完全無損。

二行"周宣時"之"時"字"日"部完全無損，稍晚"日"部與下石泐連，"寺"部可見三橫，俗稱"三橫本"。

### 明拓本

二行"周宣時"之"時"字"寺"部尚可見二橫。（插圖一，對照插圖五）

十七行"庶楊烋烈"之"庶"字首筆不連石花，"烋"字"木"部僅右上損。（插圖二，對照插圖六）

十八行"冠蓋魏晉"之"蓋魏"二字間石花尚小，不連上下文字。（插圖三，對照插圖七、插圖一一）

二十行"人寔國之良"之"寔"字捺筆未泐。（插圖四，對照插圖八）

王瓘藏本，有江標題簽，王瓘題跋。

### 明末拓本

二行"周宣時"之"時"字"寺"部尚可見一橫。（插圖五）

十七行"庶楊烋烈"之"庶"字首筆不連石花，"烋"字"木"部右半泐去，"烋"字下四點，僅泐去右側一點。（插圖六，對照插圖一〇、一三）

十八行"冠蓋魏晉"之"蓋魏"二字間石花增大，但仍不連上下文字。（插圖七）

二十行"寔國之良"之"寔"字捺筆已泐。（插圖八）

陳應孫、沈樹鏞、高養之遞藏本，有陸恢題跋並校記，今藏國家圖書館。

王瓘藏本，後歸三井高堅。唯"烋"字"木"部右半損，"烋"字下四點，已泐去右側二點，其餘同上。

### 清初拓本

二行"周宣時"之"時"字"寺"部仍可見一橫。

十行"冬溫夏清"與明拓本幾乎相同。（插圖九明拓，對照插圖一二）

十七行"庶楊烋烈"之"庶"字首筆已連石花，"烋"字下四點，已泐去右側二點。（插圖一〇，對照插圖一三）

十八行"蓋魏"二字間石泐已連及"蓋"字左下，"魏"字則完好。（插圖一一）（雍乾時拓"蓋魏"二字皆半泐。）

方若藏本，今藏北京大學圖書館。

### 乾嘉拓本

十行"冬溫夏清"之"冬"、"夏"二字雖損猶存。（參見已泐本插圖一二）

十七行"庶楊烋烈"之"庶楊烋"三字全泐。（插圖一三）

十八行"漢冠蓋魏晉河靈"七字全泐。（插圖一四）

### 咸道拓本

八行"松"字下"心"字完好。（參見清末已泐本插圖一五）

### 清末拓本

首行"具載"之"具"字右上不連石花，中橫可見。（參見民國拓本插圖一六）

五行"第三子"之"三"字完好。（插圖一七，對照民國拓本插圖一八）

六行"武宣王大沮"之"大"字完好。（插圖一九）

十八行首"氏"字未與下石花泐連。（插圖二〇）

### 翻刻本

有翻刻多種，石花呆板。（翻刻本插圖二一）

另，多見以明拓石印本重新剪裁，挖嵌裝裱成冊，欲充明拓善本。

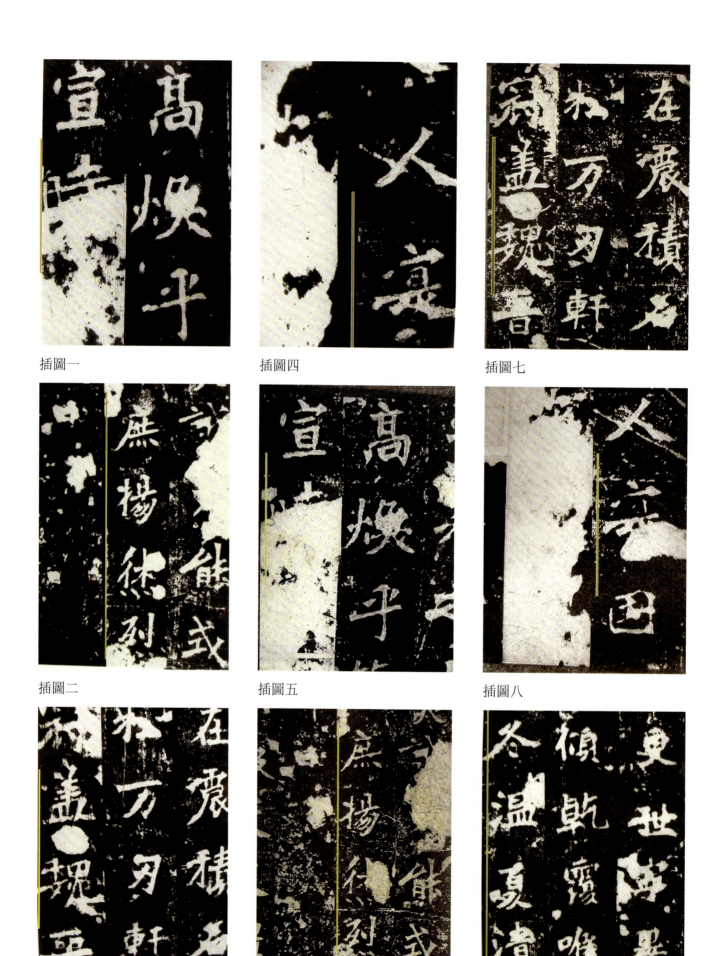

插圖一

插圖四

插圖七

插圖二

插圖五

插圖八

插圖三

插圖六

插圖九

插圖一〇

插圖一三

插圖一六

插圖一一

插圖一四

插圖一七

插圖一二

插圖一五

插圖一八

插圖一九

插圖二〇

插圖二一

### 馬鳴寺根法師碑

正光四年（523）二月四日。楷書，二十二行，行三十字。有額陽文楷書四行八字，額上另有陰文"馬鳴寺"三字。碑原在廣饒縣馬鳴寺舊址附近，一九八四年移往濟南，現在山東石刻藝術博物館。（插圖一）

咸豐同治間碑斷為三塊，沿原有三條細裂紋處斷開。

裂紋一：自第二行第二十二字"潤"字，至末行第四字斜斷。

裂紋二：自第二行"白雪"間，至第八行"鳩公之在灞西"之"西"字橫斷一道。

裂紋三（極細）：貫碑額"魏"字，十一行首"當"字，至末行"何能"間。（插圖二——裂紋圖）

### 未斷本

乾嘉時拓，裂紋極細。（插圖三、四，對照插圖五）

道光時拓，裂紋增粗，但仍不傷字口。

未斷本較常見，但常伴以嵌蠟填者。

### 斷後初拓本

八行"鳩公之在灞西"之"灞"字完好。

九行"立論之際"之"際"筆道清晰。

九行"法師淵"之"師"字完好。

十二行"數千布滿"之"布"字完好。

### 光緒以後拓本

首行殘字多漏拓。

八行"鳩公之在灞西"之"灞"字已泐。（插圖五）

九行"立論之際"之"際"筆道模糊不可辯。（參見插圖五）

九行"法師淵"之"師"字"巾"部豎筆已泐損。（插圖六）

十二行"數千布滿"之"千布"兩字已泐損。（插圖七）

有嵌蠟填充作未斷者，十四行"春秋五十有五"之"春"字筆道軟弱，且斜裂紋無或不挺勁。（嵌蠟填充本插圖八，對照清末民初本插圖九）

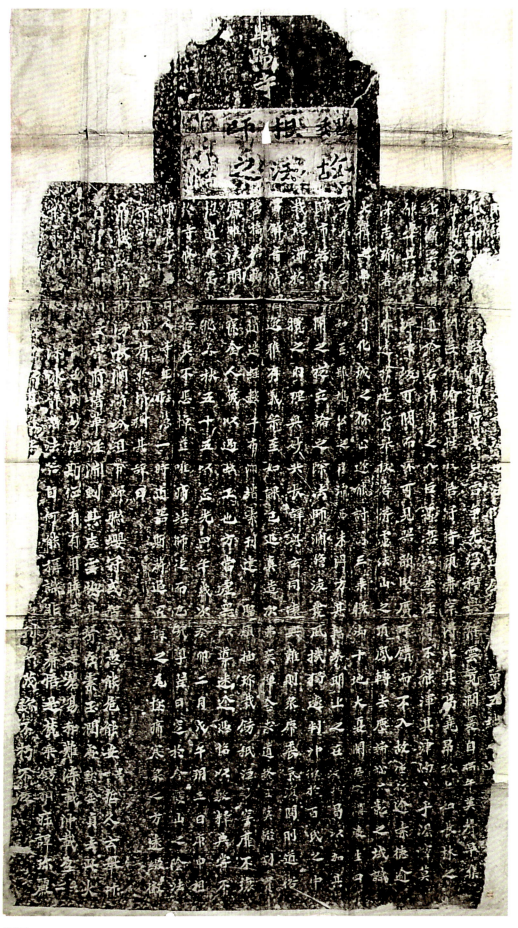

插圖一

插圖二

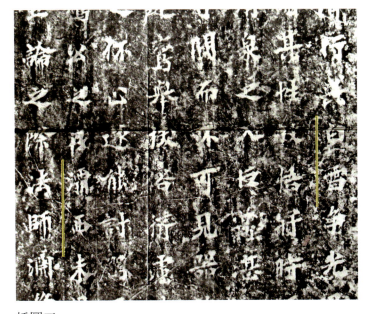

插圖三

插圖四

插圖五

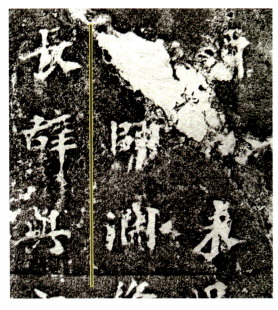

插圖六

插圖七

插圖八

插圖九

## 常季繁墓誌

又名"元祐妻常季繁墓誌"。正光四年（523）二月二十七日葬。楷書，二十六行，行二十六字。石宣統二年（1910）在河南洛陽出土，曾歸董康，後歸日本太倉喜八郎。一九二四年日本大震災石毀裂。

### 翻刻本

（一）

原石本九行"所謂四"三字，十四行"諧"，十五行"惇"字，十六行"之"字，有石筋痕。翻刻石筋痕雕琢極不自然。（參見原刻本插圖一、二）

十六行"私恩"之"恩"字"因"部，原石因石筋讓刀有缺筆。翻刻無缺筆。（參見原刻本插圖三）

十九行"戌"字"戈"部原刻鈎筆末端讓刀未刻，翻刻"戈"部妄增鈎筆。（參見原刻本插圖四）

末二行"素"字下部及"椒"字右上角，原刻有石筋痕，翻刻則無。（參見原刻本插圖五）

（二）

十一行"涇州刺史薨"之"史"字，原刻捺筆末端有回鋒，翻刻無。（參見原刻本插圖六）

十七行"融至善而閔"之"善"字（作別體），"言"部一點誤與上"羊"部一豎相連，與原刻不類。（參見原刻本插圖七）

| 插圖一 | 插圖二 |
|---|---|
| 插圖三 | 插圖四 |
| 插圖五 | 插圖六 |
| 插圖七 | |

## 高貞碑

正光四年（523）六月八日。楷書，二十四行，行四十六字。有額篆書陽文十二字。碑在山東德州衛河第三屯。相傳清乾隆年間出土，後移至德州縣學。嘉慶十一年（1806）孫星衍在碑陰刻移碑記，碑陰左側有嘉慶十五年（1810）嚴可均摹刻《泰山刻石二十九字》。現在山東石刻藝術博物館。

### 初拓本

八行"英華於王許"之"於王"兩字完好。（插圖一，對照插圖四、六、九）

十二行"君戚愈重"之"重"字，僅損及"曰"部底橫。（插圖二，對照插圖五、七、一〇）

十九行"安東"之"安"字"女"部撇劃右下全泐。（插圖三，對照插圖一一）

國家圖書館、上海圖書館均藏有初拓整紙本。

### 嘉慶拓本

八行"英華於王許"之"於"字末點泐。（插圖四）此類拓本最易被塗描充作初拓本。

十二行"君戚愈重"之"重"字"曰"部其下石花逐漸損及中橫。（插圖五）

### 道光拓本

八行"英華於王許"之"於"兩點全部泐盡，"王"字之首橫亦泐。（插圖六，對照插圖九）

十二行"君戚愈重"之"重"字僅見上三筆（一撇及二橫）。（插圖七，對照插圖一〇）

十三行"不幸短命"之"短"字末筆完好。（插圖八，對照插圖一〇）

### 清末民初拓本

八行"英華於王許"之"王"泐盡，"許"字損右側。（插圖九）

十二行"君戚愈重"之"重"字泐盡。（插圖一〇）

十三行"不幸短命"之"短"字已損最末兩筆。（參見插圖一〇）

十九行"安東純暇"之"安"字大損，僅存左角。（插圖一一）

| 插圖一 | 插圖四 |
|---|---|
| 插圖二 | 插圖五 |
| 插圖三 | 插圖六 |
| | 插圖七 |

插圖八

插圖一〇

插圖九

插圖一一

成一橫狀。

首行"魏"字鵝浮鉤不損（原石已損）。

首行"秀"字右側損（原石不損）。

首行"國"字"或"部漏刻一底橫。

十一行"恩"字中間作"口"部，原刻左側不封口。

### （二）（翻刻本插圖四）

首行"秀"字亦不損；首行"國"字"或"部，中央刻作"匕"狀。（翻刻本插圖五）

五行"鞠彥雲"之"鞠"字左下"中"漏刻左右兩豎。（翻刻本插圖六）

七行"妻武威賈"之"妻"字，豎劃不貫穿"彐"部。（翻刻本插圖七）

八行"潤"字"門"中作"工"。（翻刻本插圖七）

十行"拂纓朝伍"之"纓"字右上角兩"目"部均刻作"日"部。（翻刻本插圖八）

### （三）（翻刻本插圖九）

二行"鎮南"之"鎮"字"金"部，翻刻作中豎起筆在二橫下。

三行"領郎中"之"領"，翻刻本漏刻左下角一點。

十一行"威恩"之"威"字"戈"部，翻刻本中斷成兩筆。

十一行"而至德淵弘"之"而"字，翻刻將右豎鉤刻成一點狀。

此外，翻刻末行"十一月"之"十一"兩字間還有一黃豆大小石花，原刻則無。

此誌原石誌蓋"黃縣"兩字間有細擦痕，"縣"字"目"部稍損，"墓"字"土"部稍損，否則即為翻刻誌蓋。（翻刻本插圖一〇，參見原刻本插圖二）

### （四）（翻刻本插圖一一）

七行"妻武威賈"之"妻"字已泐（原石未泐）。（翻刻本插圖一二）

八行"中堅英才金聲"之"聲"字中"又"部漏刻一撇。（參見翻刻本插圖一二）

### 鞠彥雲墓誌

正光四年（523）十一月二日。楷書，十四行，行十三字。有蓋楷書三行，行四字。道光末年在山東黃縣東江鄉出土，原在山東黃縣縣署壁中，一九五〇年移至山東省博物館。（插圖一、二）此誌因出土後即嵌入縣署壁中，故所見拓本均為壁上拓（因撲包無法觸及墓誌四周邊緣，故拓片四周拓色較中間淡），若見拓色均勻者，十有八九是翻刻。

### 翻刻本

#### （一）（翻刻本插圖三）

首行"維"字左下原刻作三小點，翻刻則連

（五）（翻刻本插圖一三）

四行"統軍"之"統"字誤刻為"紋"字。
（翻刻本插圖一三）

十一行"恩"字中間作"口"，原刻左側不
封口。（翻刻本插圖一三）

誌蓋首行"都"字，二行"石羊"兩字間斷
裂。"縣"字左上角"目"部完好，"墓"字
"土"部完好。（翻刻本插圖一四）

插圖一

插圖二

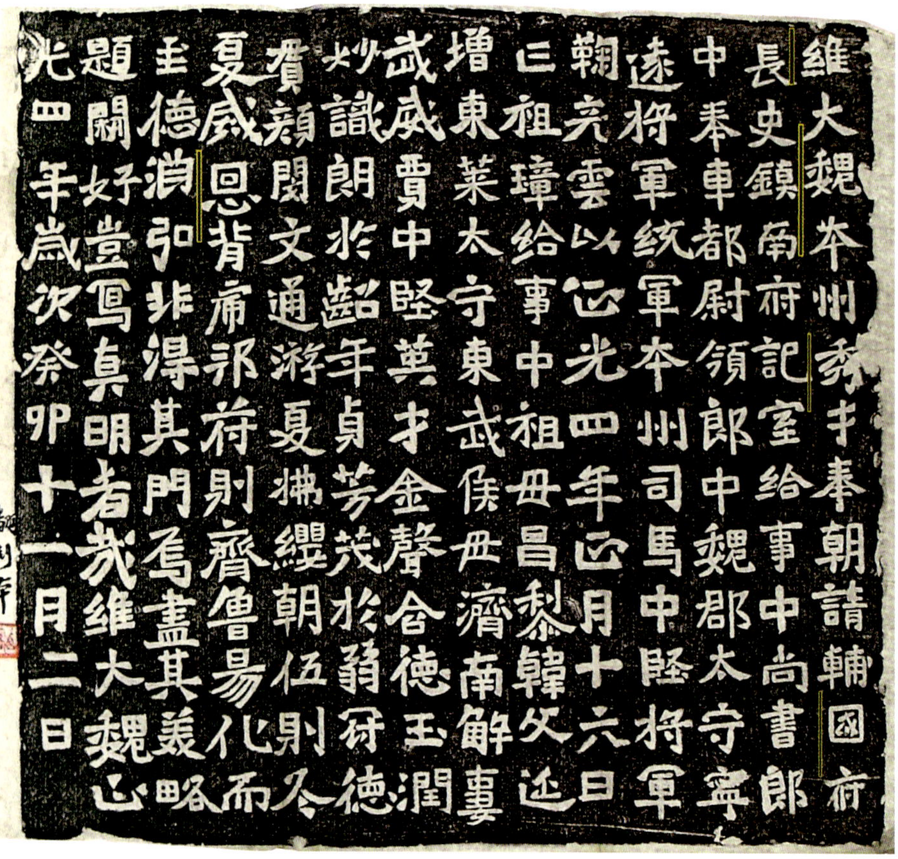

插圖三

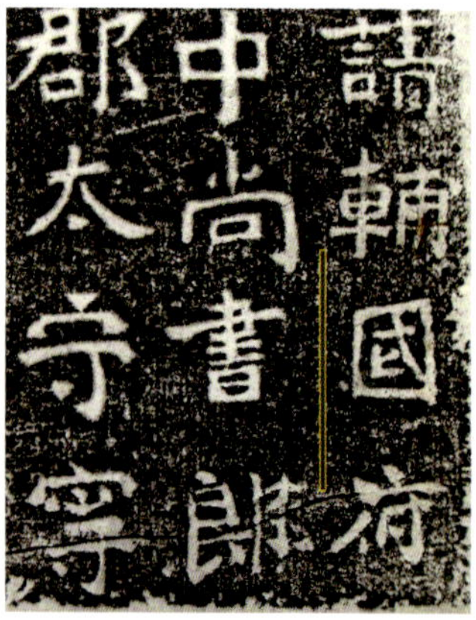

插圖五

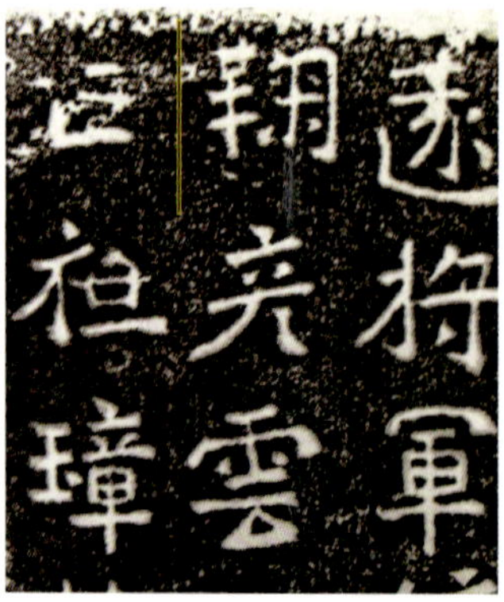

插圖六

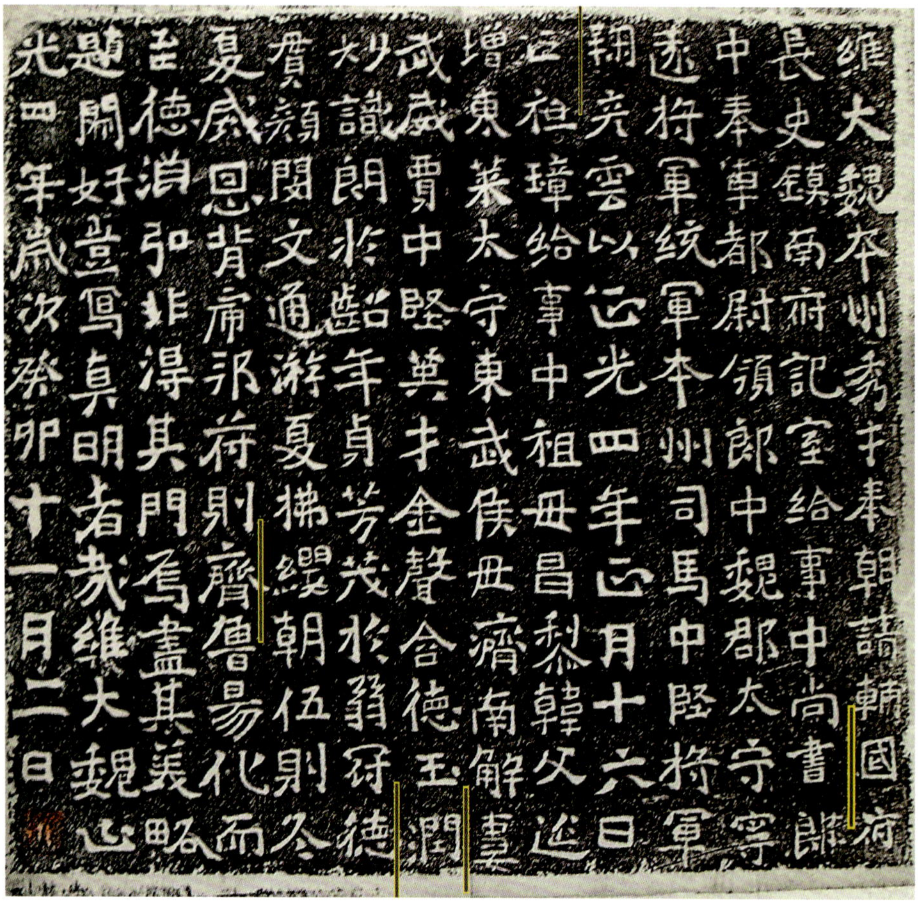

插圖七

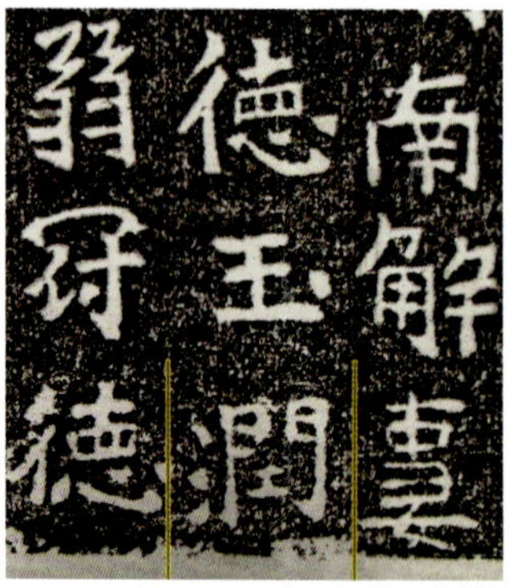

插圖四

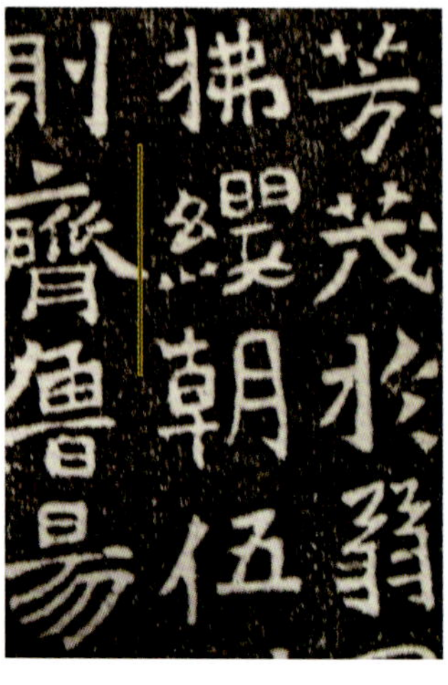

插圖八

插圖九

插圖一〇

插圖一一

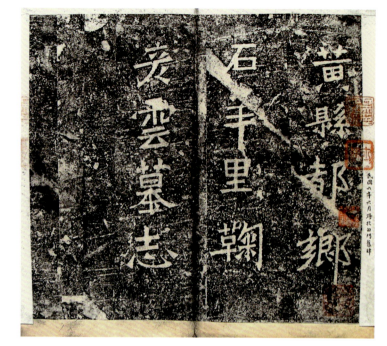

插圖一二

插圖一四

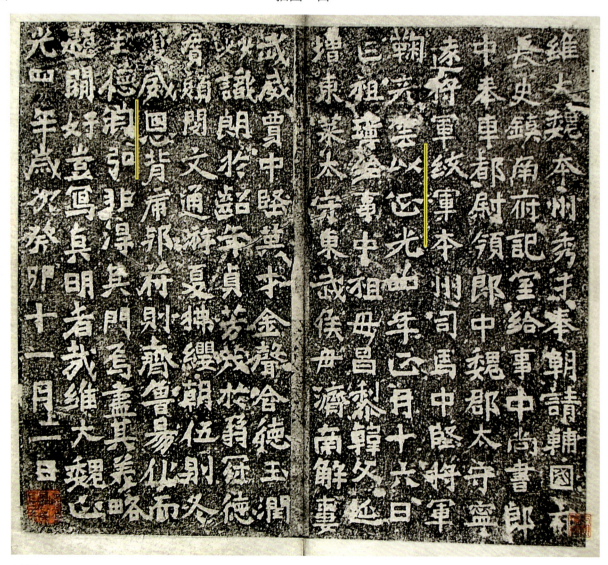

插圖一三

## 比丘尼統慈慶墓誌

正光五年（524）五月十八日葬。常景撰文，李寧民楷書，二十六行，行二十字。民國十二年（1923）洛陽城東山嶺頭村出土。曾歸上虞羅振玉。民國三十四年（1945）石毀，僅存右上角殘石二方，計存全字六十九，半泐者八字。墓誌刻有撰書人姓名，在北朝墓誌中罕見。

### 初拓本

右下角有一橫向水平裂紋，此裂紋雖橫貫二、三、四行末字"資"、"邁"、"襟"，但幾乎不傷字口。（插圖一）

後裂石碎失，致使"資"、"邁"、"襟"三字下部殘缺。（插圖二）

另，原石十八行"又追贈比丘尼統"等七字處石面微凹，橫向界線紋已失，有鏟刻痕，疑為錯刻後鏟改所致。

插圖一

插圖二

## 劉根造像記

正光五年（524）五月三十日。楷書，像前題記十九行，行十七字。像後題名十九行。光緒間在洛陽城東韓旗屯村西出土，民國初歸開封鄭清湖，石左刻鄭清湖題跋一則，後又遭磨去。石今在河南省博物館。

### 舊拓本

石左未刻鄭清湖題跋一則，且無磨滅痕。舊拓較常見。

### 翻刻本

（一）

首行"響滅"之"滅"字右側石花有人為斧鑿痕。（翻刻本插圖一）

十七行"潘伯年"下有"馮□"二字，"馮"字處雖泐白，但字蹟隱約可辨。（原刻本插圖二）翻刻則呈方框狀，內無泐白，僅妄刻數筆而已。（對照翻刻本插圖三）

翻刻造像圖極精，不經比較很難區分。（參見翻刻本插圖四）

（二）

民國五年（1916）輝縣翻刻本，像後題名祇十七行，無第十九行"董珍"二字，第十七行"潘伯年"下"馮"字不見，石泐痕呆滯。此石現存河南開封博物館。

（三）

十九行雖有"董珍"二字，但十七行"潘伯年"下既無石花，亦未刻一筆。

插圖一

插圖二

插圖三

### 稍舊拓本

第二行"故"字"古"部之"口"未損。（插圖三）

### 民國拓本

"故"字"古"部之"口"泐成一白方塊，字口普遍偏肥，形同二石。（插圖四）

插圖一

插圖四

插圖二

### 李超墓誌

正光六年（525）正月十六日。楷書，二十六行，行二十六字。清初在河南偃師喬家村出土，置縣學明倫堂。

### 初拓本

第十二行"陵谷時異"之"陵"字耳旁未損。所見拓本多有塗描，須謹慎。（插圖一）

### 舊拓本

第十二行"陵"上"難窮"二字未損。（插圖二）

插圖三

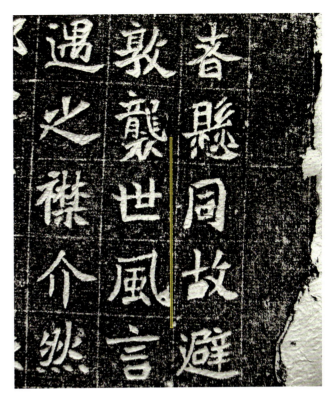

插圖四

### 曹望憘等造像記

　　正光六年（525）三月二十日。全拓像三紙，造像題記一紙，楷書，二十二行，行九字。石初在山東臨淄西桐林莊發現，歸淮縣陳介祺，陳介祺有"人面淡墨拓本"流傳。（插圖一）民國十年（1921），與《漢君車造像》、《杜山威造觀世音像銘》一同售予法國巴黎博物館。翻刻眾多，所幸原石石面紋理十分獨特，佈滿黑點如魚子狀，翻刻則無。（參見原刻本插圖二、翻刻本插圖三、翻刻本插圖四）（按：我國魚子紋碑刻尚有：漢《武榮碑》、隋《首山棲岩道場舍利塔碑》等）

插圖一（局部）

插圖一

插圖二

插圖三

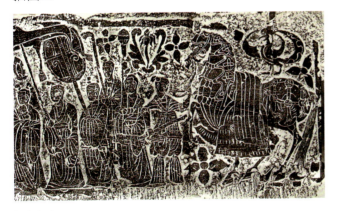

插圖四

## 吳高黎墓誌

孝昌二年（526）正月十三日。楷書，十三行，行十二字。此誌上截為佛龕，下截為誌文，在北魏墓誌中罕見。河南洛陽出土，原為貴州貴築姚華收藏，後經劉喜海、端方、張仁蠡遞藏。

## 舊拓本

原石舊為貴州貴築姚華收藏，此時上截佛龕

像完好。（插圖一）

首行"君諱"之"諱"字"言"部，左下"口"未損。（插圖二）

## 稍舊拓本

後石歸諸城劉喜海，佛龕像已被鑿去，拓片多有龕無像。

首行"君諱"之"諱"字左下"口"已損。（插圖三）

再後六行"資洪源霄漢"之"源"字右下"小"部已為石花所浸。（參見未損稍舊拓本插圖四）

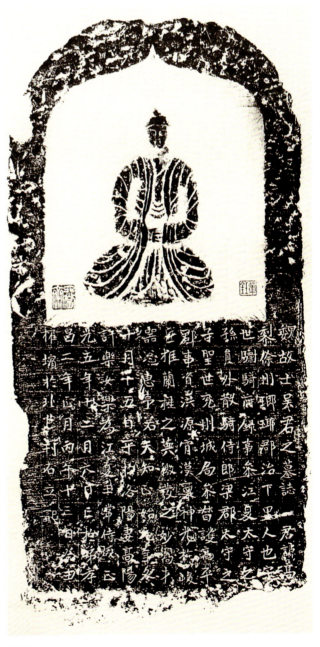

插圖一

## 翻刻本

### （一）

石面遍蒙錐斧痕，易辨。

### （二）

末行"刊石立紀"之"石"字，刻訛成"召"字。（翻刻本插圖五，對照原刻本插圖六）

| 插圖二 | 插圖三 |
|---|---|
| 插圖四 | 插圖五 |
| 插圖六 | |

## 李謀墓誌

孝昌二年（526）二月十五日。楷書，十八行，行二十字。有額楷書陽文十二字。清光緒十八年（1892）山東安丘出土，原在山東濟南金石保存所，今歸山東博物館。

近拓本誌額上細石花一片，且額上"墓"字缺左上角。

## 翻刻本

### （一）

原石額上有石花一片，翻刻鑿成細點。

原石第四行"十五"之"十"字右下角石面微凹，拓片發白，翻刻則無。

原石第八、九行二"君"間有石花，翻刻不明顯。（參見原刻插圖一）

原石末行"軍"字左點渺，翻刻未渺。（翻刻本插圖二，對照原刻插圖三）

又下"贈"字原石"貝"旁下撇捺二筆渺，翻刻唯見亂刀痕。（翻刻本插圖四，對照原刻插圖五）

誌額文字似作雙鉤刻，原石為陽文刻，其他翻刻特徵同方若所言。（翻刻本插圖六）

誌石右下角翻刻本斧鑿痕明顯。（翻刻本插圖七）

### （二）

十七行"使持節"之"使"字"吏"部，重刻似未刻橫劃，原石雖微渺，但筆劃明顯可見。（參見原刻本插圖八）

### （三）

原石十二行"葬齊郡樂平縣黃山里"，見一翻刻則為"葬齊郡樂安縣黃山里"，將"樂平縣"誤為"樂安縣"。

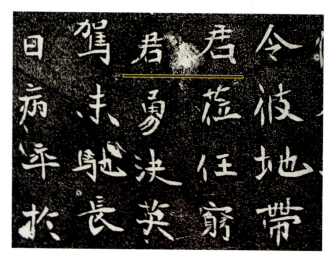

插圖一

插圖二

插圖三

插圖四

插圖五

插圖六

插圖七

插圖八

## 元琰墓誌

孝昌二年（526）十月十九日。楷書，十五行，行十八字。有蓋楷書三行，共十一字。民國十一年（1922）洛陽城東北陳莊村出土。曾歸三原于右任鴛鴦七誌齋。民國二十七年（1938）于右任將此石捐贈給西安碑林。

### 翻刻本

（一）

首行"持"字，二行"南"字，三行"皇"字，十一行"應"字，十二行"議"字，十三行"寢"字，筆劃俱碰格線，或出格線，原石則不然。（參見原刻本插圖一）

十四行"淚"字"犬"部右點與橫劃微連，翻刻則明顯不連。（參見原刻本插圖二）

墓蓋"誌銘"之"銘"字"名"部長撇與左側"金"部底橫不連，原石則微連。（參見原刻本插圖三）

（二）

二行"墓誌銘"之"墓"字下點，原石與"土"部下橫連，翻刻本則不連。

十一行"應命輕舉"之"命"字"人"部原石交叉，翻刻則不交叉作"人"狀。

插圖一

插圖二

插圖三

## 于纂墓誌

孝昌三年（527）五月十一日葬。楷书，
二十七行，行二十七字。石不明所在。宣統二年
（1910）冬，偃師劉家坡村出土，曾經武進陶
湘、于右任遞藏。民國二十七年（1938）于右任
將此石捐贈給西安碑林。（插圖一）

### 翻刻本

#### （一）

翻刻界格線極不明顯，原刻界格分明。

原刻碑上擦劃痕自然，翻刻為鑿點連排。

（翻刻本插圖二，對照原刻本插圖三）

#### （二）

首行“墓”字下點與“土”字首橫相連，翻
刻則不連。（參見原刻本插圖四）

四行“史籍之所載”之“載”字，原石不
損，翻刻左下稍損。（參見原刻本插圖五）

十行末“敬其”之“其”字，原刻不損，翻
刻稍損。（參見原刻本插圖五）

二十五行“聯城”之“城”字，原石右撇與
左方筆劃相連，翻刻則不連。

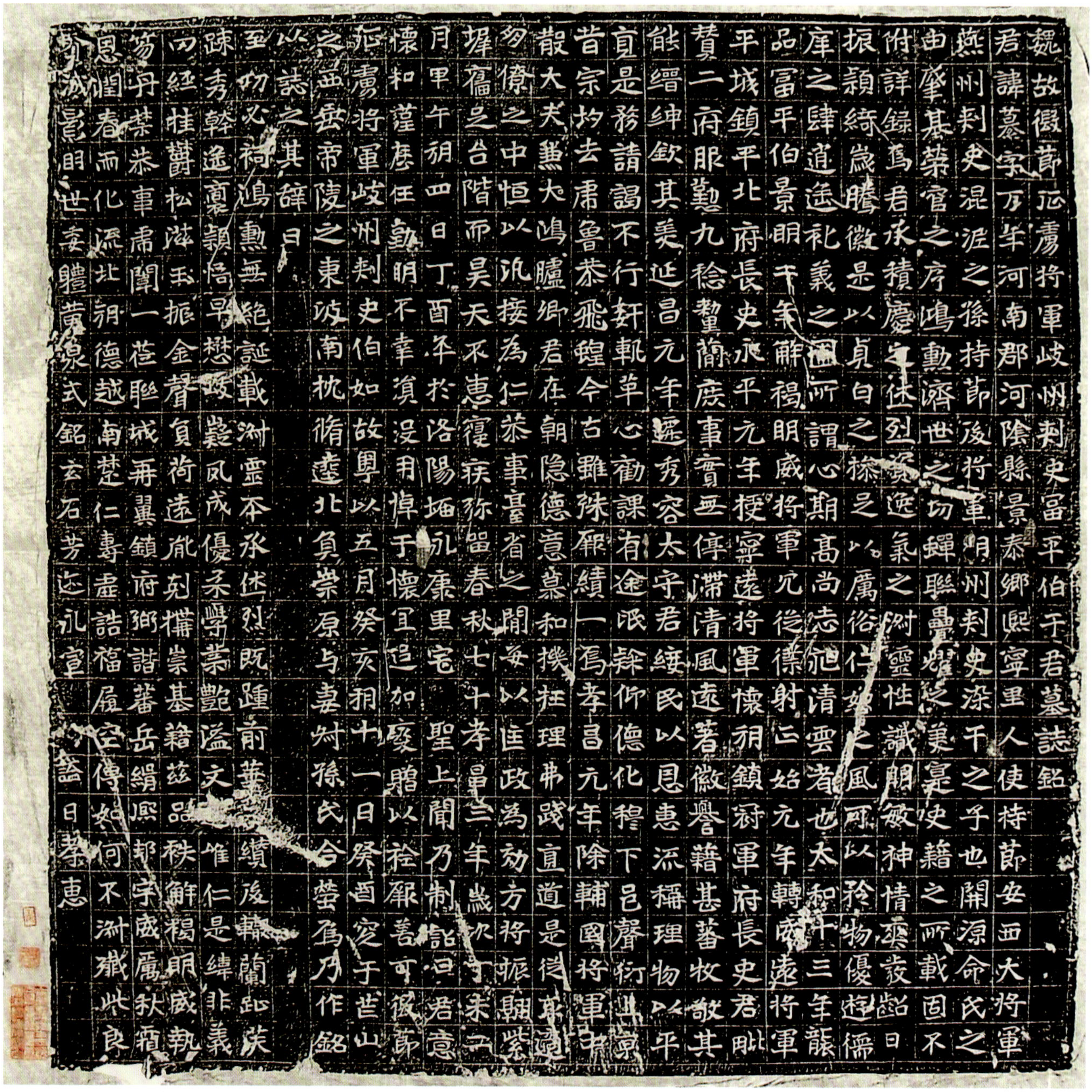

插圖一

附：另見一塊同名《于纂墓誌銘》，北魏孝昌二年五月二十八日卒，閏十一月七日葬。二十五行，行二十四字。民國十五年（1926）河南洛陽伯樂凹村出土，民國二十七年（1938）于右任將此石捐贈給西安碑林。（插圖六）

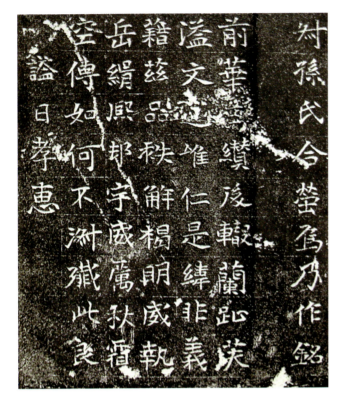

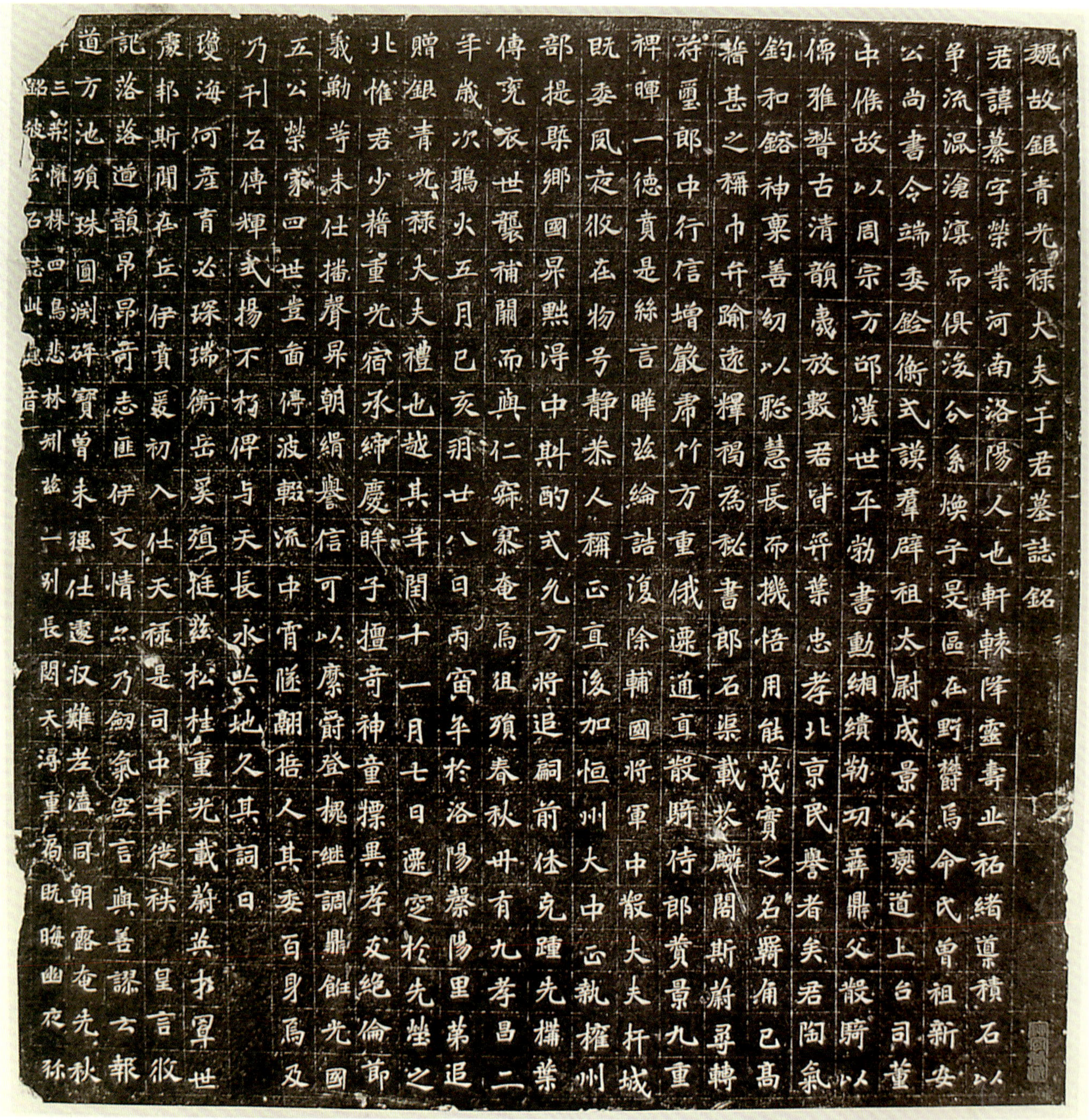

插圖六

## 皇甫度造石窟寺碑

孝昌三年（527）九月。楷書，文字漫漶，三十一行，行六十餘字。額楷書存八個殘字。（碑額插圖一）左側題名五行，（插圖二）原石在洛陽龍門山老君洞。

### 乾隆拓本（趙世駿藏本）

九行"中□軍將"之"中"字可見，民國拓本僅存"軍將"兩字。（參見民國拓本插圖三）

十行"扶風太"之"扶"字可見，民國拓本"扶"字全漶，"風"字漶上半。（參見民國拓本插圖三）

十一行"瀾与"之"瀾"字可見，民國拓本"瀾"字全漶，"与"字漶去上橫。（參見民國拓本插圖三）

末行"孝昌三季"之"季"字可見，民國拓本"季"漶去下半。（參見民國拓本插圖四）

插圖一

插圖二

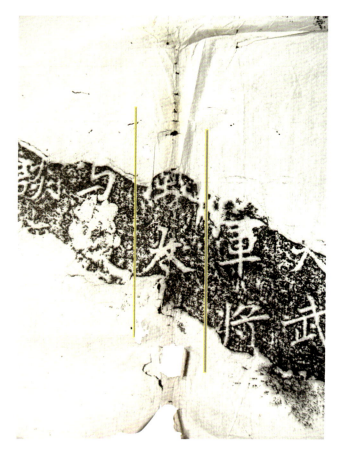

插圖三

插圖四

### 劉玉墓誌

孝昌三年（527）十一月二十四日葬。楷書，十九行，行十七字。陝西西安出土，曾歸沈樹鏞、吳式芬，光緒十八年（1892）毀於火。

### 翻刻本

翻刻較精，（翻刻本插圖一）但誌文第二行"胡城"之"城"字漏刻右上一點。（翻刻本插圖二，參見原刻本插圖三）

插圖一　　　　　　　　　　　　插圖二　　　　　　插圖三

## 元略墓誌

建義元年（528）七月十八日葬。楷書，三十四行，行三十三字。民國八年（1919）河南洛陽安駕溝村出土，江蘇武進陶湘舊藏，現藏遼寧省博物館。

### 翻刻本

首行"驃騎大將軍"之"驃"之"示"部，原刻為二橫下加一"小"，翻刻則作一點、一橫下加一"小"。（參見原刻本插圖一）

首行"尚書令"之"尚書"二字間原石有一黃豆大小的石花，翻本則無。（參見原刻本插圖二）

首行"太保"二字間原石無石花，翻刻則有石花，且翻刻"保"字末筆泐。（參見原刻本插圖三）

翻本四行"之本"、五行"獨穎"等四字上佈滿石花，原石此處則完好。（參見原刻本插圖四）

插圖一

插圖二

插圖三

插圖四

## 唐耀墓誌

永安元年（528）十一月二日葬。二十一行，行二十三字。民國九年（1920）洛陽馬溝村出土，于右任舊藏。民國二十七年（1938）于右任將此石捐贈給西安碑林。

### 舊拓本

首行"魏"字"田"部與石花不相連（且尚有較大餘地），誌石左下角無裂紋。

### 稍後拓本

"魏"字"田"部與石花相連。（插圖一）

誌石左下角有裂紋，但尚未缺角。（插圖二，對照插圖四）

十八行末"半秋攉芳"之"半"字下無石花。

### 石歸于右任後拓本

　　誌石左下角斷裂，傷及末行"葬"字"匕"部。

　　十八行末"半秋摧芳"之"半"字下已有石花。

　　六行"十數年中"之"年"舊拓中豎左側原無短豎，此時"年"字二橫間已有泐痕似點狀，成"年"形。（插圖三）

　　近拓左下角已佚失。（插圖四）

插圖一

插圖二

插圖四

插圖三

## 張玄墓誌

普泰元年（531）十月一日。楷書。剪裱本共三百六十七字，約二十行，行二十字。張玄墓誌因避清康熙帝玄燁諱，故俗稱"張黑女墓誌"，原石久佚，僅存何紹基藏明拓孤本，後歸錫山秦文錦，解放後曾經上海博物館代管，現退還原藏家。此誌書法秀美，與傳世北魏墓誌書風迥異。（插圖一）

## 翻刻本

翻本眾多。（翻刻本插圖二、三）

尤以長沙徐氏耕石山房摹本為佳。（翻刻本插圖四、五）

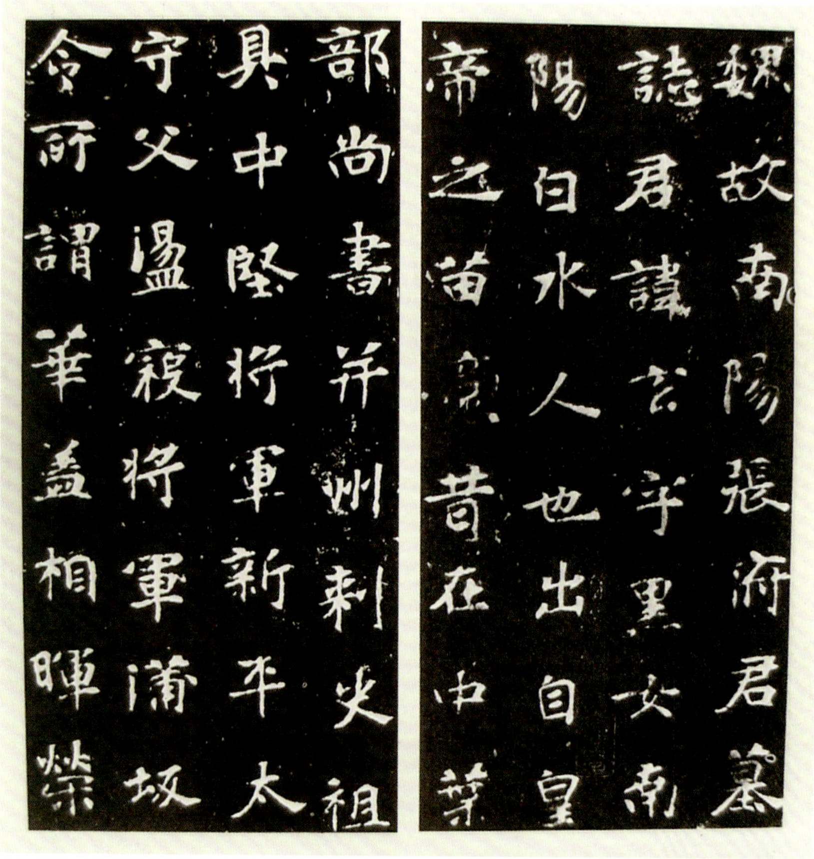

插圖一

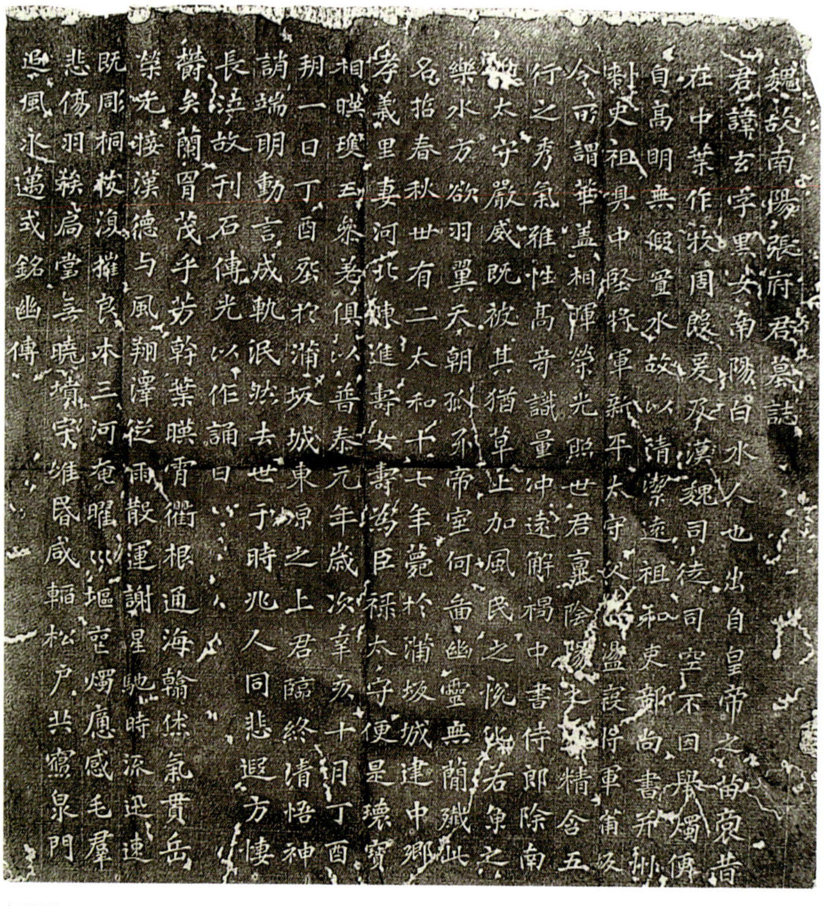

插圖三

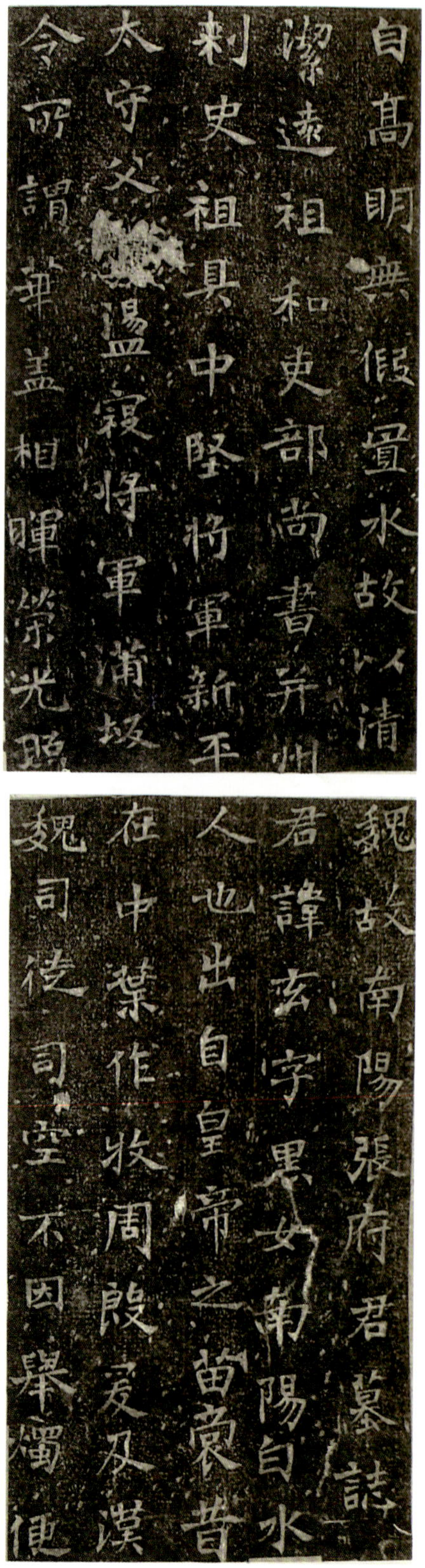

插圖二

插圖四

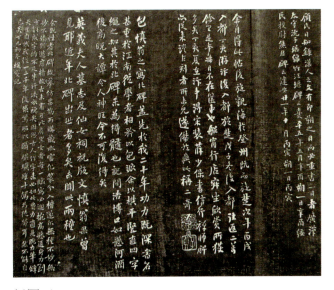

## 韓震墓誌

普泰二年（532）三月二十日葬，民國十五年（1926）河南洛陽北游王莊村出土。民國二十七年（1938）于右任將此石捐贈給西安碑林。

此誌分刻大、小二石，並非誌陽與誌陰。大石二十行，尾有八行餘石，未刻文字，行二十七字；小石十九行，行二十二字。

### 初拓本

大石右上角不缺，僅有裂痕一條，首行首字"魏"不損，二行首字"君"存上半。（插圖一）

插圖一

**稍晚拓本**

右上角已缺失，一、二行"魏"、"君"二字皆不存。（插圖二）

插圖二

## 元文墓誌

太昌元年（532）十一月十九日。楷隸間，十七行，行十九字。民國九年（1920）洛陽後海資村附近出土，曾經陶湘、徐森玉遞藏，現藏遼寧省博物館。

**翻刻本**

原石十二行"自遼徂嵩"之"自遼"二字，以及十三行"既明且哲"之"且哲"二字上有明顯斜擦痕，翻刻本則無。

六行"五歲誦論"之"論"字，右上長捺穿過界格。（翻刻本插圖一，對照原刻本插圖二）

八行"終成國寶"之"寶"字，末二筆撞界線。（翻刻本插圖三，對照原刻本插圖四）

八行"靈不祚仁"之"靈"字"雨"部，漏刻左側短豎劃。（翻刻本插圖三，對照原刻本插圖四）

倒數第二行"神理盈虛"之"盈"字中"人"部，漏刻一捺，僅存一撇。

翻本橫向最後三條界格線，誤刻成雙線。

倒數第三行"幼啟土茅"之"土"字，原刻二橫起筆處有石泐痕，將二橫左端泐連，翻刻則無。

插圖一

插圖二

插圖三

插圖四

# 東魏篇

### 中嶽嵩陽寺倫統碑

東魏天平二年（535）四月八日。楷書，三十八行，行二十八字。十六行至二十三行上有一龕，每行占九字。碑文上有兩列像龕。（插圖一）有額二行陽刻"嵩陽寺倫統碑"。原立於登封嵩陽觀。第三十九行刻有："唐麟德元年（664）歲次甲子九月朔十五日庚申，從嵩陽觀移來會善寺立。"清康熙四十八年（1709）又移至會善寺西之戒壇。

### 舊拓本

首行"中岳嵩陽寺碑銘"諸字完好。（插圖二）

### 清末民初拓本

首行"中岳嵩陽寺碑銘"之"中岳"二字洇盡，"嵩"字洇右上半。

插圖一

插圖二

插圖一

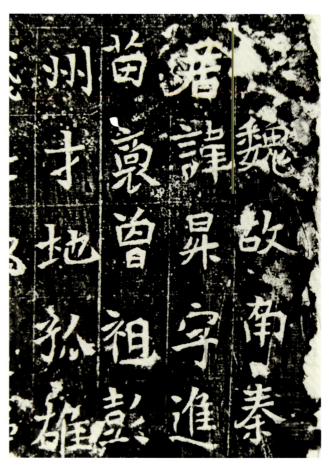

插圖二

### 司馬昇墓誌

　　天平二年（535）十一月。楷書，二十六行，行二十一字。乾隆二十年（1755）與《司馬昞》、《司馬紹》、《司馬景和妻》同時在河南孟縣出土，乾隆五十四年（1789）刻馮敏昌觀款。光緒三十二年（1906）夏劉鶚在天津購得此石，同年秋劉鶚以石又與端方交換《曹全碑未斷本》，端方歿後石歸王緒祖。傳石今在日本。

#### 乾隆初拓本

　　無乾隆五十四年（1789）刻馮敏昌觀款，觀款刻在末行左下角。（參見清末民初拓本插圖一）

　　首行"大魏"之"大"字可見。

#### 清末民初拓本

　　首行"大魏"之"大"字漫漶不可見，"魏"字亦有損。（插圖二）

## 王僧墓誌

天平三年（536）二月十三日。楷書，二十五行，行二十五字。有題額楷書九字一行在誌側，此誌可能以側代蓋。道光二十二年（1842），墓誌在河北滄縣南王寺鎮出土，後歸滄州王國均、張權等人。

原石曾誤傳缺角，所見"缺角本"或是王氏後人王鍾正偽作，意在抬高完石拓本之售價；或是翻刻本非原石。曾見民國元年（1911）六月二日太平洋報社影印整紙本，有李叔同題字。將墓誌印本隨報紙贈閱的形式較為少見，可謂"碑帖廣告術"案例。（插圖一、二）

## 初拓本

末行"泉多"二字旁無石花。（對照清末民初拓本插圖三）

## 翻刻本

（一）

末行"泉多"二字旁亦無石花。

十行"蕩寇"之"蕩"字"易"部三撇誤作二撇。（參見原刻插圖四）

十二行"遂乃擁麾"之"遂"、"擁"二字，原石稍損，翻刻完好。（參見原刻插圖五）

翻刻本左下角斷裂。

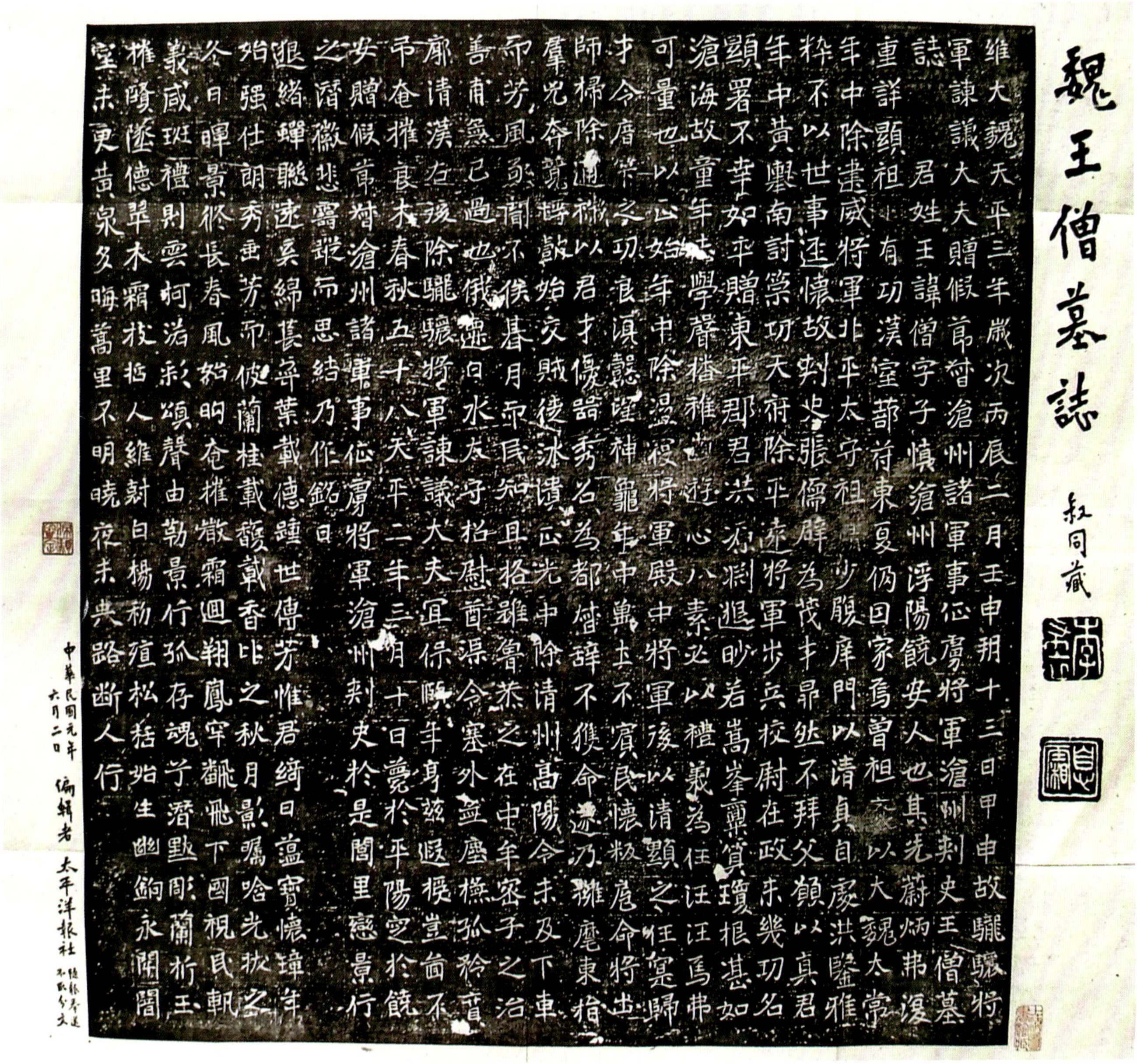

插圖一

（二）

末行"泉多"二字旁也無石泐痕，但泐在"黃泉"兩字右側。

翻刻本左下角斷裂。

四行"䣓"字之"部"，翻刻漏刻首點。（參見原刻插圖六）

九行"聲播"之"聲"部，翻刻將"聲"部左上方"士"刻成"口"。（參見原刻插圖四）

另，原石三行"曾祖"下空格處被後人妄加刻一"衰"字；四行"北平太守祖"下空格處，又妄加刻一"清"字。此妄刻二字筆劃極細，翻刻不見妄刻二字。（參見原刻插圖七）

原石幾乎沒有石花，翻刻有斜向擦痕無數。

（三）

誌石石花不多。

四行"䣓"字之"部"，翻刻首點不缺。

九行"聲播"之"聲"部，翻刻將"聲"部左上方"士"刻成"口"。

十二行"遂乃擁靡"之"遂"、"擁"二字亦損。

十三行"埒"字，"土"部誤刻作"王"部。（參見原刻插圖八）

插圖三

插圖四

插圖五

插圖六

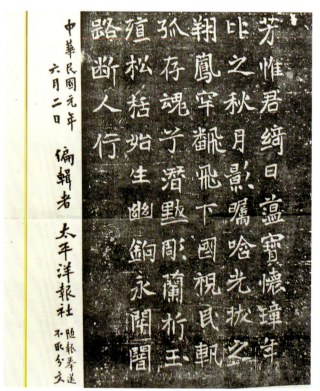

插圖二

插圖七

插圖八

**高盛殘碑**

天平三年（536）五月二十八日。楷書，存上截三十行，行二十二字至二十九字不等，篆額陽文四行共十六字。（插圖一）見初拓本有光緒二十四年（1898）徐樹鈞題記云"昨年出土"，故知石在光緒二十三年（1897）河北磁縣出土，民國三年（1914）置河北磁縣縣署，末行後有高世異題刻三行。（插圖二）《高盛碑》、《高翻碑》

插圖一

與北齊蘭陵王《高肅碑》合稱為"磁州三高"，今皆在磁縣蘭陵碑亭保存。

## 初拓本

二行"對此"之"此"字完好。（參見已損本插圖三）

三行"翻成"之"翻"字筆劃清晰。（參見已損本插圖四）

七行"指心"之"心"字鉤劃完好，民國拓本"心"鉤已連石花。（參見已損本插圖五）

九行"持名利"之"名"字未損。民國拓本"名"字全泐。（參見已損本插圖六）

十行"所在"之"在"未損，民國拓本"在"字首橫已泐。（參見已損本插圖七）

十一行"成稷契之功"之"成"字未損。

十二行"陵"字、"峻"字未損。

| 插圖三 | 插圖四 |
|---|---|
| 插圖五 | 插圖六 |
| 插圖七 | |

插圖二

## 凝禪寺三級浮圖碑

元象二年（539）二月十五日。楷書，三十四行，行三十五字。下題名作十三列，列三十九行。左側刻題名二十列，末有唐永徽二年（651）題記二行。額篆書陽文五行，共十字。碑在河北元氏白婁村。

## 最舊本

二十行末"冠口錦"之"錦"字未損，乾嘉拓本"錦"字已泐損。

二十九行"紫風"之"風"字未損。

## 乾嘉拓本

八行"佛弟子"之"弟"字完好。（插圖一）

十行"內外諸軍"之"軍"字完好，稍後漸損。（插圖二）

十三行"齡長碧"之"長"字完好。（插圖三）

十四行"蝶螻"之"螻"字完好。（插圖四）

十五行"妙味"之"妙"字完好。（參見插圖四）

十六行"橋"字"木"部完好，行末"乎"字未損。（參見插圖四）

十七行"淳信"二字完好。（插圖五）

十九行"悲霜"之"悲"字首未損，稍後右上部略損。（插圖六）

二十行末"冠口錦"之"錦"字已漫漶。（插圖七）

二十三行"風嘯百籟"之"風"字、"嘯"字、"籟"字均完好。（插圖八）

二十四行"聚薈"之"薈"字完好。（參見插圖八）

二十六行"常生"之"生"字完好。（插圖九）

二十八行"海春"之"海"字完好。（插圖一〇）

二十九行"長搖"之"搖"字完好。（參見插圖一〇）"詞曰"之"曰"子完好。（插圖一一）但二十九行"紫風"之"風"字已泐。（插圖一二）

## 清末民初拓本

以上諸字皆損。

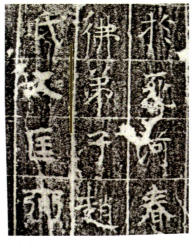
插圖一

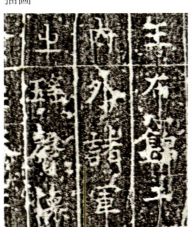
插圖二

插圖三

插圖四

插圖五

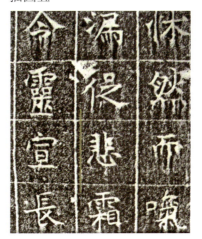
插圖六

插圖七

插圖八

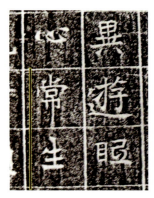

插圖九

插圖一一

插圖一○

插圖一二

### 高湛墓誌

元象二年（539）十月十七日。楷書，二十五行，行二十七字。石在山東德州。相傳乾隆十四年（1749）秋，德州衛第三屯人浴於運河，在東岸側發現此石，移至德州學宮。後又歸德州進士封大受家。咸豐年間誌石運往濟南，此後下落不明。

### 初拓本

首行"魏"字未泐。

三行"風"字完好。

### 乾嘉拓本

二行"君諱湛"之"君"字完好。

四行"管仲"之"管"字"竹"字頭基本完好。

### 道咸拓本

首行"魏"字已損。（插圖一，對照插圖六）

二行首"君諱湛"之"君"字泐去上半，"諱"字基本完好。（參見插圖一，對照插圖六）

二行"芳德遐流"之"遐流"二字未泐。

（插圖二）

四行首"管仲"之"管"字竹字頭左側稍損。（插圖三，對照插圖六）

六行首"雲馳"之"雲"字完好。（插圖四，對照插圖六）

八行首"徘徊文史之際"之"史"字完好。（插圖五）

### 清末民初拓本

首行"魏"字泐盡。（插圖六）

二行首"君諱湛"之"君"字泐盡，"諱"字泐上半。（參見插圖六）

四行首"管仲"之"管"字"官"部寶蓋頭已泐。（參見插圖六）

六行首"雲馳"之"雲"字"雨"字頭泐損。（參見插圖六）

八行首"徘徊文史之際"之"史"字幾乎泐盡。（參見插圖六）

插圖一

插圖六

## 劉懿墓誌

興和二年（540）正月二十四日。楷書，三十二行，行三十三字。此石道光間（1821～1850）山西忻縣九原岡出土，曾歸忻州焦丙照，再歸太谷溫氏。一九六三年忻縣王連喜捐贈山西博物館。

### 初出土拓本

右上角有裂紋一道，自第一行第十二字"軍"字起，至第十行首字斜裂一道。

二行"冀州刺史"之"史"字未泐。

六行"起家為大將軍"之"為"字未泐。

### 清末民初拓本

右上角又增裂一道，自第五行首"世"字起，至第七行第五字，至此兩條裂紋呈反"Y"字形。（插圖一，對照插圖五）

二行"冀州刺史"之"史"字泐盡。（插圖二）

六行"率之心起家為大將軍"之"之"字、"為"字泐盡。（插圖三）

七行"開國伯食邑五百戶"之"食"字泐下半，"邑"字泐盡。（參見插圖三）

首行"魏故使持節"之"持"字完好。（插圖四）

二行"肆十一州"之"州"字完好。（參見

插圖四）

三行"字貴珍"之"字"字完好。（參見插圖四）

四行"繁衍不窮"之"窮"字完好，（參見插圖四）"朱被蟬聯"之"蟬"字基本完好，再後"蟬"字泐下半。（參見插圖二）

五行"君體局強"之"局"字完好，（參見插圖四）"正氣幹雄"之"幹"字不損。（參見插圖三）再後"幹"字損下半。

### 民國拓本

右上角又裂第三道，起自首行第四字"持"字，至第五行第四字"局"字處。（插圖五）

以上所舉完好之字皆損泐。

## 翻刻本

### （一）

原石四周擠邊，首行右側無餘石。（參見原石拓本插圖一）翻刻右側有一行寬窄餘石。

二行"十一州諸軍"之"諸"字"者"部長橫右側穿過界格線，原石不穿過。（參見原石拓本插圖四）

### （二）

劣本，三行"磐石"之"磐"右上角"又"部誤刻為"勿"狀。（參見原石拓本插圖六）

五行"英豪之志"中"之"字第三筆有斷筆，（參見原石拓本插圖七）翻刻則無。

六行"以勳參義"之"以"字"人"部起筆有彎曲，（參見插圖七）翻刻則無。

### （三）

劣本，首行"持"字及二行"州"字缺筆幾乎未刻。

三行"磐石"之"磐"右上角妄刻。

插圖一

插圖三

插圖二

插圖四

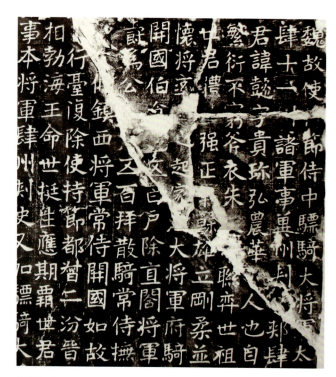

插圖五

插圖六

插圖七

### 敬顯儁碑

又名"敬使君碑"或"禪靜寺刹前銘"。興和二年（540）。楷書，碑陽二十七行，行五十一字，碑陰九列。乾隆三年（1738）在河南長葛轆轤灣出土，移至陘山書院。現在葛縣城關。

乾隆十四年（1749）沈青崖跋於碑陰第七八列後，隸書，十四行，行十八字。

### 初出土拓本

七行"克剪封鯨"之"鯨"字完好。（插圖一，參見已損本插圖二）

八行"帷籌野戰"之"籌"字完好。（插圖三，參見已損本插圖四）

十一行"秉麾出閫"之"閫"字完好。（插圖五，參見已損本插圖六）

十六行"拜驃騎大將軍"之"騎"字完好。（插圖七，參見已損本插圖八）

十七行"以招賢俊"之"招"字完好。（插圖九，參見已損本插圖八）

十八行"芟夷世難"之"夷"字完好。（插圖一〇，參見已損本插圖一一）

十九行"遠乘山嶽邐帶池閫"之"乘"字、"閫"字完好。（插圖一二，參見已損本插圖一一）

二十行"木火"之"木"字完好。（插圖一三，參見已損本插圖一一）

二十二行"府自誓勖"之"府自"二字完好。（插圖一四，參見已損本插圖一五）

### 嘉道拓本

七行"公器宇淵亮"之"亮"字末筆未損。

七行末"雄冈"之"冈"字末二筆下端未與石花連。清末民初拓本"冈"字下半泐去。（插圖一六，參見已損本插圖一七）

八行"進封永安侯"之"封"字雖有裂紋而未傷及筆道。清末民初拓本"封"字"寸"部泐。（參見已損本插圖一八）

十行"事符賢桀"之"賢"字"又"部未泐。（參見已損本插圖一九）

十一行"智勇兼囊"下尚有"戈"部可見。（參見已損本插圖一九）

二十行"勉率僚佐"之"僚"字"人"部未損。（參見已損本插圖二〇）

二十一行"憑此至誠"之"此"字右側未泐。（參見已損本插圖二一）

二十二行"濟此娑婆之苦"之"苦"字"口"部未損。（參見已損本插圖二一）

### 清末民初拓本

七行"公器宇淵亮"之"亮"字末筆已損。（插圖二二）

十行"事符賢桀"之"賢"字"又"部已泐。（參見插圖一九）

插圖一

插圖二

插圖三

插圖四

插圖五

插圖六

插圖七

插圖八

插圖九

插圖一〇

插圖一三

插圖一六

插圖一一

插圖一四

插圖一七

插圖一二

插圖一五

插圖一八

插圖一九

插圖二〇

插圖二一

插圖二二

### 李仲璇修孔子廟碑

又名"魯孔子廟碑"。興和三年（541）十二月十一日。王長孺楷書（雜入大篆分隸），碑陽二十五行，行五十一字。碑陰三列，碑側"任城王長孺書碑"一行。有額篆書六字。碑在山東曲阜孔府西倉漢魏碑刻陳列館。

#### 明中葉拓本

第八行"尚想伊人"之"想"字完好。

#### 明末拓本

五行"恒農"之"農"字稍損，"曲"部可辨。（插圖一，對照民國拓本插圖二）"刺史"之"刺"字"刂"部未損。（插圖一）

六行"惠和"之"和"字完好。（插圖三，對照插圖五）

八行"尚想伊人"之"想"字略損，基本可見。（插圖四，對照插圖六）

參見魏稼孫、沈樹鏞藏本，民國間寶霞印社有影印本發行。

#### 清初拓本

六行"惠和"之"和"字僅"口"部左側微損。

八行"尚想伊人"之"想"字大損，僅存"木"部。

十行"所以雕素"之"素"字頭未損。

十一行"靈姿嚴麗"之"麗"字完好。

#### 乾隆拓本

六行"惠和"之"和"字僅"口"部右豎、底橫已泐。

八行"尚想伊人"之"尚"字"口"部完好。"想"字全泐，"伊"字完好。

十一行"靈姿嚴麗"之"嚴"字，字頭僅損一口。

#### 嘉道拓本

六行"惠和"之"和"字"禾"部下半已損。（插圖五）

八行"尚想伊人"之"尚"損及"口"部之底橫，"伊"字僅存右下角。（插圖六）

十一行"靈姿嚴麗"之"嚴"字上半已泐。（參見插圖六）

末行"興和三年"之"三"字下不連石花。

插圖一

插圖三

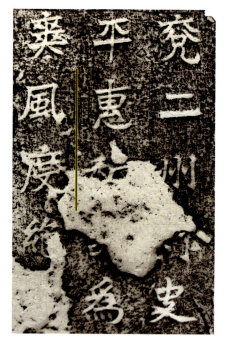

插圖五

插圖二

插圖四

插圖六

### 李道贊五百餘人造像碑

武定元年（543）八月。碑陽下截碑文楷書
三十行，行三十字。上截造像四層，最上層為螭
首並佛龕，第二層為禪師慧詢、邑師慧剛供養
像，第三層佛教故事畫像，最下層為上下兩列造
像主題名共二十尊。（插圖一）碑陰為千佛龕樣
式，十六行，行二十七尊像。（插圖二）舊在河
南淇縣浮山封崇寺內。同治光緒間碑下截斜斷裂
一道。一九二九年運至天津時，再鋸裂為二段。

今在美國紐約市立博物館。

拓本四層造像全拓較少見，最上一、二層多
漏拓。

### 道光拓本

碑陽造像記十一行"劫故正順一時起津梁"
之"劫故正"三字不損，十二行"雍三彰竭八倒
之流"之"雍三彰"三字不損，此類拓本較少見。

稍後十一行"劫故"、 十二行"雍三"僅存
數筆，幾乎泐盡，（插圖三）但此時造像記處尚
未斷裂。（插圖四，對照插圖五）

**同光間拓本**

　　碑下截斷裂，裂紋自首行第二十三字至末行
第九字。裂紋線上泐去數十字。（參見插圖五）

插圖一

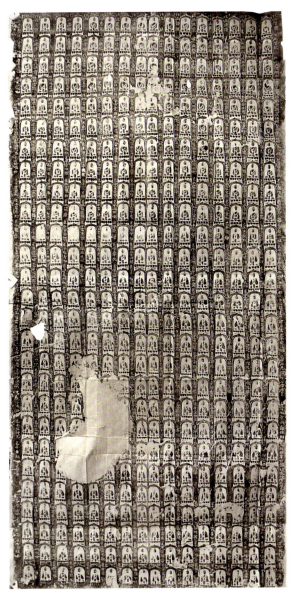

插圖二

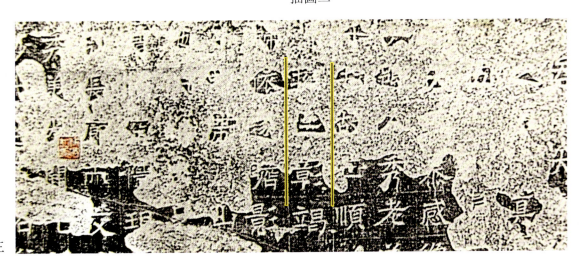

插圖三

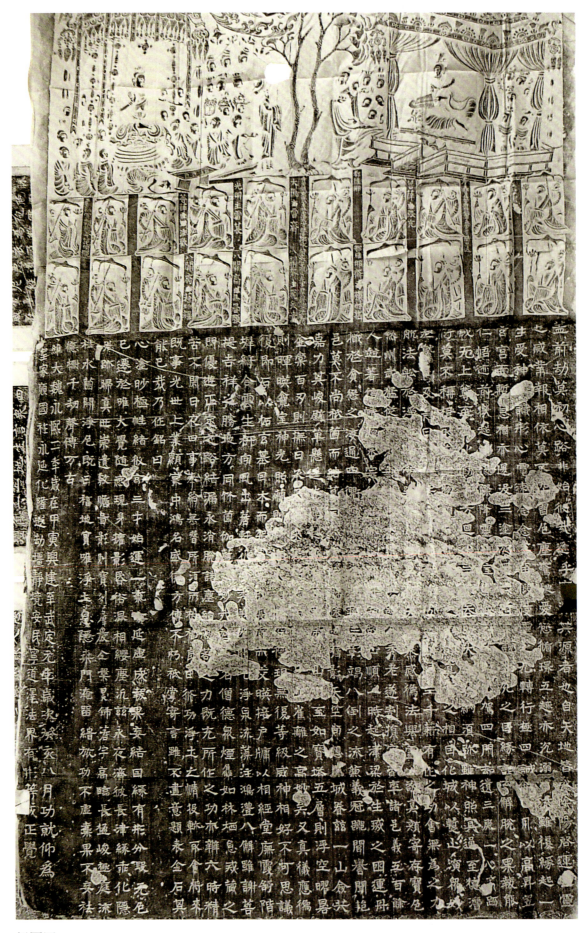

插圖四

插圖五

## 王偃墓誌

武定元年（543）十月二十八日。楷書，二十二行，行二十三字。有蓋篆書陽文九字。清光緒元年（1875）山東陵縣東門外劉家莊出土，置三泉書院東壁。光緒元年（1875）刻戴傑題跋（在誌文末行"秋"字下），（插圖一）同年長至刻有江肇麟觀款一行（緊接戴跋末行下）。（插圖二）光緒五年（1879）又增余家鼎篆書觀款一行（在戴傑題跋左側），後墓誌失落數年，光緒二十三年（1897）重新訪得，再增刻耿啓昌題跋二行（在墓誌首行"銘"字下）。

### 初拓本

無戴傑題跋。

### 稍舊拓本

僅有光緒元年（1875）刻戴傑題跋，無余家鼎篆書觀款和耿啓昌跋。（插圖三）

曾見拓本僅有光緒元年（1875）刻戴傑題跋，但無江肇麟觀款，較少見。（插圖四）

### 光緒後拓本

先增余家鼎跋，後增耿啟昌跋。

### 翻刻本

翻刻本八至十四行下半泐一大塊。

十三行"遣先俾贊"之"俾"字鑿去一塊。

末行"秋"字下江肇麟觀款僅刻三行，較原石少刻一行。

插圖一

插圖二

插圖三

插圖四

## 朱永隆等七十五人造像記

武定三年（545）七月十五日。楷書，二十九行，行三十字。石在河南沁陽唐村出土。陰側刻有造像主題名。左側刻有宋開寶四年（971）十月重立題記。

### 舊拓本

第一、二、三行末"關"、"淥"、"雲"三字，"關"字完好，"淥"僅損左下，"雲"字"雨"字頭尚存。（插圖一，對照插圖四）

第九行至十三行行末"物"、"速"、"仲"、"昂"字皆完好。（插圖二，對照插圖五）

十五行"深夜致使營圖"之"深夜"、"營"完好。（插圖三，對照插圖六）

十六行"內融皎志方外"之"皎志"完好。（參見插圖三，對照插圖六）

十九行末"泗鬱澤新鮮"之"鮮"字完好。（參見插圖三，對照插圖六）

二十行末"匠麗功造"之"功造"二字完好。（參見插圖三，對照插圖六）

二十一行"先源"二字完好。（參見插圖三，對照插圖六）

### 民國拓本

第一、二、三行末"關"字泐大半、"淥"、"雲"二字泐盡。（插圖四）

第九行至十三行行末"物"、"速"、"仲"、"昂"字皆泐。（插圖五）

十五行"深夜致使營圖"之"深夜"、"營"泐盡。（插圖六）

十六行"內融皎志方外"之"皎志"泐盡。（參見插圖六）

十九行末"泗鬱澤新鮮"之"鮮"字泐盡。（參見插圖六）

二十行末"匠麗功造"之"功造"二字泐盡。（參見插圖六）

二十一行"洗或於先源"之"先源"二字泐盡。（參見插圖六）

插圖一

插圖二

插圖三

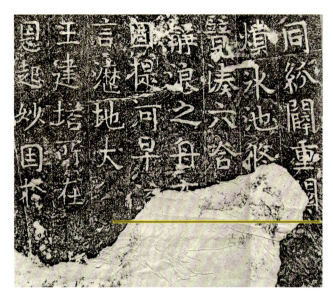

插圖四

插圖五

插圖六

## 修太公呂望祠碑

又名"穆子容修太公廟碑"。武定八年（550）四月十二日。楷書，前刻太康十年盧無忌文，後刻穆子容敘銘。碑陽二十三行，行四十二字。碑陰五列。碑在河南衛輝太公廟。

### 明拓本

此碑考據均在碑之下截（參見舊拓插圖一），明拓下截文字清晰，幾乎無石花。

二行"四海一統"之"一統"兩字完好。（參見已損本插圖二）

二行"有盜"之"有"字可見。

三行"服玄纁以立"下尚存"於令狐之津"五字。

四行"其後文王"下尚存"太公而訓之曰"七字。

五行"得見"下尚存"文王曰有之"五字。

六行"先秦滅學而藏"下尚存"於丘墓天下"五字。

七行"百代垂示"下尚存"於無窮者乎於是太公"九字。

八行"不治乃"下尚存"諮之碩儒訪諸朝吏"八字。

九行"財用所出遂"下尚存"修復舊祀"四字。

### 清初拓本

九行"財用所出"之"出"字完好。（參見已損本插圖三）

十一行"卯金"下"握"字完好。

十二行"沙南"下"極"字完好。

十三行"還見禮擢九等"之"見"、"九等"完好。

十七行"民情"下"和"字見大半。（參見已損本插圖四）

### 舊拓本（參見插圖一）

二行末"西偏有盜發"之"盜發"兩字雖損但尚可辨。（插圖五，對照插圖七）

三行末"帝口"兩字雖損但尚可見。（參見插圖五，對照插圖七）

四行末"之"字雖損但尚可見。（參見插圖
五，對照插圖七）

## 稍舊拓本（插圖六）

二行末"西偏有盜發"之"盜發"兩字泐
盡。（插圖七）

三行末"帝口"兩字泐盡。（參見插圖七）

四行末"之"字泐盡。（參見插圖七）

十一行"致謠卯金"之"金"字完好。（插
圖八）

插圖二　　　　　　　　　　插圖三

十二行"流沙南極"之"南"字完好、
"極"字可見左上角。（參見插圖八）

十七行"郡任民情"之"任"字"壬"部完
好、"民"字能辨、"情"字未與下石泐連。
（參見插圖四）

## 清末民初拓本

十一行"致謠卯金"之"金"字泐半。

十七行"郡任民情"之"情"字"青"部
已泐。

插圖四

插圖一

插圖五

插圖七

插圖八

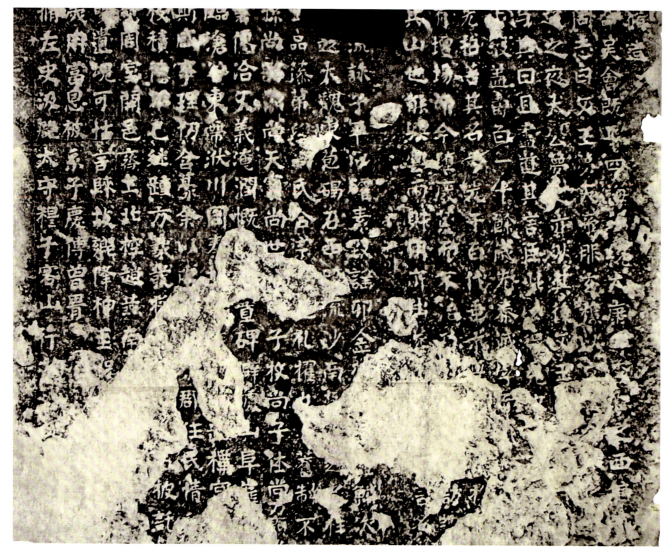

插圖六

# 北齊、北周篇

## 北　齊

### 崔頠墓誌

天保四年（553）二月二十九日。楷書，十六行，行十七字。嘉慶初在山東益都出土，經陳介祺、沈仲長等人收藏，今藏上海博物館。

### 舊拓本

十二行末"檞名膺斯"之"斯"字全。（插圖一）

十三行末"文情委逸方此於"之"此"字完好，"於"字僅泐左半。（參見插圖一）

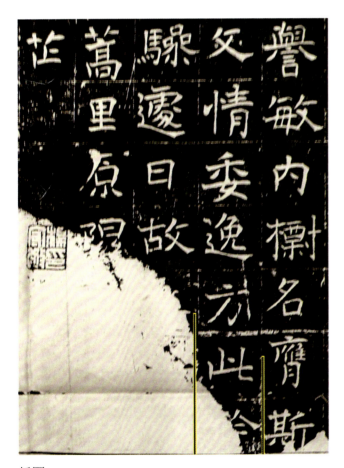

插圖一

### 清末民初拓本

十二行末"檞名膺斯"之"斯"字已泐。

十三行末"文情委逸方此於"之"此於"二字已泐。

### 翻刻本

依照清末民初拓本為底本翻刻。（翻刻本插圖二）

十二行"有芙誕生"之"芙"字，"夫"部二橫間（在右側）誤將石花作點劃，增刻一點，原刻則無。（翻刻本插圖三）

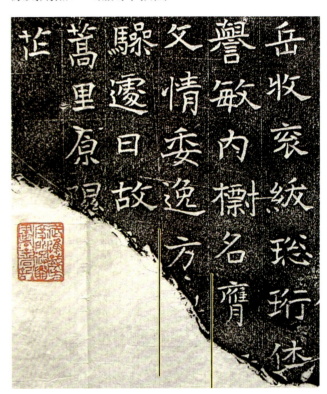

插圖二

插圖三

### 西門豹祠堂碑

天保五年（554）。隸書，碑陽二十九行，行四十四字。碑陰，正書六列，列各三十三行。有額篆書陽文二行，共六字。碑側多失拓，而立碑年月及撰書人、刻工姓名均在碑側。□光族撰，姚元標隸書，潘顯珍刊刻。原在河南安陽西門豹祠舊址，今在安陽古跡保存所。

#### 乾隆以前拓本

三行"河內候治鄴"之"鄴"字未泐。

四行"彩自□不省書"之"不省書"三字未泐。

五行"鄭密異術均美"之"異術"二字未泐。

六行"逾遠非□襄王"之"王"字未泐。

七行"郡國掾史實降"之"降"字未泐。

十行"會知三□之未從想"之"想"字未泐。（參見嘉道拓本插圖一）

十五行"會有歸紛鬱"之"有歸"未泐。

#### 嘉道時拓本

四行"彩自□不省書"之"省書"字已泐。（插圖二）

五行"鄭密異術均美"之"術"字泐左半，"均美"字完好。再後僅存一"均"字。（參見插圖二，對照插圖四）

六行"逾遠非□襄王"之"王"字底橫已泐。（參見插圖二，對照插圖四）

七行"郡國掾史實降"之"降"字左下角泐。（參見插圖二，對照插圖四）

二十一行"蒼精云啓"之"啓"字完好。（插圖三，對照插圖五、六）

#### 清末民初拓本

五行"鄭密異術均美"之"異術均美"四字泐盡。（插圖四）

六行"逾遠非□襄王"之"非"、"襄王"等字泐盡，"遠"字泐走字底。（參見插圖四）

七行"郡國掾史實降"之"國"字泐大半、"史實降"三字泐盡。（參見插圖四）

二十一行"蒼精云啓"之"啓"字"口"部半損，再後"口"部全泐。（插圖五、六）

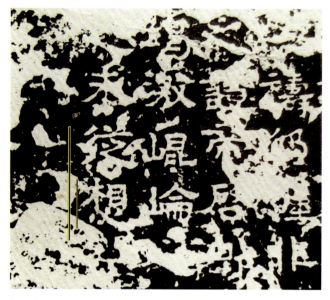

插圖一

插圖二

插圖三

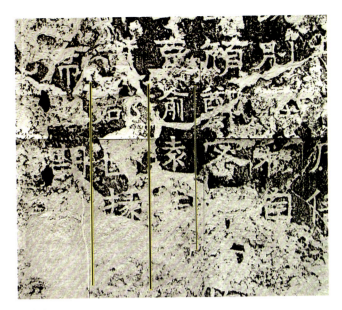

插圖四

插圖五

插圖六

## 報德像碑摩崖

天保六年（555）七月一日。李清撰文，釋仙楷書，三十行，行四十一字。書法高渾，為北朝傑作。碑在山西平定長國寺。

### 清初拓本

十四行"陰灌里人也"之"陰"字完好。

### 乾嘉拓本

五行"簡易"之"簡"字左上完好。（參見已泐本插圖一）

### 嘉道拓本

十四行"陰灌里人也"之"灌"字完好。

### 同光拓本

四行"懸像"之"像"字"人"旁未損。（插圖二）

八行"軌物"下"其"字已損。（插圖三）

十行"為災"之"災"字下半泐。（插圖四）

十四行"陰灌里人也"之"灌"字，僅泐及字頭，但"佳"部未損。（插圖五）

十五行"薰名揚身"之"揚"字，僅泐及字頭。（插圖六）

二十五行"調御"之"調"字下半泐。（插圖七）

二十九行"功"字之"力"旁未泐。（插圖八）

### 清末民初拓本

十四行"陰灌里人也"之"灌"字泐盡。

插圖一

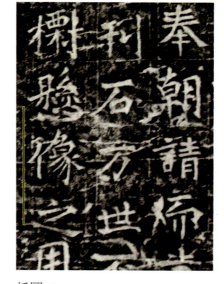

插圖二

插圖三

插圖四

插圖五

插圖六

插圖七

插圖八

## 高叡修定國寺頌記（大定國）

俗稱 "大定國寺碑"。天保八年（557）四月八日。楷書，二十一行，行十字，橫石。石舊在河北靈壽縣祁林院，相傳此地多虎，嘉慶以前碑賈罕至。碑今在河北靈壽縣幽居寺遺址內。

### 舊拓本

十七行 "退橐一切" 之 "退" 字走字底起筆處未泐粗。（參見已泐本插圖一）

### 稍舊拓本

十一行 "寶鐸依空" 之 "寶" 字寶蓋頭未損。（插圖二）

插圖一

插圖二

## 定國寺碑（小定國）

又名 "高叡修定國寺碑"，俗稱 "小定國寺碑"。天保八年（557）六月十五日。楷書，三十八行，行六十四字。碑額楷書，五行，共十字。碑在河北靈壽縣祁林院，相傳此地多虎，嘉慶以前碑賈罕至。碑今在河北靈壽縣幽居寺遺址內。

### 乾嘉拓本

十四行 "武騎邯鄲" 之 "鄲" 字完好。

十七行 "尤劇齊中" 之 "中" 字存右半。

二十三行 "先覺而寤後" 五字完好。

### 光緒拓本

十四行 "武騎邯鄲" 之 "鄲" 字左上 "口" 部泐。（插圖一）

十七行 "尤劇齊中" 之 "中" 字泐盡。（插圖二）

十三行 "先覺而寤後" 之 "覺"、"後" 二字右側皆微連石花。（插圖三）

插圖一

插圖二

插圖三

## 劉碑造像記

天保八年（557）。楷書，四十二行，行十三字。下題名七列，列四十餘行，每行五字。石在河南登封市東南劉碑村。

### 舊拓本

題名首行"歲在丁丑保八年"之"天保八年"四字完好。

### 稍舊拓本

銘文左側未泐，末三行未損一字。（插圖一，對照已損本插圖四、六）

第一列題名首行"歲在丁丑"四字完好，"天保"二字尚存左半。（插圖二，對照已損本插圖五）

第一列題名二行"大邑師惠獻"之"大邑師惠"四字完好無損。（參見插圖二，對照已損本插圖五）

第一列題名末行"劉薩保邑子劉銀姬"等字完全無損。（插圖三，對照已損本插圖六）

### 近拓本

銘文倒數第三行"若月信士英英契"之"士英英"半泐。（插圖四）

銘文倒數第二行僅存"是"字之半及下一"希"字，餘二十四字皆泐盡。（參見插圖四）

題名首行"歲在丁丑天保"六字泐盡。（插圖五）

題名二行"大邑師惠"四字右半皆泐。（插圖五）

題名末行"劉薩保邑子劉銀姬"八字、"劉"字泐小半，"薩"字泐大半，"保邑子"三字全泐，"劉銀姬"三字半泐。最近拓以上諸字幾乎全泐。（參見最近拓插圖六）

插圖一

插圖二

插圖三

插圖四

插圖五

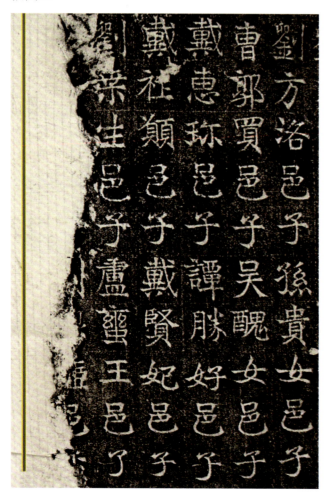

插圖六

### 道朏造像記

天保十年（559）七月十五日。楷書，八行，行四至六字不等。

相傳乾隆年間黃易得此石，鑿為硯池，贈與武億。

初拓本石未裂。（初拓本插圖一）

後第五行縱裂，末三行又橫裂。

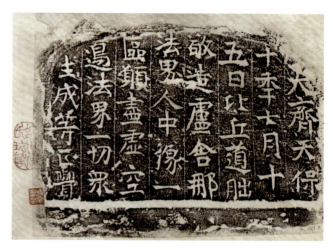

插圖一

### 夫子廟碑

又名"鄭述祖修孔廟碑"。乾明元年（560）立。鄭述祖撰，樊遜隸書。十九行，行二十四字。額篆書，陽文二行 "夫子廟碑"四字。碑文漫漶，僅存數十字。碑在山東曲阜孔府西倉漢魏碑刻陳列館。

#### 舊拓本

十三行首"重"字右上角不連石花。（插圖一）

十六行首"論景"之"論"字右上捺筆完好。（插圖二）

#### 稍舊拓本

十行"石來"之"來"字捺筆未泐。

#### 近拓本

十三行首"重"字右上角已連石花。（插圖三）

十六行首"論景"之"論"字右上捺筆已泐。（參見插圖三）

插圖一

插圖二

插圖三

## 雋敬碑

俗稱"雋修羅碑"。皇建元年（560）十二月二十日。楷書，十七行，行二十一字。下截題名每行十二字。有額正書四行，行三字。（插圖一）碑陰刻《維摩經阿門佛品》，十二行，行二十三字。（插圖二）此碑乾隆年間在山東泗水縣東五十里天明寺，嘉慶七年（1802）十月移至學宮，即有王家楛、郭綏光、楊潾三人題刻，所見拓本多漏拓。一九五四年城關中心小學擴建校舍，取此碑作建材毀之。

### 舊拓本

首行"高"字完好，"紹"字"口"部完好。

### 稍舊拓本

首行"高"字豎鉤筆已損，又下"紹"字"口"部仍完好。（插圖三）

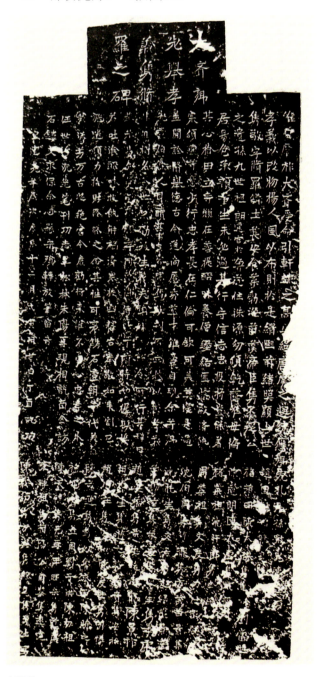

插圖一

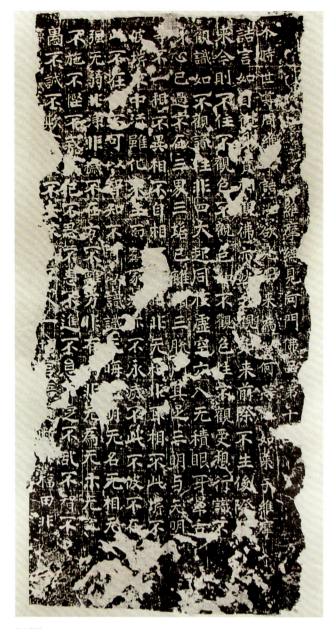

插圖二

插圖三

## 法懶禪師塔銘

太寧二年（562）正月五日卒，無下葬年月。隸書，十九行，行十四字。石在河南安陽出土。

### 舊拓本

墓誌左下角"思歐"之"歐"字完好。

第五行至第八行行末"麗"、"響"、"機"、"草"四字完好。

### 近拓本

墓誌左下角"思歐"之"歐"字泐左下角。（插圖一）

第五行至第八行行末"麗"、"響"、"機"、"草"四字下半均泐。（插圖二）

插圖一

插圖二

## 僧曇欽造像記

河清二年（563）五月十七日。楷書，十四行，行五字。石在山東蘭山。光緒三十三年（1907）姚鵬圖在城隍廟廢圖中訪得此石及《張道果造像》，宣統元年（1909）移入濟南金石保存所，後入藏山東省立圖書館。原石背面刻有姚鵬圖題跋，三十二行，行四到五字不等。（插圖一）

### 初拓本

五行"世業寺"之"世業"二字尚存。

### 民國拓本

五行"世業寺"之"世"字全泐，"業"字泐上半。（插圖二）

插圖一

插圖二

## 姜纂造像記

天統元年（565）九月八日。楷書，十五行，行二十字。其正面像側左右各有字一行，左行六字，右行五字。乾隆年間武億在河南偃師城南董家村訪得，今在偃師商城博物館。

### 舊拓本

十三行"見存眷屬"之"存"字撇筆未泐。（插圖一）

十四行"皇家慶隆"之"皇"字完好。（參見插圖一）

十五行"六道四生咸蒙勝福"之"道"字走字底未泐，"四生咸"三字未泐去。（參見插圖一）

十五行"同成正覺"之"成"字完好。

左上角已泐去一塊，以上諸字皆泐。（插圖
二）

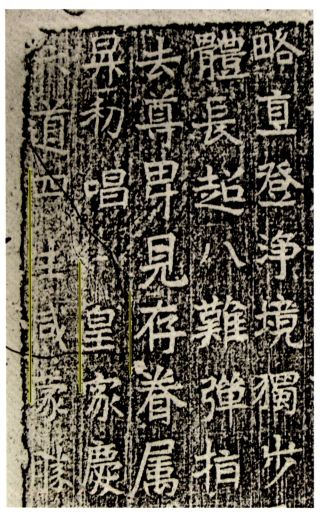

插圖一

插圖二

### 宋買等二十二人造像記

北齊天統三年（567）四月八日刻。楷書，
碑陽二列，上列題記十九行，行二十二字，下
列題名，二十一行，行四至五字不等。碑陰造
像三層。石在河南偃師壽聖寺，碑側刻有題
名，因碑嵌入壁間，故碑側大多失拓。（插圖
一）端方舊藏。

### 舊拓本

舊拓本多有碑側、碑陰。（參見碑陰插圖
二）

碑陽下列題名第四行"宋柱泉"上"維那"
二字完好。（插圖三）

碑陽下列題名第八行"邑子劉早生"之
"子"、"早生"三字可見。（參見插圖三）

碑陽上列題記首行"言像所未臻，文字不
能述"之"言"、"文字"三字均完好。（插
圖四）

### 民國拓本

上述諸字泐盡。

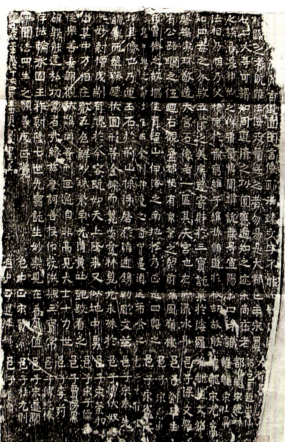

插圖一

插圖二 | 插圖三

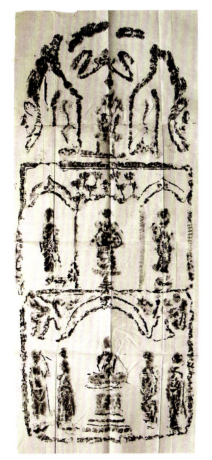

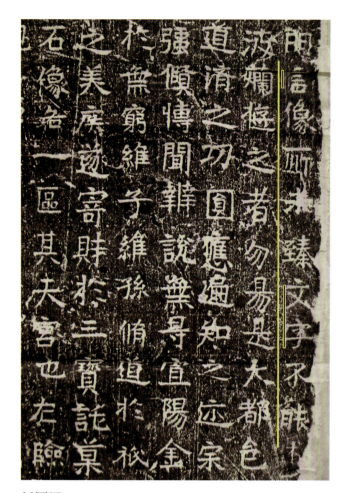

插圖四

### 朱岱林墓誌

武平二年（571）二月六日。朱敬修撰文，朱敬範撰銘，楷書四十行，行三十四字。相傳明末在山東壽光出土，未被重視。清雍正三年（1725）縣人王化洽在壽光田劉村神祠中訪得此碑，當時村民將此碑代作香案，後移至縣學，始有拓本流傳。墓誌現藏山東壽光縣博物館。

### 雍正拓本

二十三行首字不損。

故宮博物院藏王化洽初拓本。

### 乾隆拓本

首行右下角"於邾"二字雖有裂紋但不損筆劃。後"於邾"二字雖裂紋增寬尚可見。（插圖一，參見近拓插圖四）

二十三行首"□紫日生天"首字已損。（插圖二）

有王化洽乾隆四年（1726）題跋本。

### 嘉道拓本

碑文細瘦漫漶，首行右下角"於邾"二字尚有殘存筆劃。

二十六行"大齊武平二年"等字漫漶，未剜出。

### 清末民初拓本

全碑漫漶，字劃瘦細模糊，僅右下角文字可辨。（插圖三，右上角）

首行"賢亦啟國扶封於邾"之"扶封於邾"全漶。（插圖四，右下角）

二十六行"大齊武平二年"等字已挖出。（插圖五）

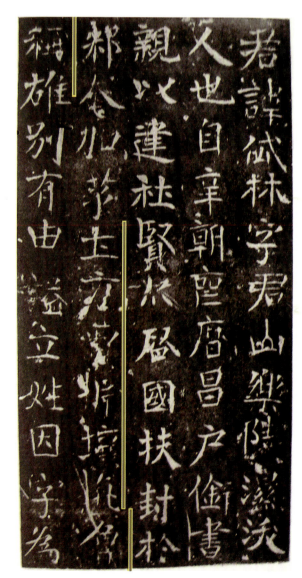

插圖一

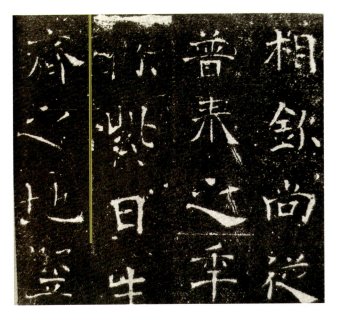

插圖二

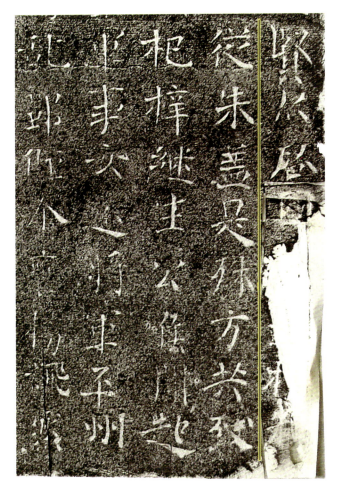

插圖四

插圖三

插圖五

### 梁子彥墓誌

武平二年（571）四月二十日。楷書，三十一行，行三十一字。光緒六年（1880）安陽方大令開挖天平渠時出土，後移置縣署。

### 初拓本

十一行末"固敵"，十二行末"樂推"四字完好。（插圖一）

### 民國拓本

十一行末及十二行末"敵"字、"推"字泐盡。（插圖二）

插圖一

插圖二

### 李琮墓誌

武平五年（574）正月十二日。楷書，二十六行，行二十六字，側四行，行二十三字，字較大。誌石曾嵌入河北元氏縣署壁間，故傳拓多無側。後移至元氏縣金石保存所，今佚。誌石文字較漫漶，誌側則較清晰。（插圖一）

### 舊拓本

有側。（參見插圖一左側四行）

二十行首"橫"字完好。（插圖二，對照已損本插圖六）

二十六行"父仲超客妻"之"客"字完好。（插圖三，對照已損本插圖七）

### 民國拓本

無側。

首行"墓銘"下空二格處有後人妄刻"上下"二字。（插圖四）

首行末七、八二格，有後人妄刻"全人"兩字（注：在二行"全趙"二字右側），字蹟極細。（插圖五）

二十行首"橫"字已泐大半。（插圖六）

末行"父仲超客妻"之"客"字左側損泐。（插圖七）

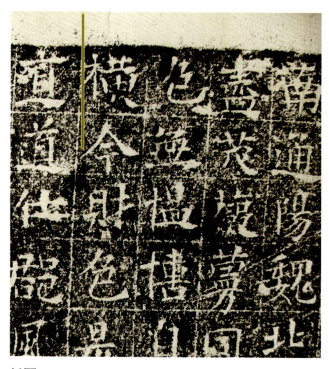

插圖二

插圖一

插圖三

插圖四

插圖五

插圖六

插圖七

### 張思文造像記

承光元年（577）正月十五日。楷書，十五行，行五字。舊在山東諸城。乾隆五十六年（1791）曾歸諸城李仁煜，今佚失。帖估云石嘉慶年間（1796～1820）毀於火。

十行與十一行間中斷，泐五字。（插圖一）

末行後間隔三行處，刻有乾隆五十六年（1791）李仁煜篆書題跋三行。（插圖二）

乾隆舊拓，無跋。

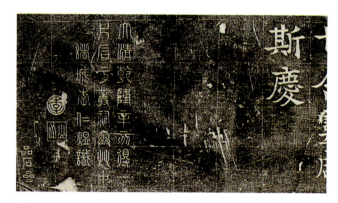

插圖二

插圖一

### 吳洛族十五人等造像記

北齊刻，無年月。碑陽刻佛像，碑陰刻造像題記，楷書，十五行，行十二字。乾隆中武億得於偃師壽聖寺。

#### 乾隆拓本

一行"珠玉"完好。稍後"珠"字右上角泐。（參見已損本插圖一）

七行第九字"己"完好。

十行第八字"雕"完好。稍後"雕"字

"口"部泐。（參見已損本插圖二）

十一行"更不待言題矣"之"更"、"矣"完好。

十三行"無邊無畔"四字完好。（參見已損本插圖三）

曾見武億藏本，題為"初拓"，但以上諸字皆損。

# 北　周

插圖一

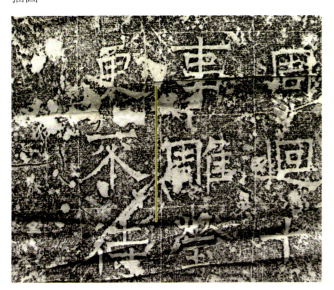

插圖二

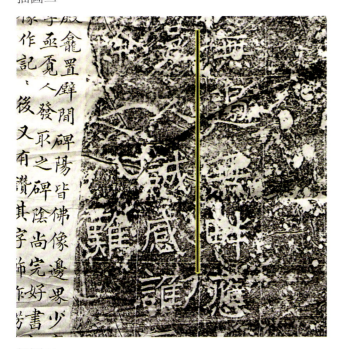

插圖三

## 華嶽廟碑

天和二年（567）十月十日。萬紐于瑾撰文，趙文淵隸書，十九行，行五十五字。額篆書“西嶽華山神廟之碑”二行八字。碑文行間刻有宋、明、清題名十八款。碑左側刻有唐開元二十六年（738）題字，碑右側刻顏真卿書《謁金天王神祠記》。碑陰為唐開元八年（720）《華嶽精享昭應碑》。今在陝西華陰西嶽廟。

## 明拓本

首行“天險不可阩”之“不可”二字筆道完好無損。（參見已泐本插圖一）

## 嘉慶以後拓本

首行“上應東井之宿”右側刻有嘉慶壬戌六月吳桓題名。（插圖二）

四行“坐石門而穿陷”之“門”字泐。清末民初拓本“門”字僅存右上一小角。（插圖三）

五行“羲和之”下“故”字泐，清末民初拓本“故”字僅存字首一、二筆。（參見插圖三）

八行“講閱之暇”下泐缺一字。（插圖四）

十九行“開國公”之“國”字筆劃已泐粗。（插圖五）

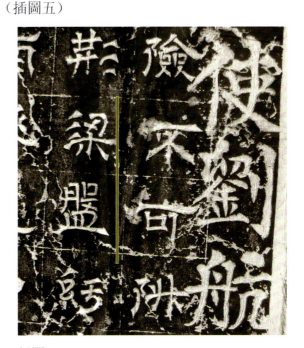

插圖一

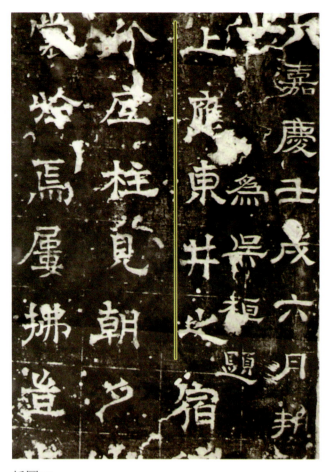

插圖二

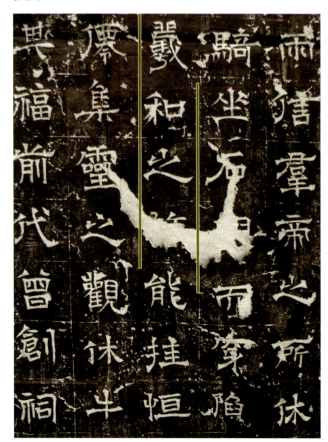

插圖三

插圖四

插圖五

## 張僧妙法師碑

北周天和五年（570）三月十五日。楷書，二十三行，行四十六字。清光緒年間陝西耀縣文家堡出土。

### 舊拓本

首行"姓張字僧妙"等字右側無石花。（插圖一）

十行"或對偶"之"或"字完好。（插圖二，對照插圖七）

十一行"堅固"之"固"字，"內外"之"內"字完好。（參見插圖二）

十二行"合宰輔之"之"宰"、"之"字完好。（插圖三）

十三行"綱維德堪綏導"之"綏"字完好。（插圖四，對照插圖八）

十五行"孔懷"之"懷"字完好。（插圖五，對照插圖八）

二十二行"公侯"之"侯"字完好。（插圖六）

### 民國拓本

首行"姓張字僧妙"等字已與右側石花相連，且"僧"字泐右半。

十行"或對偶"之"或"字已泐損。（插圖七）

十一行"堅固"之"固"字，"內外"之"內"字均泐損。（插圖七）

十二行"合宰輔之"之"宰"、"之"字幾乎泐盡。

十三行"綱維德堪綏導"之"綏"字"女"部泐。（插圖八）

十五行"孔懷"之"懷"字漫漶。（插圖八）

二十二行"公侯"之"侯"字泐損。

插圖一

插圖二

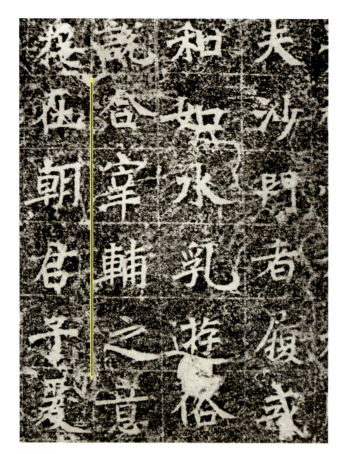

插圖三

插圖四

插圖五

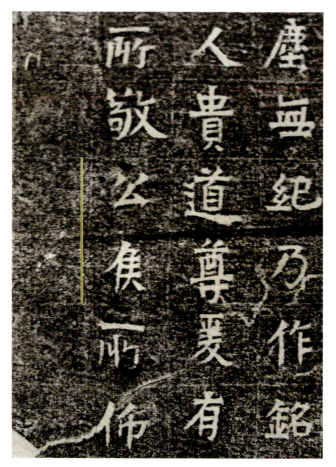

插圖六

插圖七

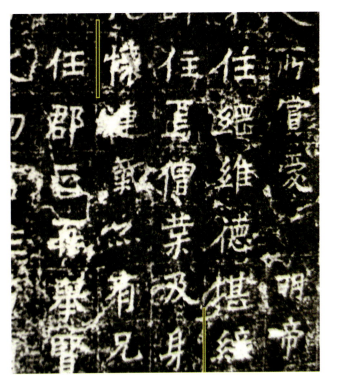

插圖八

## 曹恪碑

天和五年（570）十月。楷書，二十六行，行五十一字。舊在山西安邑興國寺，後移至太原傅青主祠。

### 清末民初拓本

三行"彌長君即其後"下"即其後"三字泐盡。（插圖一）

四行"禮也子□"下"嗣君"二字泐盡。（參見插圖一）

五行"私稱姓禾"下"以求萬全"四字泐盡。（參見插圖一）

六行"道德齊禮"下"善"字已泐。又下"修政化"三字泐盡。（參見插圖一）

七行"洞照"下"之藝因事以發"六字泐盡。（插圖二）

八行"本州下召鄉"下"儁"字泐盡。又下"導引前驅"四字泐盡。（參見插圖二）

九行"聖上加"下"潜假安邑"四字泐盡。（參見插圖二）

十行"孝文"下"皇帝威"三字已泐。（參見插圖二）

### 舊拓本

以上諸字尚存。

插圖一

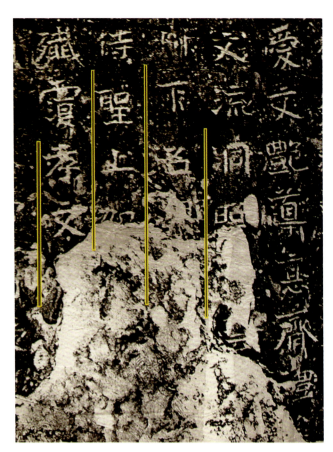

插圖二

## 時珍墓誌

宣政元年（578）十二月九日。楷書，十九行，行十五字。（插圖一）清光緒七年（1882）在山東諸城古婁鄉出土，歸尹彭壽之子尹鼎，首行右側刻有諸城尹彭壽題識一行。（插圖二）誌之第二行下空二格地位，刻"尹鼎得來"一印。（插圖三）筆者懷疑此石亦是尹彭壽偽造，石花亦較僵硬，文字亦少北周特色（注：尹彭壽還曾偽造西漢《朱博殘碑》）。

初出土拓本無"尹鼎得來"一印。

### 有翻刻本（插圖四）

首行"為"字，原刻四點分明，翻刻看似一橫。三行"諱"字刻不成形。十六行"二月"左側有細擦痕，原刻為略帶弧線，翻刻則為直線。（翻刻插圖四）

插圖一

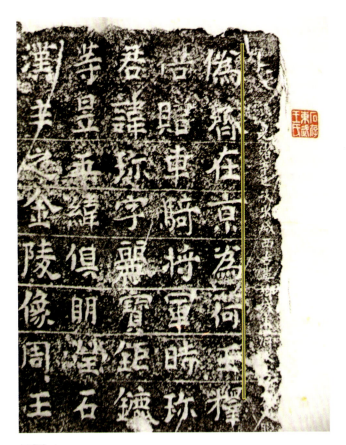

插圖二

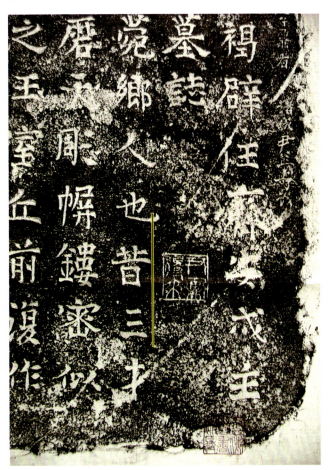

插圖三

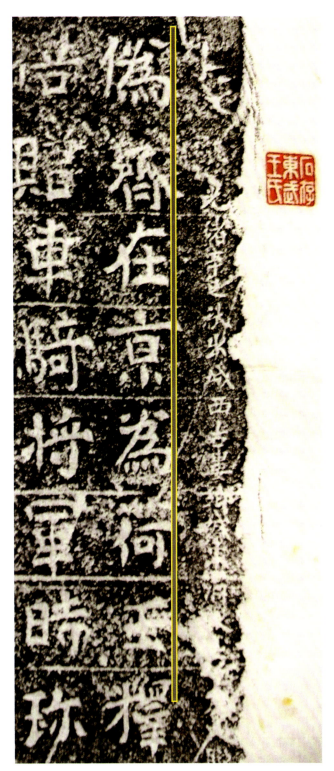

插圖二（局部）

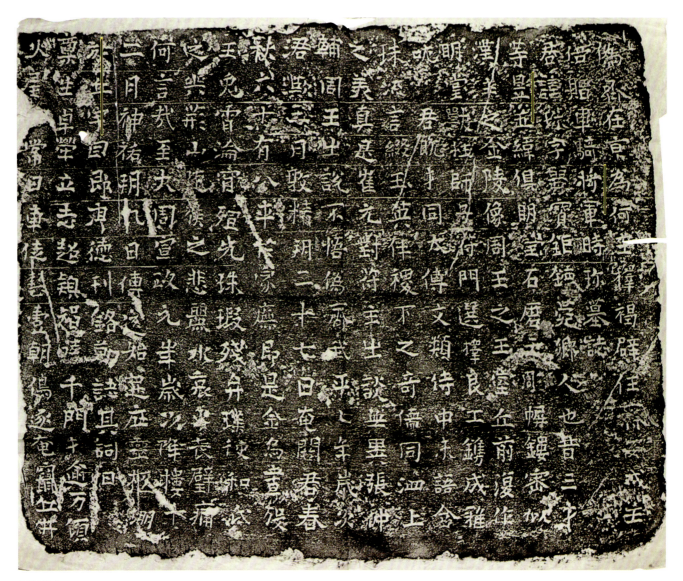

插圖四

# 隋代篇

## 楊居墓誌

開皇四年（584）三月十日。楷書，二十一行，行二十一字。有蓋，蓋中陽刻月兔（又似蟾蜍），兩側刻正書蓋題，右側為"大隋前潘城錄事"，左側為"參軍楊公之墓誌"。此種誌蓋樣式極為少見。蓋有細界格，石面有魚子紋，濃墨拓本魚子紋不顯。河南洛陽出土。（插圖一）

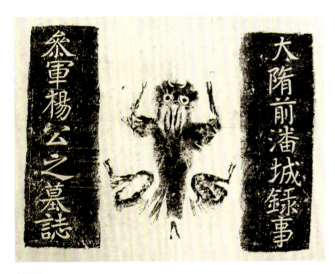

插圖一

## 李惠猛妻楊靜太造像記

隋開皇四年（584）八月十日刻，石在山東濟南歷城玉函山。楷書，六行，行十一字，上有一佛二使者像。

### 舊拓本

末行"上道"二字完好，稍後左側泐損。（插圖一）

### 翻刻本

有像，低劣。（翻刻本插圖二）

首行"歲"字"戈"部，原刻完好，翻刻已泐。（翻刻本插圖三）

二行"八月辛卯"之"月"字，原石"月"

下石面微凹，粗看似"月"，翻刻誤刻成"目"。（翻刻本插圖四）

四行"菩薩"之"菩"字原刻漫漶，翻刻"口"部誤刻成三角形狀，"菩薩"二字上有斜裂紋一條。（翻刻本插圖五）

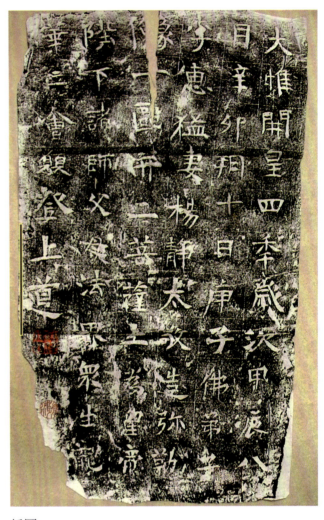

插圖一

插圖一（局部）

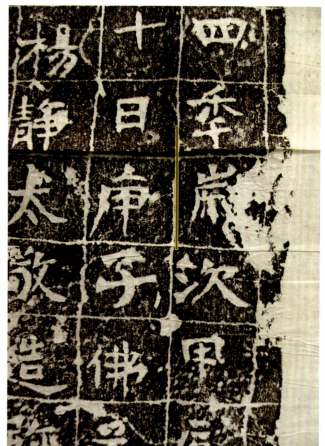

插圖三

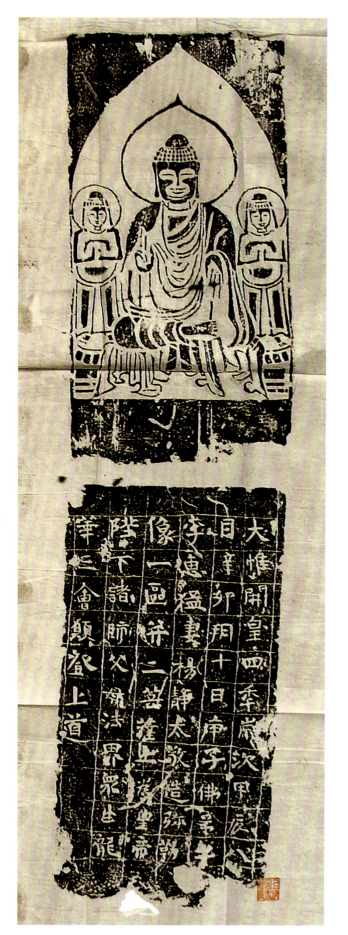

插圖二

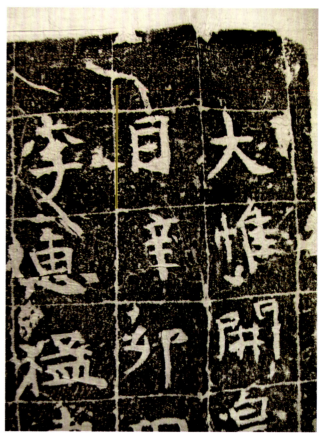

插圖四

插圖五

## 龍藏寺碑

開皇六年（586）十二月五日。楷書，碑陽三十行，行五十字。碑陰五列，列三十行。有額正書三行，行五字。額陰題名二列，上列八行，下列十二行。碑側題名三列。宋乾德六年（963）龍藏寺更名為"龍興寺"。碑今仍在河北正定龍興寺。

### 明初拓本

首行"不毀是知涅槃路遠解脫源深"之"路遠解脫"四字清楚可見。（插圖一，對照插圖七、一三）

二行"二諦三乘法門斯起檢粗"等字，僅"乘"字泐上半，"法"泐左半，"檢"字泐左半。（插圖二）

三行"釋迦文□說□之□須菩提"等字，"文"字完好。（插圖三，對照插圖七、一三）

四行"維摩詰具諸佛智燈"之"燈"字完好。（插圖四）

六行"比丘翻同雹草持律"之"雹草持律"四字完好。（插圖五）

末行"參軍九門張公禮"之"張"字完好（注：拓本有硬傷蟲蛀）。（插圖六，對照插圖八、九）

上海圖書館藏有明初拓本。

### 明拓本

首行"不毀是知涅槃路遠解脫源深"之"涅"字僅存左上二點，"路遠解脫"四字泐盡。（插圖七）

三行"釋迦文□說□之□須菩提"等字，"文"字下已連石花，"說"僅損末筆，"之"字完好。（參見插圖七）

四行"維摩詰具諸佛智燈"之"燈"字可見上半。

六行"比丘翻同雹草持律"之"同雹"二字完好。

末行"參軍九門張公禮"之"張公禮"三字雖有石泐但字蹟尚全。民國拓本"門張公禮"泐盡。（插圖八，對照民國拓本插圖九）

中國國家博物館藏有郭尚先題跋本系明末拓本。

### 清初拓本

首行"不毀是知涅槃路遠解脫源深"之"毀"字完好。

二行"二諦三乘法門斯起檢粗"之"諦"字完好。

三行"釋迦文□說□之□須菩提"之"菩"字完好。

四行"維摩詰具諸佛智燈"之"智"字完好。

### 乾隆拓本

二十八行"樂毅"之"毅"字完好。

### 嘉道拓本

三行"釋迦文"之"文"字存大半。（插圖一〇）

四行"維摩詰具諸佛智燈"之"具諸佛"三

字完好，稍後"佛"字僅單人旁泐損。（插圖一一）

二十八行"樂毅"之"毅"字損右上角。（插圖一二）

### 咸同間拓本

三行"釋迦文"之"文"字頭可見。

### 稍舊拓本

三行"釋迦"之"迦"字完好。

### 清末拓本

首行"畢竟而不毀"之"毀"泐下半，左下"土"部僅存上橫，右下"文"部捺筆未損。

（插圖一三，對照插圖一四）

二行"攸生二諦"之"諦"字"巾"部泐下半。（參見插圖一三）

三行"釋迦"之"迦"字損走字底。（參見插圖一三）

### 民國拓本

首行"畢竟而不毀"之"毀"泐下大半，左下"土"部全泐，右下"文"部捺筆全泐。（插圖一四）

二行"攸生二諦"之"諦"僅存右上角。（參見插圖一四）

三行"釋迦"之"迦"字泐盡。（參見插圖一四）

插圖一

插圖二

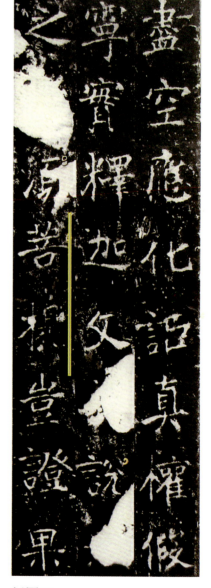

插圖三

插圖四 ｜ 插圖六

插圖五 ｜ 插圖七

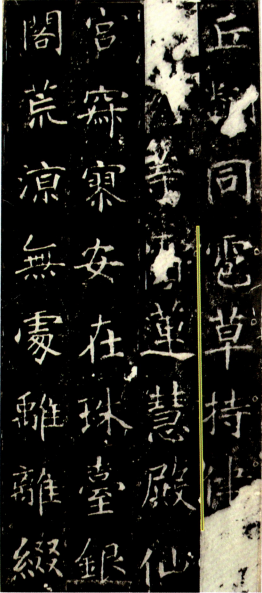

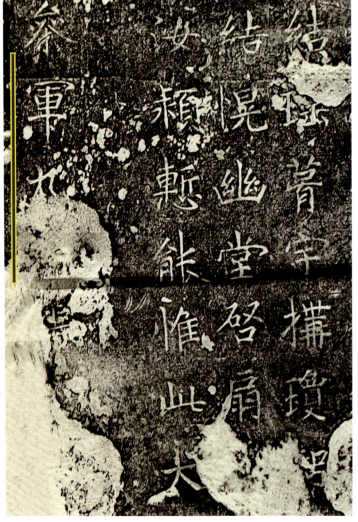

插圖一二

插圖一三

插圖一四

### 宋景構尼寺造像碑

開皇十一年（591）六月。隸書，二十二行，行四十四字。碑在河北南宮。

### 最舊拓本

十六行"逖聽前修"之"聽前"二字完好。（插圖一）

國家圖書館藏有整紙拓本。

### 舊拓本

十三行"丹青相好非常尤"之"相好"二字尚存。（插圖二）

十四行"言由事發故探蹟索隱"之"發故探蹟"等字尚可見。（插圖二）

十五行"盛業既彰大功剋□而"之"大功剋□而"等尚存。（插圖二）

十六行"逖聽前修"之"聽"字已泐盡，"前"字完好。稍後"前"字泐"月"部中二小橫。（插圖二）

## 稍舊拓本

十三行“丹青相好非常尤”之“相好”已泐
左半。（插圖三）

十四行“言由事發故探蹟索隱”之“發故探
蹟索隱”等字全泐。（插圖三）

十五行“盛業既彰大功剋□而”之“大功剋
□而”等字泐全泐。（插圖三）

十六行“其詞曰逖聽前修曾”之“聽”、
“曾”全泐，“前”字“月”部全泐。（插圖三）

## 民國拓本

十六行“逖聽前修曾”之“前”字“刂”部
亦泐，“修”字全泐。

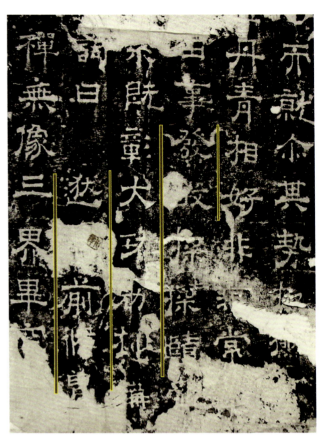

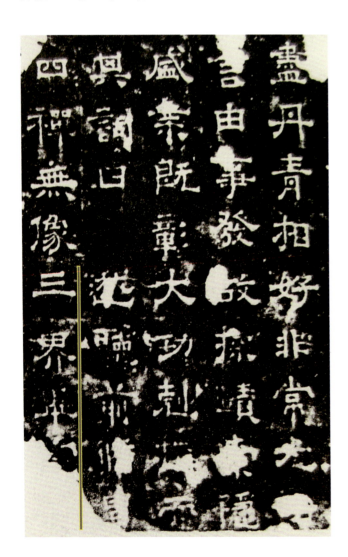

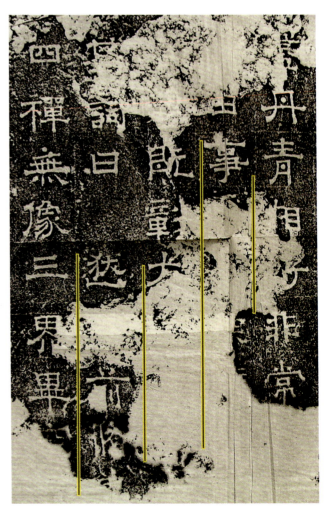

插圖一　　插圖二
　　　　　────
　　　　　插圖三

## 諸葛子恒合一百人等平陳紀功碑

開皇十三年（593）四月十五日。楷書，碑陽二十二行，行三十二字，銘文上列刻造像主題名三行（往往漏拓）。碑陰四列，首列六行，左右刻騎馬人像。清光緒十九年（1893）山東莒縣孟莊廟出土，後移至臨沂普照寺。"文革"中碑被粉碎。殘石現在臨沂博物館。

### 舊拓本

八行"行軍元帥"下"晉"字完好。（插圖一，對照插圖六）

九行"開皇九年正月□日"之"日"字存下半。（參見插圖一，對照插圖六）

十二行"而御重輪"之"而"字完好。（插圖二，對照插圖七）

十二行"王威"二字完好。（插圖三，對照插圖八）

十三行"曹制之說舊狄彌之武"的"狄彌"、"武"三字完好。（插圖四，對照插圖七）

末行"雕圖"之"雕"字完好。（插圖五，對照插圖九）

### 近拓本

八行"行軍元帥"下"晉"字，"日"部全泐。（插圖六）

九行"開皇九年正月□日"之"月"字泐下半，"日"字全泐。（參見插圖六）

十二行"而御重輪"之"而"字泐上半。（插圖七）

十二行"王威"之"王"字泐右半，"威"字泐"戈"部。（插圖八）

十三行"曹制之說舊狄彌之武"的"狄彌"全泐，"武"字泐下半。（參見插圖七）

末行"雕圖"之"雕"字泐右半兩點。（插圖九）

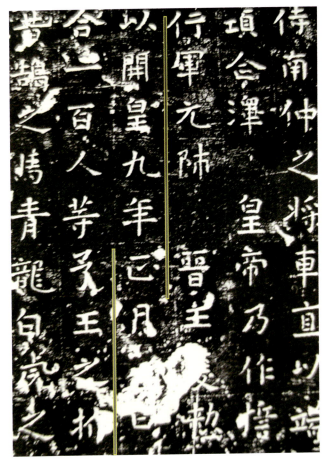

插圖一

插圖二

插圖三

插圖五

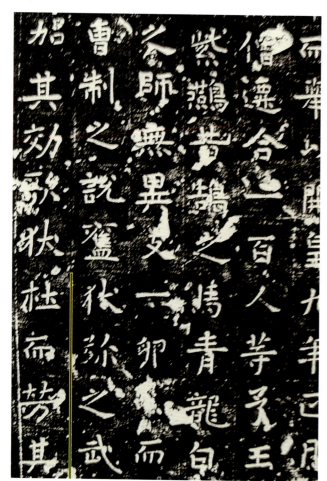

插圖四

插圖六

插圖七

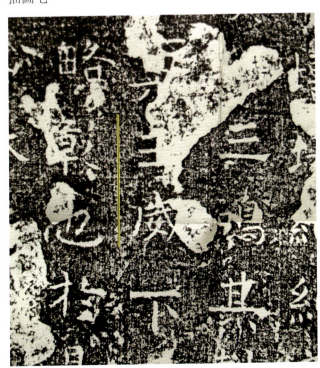

插圖八

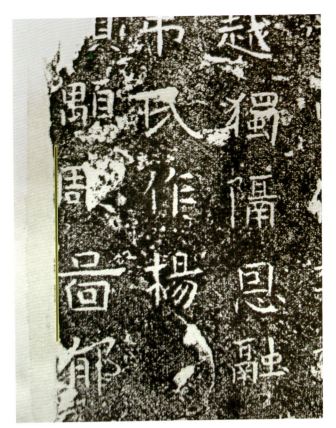

插圖九

### 曹植碑

又名"曹子建碑"。開皇十三年（593）。楷書兼篆隸,二十二行,行四十三字。碑在山東東阿魚山西麓曹植墓側。

### 舊拓本

十二行"獨步之"之"獨"字未泐,民國拓本右半"蜀"部泐盡。（參見民國拓本插圖一）

十八行"惟王磐石斯固"之"王"字完好。（參見民國拓本插圖二）

十九行"靈虬"下"曜掌"二字未泐。（參見民國拓本插圖二）

### 稍舊拓本

首行末"周"字完好。

五行"享有天下"之"享"字左豎筆未泐,清晰可辨。

### 民國拓本

首行末"周"字右側泐。（插圖三）

五行"享有天下"之"享"字幾乎泐盡。
（插圖四）

十四行"時年冊"之"冊"字泐下半。（插圖五）

十六行"惟王磐石斯固"之"王"字泐上半，再后"王"字泐盡。（插圖六）

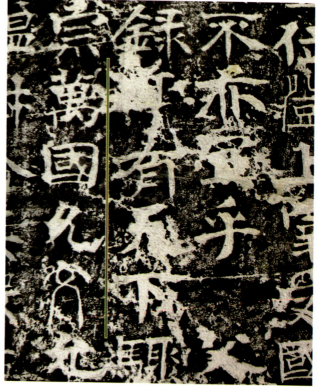

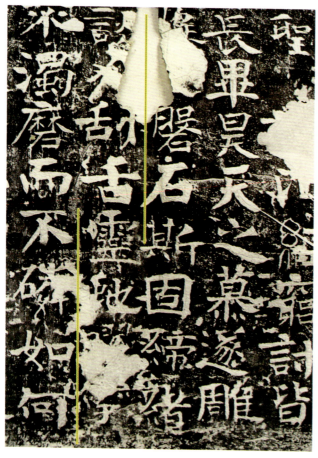

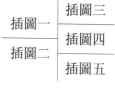

| 插圖一 | 插圖三 |
|---|---|
| 插圖二 | 插圖四 |
| | 插圖五 |

插圖六

### 鞏賓墓誌

　　開皇十五年（595）十月二十四日。楷書，三十二行，行三十二字。石嘉慶二十四年（1819）四月偃師段嘉謨（襄亭）在陝西武功縣之南鄉訪得，移置武功縣署，末行刻南海吳榮光題跋，後歸趙乾生、端方。

### 初拓本

　　首行"周驃騎將軍"之"騎將軍"三字完好。（插圖一，對照插圖二、四）

　　十行、十一行首兩"大"字間無石花。（參見已損本插圖三）

　　末行刻南海吳榮光題跋一行。

### 稍舊拓本

　　首行"周驃騎將軍"之"將軍"二字左側微損並渺連。（插圖二）

　　十行、十一行首兩"大"字間已有石花。（插圖三）

### 清末民初拓本

　　首行"周驃騎將軍右光祿"之"將軍"二字渺盡，"騎"字右下渺。其下"右"字已渺上半。（插圖四）

　　二十九行"家榮"兩字漫漶。（插圖五，對照插圖六）

　　末行"冥寞"二字左側有石花，已侵及字口。（插圖七）

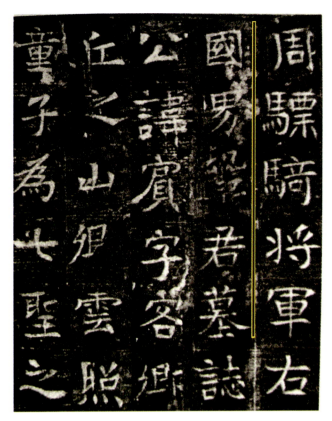

插圖一

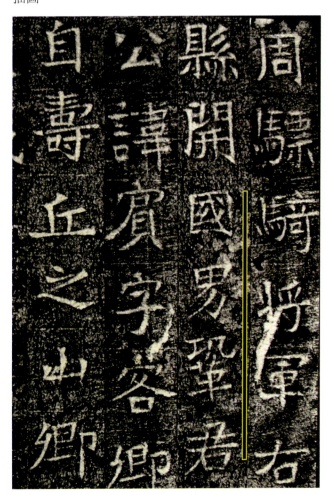

插圖二

插圖三

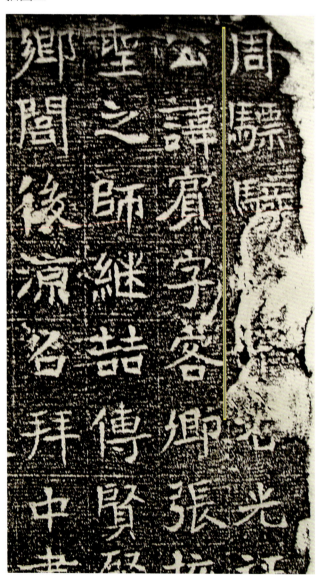

插圖四

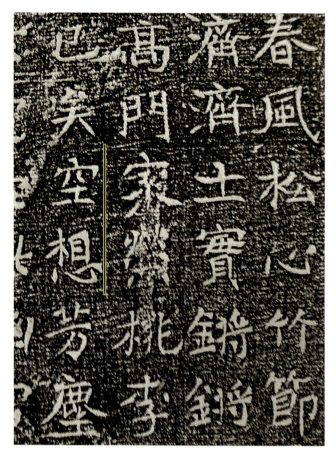

插圖五

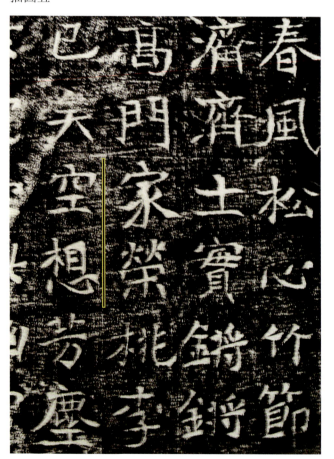

插圖六

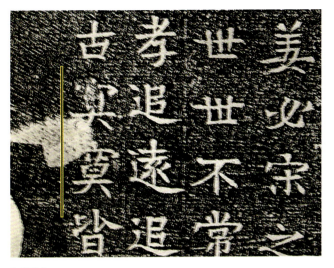

插圖七

## 張通妻陶貴墓誌

開皇十七年（597）三月二十六日。楷書，十九行，行十九字。舊在陝西西安，一九五二年張伯英捐贈西安碑林。

### 翻刻本

（一）

徐乃昌藏翻刻石，斷裂成四塊，點劃枯瘦，且右下角有泐損（在首行"墓誌"下），原石不損。（翻刻本插圖一）

首行"司士"之"司"字鉤筆已損，原石不損。（翻刻本插圖二）

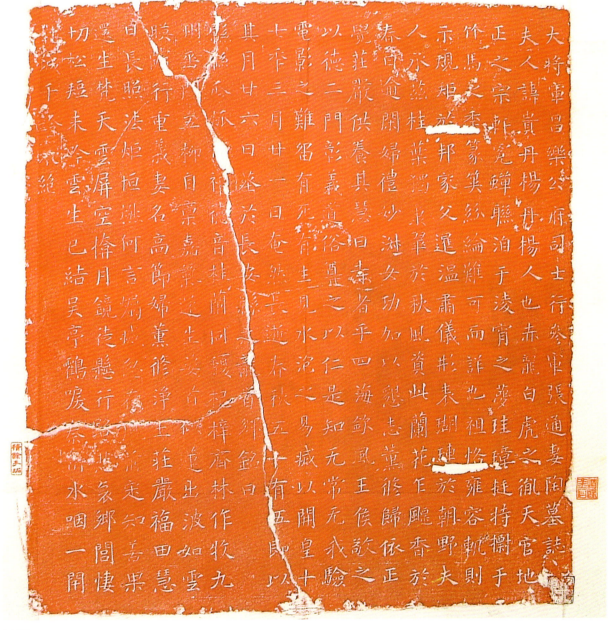

插圖一

首行"司士行參軍"之"司"字鉤筆完好，但"行"字長橫右側有泐損，原石"行"字完好。（翻刻本插圖三）

四行首"竹馬之年"之"竹"字頂部泐損。（翻刻本插圖四）原刻完好。

原石十四行"似蓮"之"似"字撇劃下有石筋痕如倒掛彎月，（參見原刻本插圖五）翻刻則無。（對照翻刻本插圖六）有無倒掛彎月痕是鑒定此石真偽的捷徑。

十七行"月鏡徒懸"之"鏡"字似被鑿去，（翻刻本插圖七）原刻完好。

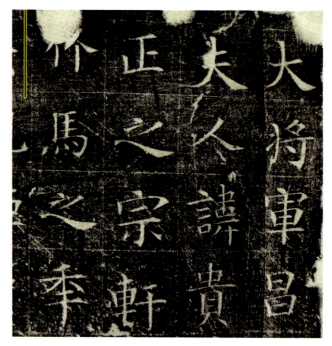

插圖四

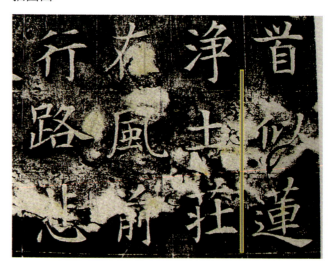

插圖五

插圖二

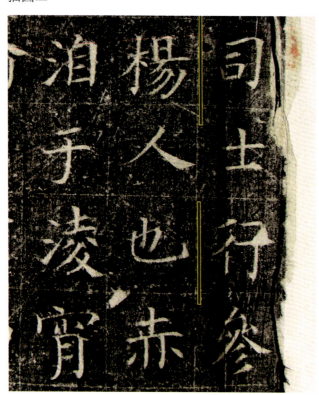

插圖三

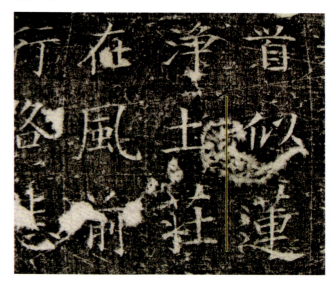

插圖六

插圖七

### 董美人墓誌

開皇十七年（597）十月十二日葬。楷書，二十一行，行二十三字，書法端莊秀麗，筆意神韻俱佳，誠為隋誌中極品。清嘉慶間陝西興平縣出土，歸關中陸君慶，道光間誌石轉歸上海徐渭仁收藏，咸豐間誌石毀於小刀會農民起義。傳世拓本有關中拓、上海拓之分，其中尤以關中淡墨初拓本為貴（按：上海徐渭仁拓本亦有淡墨拓，不能混淆）。

### 關中淡墨拓本

陳景陶藏關中淡墨初拓本。卷軸裝，墨淡如水，似輕雲籠月，有冰清玉潔之姿，極罕見，堪稱海內第一。上方書堂有陳景陶題端，卷中還鈐有陳氏大小印章八枚，今在上海圖書館（參見以下原刻本插圖）。原石保存較好，加之徐渭仁精鑒賞，故上海拓本字口無大異，拓工亦精善。

### 翻刻本

此志翻刻眾多，皆精工。

#### （一）

原刻首行“墓誌銘”之“墓”字“土”部有一點，（原刻本插圖一）翻刻無點。（翻刻本插圖二）

原刻三行“俶儻”之“俶”左側無石花，翻刻有石花。（翻刻本插圖二）

原刻三行“美人體質”之“人”字上以及四行“鳳采”之“鳳”字上均有細擦痕。（原刻本插圖三）翻刻則無。（對照翻刻本插圖四）

原刻十八行首“思人潛泫迁神”等字上亦有細擦痕，（原刻本插圖五）翻刻則無。（對照翻刻本插圖六）

#### （二）

翻刻首行“董氏墓誌銘”之“墓”字“土”部也有一點。“董氏”間石面有黑點一塊，原刻無此黑點。（翻刻本插圖七）

二行“汴州”之“州”字，原刻右豎泐損，（參見原刻本插圖一）翻刻卻完好。（對照翻刻本插圖七）

但三行“美人體質”之“人”字上以及四行“鳳采”之“鳳”字上均無細擦痕。（翻刻本插圖八）

十八行首“思人潛泫迁神”等字上無細擦痕。（翻刻本插圖九）

十八行“楊墳”兩字上原石石面微凹並有細擦痕，翻刻則無。（翻刻本插圖一〇）

另，此翻刻首行“董”字底橫起，經四行“以”字，至七行“池”字下有白色石質痕一條（另有兩條，茲不贅錄），原石則無。（參見翻刻本插圖七）

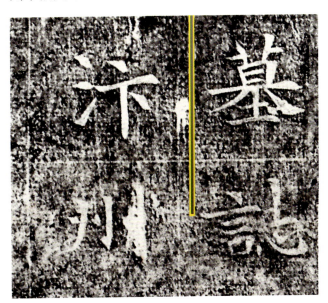

插圖一

插圖二

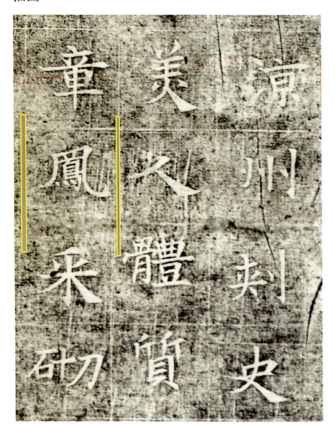

插圖三

插圖四

插圖五

插圖六

插圖八

插圖七

插圖九

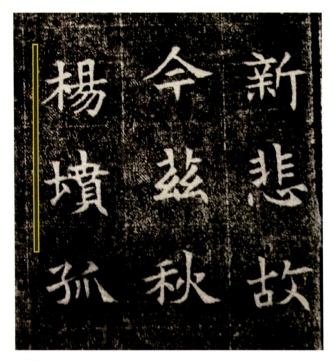

插圖一〇

### 龍山公墓誌

開皇二十年（600）十二月四日。楷書，十三行，行二十字。清咸豐九年秋（1859）在四川奉節出土，誌石尚缺一角，數月後又覓得缺石，始成完璧，斷石呈品字形。同年十二月，在墓誌底端刻有羅升棓、張尚裕二人題跋。（插圖一）咸豐十年（1860）吳羹梅又將墓誌右側花邊磨去，改刻題記兩行。同治九年（1870）在墓誌首行右側又加刻呂輝題跋。碑賈為充初拓本，大多將底端及花邊兩處題刻裁去，重新裝裱成冊，毀滅題刻證據。

### 相傳最初拓本

底端無咸豐九年十二月（1859）羅升棓、張尚裕二人題跋，筆者未見此類傳本，也未見"缺一角"拓本。

### 初拓本

首行右側花邊完好，無咸豐十年（1860）吳羹梅題記兩行。此類拓本與最初拓本時間間隔僅數月。（插圖二，對照插圖五）十行"迺武迺□"之第二個"迺"字完好，離右下石花尚遠。（插圖三）

另，上海圖書館藏有當年奉節縣令張尚裕手拓本，鈐有"張尚裕印"、"號曰鐵華"、"鐵華手拓印信"。上石與下截兩小石的拓工墨色明顯不同，上下斷口錯位，顯然是兩次分拓，當時誌石尚未拼綴嵌壁。此拓可能是目前所見傳本中最早者。（參見插圖一、四）

### 咸豐十年至同治九年拓本

墓誌首行右側花邊磨去，已刻有咸豐十年（1860）吳羹梅題記兩行。（插圖五，對照插圖七）

十行"迺武迺□"之第二個"迺"字捺筆已泐，石花已連"西"部邊緣。（插圖六）

### 清末拓本

墓誌首行右側刻呂輝題跋一行。（插圖七）

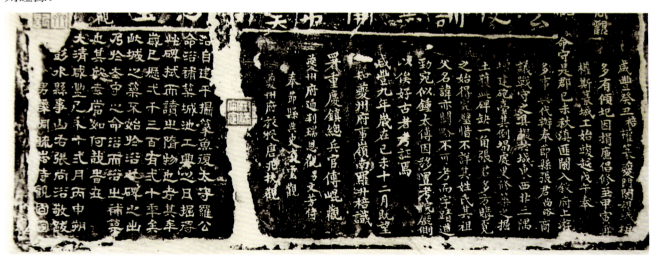

插圖一（局部）

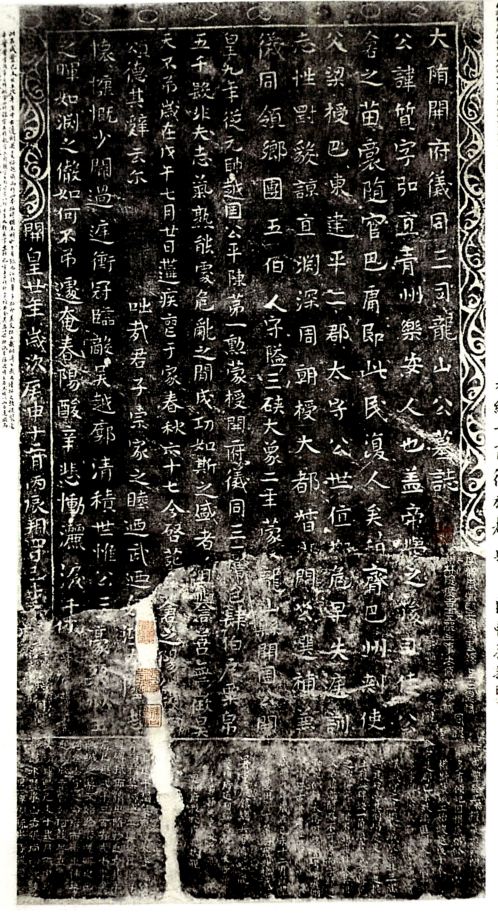

插圖一

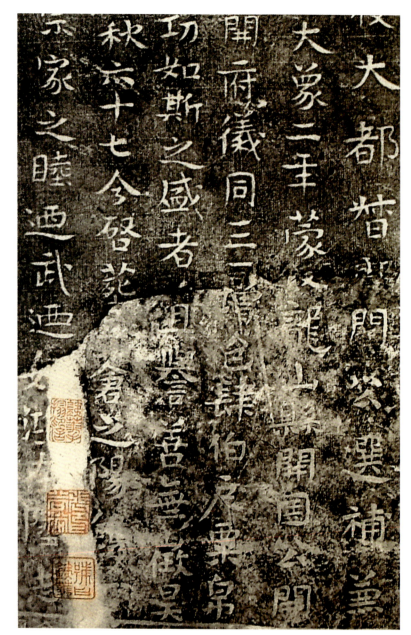

插圖二
———————
插圖三

插圖四（之一）

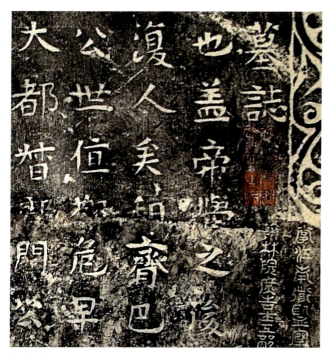

插圖四（之二）

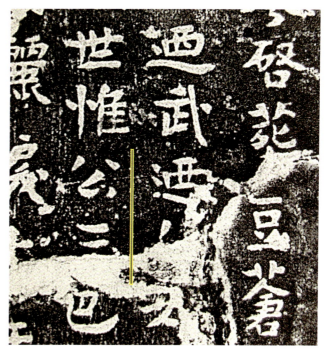

插圖六

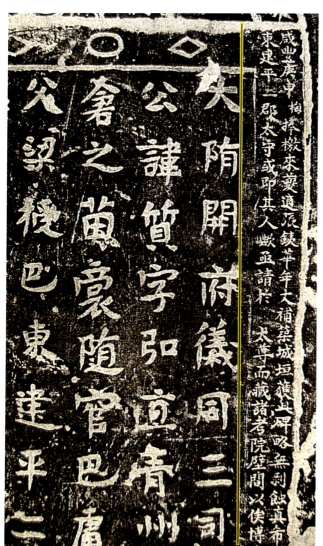

插圖五

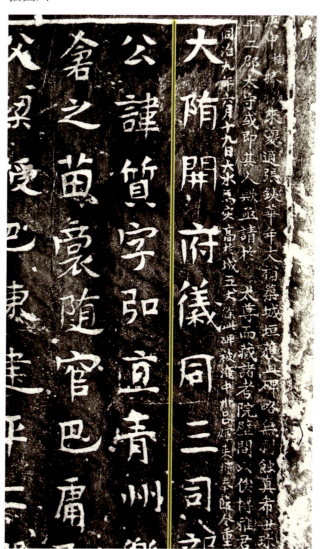

插圖七

## 善法寺舍利塔記

仁壽元年（601），楷書。《增補校碑隨筆》載為宋拓孤本。羅氏《雪堂所藏金石文字簿錄》載："此本不見古今著錄。書法質樸，拓墨沈古，殆宋拓也。……沈均初題簽云：'古拓至寶，世無二本'尚不敢斷為宋拓也。茲錄全文如左：'大隋武元皇帝，收得無畏三藏進到舍利五十九粒，內髻珠三分得一分。仁壽元年曇延國師神尼智仙法汝道秀起塔八座，道勝起塔五十一座，下基起木塔，甘橡起木塔，善法寺見光四度八，袈羅樹二度五色雲，一臥佛，二菩薩。'"

此非孤本，名稱亦非《善法寺舍利塔記》，當為《古寶輪禪院記》之前半殘本。《古寶輪禪院記》隋仁壽元年（601）四月五日，楷書，十七行，行十三至十八字不等。石在河南靈寶。（插圖一）

## 青州勝福寺舍利塔銘

仁壽元年（601）十月。隸書，十二行，行十二字。孟弼隸書。有額，二行，文曰"舍利塔下之銘"六字。左側（位於第十二、十三行上方）有僧俗題名兩列，各四行。清乾隆年間塔銘在山東益都城南廣福寺東廡北壁。原石歸端方，碑額佚失。現在益都博物館。

### 舊拓本

一字不缺。（插圖一）

### 民國拓本

泐缺左下角。泐去六行"武元"，七行"后皇太"，八行"群官爱"，九行"非人等生"，十行"永離苦空同"，十二行"孟弼書"等字。左上題名也泐四字。（插圖二）

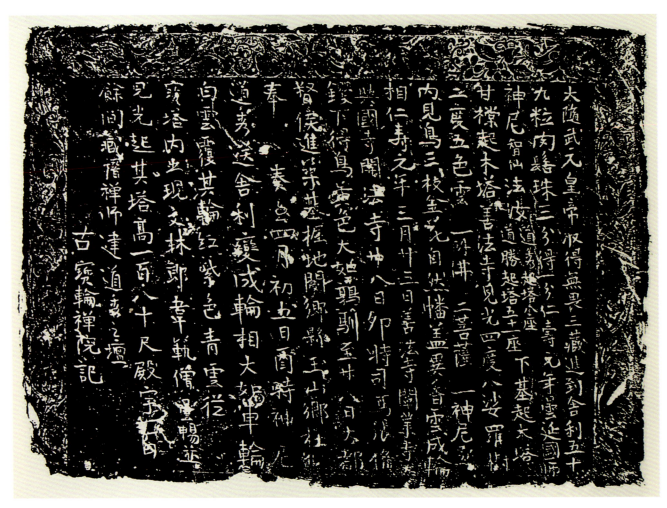

插圖一

舍利塔下之銘

舍利塔下銘
維大隋仁壽元秊歲次辛酉十
月辛亥朔十五日乙丑
皇帝普為一切法界幽顯生靈
謹於青州逢山縣勝福寺奉安
舍利敬造靈塔頹太祖武元
皇帝元明皇后皇帝皇后
予諸王子孫芽並內外群官
及民庶六道三塗人非人等
生世世值佛聞法永離苦空
升妙果伭佛聞法永離苦空同

使持節……孟弼書
侍者僧善才……長史邢祖俊
……司馬李信則書

插圖一

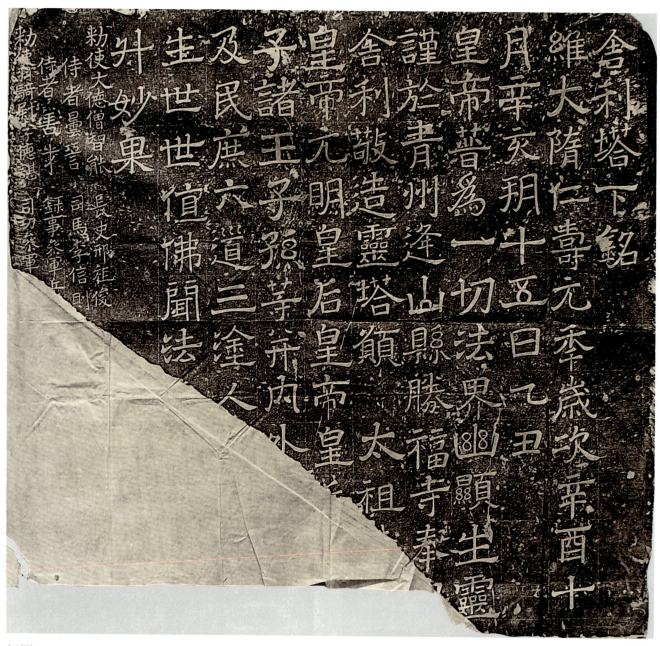

插圖二

## 蘇慈墓誌

　　又名《蘇孝慈墓誌》。仁壽三年（603）三月七日。楷書，三十七行，行三十七字。石在陝西蒲城出土。光緒十四年（1888）夏知縣張榮昇跋於第二十一行“文曰”下，共二行，後又被鑿去。故此誌拓本分無跋、有跋、鑿跋、偽無跋四種。石先置蒲城縣署，後置堯山書院。

### 初拓本

　　初出土拓本無跋，整紙拓本極易辨認。

　　剪裁裱本可校驗二十一行“曰”字下空格處有無三小白點，小白點如芝麻大小，斜列其下，鑿跋本連同小白點一起鑿去。故“曰”字下有三小白點，其下整行界格線清晰可見者，就是無跋初拓本。（插圖一）初拓本並不稀見。

### 刻跋本

　　刻有光緒十四年（1888）夏知縣張榮昇跋。刻跋本反較初拓本少見。

　　此石“曰”下三小白點尚在，位於跋刻“光

緒"二字間。（插圖二）

**鑿跋本（插圖三）**

連同二十一行"曰"字下小白點一起鑿去，鑿痕明顯。所見裱本後多附光緒乙丑夏初彭洵草書題刻（注：彭洵為張榮昇繼任）。

常有將鑿跋本嵌蠟偽充無跋本。

**翻刻本**

二十一行"曰"下無跋，亦無鑿痕，又無三小點。（翻刻本插圖四）

十四行"兵闕"、十五行"箅內"、十六行"偽"等字處，原石有石質痕已傷"箅"、"偽"字口，（原刻本插圖五）翻刻此處無石質痕，以上諸字完好。（對照翻刻本插圖六）

二十行"斯"字、二十一行"子尋"、二十二行"刑"字、二十三行"出內"、二十四行"使"、二十五行"民歸"諸字上亦有石質痕一條，（原刻本插圖七）翻刻則無，僅有刀鑿痕似麻點。（對照翻刻本插圖八）

翻刻二行"諸軍事"之"軍"字幾乎與上界格線相碰，（翻刻本插圖九）原刻尚有餘地。（原刻本插圖一〇）

原刻三行"字孝慈"之"孝"字"子"部長橫邊緣泐粗。（參見原刻本插圖一〇）翻刻"子"部長橫誤刻粗肥，似隸書筆法。（對照翻刻本插圖九）

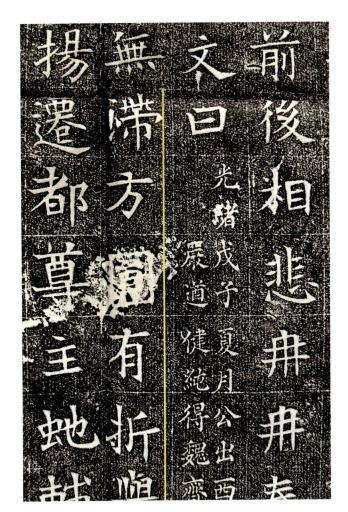

插圖二

插圖三

插圖一

插圖四

插圖八

插圖五

插圖九

插圖六

插圖七

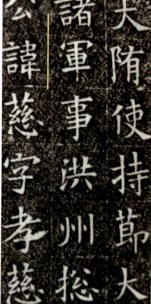

插圖一〇

## 梓州舍利塔銘

仁壽四年（604）四月八日。正書，十一行，行十三字。有額。光緒二十六年（1901）七月四川三臺牛頭山出土。潼川府事何麟移至孔廟，刻跋四行于左。（插圖一）

### 初拓本

無跋。

### 近拓本（插圖二）

一二行全泐盡（僅存“大隋”二字半）。

三行，第一至第六字全泐盡，第七至第十字泐右半。

四行，第一至第五字全泐。

五行，“舍利敬造”四字泐右大半。

三、四、六行末字“僅、安、皇”三字泐盡。

六、七行首“太后”二字泐上大半。

十行末“苦”字泐下半。

十一行末“果”字泐盡。

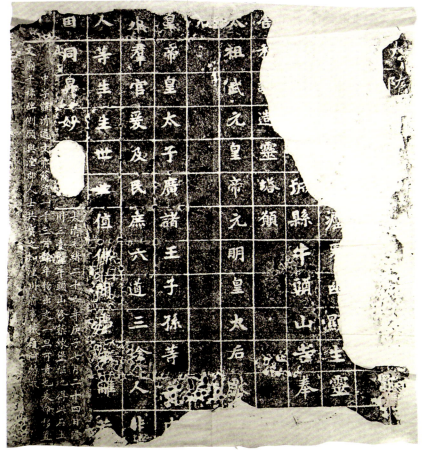

插圖一

插圖二

### 首山棲岩道場舍利塔碑

大業三年（607）。賀德仁（賀知章之曾叔祖）撰文楷書，三十五行，行七十字。碑在山西蒲州。全碑遍佈魚子紋，石質與漢《武榮碑》、北魏《曹望憘造像》、隋《李氏像碑》相同。前人曾將魚子紋誤識為"風沙夜拓"，尤為可笑。

### 舊拓本

五行"高行名僧"之"僧"字上半基本完好。（插圖一，對照插圖六）

十二行"灑于紫庭"之"灑"字、"于"字基本完好。（插圖二，對照插圖七）

十七行"似多寶"之"寶"字基本完好。（插圖三，對照插圖八）

二十六行"寔惟形勝冠蓋雲合"之"形"字"开"部可辨，"雲"字微損右側少許，字蹟清晰可辨。（插圖四，對照插圖九）

二十八行"貴公侯之胤"之"公"字依稀可辨。（插圖五）

### 民國拓本

五行"高行名僧"之"僧"字尚存"曾"部首二點，（插圖六）再後"僧"字泐盡。

十二行"灑于紫庭"之"灑"字左半與"于"字右上角已泐。（插圖七）

十七行"似多寶"之"寶"字中間已損。（插圖八）

二十六行"寔惟形勝冠蓋雲合"之"形"字"开"部泐上半，"雲"字幾乎泐盡。（插圖九）

二十七行"何以測其淺深"之"何"字已損，"其"字二點泐盡。（插圖一〇）

二十八行"公侯之胤"之"公"字泐盡。

插圖一

插圖二

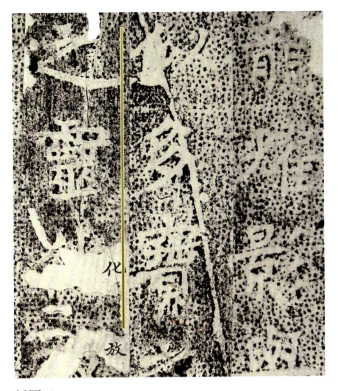

插圖三

插圖四

插圖五

插圖六

插圖七

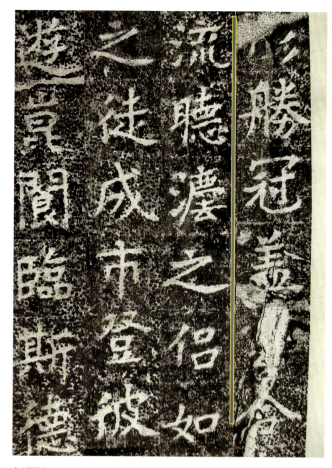

插圖九

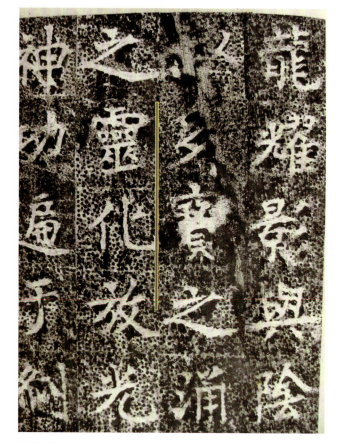

插圖八

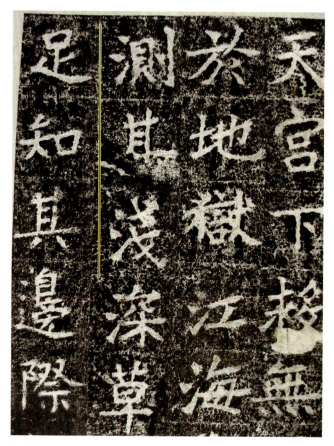

插圖一〇

## 張貴男墓誌

大業二年（606）十二月二十九日。楷書，二十六行，行二十六字。此石清光緒十五年（1889）在河北邯鄲出土，初歸王瓘，後歸端方。一九一二年端方之子將此誌與《劉懷民墓誌》一同售與曹健亭。

## 翻刻本

原刻誌石有石筋數條，淡墨拓本中尤為清晰。最明顯的有二：

自十三行"諸子"之"諸"至末行"三泉"之"泉"。（原刻本插圖一）

另，自二行"圖謀"之"圖"至十一行"銀亡筋"之"亡"字，（原刻本插圖二）翻刻則無。

插圖二

## 常醜奴墓誌

大業三年（607）八月二十六日葬。明代出土，舊在陝西興平縣崇寧寺。石面似遭磨礪，僅存形骸。清乾隆間佚失。楷書，二十七行，行二十七字。（插圖五）

原石已佚，拓本文字多漫漶，存世僅九冊：（1）費念慈藏本（2）劉長卿藏本（3）徐乃昌藏整紙本（4）端方藏本（今藏上海圖書館）（5）潘祖蔭藏本（6）陸恭藏本（今藏上海圖書館）（7）沈樹鏞藏本（今藏蘇州博物館，插圖六）（8）張伯英藏本（今藏北京大學圖書館）（9）金農藏本（今藏上海博物館）

### 1．端方藏本

原止於"第三子"，缺最末一行，蔣祖詒自別本補入末行十四字（止"第五"），墨色相類，遂成完璧。冊後附張祖翼依裱本款式所作金粉楷書釋文及校讀記。張祖翼題籤、褚德彝署端。有端方、張祖翼、王瓘、楊守敬、趙于密、羅振玉、褚德彝、吳湖帆題跋。（插圖一）

### 2．陸恭藏本

椎拓較端方藏本清晰，因裝裱文字稍有出入，其拓制時間應相去不遠。有翁方綱題跋，張

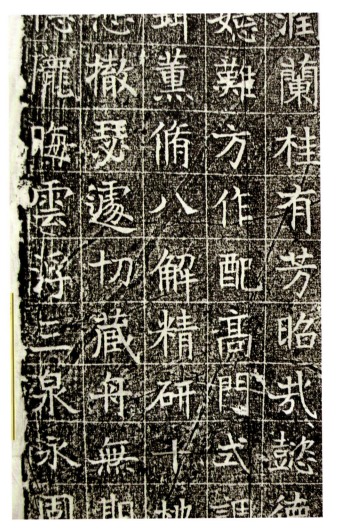

插圖一

塤校記。（插圖二）

**3．張伯英藏本**

　　殘本，自"優選"以上缺失，僅存半本，張伯英取首二字名之為"優選帖"，後歸羅振玉收藏。（插圖三）

**4．金农藏本**

　　有楊知、高翔、翁方綱等人題跋，經曹溶、金農、陳驥德、吳大澂、吳湖帆等人收藏。今藏上海博物館。（插圖四）

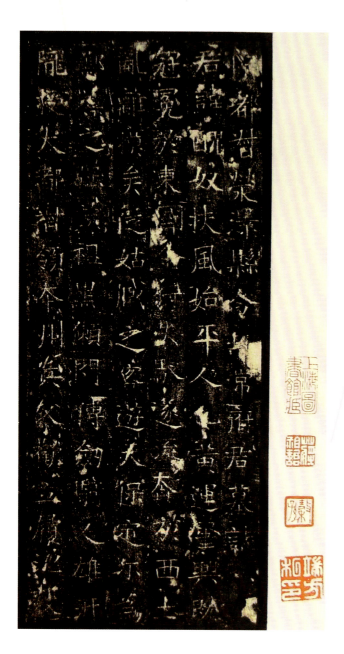

| | 插圖二 | 插圖五 | |
|---|---|---|---|
| 插圖一 | | 插圖三 | 插圖三（局部） |

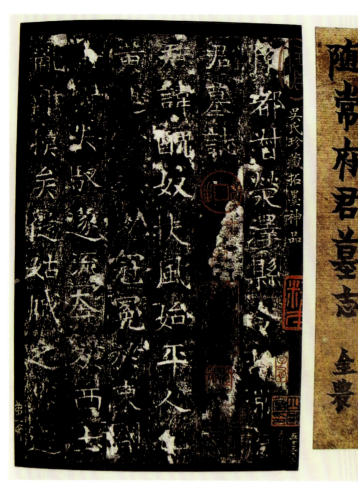

## 寧贊碑

　　大業五年（609）四月。楷書，三十行，行三十九字。有額正書十二字。道光六年（1826）七月在廣東欽州城東石狗坪出土，唯缺左下一角，移入城武廟後殿西廊壁間。宣統元年（1909）欽州知州鄭榮訪得左下角缺石，共得"習"、"泉"、"城"、"將"、"徒"五字，鄭榮在碑末行左側刻跋。現藏廣東省博物館。

### 初拓本

　　六行"隋會"之"會"字完好。

　　八行"儀同三司欽州刺史"之"三"字完好。

　　十三行"交趾之川"之"川"字完好。

　　此類拓片極少見。

### 宣統前拓本

　　六行"隋會"之"會"字稍漫漶。（插圖一）

　　八行"儀同三司欽州刺史"之"三"字完好，稍後左半泐。（插圖二）

　　十三行"交趾之川"之"川"字稍損。（插圖三）

　　此碑考據點主要在碑的左下角。（左下角以下諸字可見，參見插圖四）

　　十八行末"千乘公"之"公"字可見。

　　十九行末"夷撲滅"之"滅"字可見。

　　二十行末"播百官"之"官"字可見。

　　二十二行末"大業四年歲"之"歲"字可見。

插圖四
———
插圖六

二十三行末 "三日悲盈" 之 "盈" 字可見。

二十五行末 "理頌周" 之 "周" 字可見。

二十七行末 "梯衝雲" 之 "雲" 字可見。

## 宣統後拓本

宣統元年欽州知州鄭榮訪得左下角缺石，共得 "習、泉、城、將、徒" 五字，鄭榮在碑末行左側刻跋一行。（插圖五、六）

二十三行末 "三日悲盈" 之 "盈" 字已泐。（參見插圖五）

## 民國拓本

左下角以上考據點泐盡。

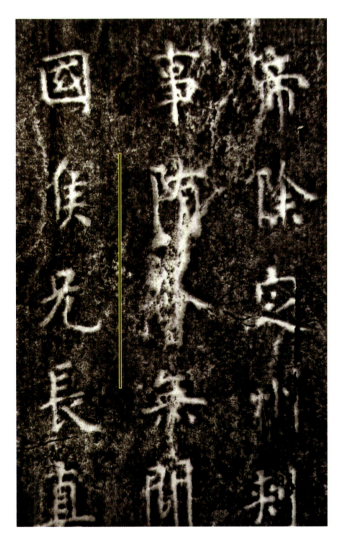

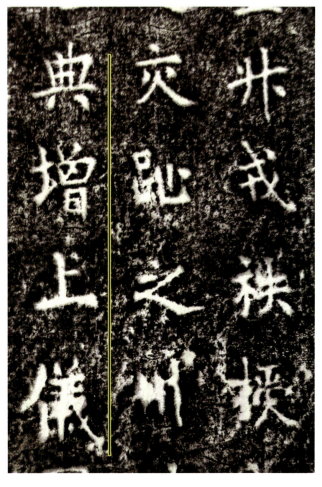

插圖一

插圖二

插圖三

插圖四

插圖五

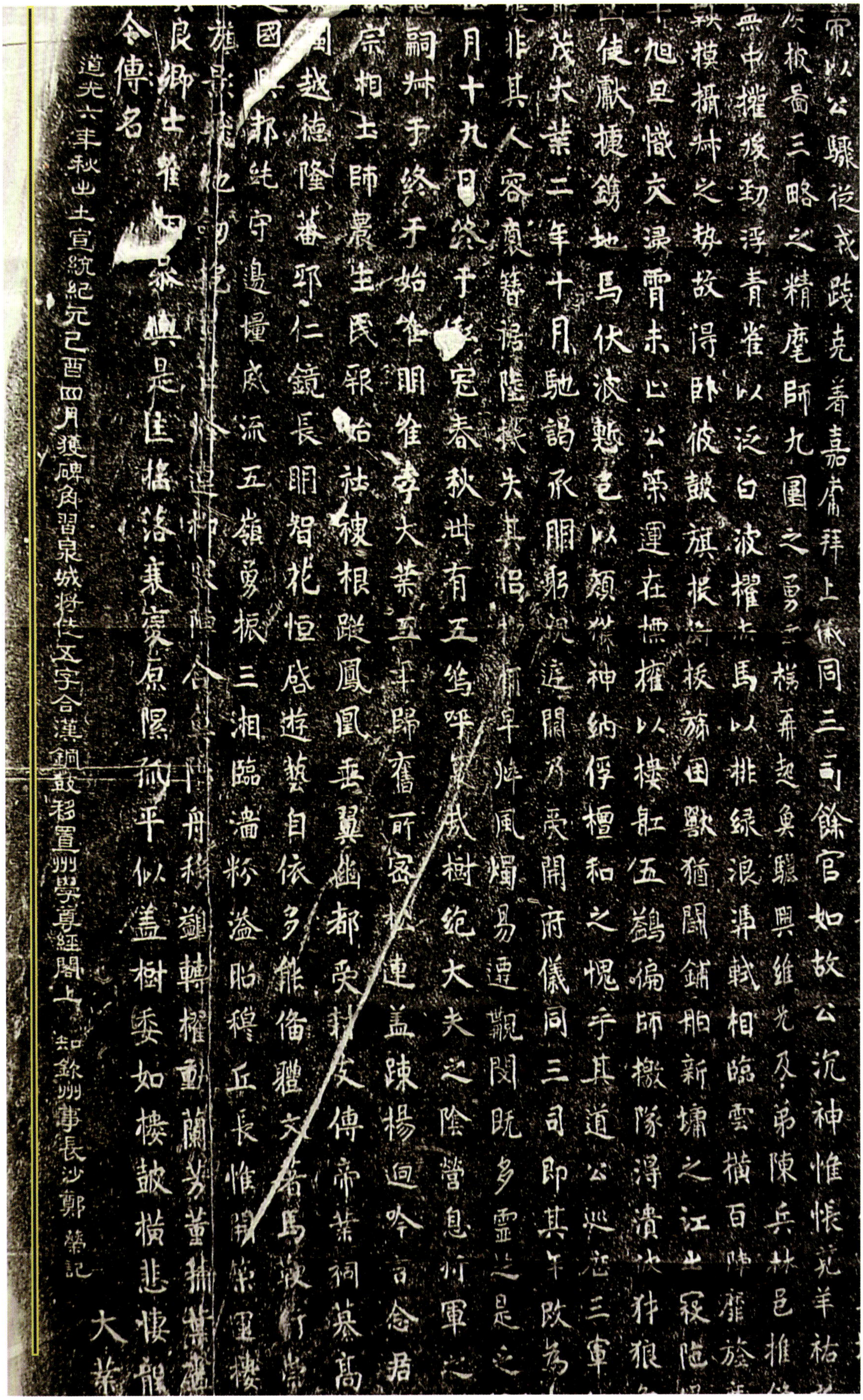

插圖六

### 呂胡墓誌

隋大業五年（609）十一月十日。楷書，
二十四行，行二十四字。一九二五年河南洛陽出
土，曾歸于右任。有蓋"呂君墓銘"二行四字。
現藏西安碑林。

### 初拓本

左上角雖有裂紋，但不缺一字。（插圖一）

### 近拓本（插圖二）

缺左上一角，泐二字半。
二十二行首"晉"字泐半。
二十三行首"行"字全泐。
二十四行首"蕭"字全泐。

插圖一

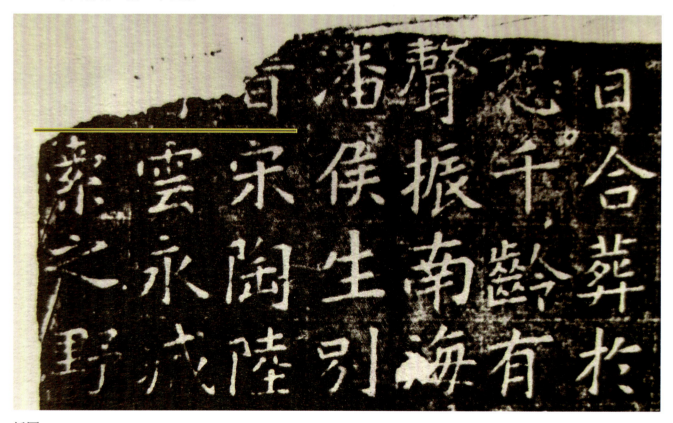

插圖二

### 董穆墓誌

大業六年（610）十一月三日。石缺左上角，
楷書，十四行，行十八至二十字不等。河南洛陽
出土，曾歸端方收藏。（插圖一）書法秀美，刻
工精良，露鋒起筆，開唐人寫經風範。此誌另附
小墓碑一座（高四十釐米，寬十三釐米），兩面
刻，陽面刻"襄城郡汝南縣主簿墓銘"二行，陰
面刻"大業六年庚午十一月立"二行，在隋誌中
罕見，小墓碑拓本較少見。（插圖二、三）

大隋大業六年歲次庚午十月戊申朔三日□庚
申襄城郡汝南縣前主薄墓誌序
諱穆字世華出自隴西鄜冑所基固于夏右昔
一韓女五子得姓十有西以天子建德因生賜
□後或以諡為族式以字為氏諡法成功□用
惠姓為宗焉十二世祖洙于真官世橿豪雄影
附魏室曾祖顯平吳將軍孝文卜洛移籍東
都祖賢齋為上士永興之世失墜至此身子禪
任縣主薄積善無徵盛年壬辰去開皇三年五
月終于輔城以大業三年四月五日母閻復背宗親
□岡内外傷情隣友輟舂舊泯亂市始終長
□正有期頎瞻日月會歸奉襄大業六年十一
□城西此一里易卜此地安塋大吉
□人安所發訓墓不勝悲哉業存殁来

插圖一

插圖二

插圖三

### 尉富娘墓誌

　　大業十一年（615）五月十七日。楷書，二十四行，行二十四字。第十八行無字。有蓋，篆書，陽文四行"大隋左光祿大夫吳國公第三女之墓誌"十六字。清同治十年（1871）陝西西安龍首鄉出土，石初藏南海李氏，後曾歸天津王氏、懷甯張氏。出土時陝西碑賈即有翻刻。

　　石歸天津王氏時，第十三行"興臺里"之

"興"字右旁二豎筆已泐並。

　　現有誌石兩塊（龐芝閣藏石、李山農藏石）最為著名，一般多認為龐芝閣藏石為原石。

### 龐芝閣藏石，二十四行肥本（插圖一）

　　二十三行"風悲"之"悲"字作石花。（插圖二）

後此石中斷且缺下半，斷裂線起至二行"女"字下，止於二十三行"落"字下。（插圖三）

斷本左下多附印龐氏宣統元年（1909）木刻跋。（插圖四）

## 李山農藏石，二十四行瘦本

二十三行"風悲"之"悲"字較劣，刻不成形。（插圖五）

三行"周"字右側有半圓形石泐痕。（插圖六）

三行"大司空"之"大"字石面微凹，有泐損。（參見插圖六）

六行"而已"處石面微凹。（插圖七）

## 李山農本有翻刻數種

三行"周"字右側半圓形石泐痕僵硬。（翻刻本插圖八、九）

三行"大司空"之"大"字石面不微凹，損似"太"字。（翻刻本插圖一〇）

六行"而已"或無石花，或石花僵硬。

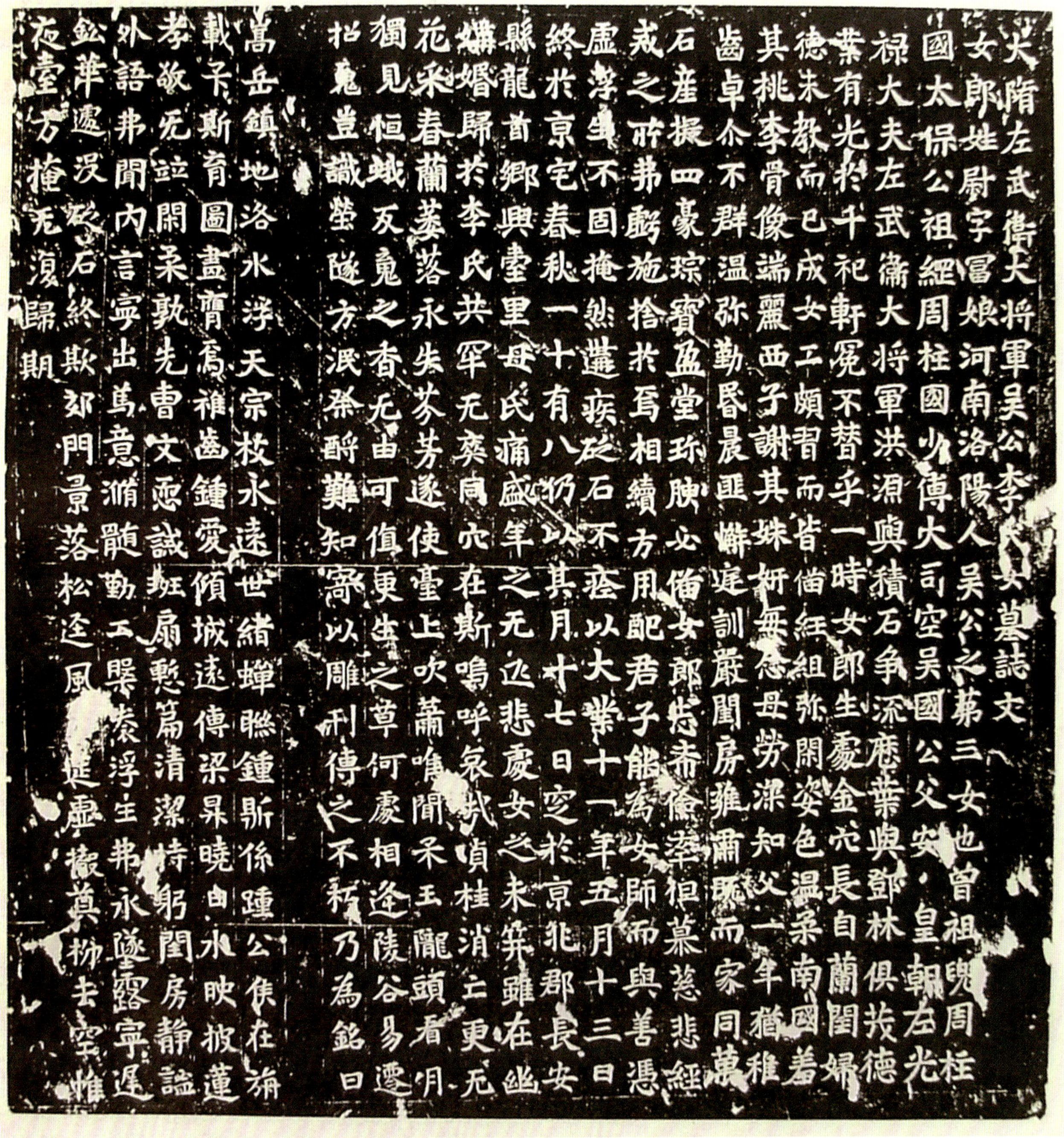

插圖一

插圖二

插圖三

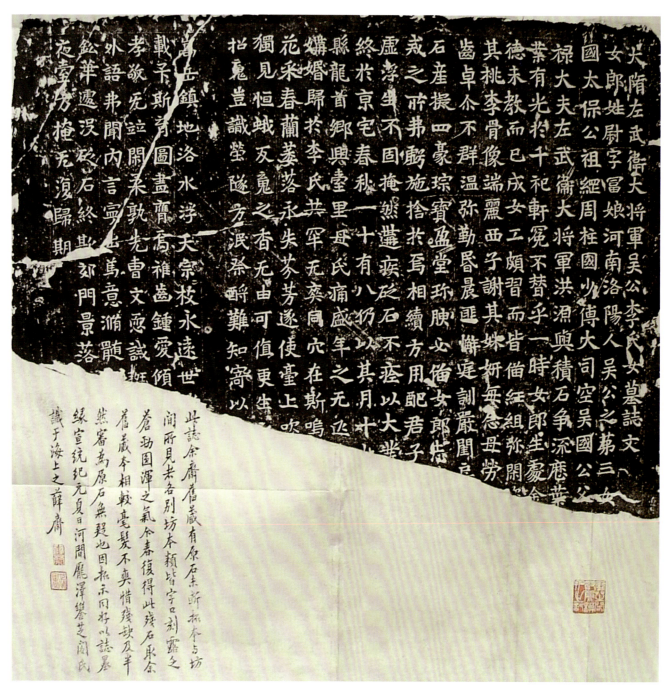

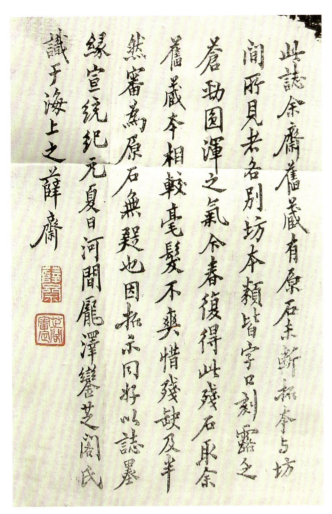

插圖四

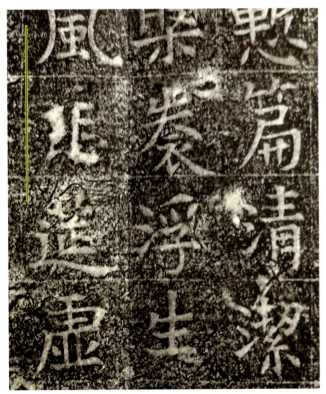

插圖五

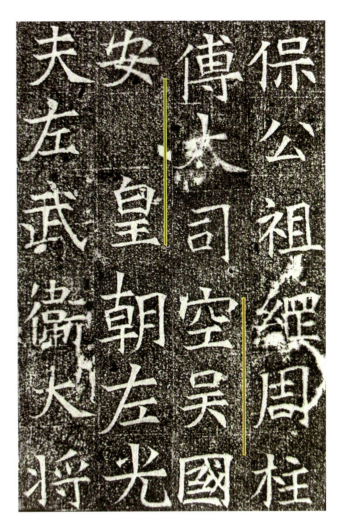

插圖六

插圖七

插圖八

插圖九

插圖一〇

## 元智墓誌

大業十一年（615）八月二十四日。楷書，三十七行，行三十七字。嘉慶二十年（1815）在陝西咸寧出土，舊藏武進陸耀遹家，咸豐十年（1860）毀於兵火，同治六年（1867）陸彥甫（陸耀遹之孫）發現殘石，石橫斷為上下二截，文缺十之二三，光緒二十三年（1879）惲毓嘉以重金購得，後又歸張之洞。

### 初拓本

完石本，僅四周略損四五字，石如新刻。（插圖一）

### 殘石舊拓本

石橫斷為上下二截。上截存二十七行，下截存三十七行。（上截，插圖二）

下半截第八行"亭亭峻節映綠"之"綠"字絞絲旁下三點完好。（下截，插圖三）

### 翻刻本

原石首行"太僕卿"之"僕"字"業"部之豎鉤有石筋，讓刀中斷。（原刻本插圖四）翻刻相連不斷。

七行末字"維"右部首橫明顯長於底橫。（原刻本插圖五）翻刻兩橫筆等長。

殘石本亦有翻刻，上截十六行"二百戶"之"戶"字殘餘筆劃，漏而不刻。（參見原刻本插圖二）

上截十九行"公導之以德"之"德"字殘餘筆劃，漏而不刻。（參見原刻本插圖二）

曾見以民國石印本重新剪裁裝裱成冊，充作初拓，偽裝較逼真。

插圖一

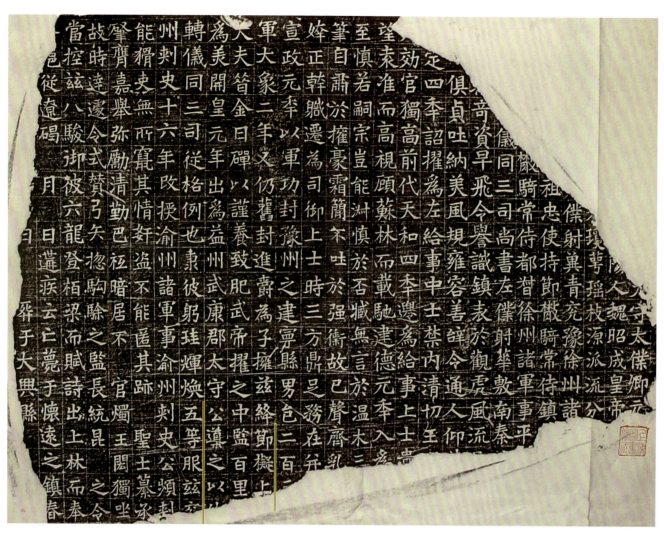

插圖二

插圖三

插圖三（局部）
————————————— 插圖五
插圖四

## 元智妻姬氏墓誌

大業十一年（615）八月二十四日。楷書，二十七行，行二十七字。嘉慶二十年（1815）在陝西咸寧出土，舊藏武進陸耀遹家，咸豐十年（1860）毀於兵火，同治六年（1867）陸彥甫（陸耀遹之孫）發現殘石兩塊（左上角殘石、左下角殘石），存一百七十餘字。光緒二十三年（1879）惲毓嘉以重金購得，後又歸張之洞。

### 初拓本

完石本，僅四周略損四五字，石如新刻。（插圖一）

### 殘石舊拓本

僅存殘石兩塊，左上角殘石存十五行，左下角殘石存十四行。（插圖二、三）

左下殘石十八行“隆在鎬仁盛”之“仁”字下長橫未與石花泐連，“盛”字“皿”部僅末筆稍泐。（參見已泐本插圖三）

殘石本常附有光緒二十三年（1879）惲毓嘉、俞樾題刻。（插圖四、五）

昔日體齊早別春閨今慈合塋還共窀泥雙鳥驚隻雨飄終齊千秋萬
歲永誌貞妻
莊神傷晝哭典舞縈臨琴瑟
有淵其德音容不迴星光束楚芳標梅六珈照日百兩驚雷鳳飛金
帳龍翔玉臺忽辭華屋揮箴苗挂巾匳餘頍志祖且
閒勛勞惠訓
德九錫光施驃騎試烈早飛聲問擁茲終節大啟東郡開府堂堂忘情慧愗神水閒
帝譽肇祖君稷公秩上觀星象下相土宜業隆在鎬仁盛還岐三讓至
共窀龍龕而長祉上觀銅窆而永開鳴呼痛矣乃作銘云
十一里禮迄昔三春之俱勞獨掩翠而先訣今百年而偕謝始同歸於
蘭蕙建德六年六月十八日辛酉玥廿四日甲申合葬于大興縣
而五福先犠六氣多爽青要素序奄搖落於禮華王露金風竟摧殘於
朝榮於是輔佐寧國夫人榆歌委他光脅典策衛然昭晰蕭拜
天和四年六月以審官自防以典禮送迎未嘗逾閨保傅奴孤昭于今鄉之
忠於朝盛播名德夫人姿且慶恭於旬苗且八有進賢穆琴典策之和以今大業於
淋逕資外照蕙姓內助於荀書旦苗連八歸于筆研馬焉氏家高傑行終降婉
絳建四州諸軍事驃騎大將軍東郡諸軍事東泰兩諸軍事勛公夫人幼挺聰慧早標婉
騎大將軍開府儀同三司光祿大夫邸國公父魏軍事東泰州刺史勛音
府大將軍開府儀同三司燕州諸軍事燕州刺史祖亮魏使持節大將軍開
言曾祖懿魏驃騎大將軍府事同三司挺慧早昭而
犬封四十維城於是克昌長享七百本校以之蕃行蟬連使持節侍中驃騎開
夫人姓姬是圖開赤雀文德暢於三分瑞躍白魚武功宣於五代
隋故太傅卿夫人太氏之誌

插圖一

插圖一（局部）

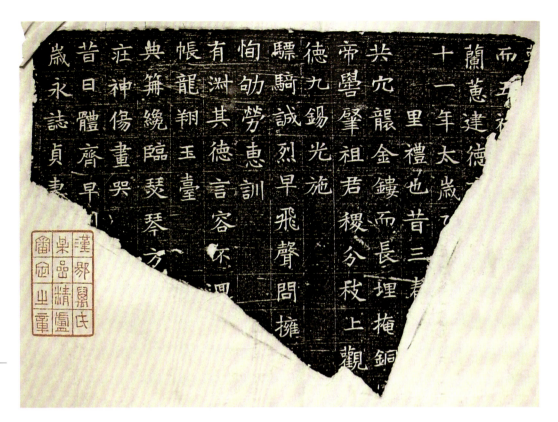

插圖二

插圖三
（局部）　插圖三

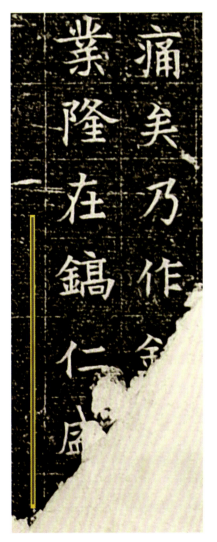

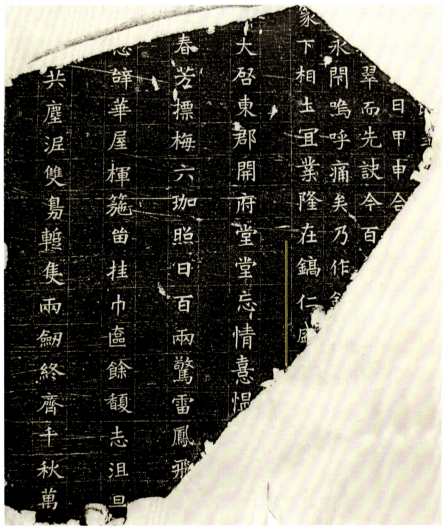

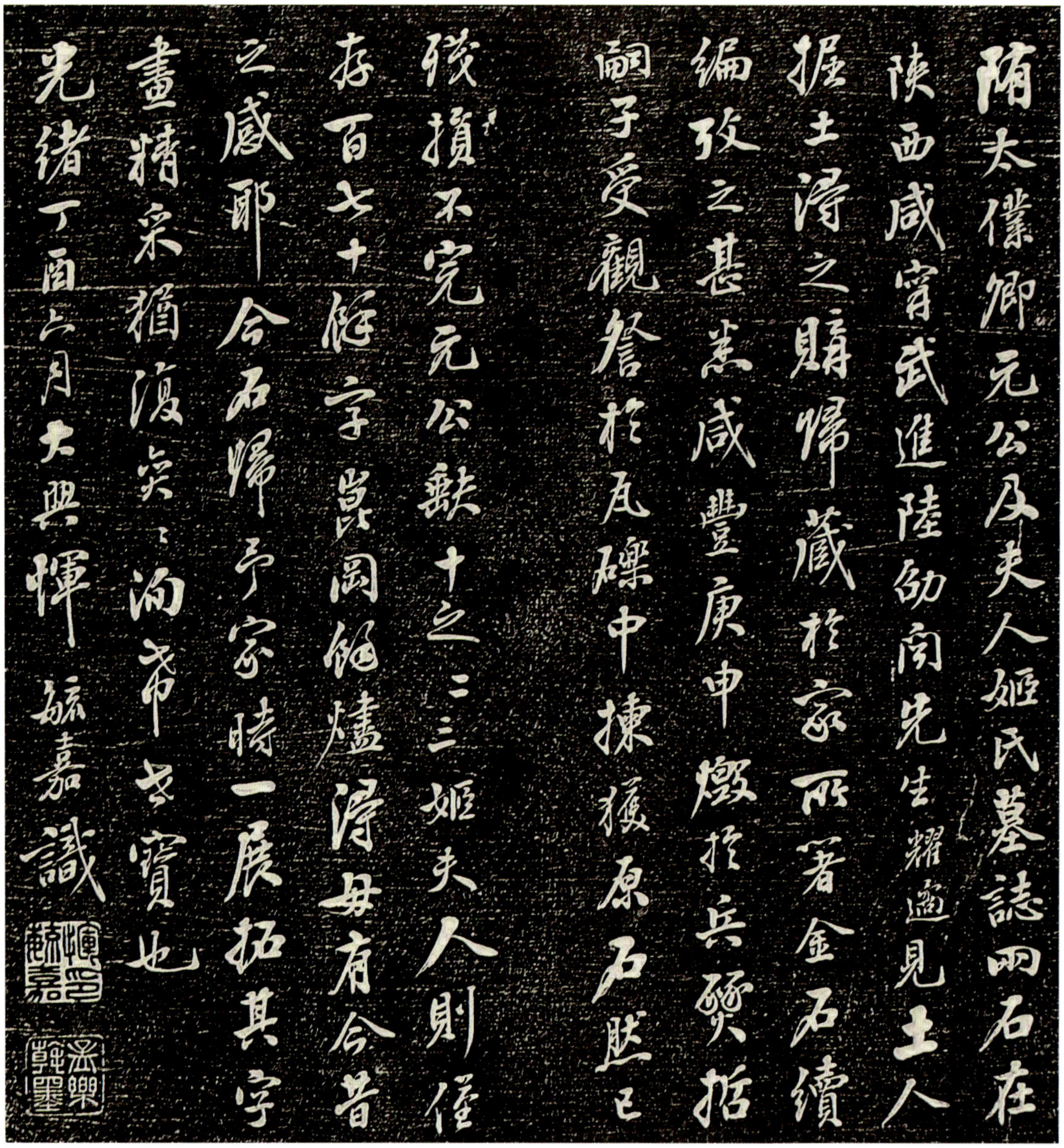

隋太僕卿元公及夫人姬氏墓誌兩石在
陝西咸寧武進陸劬肉先生耀遹見王人
握土浮之歸藏於家所著金石續
編攷之甚悉咸豐庚申燬於兵燹拓
嗣子受觀譽於瓦礫中揀獲原石賸已
殘損不完元公缺十之二三姬夫人則僅
存百七十餘字豈岡餘燼浮母有合昔
之感耶今石歸于家時一展拓其字
畫精宋褚渡矣洵希世之寶也
光緒丁酉六月大興恽毓嘉識

插圖四

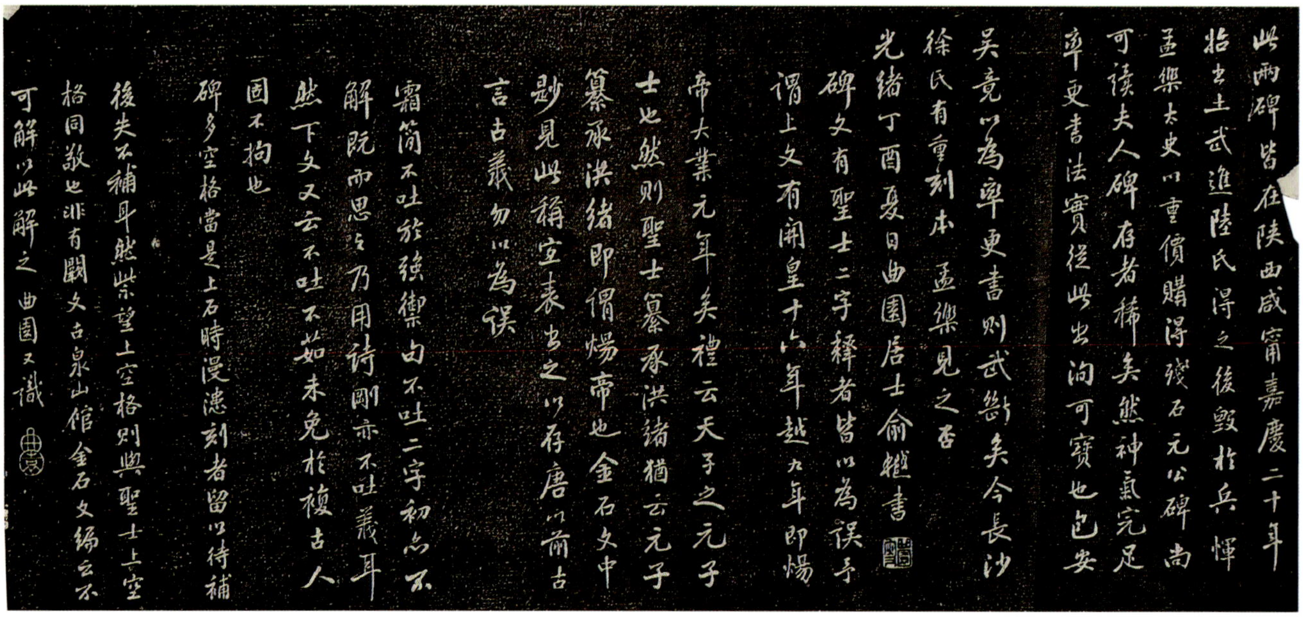

此兩碑皆在陝西咸甯嘉慶二十年
指出土武進陸氏得之後毀於兵燹
孟襄太史以重價購得殘石元公碑尚
可讀夫人碑存者稀矣然神氣完足
辛更書法實從此出洵可寶也色安
吳竟以為甯更書則矣今長沙
徐氏有重刻本孟襄見之否
光緒丁酉夏日曲園居士俞樾書
碑文有聖士之字釋者皆以為誤予
謂上文有開皇十六年越九年即煬
帝大業元年矣禮云天子之元子
士也然則聖士纂承洪緒猶云元子
纂承洪緒即謂煬帝也金石文中
眇見此將宜表出之以存唐以前古
言古義勿以為誤
霸簡不吐於強禦由不吐二字初忘不
解既而思之乃用詩剛亦不茹耳
然下又云不吐不茹未免於複古人
固不拘也
碑多空格當是上石時漫漶到者留以待補
後失不補耳然此望土空格別與聖士上空
格同敬也非有闕文古泉山館金石文緒云不
可解以此解之曲園又識

插圖五

464　隋

# 唐代篇

### 崔長先墓誌

武德九年（626）二月二十三日。楷書，二十七行，行二十七字，末行刻長子題名四十字。碑已中裂，河南洛陽出土，現藏於河南博物館。

### 舊拓本

首行"長先字"三字完好，（插圖一）"四履"之"四"字完好。（插圖二）

三行"政若神明"之"若"字完好。（參見插圖二）

### 民國拓本

首行"長先"二字泐盡，（插圖三）"四履"之"四"字與右石花泐連。（插圖四）

三行"政若神明"之"若"字與上方石花泐連。（插圖四）

插圖二

插圖一

插圖三

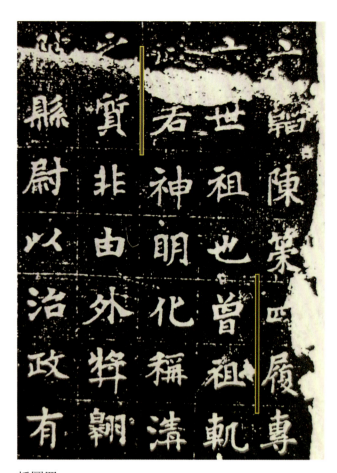

插圖四

## 孔子廟堂碑

又名"夫子廟堂碑"，唐武德九年（626）十二月二十九日。虞世南撰文並楷書。三十五行，行六十四字。有額篆書二行六字。原石未久即毀佚，長安三年（703）武則天曾命相王李旦重刻一石，此石在唐末亦遭毀佚。今傳世重刻碑還有二種：一在陝西西安（俗稱"西廟堂碑"）；一在山東城武（俗稱"東廟堂碑"）。

### 1. 西廟堂碑

北宋建隆、乾德年間（960～968）王彥超重摹於陝西西安，三十四行本，字口較肥。碑陰刻宋《勃興頌》。明嘉靖三十四年（1555）地震，石斷為三，缺一百七十餘字。考據點均在碑石左中部的裂斷缺失部分。（插圖一）此石原在文廟，後移至西安碑林。

### 明代斷後初拓本

二行"虞世"二字完好，民國拓本"虞世"二字泐盡。（插圖二，對照插圖七）

三十三行"繼聖崇儒"下"修輪奐義堂弘敞經肆紆"完好。（插圖三）

三十二行"繼絕期之會"下"大唐撫運率繇王道赫赫玄功"之"唐、撫、運、率"泐右半。（插圖四）

三十二行"赫赫玄功"完好。（插圖四）

三十四行"帝德儒風永宣金石"僅"儒風"字間斷裂稍損，餘皆完好。（插圖五）

末行王彥超題跋中"推誠奉義翊戴功臣永"等字皆完好。（插圖六）

西安碑林博物館藏翁方綱跋本系明代斷後初拓本。

### 乾嘉間拓本

左側中部裂紋線交彙處，又泐失一塊，以上諸字全泐。（插圖七）

### 2. 東廟堂碑

元至元年間（1264～1294）重摹於山東成武，三十三行本，較西廟堂瘦，碑陰有翁方綱題刻。清末民初碑經剜洗，筆鋒圓鈍，未剜本第八行"懷瑫而遊列國"之"瑫"字從"缶"，剜本成"禾"。此碑現存成武縣文化館。（插圖八）另，清乾隆五十八年（1793）翁方綱據此再摹刻於山東曲阜。

### 明拓本

首行"中舍人"之"人"字完好，（參見嘉道拓本插圖九）"相王旦"之"旦"字稍舊拓亦完好。全碑較近拓少損二十餘字。

### 清初拓本

二行"希夷不測"之"希"字完好。（參見嘉道拓本插圖一〇）

### 嘉道拓本

二行"希夷不測"之"夷"字右回鉤完好，"不"字右點完好。（參見插圖一〇）

六行"夫其道也"之"其"字長橫右端稍損。（插圖一一）

七行"道超三代"之
"代"字完好，再後單人旁豎
筆泐。（插圖一二）

十九行"曆選列辟"之
"選"字完好，再後"選"
字左側"已"部泐。（插圖
一三）

二十一行"百堵皆興"之
"興"字左豎未與石花泐
連。（參見插圖一三）

**同光拓本**

十六行"錫禮優"之
"錫"字末筆未泐。（插圖
一四）

二十九行"三川削弱"之
"川"字末筆未泐。

著名的臨川李宗瀚藏本
（系"臨川四寶"之一），曾
被譽為"唐拓孤本"，其中三
分之一是東廟堂本配補，（插
圖一五）其餘部分既非東廟堂
碑，也非西廟堂碑，最大的差
別就在第十七行，東、西廟堂
碑刻作"兆庶樂推"，李宗瀚
本刻作"吹萬歸仁"。相傳不
是"唐初原刻"就是"相王李
旦重刻"。此冊今在日本三井
紀念美術館。

插圖一

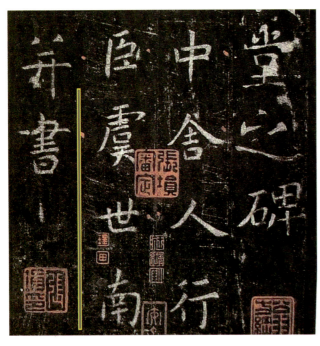

插圖二　插圖四

插圖三　插圖五

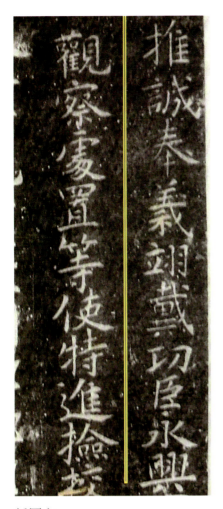

插圖六

插圖七

插圖八

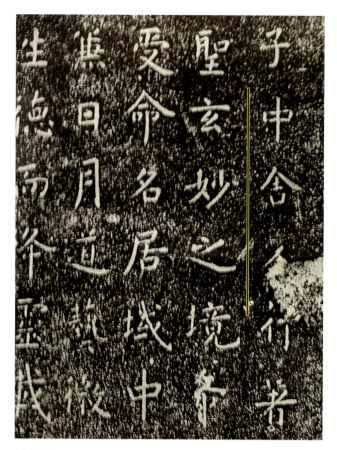

插圖九

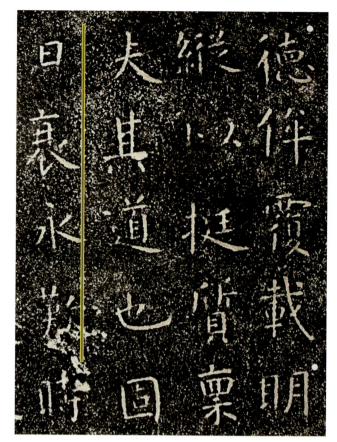

插圖一一

插圖一〇

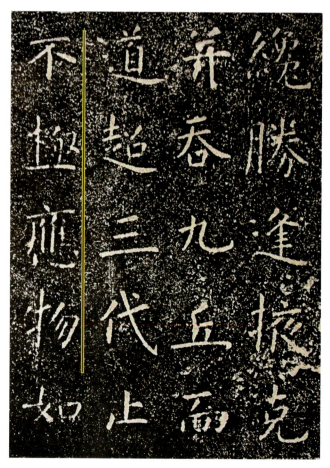

插圖一二

插圖一三

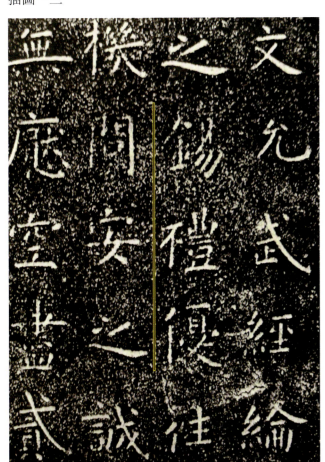

插圖一四

插圖一五

### 等慈寺碑

　　唐貞觀三年（629）閏十二月（據《新唐書》補）。顏師古撰文。楷書，三十二行，行六十五字。有額，篆書，陽文九字。碑在河南滎陽。

　　"文革"中石已鑿成長方形石塊作建材，今藏鄭州市博物館。

### 嘉慶拓本

　　十三行"此焉總獲"之"焉"字完好。

　　二十七行"時逢无妄"之"无"字首橫未泐損。

### 道光拓本

　　末行刻有道光二年（1822）汜水縣令邵堂隸書觀款一行。（插圖一）

首行"司牧"之"司"字鉤筆完好。（插圖二，對照插圖三、一〇）

七行"一車書"之"書"字完好，"車"字稍損。（插圖四，對照插圖一一）

十七行"境實鄭州"之"境"字完好。（插圖五，對照插圖一三、一四）

十八行"瞻萄之林熠耀宵行"之"林熠"字完好。（插圖六，對照插圖八、一四）

二十七行"時逢无妄"之"无"字已損，但基本可辨。（插圖七，對照插圖一五）

### 稍舊拓本

十八行"瞻萄之林熠耀宵行"之"林"字完好，"熠"字"習"部未泐。

再次則"林熠"二字間未泐連。（參見泐連本插圖八）

二十七行"時逢无妄"之"无"字全泐，"妄"字"女"部可見。（插圖九）

### 清末民初拓本

首行"司牧"之"司"字僅存頂部一橫劃。（插圖一〇）

七行"一車書"之"車書"二字已泐。（插圖一一）

十三行"此焉摠獲"之"焉"字全泐。（插圖一二）

十七行"境實鄭州"之"境"字僅存左上角（插圖一三），稍後全泐，"實"字僅存下"貝"部。（插圖一四）

十八行"瞻萄之林熠耀宵行"之"林熠"二字全泐。"之"字末筆與石花連。（參見插圖一四）

二十七行"時逢无妄"之"妄"字"女"部全泐。（插圖一五）

### 翻刻本

見有依照清末民初拓本翻刻本，較精工。（插圖一六）

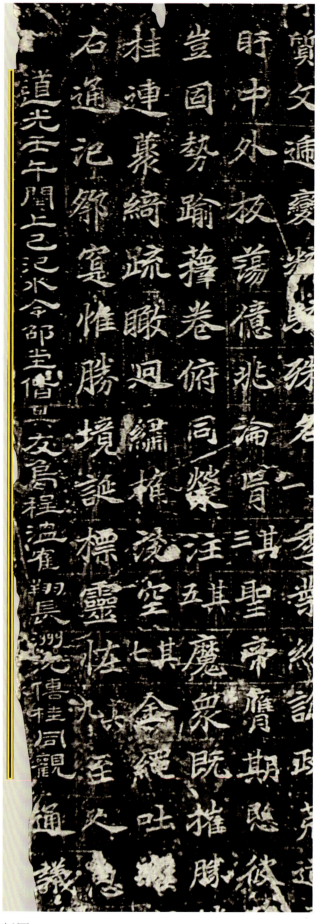

插圖一

插圖二

插圖三

插圖四

插圖五

插圖六

插圖七

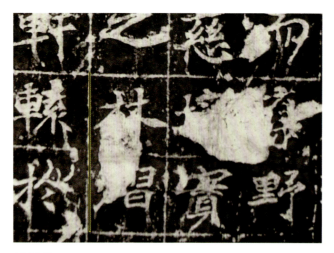

插圖八

插圖一一

插圖九

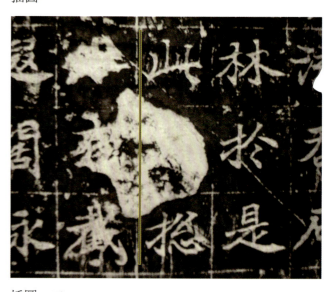

插圖一二

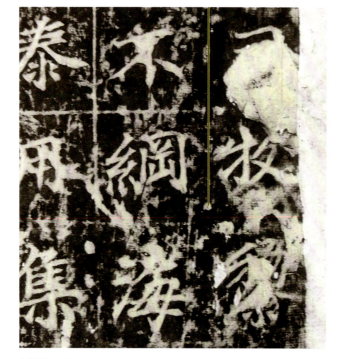

插圖一〇

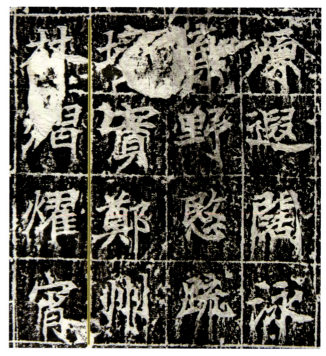

插圖一三

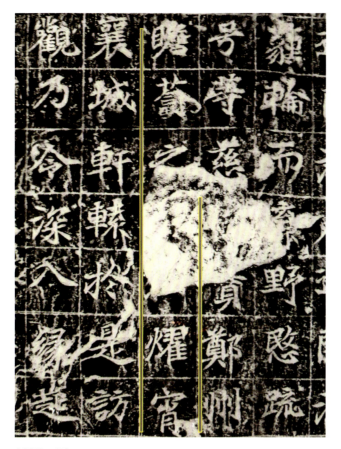

插圖一四

插圖一五

插圖一六

## 昭仁寺碑

唐貞觀四年（630）十一月。朱子奢撰文，楷書，四十行，行八十四字。碑陰刻宋元豐五年（1082）十一月七日張淳書及歐陽修題跋、宋人題名等。石在陝西邠州長武。

### 宋拓本

吳湖帆藏宋拓殘本，存宋拓一千零三十六字（吳湖帆用金筆點出），其餘殘缺部分（共二千零八十八字）則用嘉道以後拓本補配，有吳湖帆題跋。今藏北京大學圖書館。（插圖一、二）

### 明拓本

十行"成五幡之暴"之"幡"字完好。（參見清末民初拓本插圖三）

十五行"擁秦涇而不流"之"流"字右半完好，（參見清末民初拓本插圖四）"自滿"之"自"字未泐粗。（參見清末民初拓本插圖五）

十九行"鑒深幽仄"之"深"字未損。

### 清初拓本

三行"順天地而財成"之"天"字撇捺交界處完好。（參見清末民初拓本插圖六）"斯固"之"斯"字完好，清末民初拓本"斯"字"其"部泐。（參見清末民初拓本插圖七）"野同歸者"之"同"字完好，（參見清末民初拓本插圖八）"旌躍"之"躍"字完好。

五行"無漢臣之忠"之"忠"完好。清末民初拓本"忠"字"中"部全泐。（參見清末民初拓本插圖九）

八行"鈎陳"之"陳"字完好。清末民初拓本"陳"字"東"部泐損。（參見清末民初拓本插圖一〇）"乾行岳止雷驚麟震"之"止雷"二字完好。（參見清末民初拓本插圖一一）

十一行"爭帝"之"帝"完好，"戮凶"之"戮"字完好。

十四行"召雨"之"召"字橫折鈎完好。

（參見清末民初拓本插圖一二）"屈強之力"之"強"、"力"完好。（參見清末民初拓本插圖一三）

十五行"於萬里"之"於"完好。（參見北京大學圖書館藏宋拓本插圖一四）

十六行"焚書下漢皇之詔"之"焚"字完好。清末民初拓本"焚"字"林"部全泐。（參見清末民初拓本插圖一五）

十八行"道外天下"之"道"字完好。

二十二行"宵天而成"之"天"字兩橫完好。清末民初拓本"天"字兩橫右側泐連。（參見清末民初拓本插圖一六）"猗歟"之"猗"字完好。（參見清末民初拓本插圖一七）

二十三行"傳信於故者"之"信"字完好。清末民初拓本"信"字僅存左上一撇。（參見清末民初拓本插圖一七）

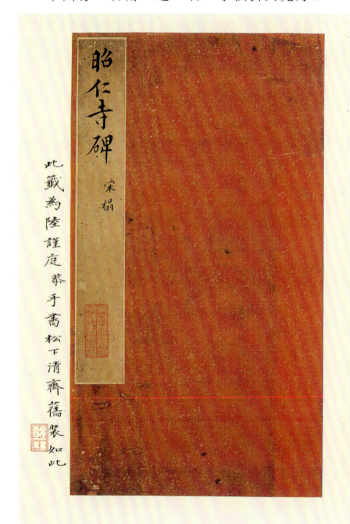

插圖一

476 ｜ 唐

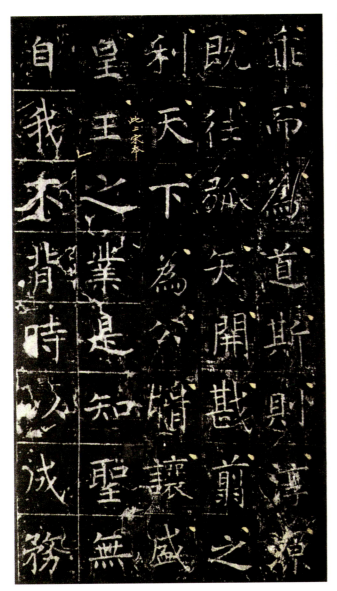

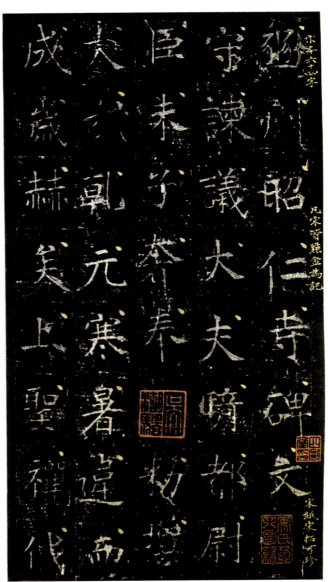

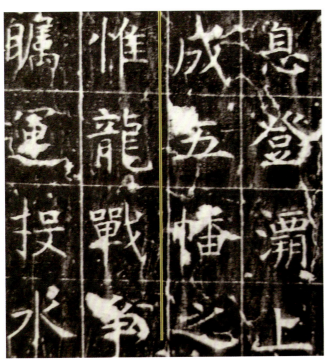

插圖二

插圖三

插圖四

插圖六

插圖五

插圖七

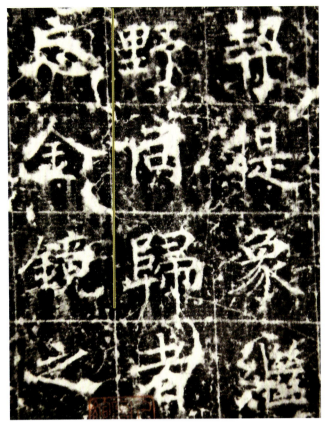

插圖八

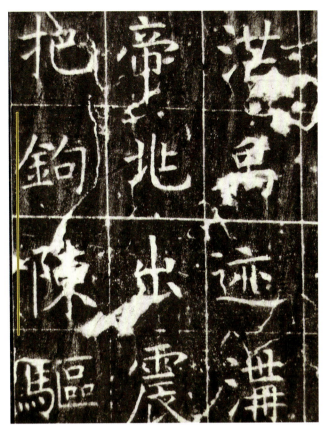

插圖一〇

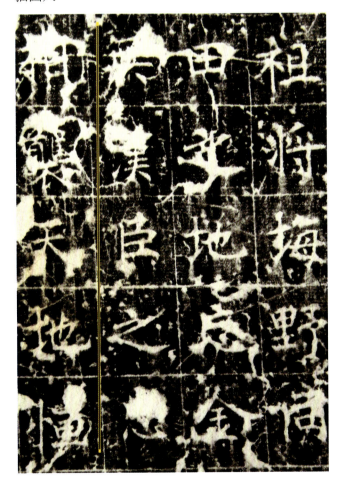

插圖九

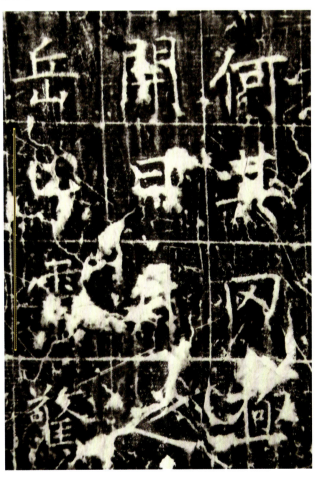

插圖一一

插圖一二

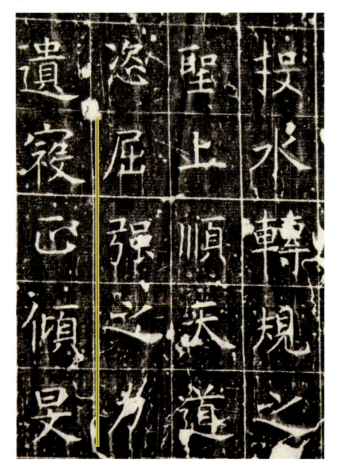

插圖一三

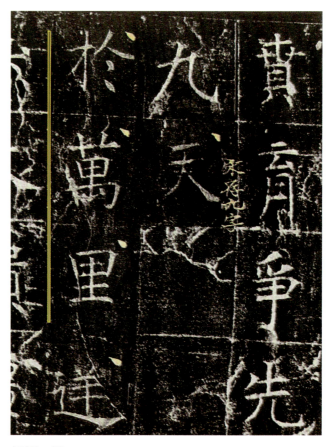

插圖一四

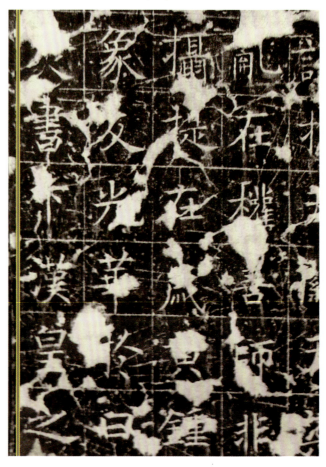

插圖一五

插圖一六

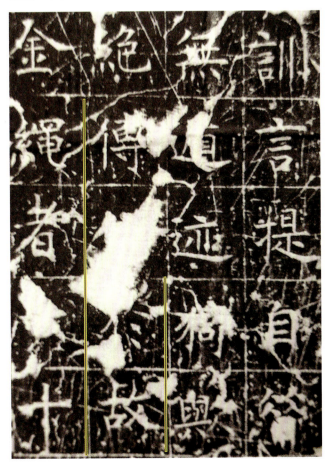

插圖一七

## 房彥謙碑

貞觀五年（631）三月二日。李百藥撰文，歐陽詢隸書。碑陽三十六行，行七十八字。碑陰十五行，行十三字。碑額篆書陽文三行，行三字。碑在山東章丘。當地鄉人厭惡拓碑人踐踏莊稼，遂故意鑿損碑字，清末民初碑下截漫漶。

## 舊拓本

三十四行"喜邦"之"喜"字完好。（參見民國拓本插圖一）

另，相傳二十四行"四年十一月"之"一"字未損，三十三行"一變至道"之"一"字未損為明拓，誤也，民國拓本亦未損。（參見民國拓本插圖二、三）

插圖一

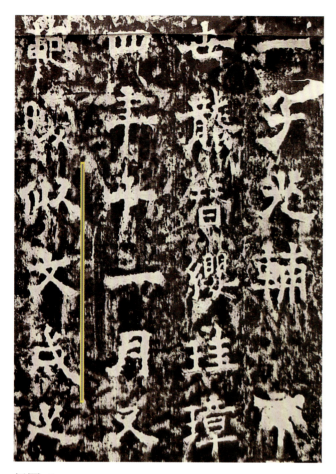

插圖二

插圖三

## 化度寺邕禪師舍利塔銘

唐貞觀五年（631）刻立，李百藥撰文，歐陽詢楷書。三十五行，行三十三字。原塔銘早在北宋初就已經殘斷，至北宋末年佚失，宋代起即有不少翻刻本流傳。傳至今日著名的翻刻本有六種：吳縣陸恭松下清齋藏本、臨川李宗瀚靜娛室藏本、南海吳榮光筠清館藏本、大興翁方綱蘇齋藏本、南海伍崇曜粵雅堂藏本、敦煌石室本。傳世唯有吳湖帆四歐堂藏本是原石宋拓本。

### 原石宋拓本：吳縣吳湖帆四歐堂藏本（亦稱王孟陽本）

此本舊為明王孟陽收藏，後歸商丘陳伯恭。清嘉慶八年（1803），陳伯恭以百金售予成親王永瑆。嘉慶十四年（1809），永瑆又以白銀四百兩購入吳氏筠清館藏本，後因聽信金石大家翁方綱的鑒定，視筠清館本為原石宋拓本，而將其舊藏"王孟陽本"認作宋代翻刻本，於嘉慶十七年（1812）轉贈給其侄榮郡王綿億。不知何年此冊王孟陽本又入潘祖蔭攀古樓收藏。民國間潘祖蔭的侄女潘靜淑嫁吳湖帆時，此冊《化度寺》曾是陪嫁物之一。後吳湖帆將此冊王孟陽本與宋拓歐陽詢書《九成宮》、《虞恭公》、《皇甫誕》四冊合裝一匣，名曰"四歐寶笈"。上世紀六十年代初，四歐寶笈入藏上海圖書館。（插圖一）

此本共存九百三十字，有王孟陽藏印，另有翁方綱、成親王、榮郡王、王同愈、羅振玉、陳承修、吳湖帆、伯希和（Paul Pelliot）、沈尹默等人題跋。冊首有吳湖帆繪《勘碑圖》、《化度寺碑式》（插圖二）及王同愈篆書題端，冊尾裝入"敦煌殘本"影印件。

### 傳世著名翻刻本共六種

#### 1. 清吳縣陸恭松下清齋藏本（插圖三）

此本舊為明代王士貞藏本之一（按：王士貞家藏《化度寺》三本，據翁方綱考定其一為翻刻，其二為真本，此真本第二本，惜無王氏印記題跋），入清經陸恭、李宗瀚遞藏。有明陸深、胡纘宗，清劉墉、王文治、翁方綱、顧蓴、李宗瀚等人題記，並附翁方綱致陸恭（謹庭）手札一通。共存二百二十七字，裝裱參差，非原文次序。嘉慶六年（1801）二月翁方綱考定為北宋熙寧間（1068～1077）范雍洛陽賜書閣殘石拓本。

## 2. 清臨川李宗瀚靜娛室藏本（插圖四）

此本相傳亦為明王士貞舊藏之一（按：此王氏所藏真本第一本，亦無王士貞印記），後經清繆曰藻、羅聘、蔣春皐、李宗瀚等人遞藏。有清王文治、翁方綱、李宗瀚等人題跋，並有王文治題簽（為香葉草堂主人羅聘題）。共存四百三十八字，拓本墨色較"陸恭松下清齋藏本"欠佳，裝裱有零星剪配移補（如：首題"化"字佚失，取碑後文"化"字配補）。嘉慶四年（1799）四月翁方綱考定為北宋熙寧間（1068～1077）范雍洛陽賜書閣拓本。

## 3. 清南海吳榮光筠清館藏本（插圖五）

此本舊為明李東陽藏本，後歸明顧從義玉泓館，故此本又名"顧氏玉泓館本"。入清為桐城姚氏、吳榮光、成親王永瑆（故又稱為"詒晉齋本"）、蕭素村等人遞藏。有明顧從義、蔣傑（三素），清翁方綱、吳榮光、成親王永瑆、吳曾瀛等人題記。共存六百零八字，首行撰文者"李百藥"等字略可辨。嘉慶十三年（1808）四月翁方綱考定為原石北宋慶曆間（1041～1048）拓本，並指出此冊是其所見五種《化度寺》真北宋拓本中拓制時間最早者。

## 4. 南海伍崇曜粵雅堂藏本（插圖六）

此本舊為東吳王聞遠舊藏，後經繁昌鮑東方、歙縣洪瑩、南海伍崇曜、長白端方遞藏，有清潘寧、王文治、翁方綱、吳榮光、鄧石如、劉大觀、伊秉綬、趙懷玉、王志瀜、英和、王宗誠、洪瑩、葉志詵、何紹基、潘衍桐等人題記。共存六百餘字，各頁均有翁方綱校記。此冊裝裱時將原碑泐損空缺處一一保留，足資考據。嘉慶十三年（1808）五月翁方綱考定為原石北宋宣和間（1119～1125）拓本，並指出此冊是其所見《化度寺》真北宋拓本中存字最多者。

筆者二〇〇五年在蘇州看到一冊，開價二十萬元，題跋全仿南海伍崇曜粵雅堂藏本（據民國時期玻璃版印本臨摹），數十件題跋風格不一，

出自不同作手，確為旧时高仿可以亂真，前面拓本則選用"墨池堂本"替代。

## 5. 清大興翁方綱蘇齋藏本

此本明章藻曾摹刻入《墨池堂法帖》。（插圖七）有清蔣衡、羅聘、黃易、潘寧、翁方綱等人題記，存四百九十八字。嘉慶四年（1799）除夕翁方綱考定為原石北宋熙寧間（1068～1077）拓本，並在題跋中指出："予本字較多，拓亦最精，惟泐處被描手汙失耳。今日海內所存是碑真拓，以吾齋所藏為第一。記此以志欣幸。"

## 6. 敦煌石室本（插圖八）

清末，在敦煌莫高窟第十七窟藏經洞中發現《化度寺》剪裱殘本，凡二百二十六字，銘文至原碑第十行"擢秀華宗"止，共存六開十二頁，其中起首兩頁凡三十九字為法國人伯希和所得，今藏法國巴黎國立圖書館；另十頁凡一百八十七字為英國人斯坦因所得，今藏倫敦大英圖書館。此本系唐代翻刻之唐拓本。

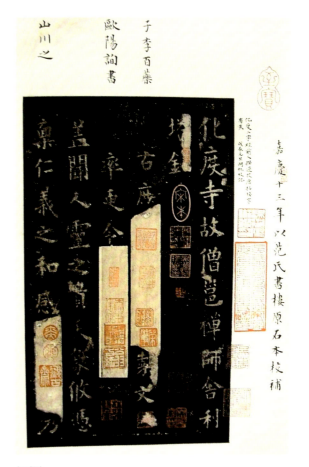

插圖一

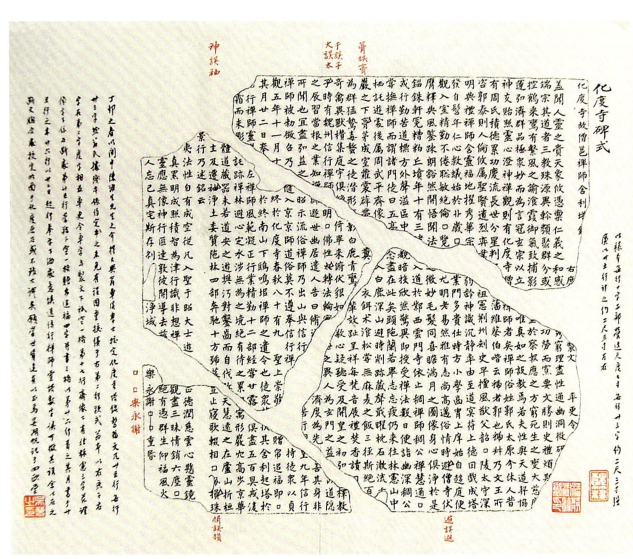

插圖二

插圖三

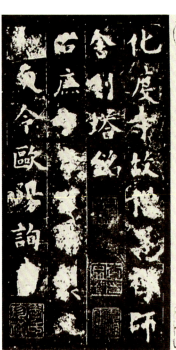

插圖四

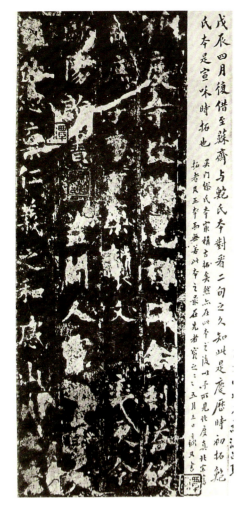

戊辰四月復偕僧至蘇齋与鮑氏本對看二句之久知此是慶歷時初拓乩
民本是宣味時拓也
吳門鮑氏本寔顧古拓矣然点在四本之後一字而見此慶真北宋
拓者及五年而無此本之張石先書寶之三五月三日觀又書

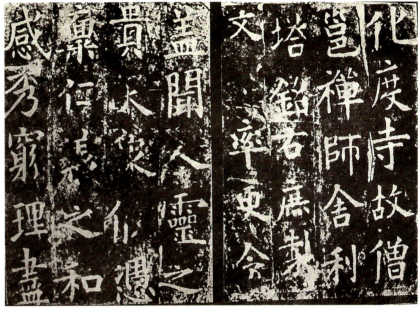

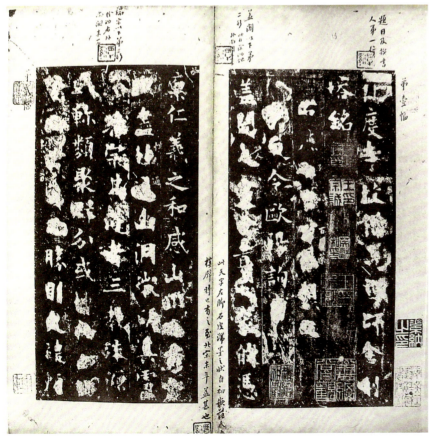

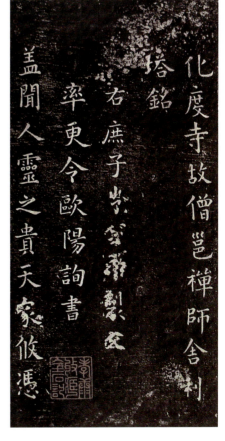

## 九成宮醴泉銘

唐貞觀六年（632）四月。魏徵撰文，歐陽詢楷書。二十四行，行四十九字。有額，篆書，陽文六字。碑在陝西麟遊。九成宮卽隋仁壽宮，宮在陝西麟遊縣西五里之天臺山。隋開皇十三年（593），楊素所治。隋之仁壽宮，義寧元年（617）廢，貞觀五年（631）復置，改仁壽宮為九成宮，周垣一千八百步，並置禁苑及武庫官寺等，永徽中又改為萬年宮。此碑歷經捶拓，碑石變化極大，宋拓本已面目不一，宋拓本字口由粗到細變化明顯，甚至被誤認為出於不同底本，明初碑石字口又被剜粗，至清代碑字更是枯瘦變形，不堪入目。

### 北宋早期拓本

明駙馬李琪舊藏本為最早（現藏北京故宮博物院），字口飽滿，漫漶文字較少。近年來有人懷疑李琪本不是出自唐代原石，可謂智者多慮。李琪本是目前最早的宋拓本，字口粗肥，是九成宮碑字口由粗到細的起點樣本。

一行"鉅鹿"之"鹿"字完好。（插圖一）

二行"分巖竦闕"之"闕"字完好。（插圖二）

二行末"長廊四起"之"四"字底橫不連石花。（參見插圖二，對照插圖八）

三行"金碧相暉"之"暉"字完好，"雲霞蔽虧日月"之"霞蔽虧"三字完好。（插圖三）

五行末"重譯來王"下"西"字完好。（插圖四）

七行末"怡神養性"之"養"字完好。

九行"續於瓊室"之"續"字完好。

十行"本乏水源"之"本乏"二字完好。（插圖五）

二十一行"隨感變質"之"變"字，"葳蕤繁祉"之"葳蕤繁"三字，"龜圖鳳紀"之"鳳"字完好。（插圖六）

二十二行"冰凝鏡澈"之"凝"字完好，"慶與泉流"之"與"字完好。（插圖七）

### 北宋晚期拓本

二行末"長廊四起"之"四"字僅底橫與石花沴連，文字筆劃尚清晰。（插圖八）

五行末"重譯來王"之"重"字完好。（插圖九，對照插圖一二）

"重"字未損本，卽是北宋本。

朱翼庵藏本（今藏北京故宮博物院）系北宋晚期拓本。

### 南宋拓本

二行"長廊四起"之"廊"字下未與石沴連。（插圖一〇）

三行"窮泰極侈"之"侈"字完好。（插圖一一）

五行"重譯來王"之"重"字上部稍損。（插圖一二）

六行"櫛風沐雨"之"櫛"字僅中下部稍損。（插圖一三，對照插圖一七）

十五行"光武中元元年"之"光"字四周無外框。（插圖一四，對照民國拓本插圖一五）

二十二行"慶與泉流"之"泉"字完好。（插圖一六）

吳湖帆四歐堂藏本（今藏上海圖書館）系南宋拓本。北宋時碑上方已斷裂，南宋時碑下方已有三條細裂紋（多遭塗描）。日本三井高堅藏本與四歐堂本同時所拓，亦屬南宋拓本。

### 南宋末拓本

六行"櫛"字存上半。（插圖一七）

八行"何必改作"之"作"字依稀可辨。（插圖一八）

### 明中葉拓本

五行"重譯來王"之"王"字存上半。（插圖一九）

六行末"利物"之"物"字存左半，"勿"部僅存首撇。（插圖二〇）

八行末"何必改作"之"改"字未剜。

二十三行"雖休弗休"之"弗"字未剜化作"勿"。（插圖二一，對照已剜本插圖二二）

### 明末拓本

三行"珠璧交暎"之"暎"字完好無少損。

七行"同堯肌之如臟"之"同"字完好。

九行"於是斲彫為樸"之"為"字完好，稍後下半已泐。

## 清初拓本

首行"鉅鹿"之"鹿"字上，經二行"池"字，直至末行"歐陽詢"之"歐"字上斷裂痕漸趨明顯。（參見已斷本插圖二三）

首行"魏徵"之"魏"字泐，未剜出。（參見已剜本插圖二四）

十行"垂訓於後昆"之"昆"字完好。（參見已剜本插圖二五）

十四行"坤靈"之"靈"字未剜。（參見已剜本插圖二六）

十五行"萬靈"之"靈"字未剜。（參見已剜本插圖二七）

二十一行"效靈"之"靈"未剜。

二十二行"流謙潤下"之"下"字雖有裂道而未損字劃。（參見已損本插圖二八）

二十三行"天下為憂"之"天"字雖有裂道而未損字劃。（參見已損本插圖二八）

## 乾隆拓本

末行"永保貞吉"之"保"字首撇未挖損。

## 乾嘉以後拓本

十九行"絕後□前"之"□"字（北宋本就已泐成空白），誤剜成"光"字。（參見清末民初拓本插圖二九）

末行"永保貞吉"之"保"字首撇挖粗，清末民初拓本又復歸枯瘦。（參見民國拓本插圖三〇）

全碑屢經捶拓剜挖，筆意全失，僅存枯骨。

今石又斷裂為六。

## 翻刻本

有明代無錫秦惠田刻本，世稱"秦氏刻本"，極為精彩，在歷代碑帖翻刻史上罕見。（秦刻本插圖三一）此刻的底本為南宋拓本，與原刻的主要差異在於：第十四行"匪唯乾象之精"之"乾"字"曰"部，原刻"曰"部中有石

泐痕，看似"田"部（注：原刻宋拓本亦有石泐痕不明顯，全額"田"部，此條傳統考據點慎用），重刻則明顯刻作"田"部，無石泐痕跡象。（秦刻本插圖三二）

秦刻也有二種，一肥一瘦。肥本末行"永保貞吉"之"吉"字左有一點如黍米狀，"奉勅書"之"書"字一豎不連"曰"部。（秦刻本插圖三三）

此石宋時即有翻本，除無錫秦氏外，翻刻不勝枚舉。（其他翻刻本插圖三四、三五、三六）

插圖一　　　　　　插圖二

插圖三

插圖四

插圖五

插圖八

插圖六

插圖七

插圖九

插圖一〇

插圖一一

插圖一二

插圖一三

插圖一四

插圖一五

插圖一七

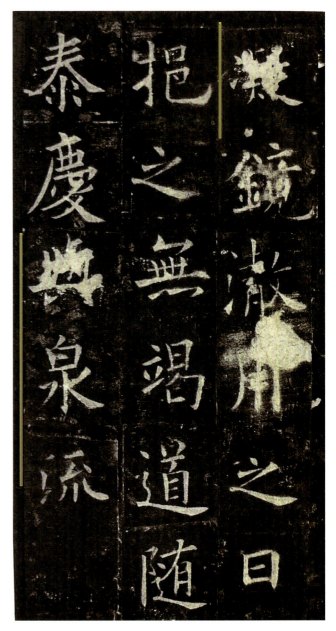

插圖一六

插圖一八

插圖一九

插圖二〇

插圖二一

插圖二二

插圖二三

插圖二四

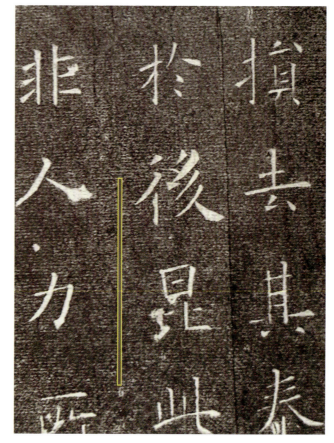

插圖二五

插圖二六

插圖二七

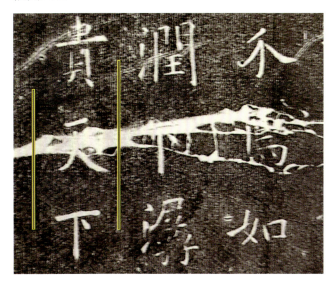

插圖二八

插圖二九

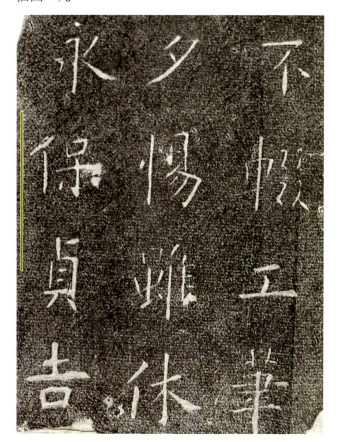

插圖三〇

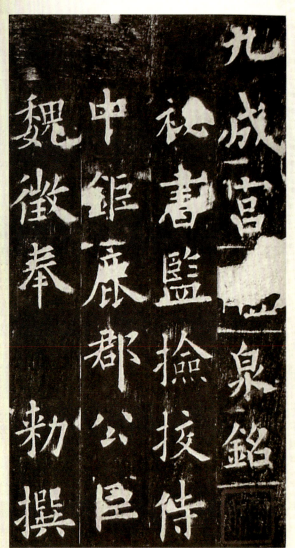

插圖三一

插圖三二

插圖三三

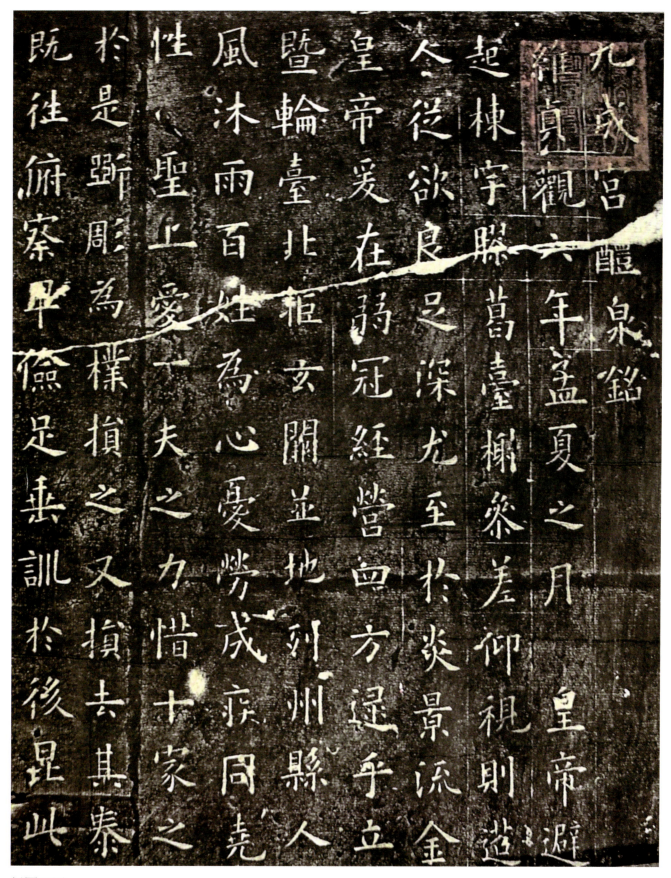

插圖三四

應圖曰王者純和
飲食不貲獻則醴
泉出飲之令人壽
東觀漢記曰光武

模宋本九
成宮醴泉
銘殘刻

鷲洲華世芳

中間於佳昔以祥
為寶取驗於當今
斯工帝玄符天
子攜圖臣之來學

插圖三五

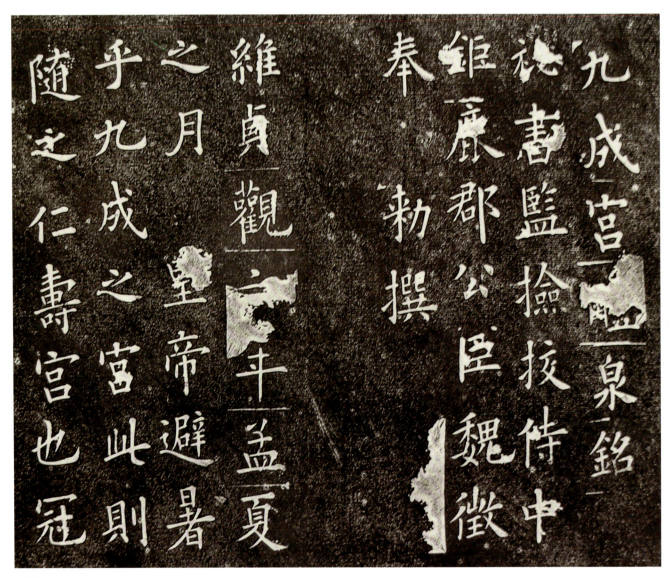

九成宮醴泉銘
祕書監撿挍侍中
鉅鹿郡公臣魏徵
奉勅撰
維貞觀
之月
年孟夏
皇帝避暑
乎九成之宮此
隨之仁壽宮也冠

插圖三六

## 虞恭公溫彥博碑

唐貞觀十一年（637）十月立。岑文本撰文，歐陽詢楷書，凡三十六行，行七十七字。碑額陽文篆書"唐故特進尚書右仆射虞恭公溫公碑"十六字。此碑為昭陵陪葬碑之一，在醴泉縣北二十五里煙霞洞西昭陵南十里。拓碑求書人紛至沓來，踐踩莊稼，影響治安，為當地人深惡痛絕，鄉人遂以鑿損碑字為報。此碑文字已亡其大半，通碑原有二千八百餘字，今最佳宋拓本也不過八百餘字，碑主姓氏、諱字、里居皆泐，歷官亦缺略。故明代以前拓本多僅拓上截文字清晰部分（整碑每行七十七字，宋明間拓本每行僅存十九至二十二字間），晚清民國間始見整碑全拓。

## 北宋拓本

九行"太子洗馬李綱"之"李"字木部僅中豎微損，左右二點均未泐連。

三十三行"藹藹高門世膺顯名"之"門"字完好。（插圖一）

陸謹庭舊藏北宋拓本，有王夢樓跋。

## 南宋拓本

首行"碑"字"田"部可見，"田"部中豎向上有伸出。（插圖二）

十三行"天地橫潰"之"潰"字可辨。（插圖三）

九行"太子洗馬李綱"之"李"字中豎泐處已連及左點。（插圖四）

三十三行"藹藹高門世應顯名"之"門"字左上角稍損。（插圖五）

嘉慶內府舊藏宋拓本，今藏上海圖書館。

## 南宋晚拓本

二行"昔者帝媯升歷九官"之"歷九官"三字未損。（插圖六）

吳湖帆四歐堂藏本，今藏上海圖書館。

## 明中葉拓本

末行"泉室麟閣"之"室"字雖損尚未挖化成"堂"字。（參見民國已損本插圖七）

## 明拓本

二行"昔者帝媯升歷九官"之"歷"字完好。（插圖八，對照民國拓本插圖九）

四行"唐叔之遙源"之"遙"字完好。（插圖一〇）

## 清初拓本

五行"准的"之"的"字完好。（參見民國拓本插圖一一）

三十三行"堂堂盛德"第二"堂"字"口"部未損，"盛"字完好。（參見民國拓本插圖一二）

三十四行"雕龍"之"雕"字完好。（參見民國拓本插圖一二）

三十行"稅駕"之"駕"字完好。（參見民國拓本插圖一三）

## 乾嘉拓本

二十三行"人事邁元"之"人"字完好。（參見民國拓本插圖一四）

另，嘉慶以後拓本，首行"碑"字下，妄刻"碑林張英拓"二行，道光後"張英拓"鑿去，僅存"碑林"兩字。（參見民國拓本插圖一五）

## 稍舊拓本

首行"特"字完好，"尚"字存右大半。

十九行"公望為時"之"望"字未損。（插圖一六，對照民國拓本插圖一七）

## 翻刻本

有嘉慶二十一年（1816）黃美鏐翻刻本，共有五紙。（插圖一八、一九）

插圖一

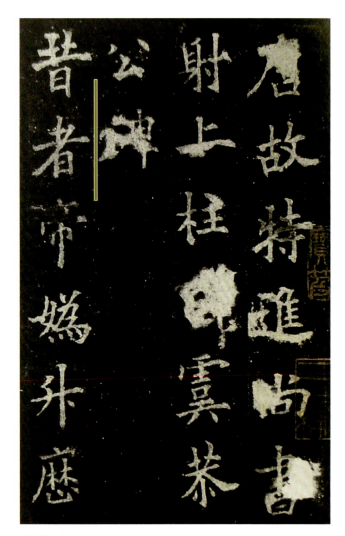

插圖二

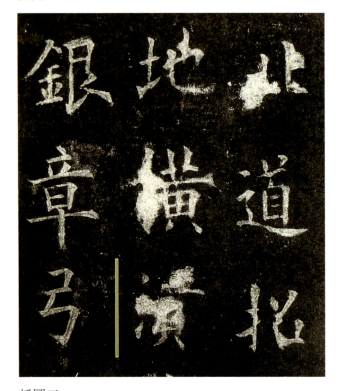

插圖三

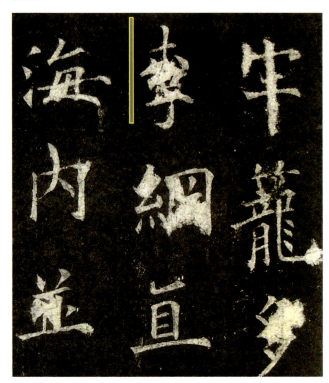

插圖四

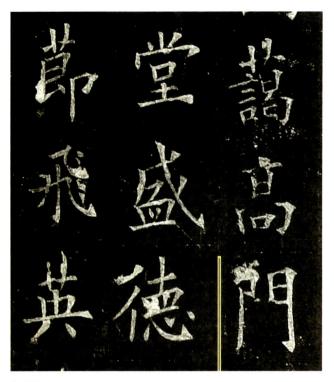

插圖五

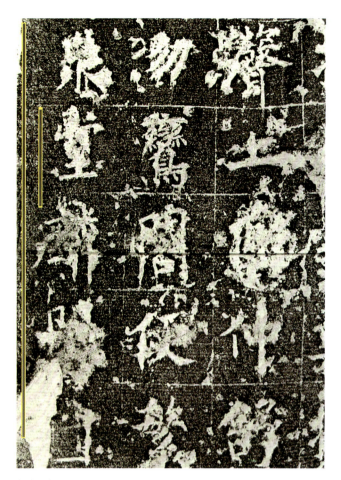

插圖七

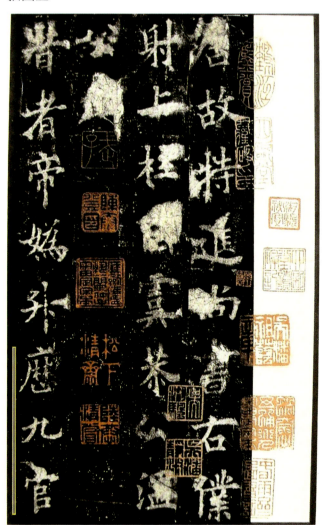

插圖六

插圖八

插圖九

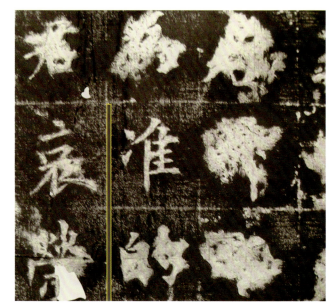

插圖一一

插圖一〇

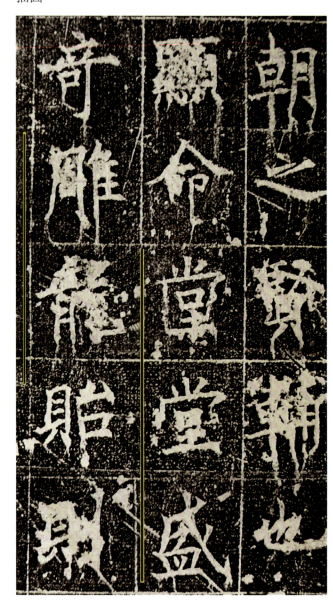

插圖一二

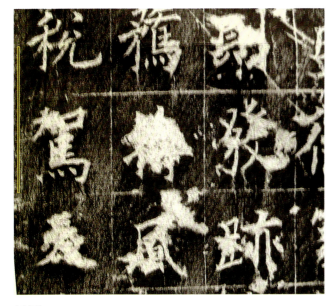

插圖一三

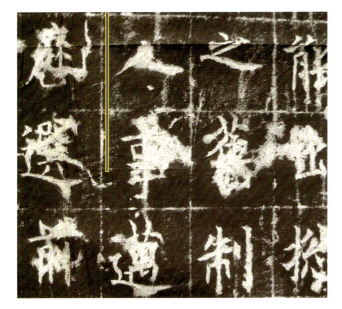

插圖一四

插圖一五

插圖一六

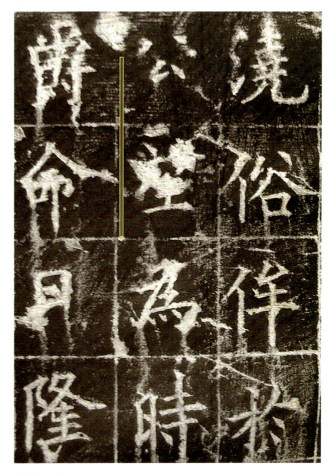

插圖一七

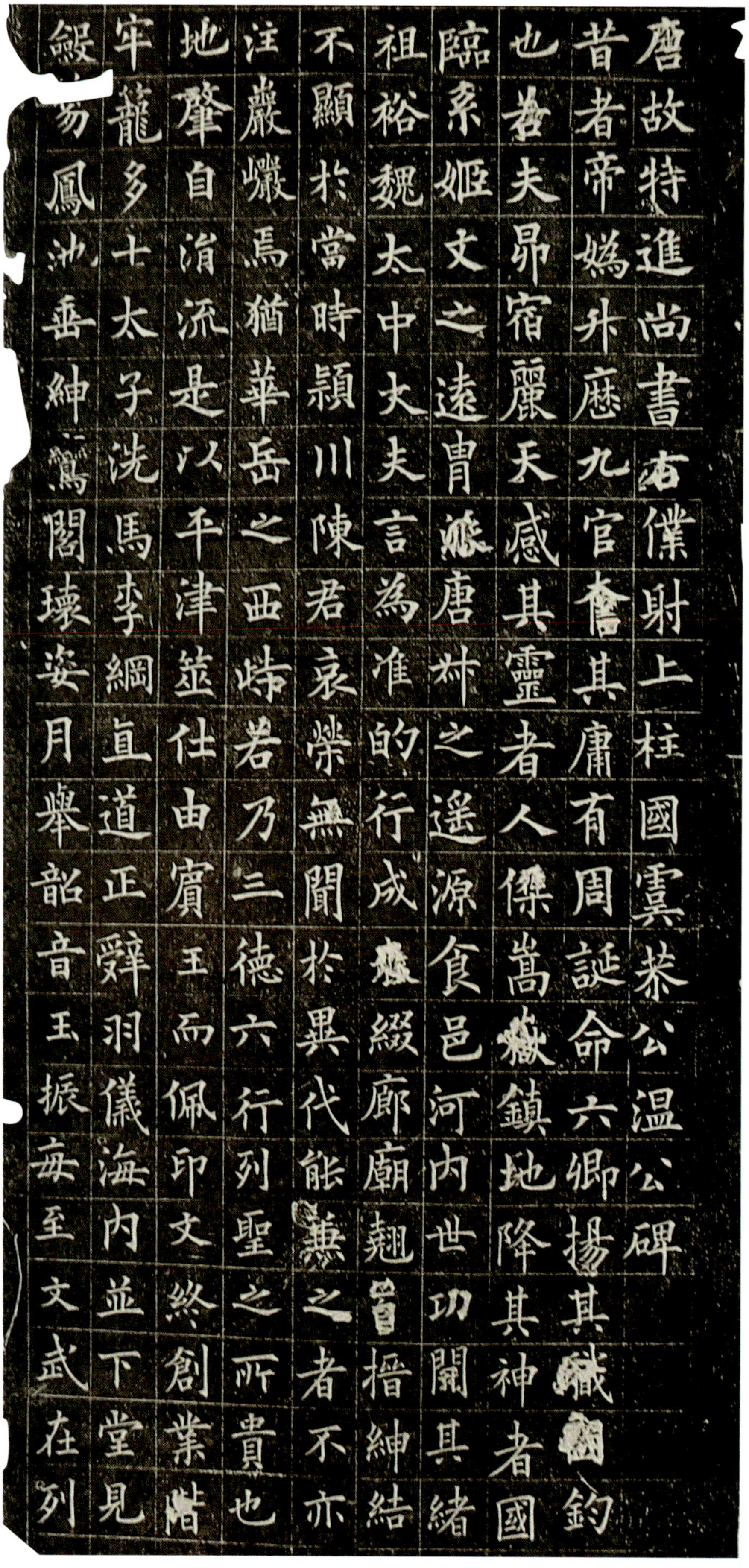

唐故特進尚書右僕射上柱國竇恭公溫公碑

昔者帝媯升應九官奮其庸有周誕命六卿揚其藏者

也卷夫昴宿麗天感其靈者人傑嵩藏鎮地降其神者國

臨系姬文之遠胄源唐州之遙源食邑河内世功聞其緒

祖裕魏太中大夫言為准的行成綴廊廟翹晉搢紳結

不顯於當時頴川陳君哀榮無聞於異代能薰之者不亦

注嚴巘焉猶華岳之西峙若乃三德六行列聖之所貴也

地肇自洶流足以平津筮仕由賓王而佩印文終創業睹

牢龍多十太子洗馬李綱直道正舜羽儀海内並下堂見

鰒鰑鳳沚丞紳鴬閣瓖姿月舉韶音玉振海至文武在列

插圖一八

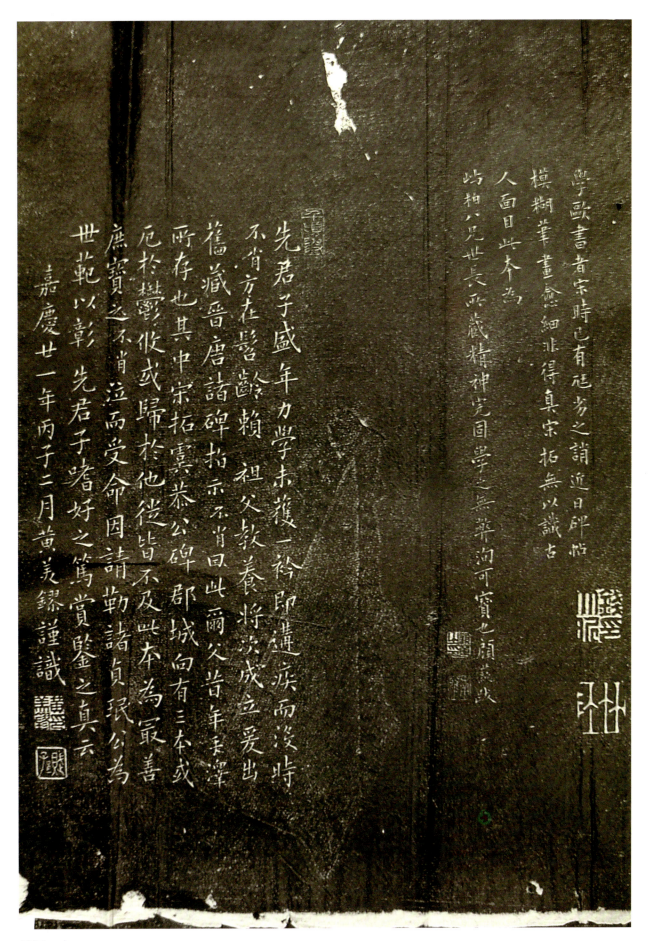

學歐書者宋時已有砥岁之誚近日碑帖
模糊筆畫愈細非得真宋拓無以識古
人面目此本為
岷柏八足世長西藏精神完固學之無弊洵可寶也顧藹戌

先君子盛年力學未獲一衿即遘疾而歿時
不肖方在髫齡賴祖父敎養將次成立愛出
舊藏晉唐諸碑拓示不肖曰此爾父昔年手澤
兩存也其中宋拓虞恭公碑郡城向有三本或
厄於樊鬱收或歸於他徒皆不及此本為最善
庶寶之不肖遂而受命因請勒諸貞珉公為
世範以彰 先君子嗜好之篤賞鑒之真云
嘉慶廿一年丙子二月黃美錄謹識

## 裴鏡民碑

貞觀十一年（637）十月二十二日。李百藥撰文，殷令名楷書，二十七行，行五十二字。篆額"益州總管司馬裴君碑"。石舊在山西聞喜縣裴柏村晉公祠。

## 舊拓本

十四行"盤根錯節不表利器"之"節"字雖正當裂痕，下半全泐，但可見草字頭（注："節"字換行，在十五行首）。（參見民國拓本插圖一、二）

碑左上角（碑額下）有一斷裂痕，貫十行第一格，末行第六格。（插圖三）

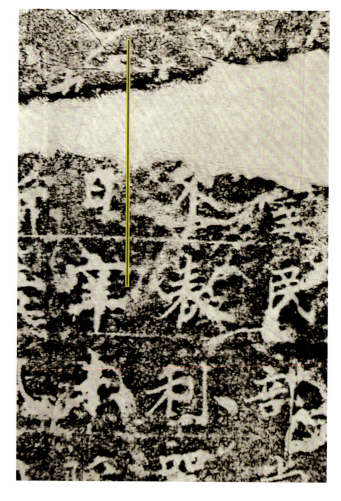

插圖二

———————

插圖一

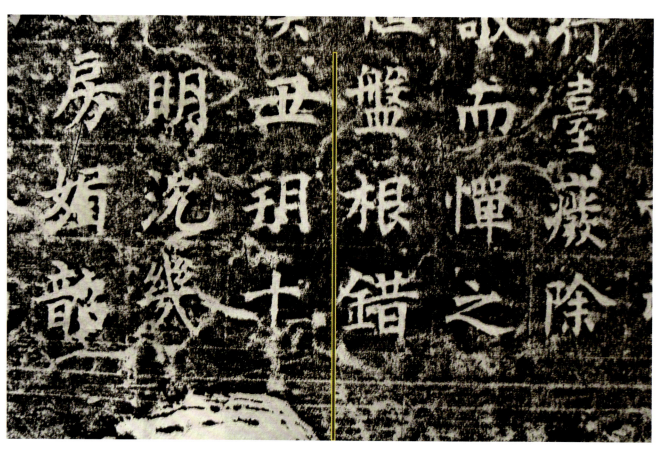

插圖三

## 于孝顯碑

　　貞觀十四年（640）十一月十日。楷書，二十九行，行五十八字。額篆書陽文，四行，行四字。道光三年（1823）富平出土。石今在陝西西安碑林。碑陰刻有道光四年（1824）盧坤、章毓潮、王志沂題跋三則。（插圖一、二、三、四）

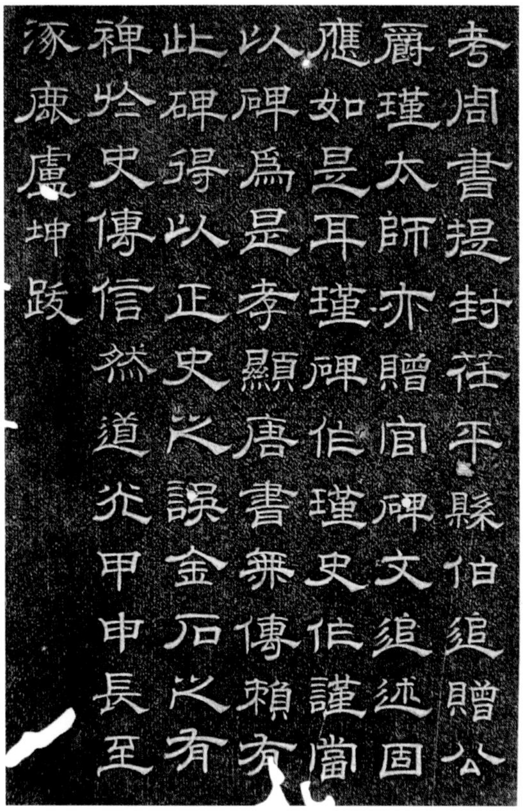

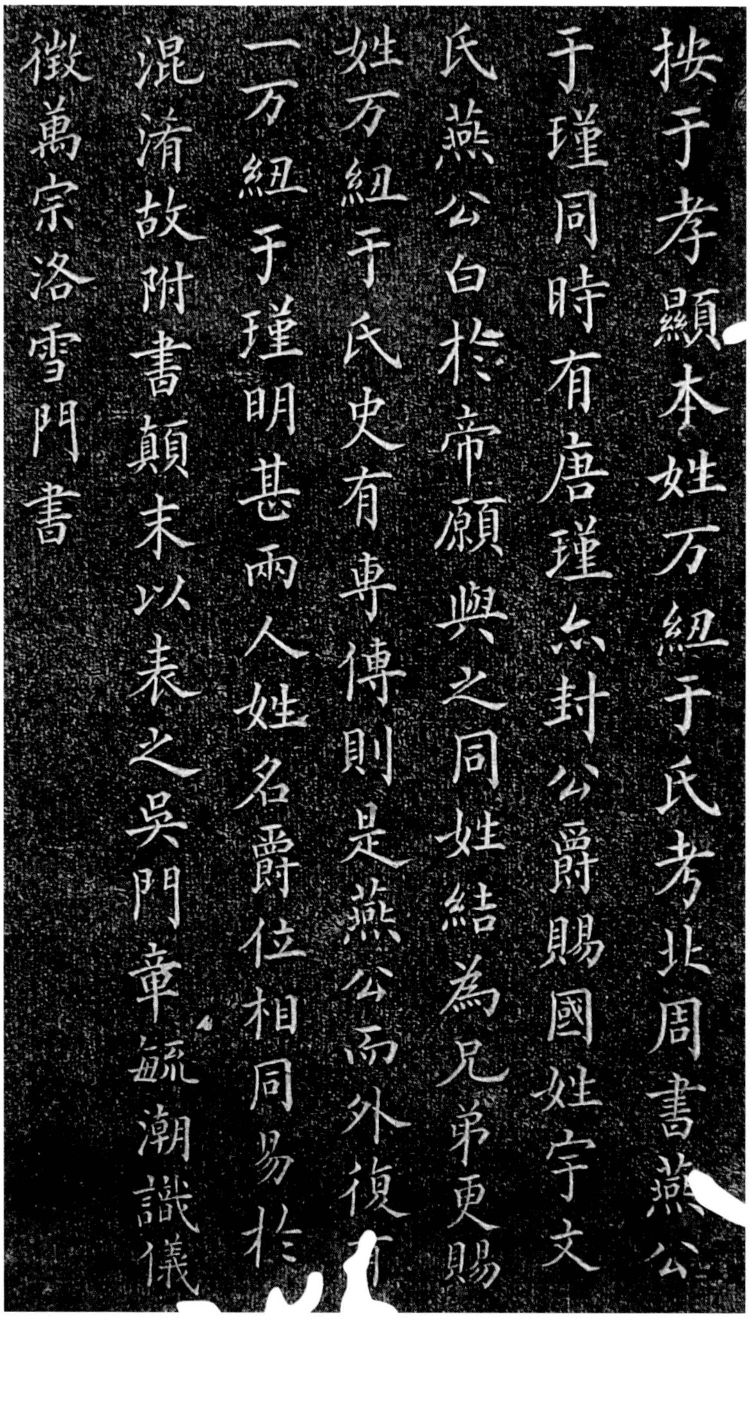

插圖三（碑陰題跋）
右唐濮陽令于孝顯碑道光癸
未出富平土中令人姓名其字頗顇
碑林無撰書人移西安府學
虞永興書作隸書初諸碑顥多
有此格蓋志漢末體遂分法
世碑云曾祖提魏末建平公祖瑾
周太師燕國公父禮周安孚公

考周書提封荏平縣伯追贈公
爾瑾太師亦贈宦碑史追述
應碑為是耳瑾碑文作謹當
以碑得以正史之誤金石傳之有
此碑得史傳信然道光甲申長至
禪吟史傳信然道
涿廉盧坤跋

按于孝顯本姓万紐于氏考北周書燕公
于瑾同時有唐瑾尒封公爵賜國姓宇文
氏燕公白於帝願與之同姓結為兄弟更賜
姓万紐于氏史有專傳則是燕公而外復有
一万紐于瑾明甚兩人姓名爵位相同易枚
混淆故附書顛末以表之吳門章毓潮識儀
徵萬宗洛雪門書

插圖一
插圖二
插圖三

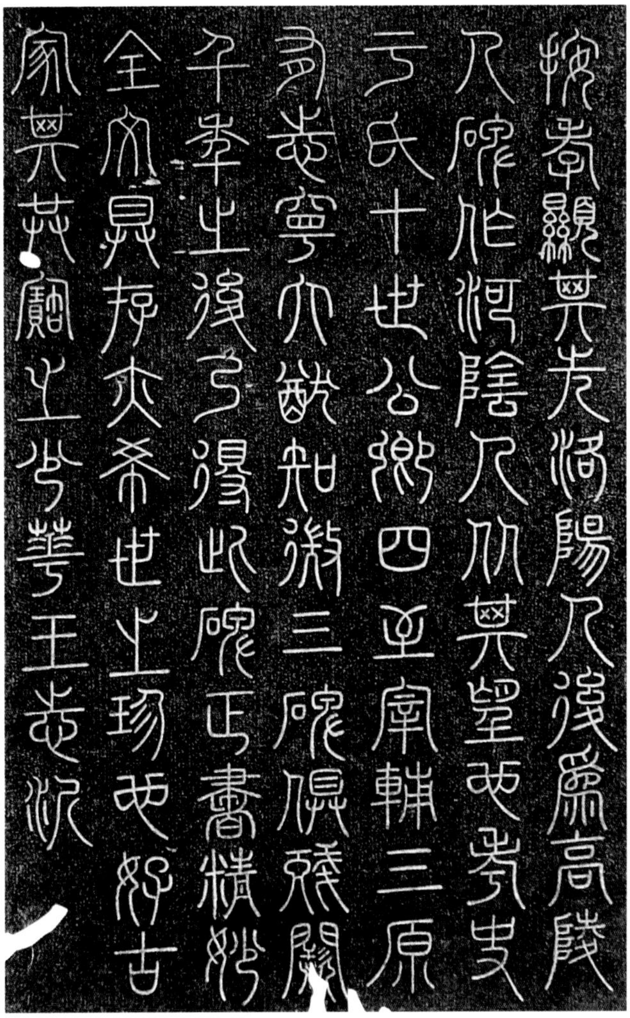

插圖四

### 伊闕佛龕碑

貞觀十五年（641）十一月。岑文本撰文，褚遂良楷書，三十三行，行五十一字。有額，篆書"伊闕佛龕之碑"六字。碑在河南洛陽龍門石窟賓陽中洞與南洞之間的外崖壁上。

### 最舊拓本

明何元朗清森閣藏本，今藏國家圖書館。

首行"藏室延閣"之"延"字完好。（插圖一）

二十五行"善建佛事以"下"報鞠……提之業"等字雖損但可辨。（插圖二，對照插圖一二）

二十六行"猶且雅頌"下"美其功同和於天地管弦詠其德"等字，僅"其"、"於"、"德"三字稍損，餘皆完好。（插圖三、四）

二十八行"隨鐵圍"下"而齊固"等字雖損但可辨。民國拓本"圍"亦泐盡。（插圖五，對照插圖一三）

二十九行"二諦分源"之"諦"字僅右上稍泐，民國拓本"諦"右半泐。（插圖六，對照民國拓本插圖七）

三十行"有為非實"之"為"字完好。（參見插圖六）

三十一行"至哉茂則丹青"之"至哉"完好。（插圖八）

三十二行首"希聖雖遙求心寧"之"希"、"雖"完好。（插圖九）

三十三行"皇祚於"、"年歲次辛丑"等字可見。（插圖一〇）

### 明拓本

右上部少泐一片（在六行至十一行，每行約占五字），共計二三十字。（參見民國整紙拓本插圖一一）

### 清初拓本

二十五行"善建佛事以"下"報鞠育之慈廣修福田以□□提之業"等字可見。（參見民國拓本插圖一二）

### 乾隆拓本

二十八行"隨鐵圍"之"圍"字完好。（參見道光拓本插圖一三）

### 嘉慶拓本

十五行"大將軍"之"軍"字完好。（參見道光拓本插圖一四）

十九行"於中州"之"於"字左邊旁完好。

### 道光拓本

十九行"於中州"之"州"字右豎筆基本完好。（插圖一五）

三十行首"真攻玉圖聖"之"圖"字完好。（插圖一三）

三十一行"鹽梅"二字完好。（插圖一六）

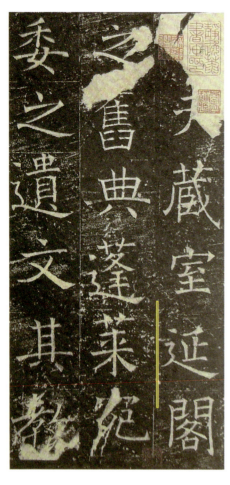

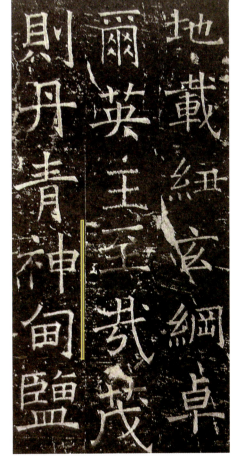

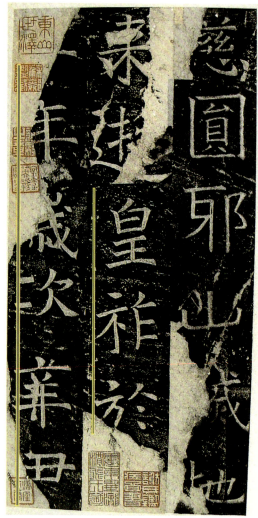

插圖九 ｜ 插圖一〇

插圖一一（局部）

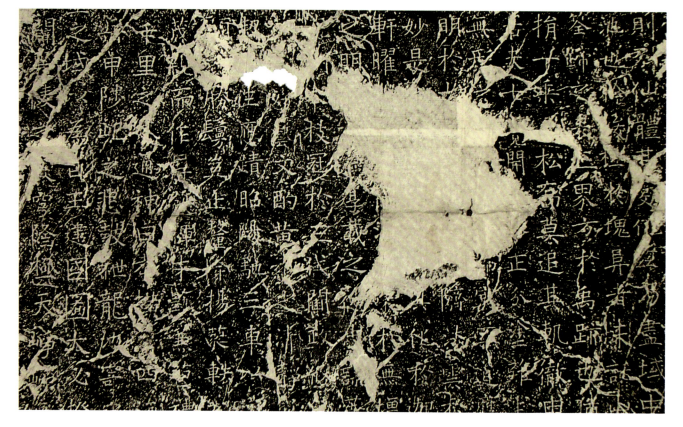

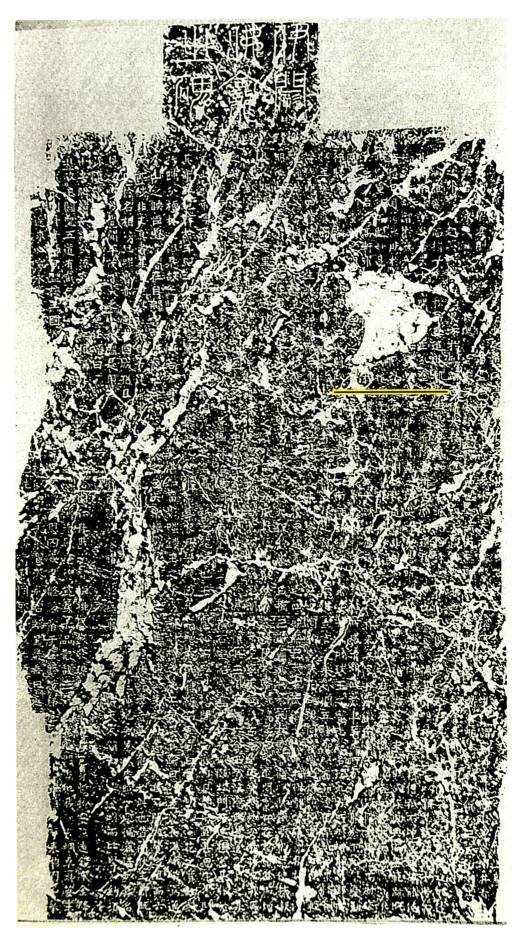

插圖一一

插圖一二

插圖一四

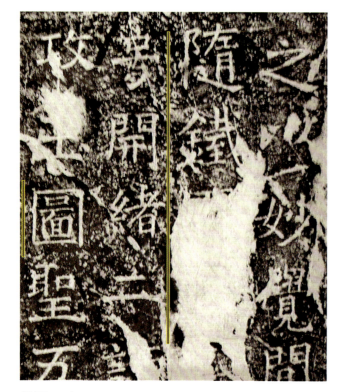

插圖一三

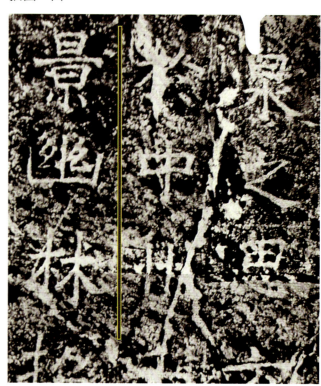

插圖一五

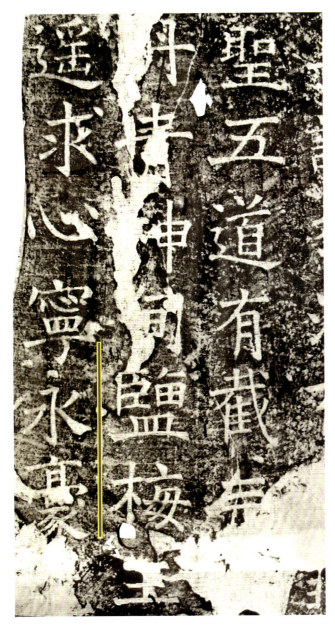

插圖一六

插圖一

## 孟法師碑

貞觀十六年（642）五月。岑文本撰文，褚遂良楷書。原石久佚，傳世僅存臨川李宗瀚藏本（臨川四寶之一），為剪裱唐拓孤本，現已流入日本三井紀念美術館。

李宗瀚藏唐拓本存七百七十六字（中缺二百餘字），明代經黃熊、曹繩武遞藏。清道光三年（1823）歸李宗瀚。內有王世貞、王世懋、王良常、王文治、陸恭、李宗瀚等人題記。久經翻印，聲名遠播，茲不贅言。（插圖一）

## 段志玄碑

貞觀十六年（642）□月十八日。楷書，三十二行，行六十五字。有額篆書陽文十六字。碑在陝西醴泉昭陵。昭陵陪葬碑群書法工妙無比，楷書更是登峰造極，可惜大多漫漶不清，碑拓亦多為半截，文字筆劃能辨者數十至數百耳，誠為中國書法史上一大不幸。

### 舊拓本

第三行"至於拔萃著美"之"至"字完好。（參見稍舊拓插圖一）

十二行"驍衛將軍"之"驍"字"馬"旁完好。（參見稍舊拓插圖二）

十四行"起復"之"起"字完好。（參見稍舊拓插圖三）

十五行"周行"之"周"字豎鉤末端未泐。（參見稍舊拓插圖四）又下"所以"之"以"字左下角未為石花所泐連。（參見稍舊拓插圖五）又下"執簡"之"簡"字完好。（參見稍舊拓插圖六）

十六行"趙國公等"諸字筆劃可辯。（參見稍舊拓插圖七）

三十一行"表行"之"行"字右半筆劃未損。（參見稍舊拓插圖八）

**稍舊拓**

十三行"四百戶"等字下之"遷"字走字底左側稍泐。（插圖九）

二十三行"並宜"之"宜"字完好無損。（插圖一〇）

二十四行"武閣"之"武"字完好無損。（插圖一一）

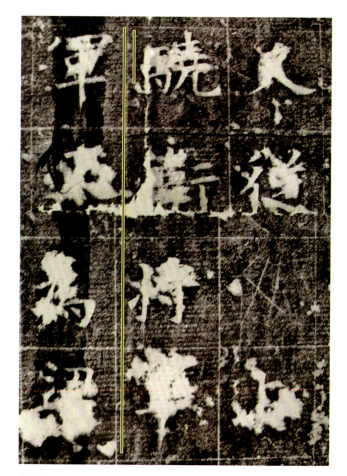

插圖二

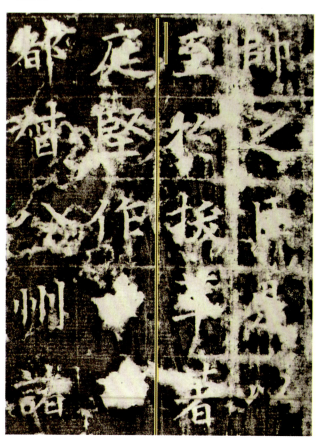

插圖一

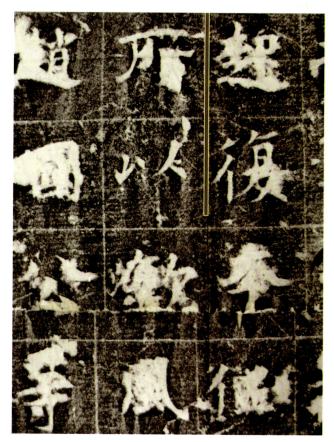

插圖三

插圖四

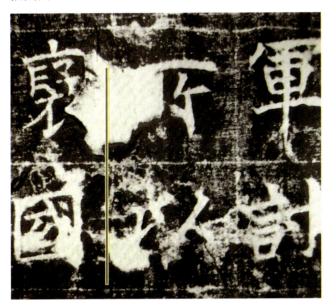

插圖五

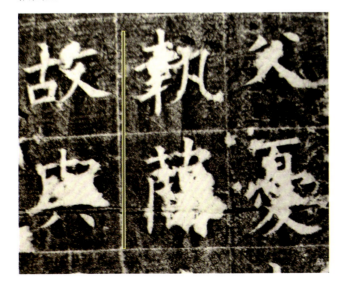

插圖六

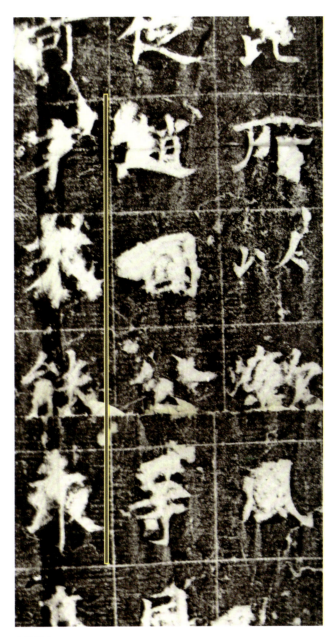

插圖七

插圖八

插圖九

插圖一〇

插圖一一

### 皇甫誕碑

貞觀十七年（643），于志寧撰文，歐陽詢楷書。二十八行，行五十九字。碑額篆書"隋柱國弘義明公皇甫府君碑"十二字。碑原在長安鳴犢鎮皇甫川，明代移至西安碑林。（參見清初拓本插圖一）

宋皇祐三年（1051），原碑陰面改刻《復唯識院記》，碑側原有花邊亦已改刻題名。明初移入西安碑林。明萬曆十六年（1588），余君房督學建亭護碑，萬曆二十四年（1596）碑亭圮毀，碑沿原有極細裂紋中斷為二。斷裂紋自第一行第十八字起，至第二十八行（末行）第四十七字止。斷裂處每行各損一至四字不等。清道光間，碑下截底端又損泐一大片，第十行起至第二十二行止，損泐近百字。此外，第二行至第八行底端各泐一字。

### 北宋拓本

細裂紋僅貫穿一至五行。

四行上端"車服"之"車"字完好。

十行"總管府司"之"司"字"口"部完好。（插圖二）

十二行上端"時絕權豪"之"權"字右旁首點完好。

十三行中段"尚書右丞"之"丞"字右下完好。

十五行下端"繡衣"之"衣"字左下完好。

二十二行上端"參綜機務"之
"務"字完好。

趙世駿藏北宋拓本，有王瓘、
趙聲伯、端方題跋。

劉健之、朱翼庵遞藏北宋拓
本，張祖翼題簽，現藏故宮博物院。

## 南宋拓本

有自首行開始的細裂紋，或貫
至七、八行，或延至十一、二行，
但首行"碑"字僅有裂紋未傷及點
劃。（插圖三，對照插圖八）

三行"於當時"之"時"字完
好。（插圖四）

七行"孝窮"二字完好。（插
圖五）

八行"匡救"之"救"字完
好。（參見插圖五）"囊括"之
"囊"字完好。（插圖六）

二十二行上端"參綜機務"之
"務"字已經泐損。（插圖七）

末行"歐"字漫漶至極，但尚
未剜挖。

## 明拓本（稱"丞然本"）

細裂紋自首行"碑"字貫穿至
末行"馬"字，明初拓本裂紋線上
一字未損，俗稱"線斷本"。再後
細裂紋逐漸增粗直至萬曆年間碑折
斷為二。

首行"碑"字漸損直至泐盡。
（插圖八）

斷後初拓本十五行末"丞然"
二字未損，世稱"丞然本"。（插
圖九，對照插圖一一）

末行"歐"挖成"毆"字狀。
（插圖一〇）

## 清初拓本（稱"三監本"）

十五行末"丞然"二字間石
花增大，二字近乎泐連。（插圖

插圖一

一一）

二行"勢重三監"之"監"字完好，此時拓本稱為"三監本"。（插圖一二）

七行"居貞體道"之"貞"上角稍泐。（插圖一三）

十九行"黼黻為文"諸字完好。（插圖一四）

### 嘉道拓本（稱"無逸本"）

二十二行下端"滑國公無逸以為邢"之"公"字與"無"字還完好，世稱"無逸本"。（插圖一五）

### 道光以後

碑下截底端又損泐一大片，第十行起至第二十二行止，損泐近百字。

### 翻刻本

世間流傳的拓片多為一字不損的翻刻本，字口生硬呆板。

另有翻刻已斷本，極易辨認。

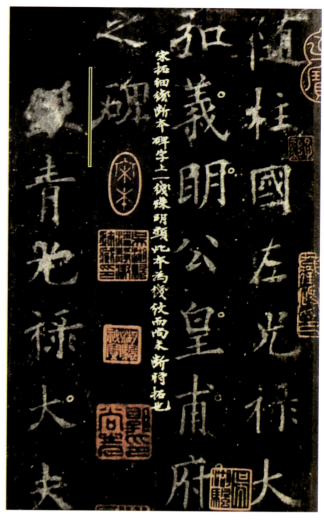

插圖三

插圖二

插圖四

插圖五

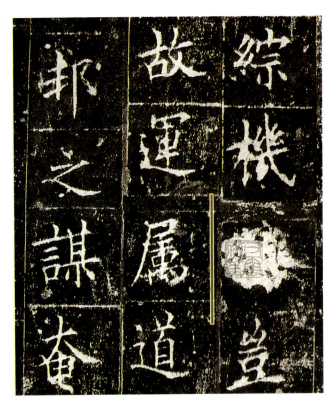

插圖七

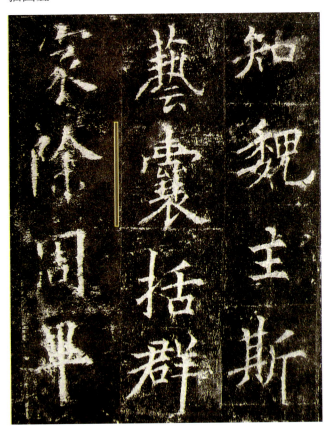

插圖六

插圖八

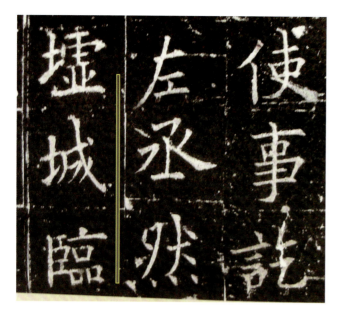

插圖九

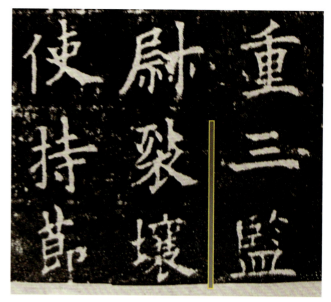

插圖一二

插圖一○

插圖一一

插圖一三

插圖一四

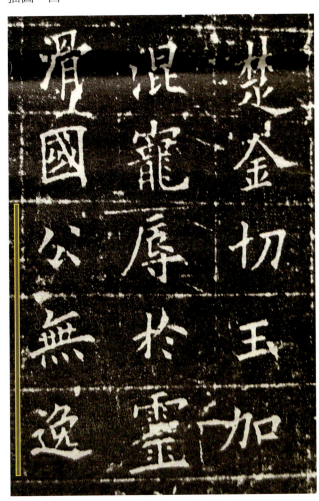

插圖一五

## 姚暢墓誌

唐貞觀十八年（644）八月十九日。楷書。河南偃師出土，今在偃師博物館。

### 舊拓本

首行“姚君”完好。

左上角完好。（插圖一，對照插圖三）

### 民國拓本

首行“姚君”之“姚”字全泐，“君”字泐半。（插圖二）

左上角泐，末行泐四字，倒數第二行泐三字，倒數第三行泐二字，倒數第四行泐一字，倒數第五行泐一字。（插圖三）

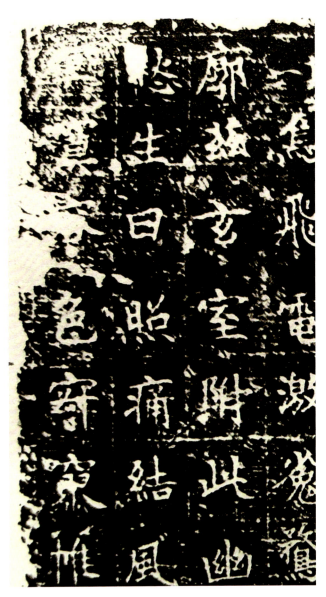

插圖一

插圖二

插圖三

### 晉祠銘

貞觀二十年（646）正月二十六日。唐太宗李世民撰文並行書。二十八行，行四十四至五十字不等，碑額"貞觀廿年正月廿六日"三行，行三字，飛白書。石在山西太原晉祠。

### 明拓本

此碑石質不佳，明代已經剜洗，尚不失原貌。

二行"是知功侔"之"侔"字完好。（參見民國拓本插圖一）

三行"為躬麗高"四字完好。（參見民國拓本插圖二）

四行"革"、"運"、"舟"、"盡"四字完好。

五行"禱"、"亡"、"顯"等字完好。（參見民國拓本插圖三）

### 舊拓本

乾隆時碑面剝蝕加劇，拓本凹凸斑駁。道光以後石又屢經挖洗，字劃漸呆板。

### 民國拓本

以上所舉諸字俱泐。

二十行"弊帛雲委"之"雲"字上半雖泐損，但仍可辨（注："雲"字右上有大塊石花）。（插圖四）

### 翻刻本

山西太原晉祠有乾隆三十七年（1772）楊塏摹、寧世昌翻刻。今亦在山西晉祠。（插圖五）

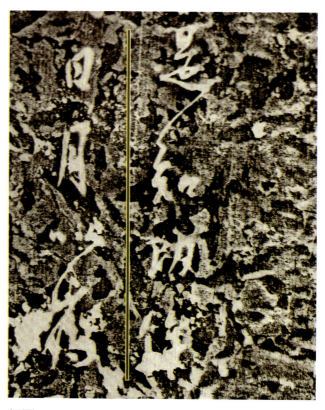

插圖一

插圖二

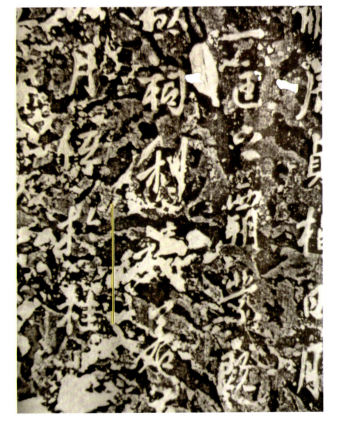

插圖三

插圖四

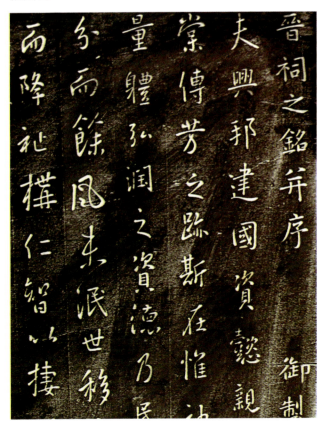

插圖五

## 文安縣主墓誌

又名"紀段儼妻李氏墓誌"。貞觀二十二年（648）三月二十二日。楷書二十九字，行二十九字。嘉慶年間陝西醴泉出土，同治二年（1863）歸吳窗齋。

### 舊拓本

首行"文安縣主"之"文"字完好。（插圖一）

末行"成日"之"日"字完好。

歸吳氏後拓本，字劃漸漫漶細瘦。

### 翻刻本

二行"跡被昆侖"之"被"字上，原石有細擦痕一條，翻本則無。（參見原刻本插圖二）

二行"諱"字末筆有細擦痕一條，翻本亦無。（翻刻本插圖三）

五行"升陛誓牧之旅"之"旅"字右半，原石漫漶，翻本刻不成形，又無漫漶。（翻刻本插圖三）

翻本有無數人工鑿出的芝麻點，四周缺失處，均有斧鑿痕。（插圖四，上圖為翻刻，下圖為原刻）

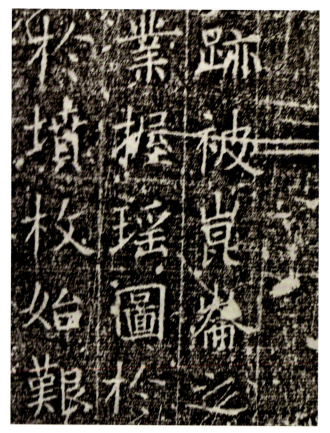

插圖二

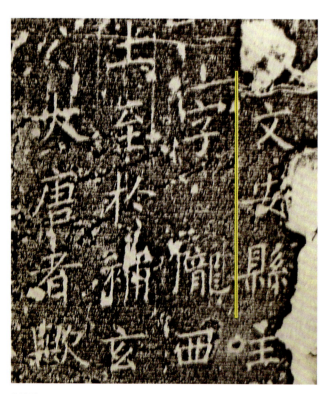

插圖一

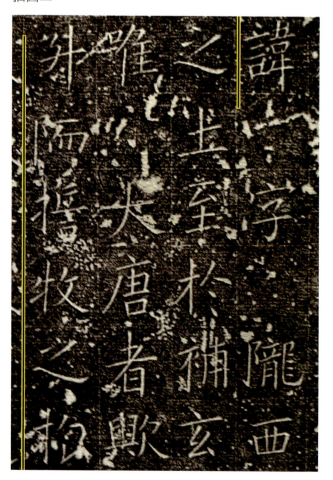

插圖三

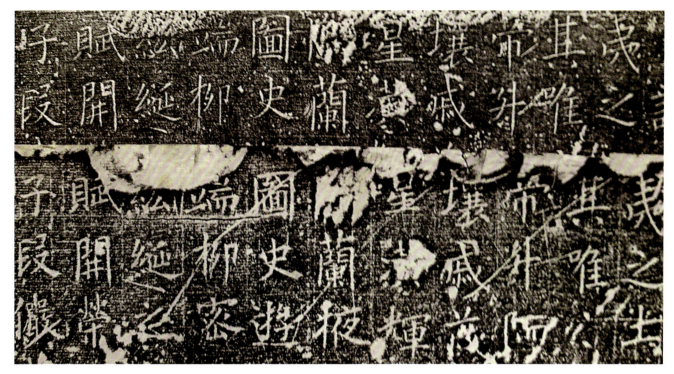

插圖四

## 孔穎達碑

又稱"孔祭酒碑"。貞觀二十二年（648）。于志寧撰文。楷書，三十五行，行七十六字。有額篆書，陽文四行，行四字。碑在陝西醴泉，昭陵諸碑之一。明代碑文上半文字多完好，較乾隆拓本多二百六十餘字，今鑿損漫漶嚴重。

### 宋拓本

以臨川李宗瀚舊藏宋拓本最舊，存一千七百餘字，今在北京故宮博物院。

首行"大唐故太子右庶子銀"及"護軍阜憲公孔公"等字可見。（插圖一）

### 明拓本

第一行"右庶子"下"銀"字尚存。（參見插圖一）

第二行"字沖遠"下一"冀"字尚可辨，乾嘉時期"銀"字、"冀"字皆漶。（參見宋拓本插圖二）

### 稍舊拓本

五行"大小之獄"之"大"字稍損能辨，後即漶盡。（參見民國拓本插圖三）

插圖一

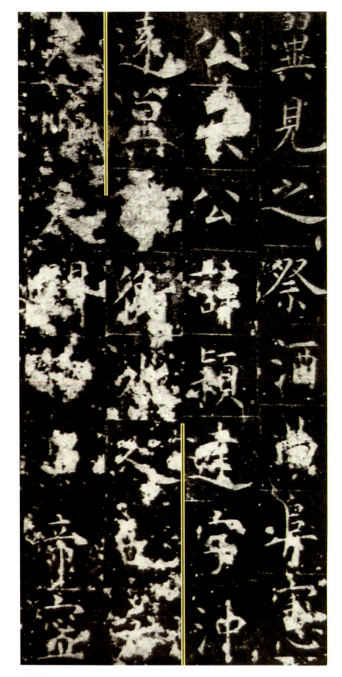

插圖二

插圖三

## 牛秀碑

貞觀年間（627～649）。楷書，十八行，行三十四字。石在陝西醴泉昭陵。清嘉慶二十一年（1816）年朱勳、王森文訪得。

### 嘉慶初拓本

首行"州督都上柱國"六字完好，又下"開國"之"國"字完好。（新舊對照插圖一）

二行"俯察成形"之"俯"、"形"二字完好。（參見民國拓本插圖二）

三行"乘夏載而朝萬國"之"朝萬"二字完好。（新舊對照插圖三）

三行"域中制"三字完好。

五行"澤龜文負封"之"龜"字完好。（新舊對照插圖四）

六行"以籠冕"之"以"字完好。

七行"洺州"之"州"字三豎筆可見。（新舊對照插圖五）

八行"三宮□奧焉"之"奧"字完好。（新舊對照插圖五）

### 清末民初拓本

碑文漫漶，僅右上八九行文字尚可辨。

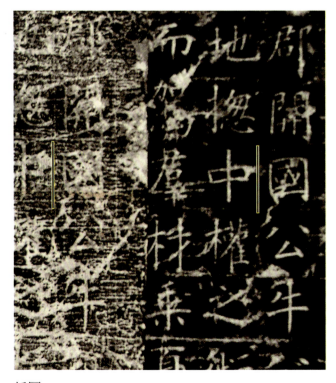

插圖一

插圖二

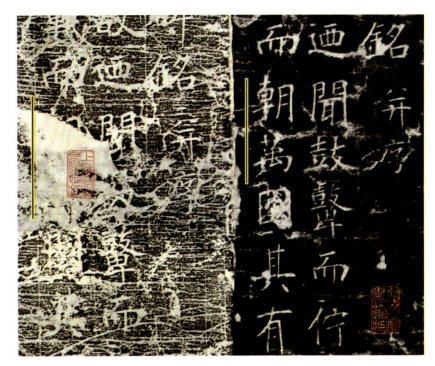

插圖三

插圖四

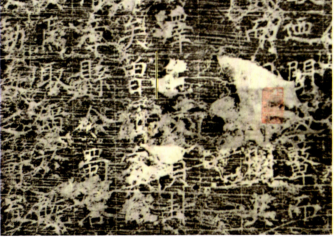

插圖五

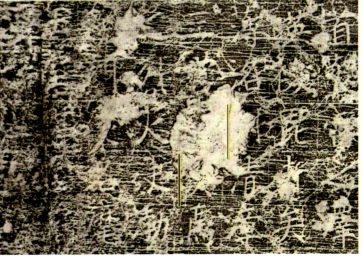

## 房玄齡碑

永徽三年（652）。褚遂良楷書，三十六行，行約八十一字（下半早已損泐，清末民初拓本每行僅存二十字）。有額，篆書，陽文十六字。碑在陝西醴泉昭陵。

### 宋拓本

涿州李芝郊有北宋賈似道舊藏拓本，宋拓宋裝，曾遭火燒。光緒末年上海神州國光社曾有影印。

### 明拓本

首行"太子太傅"之"太"字筆道未泐粗。（插圖一，對照民國拓本插圖二）

三行"玄造之功"四字完好。（插圖三，對照民國拓本插圖四）

四行首"繼響"之"繼"字完好。（插圖五，對照民國拓本插圖六）

五行"都督"二字完好。（插圖七，對照民國拓本插圖八）

### 清初拓本

十一行首"太宗時稱元帥"之"帥"字不損。（參見民國拓本插圖九）

### 清中期拓

末行"齊明"之"明"字"月"部未泐。（參見民國拓本插圖一〇）

筆道清晰者較近拓多出一百三十餘字。

### 稍舊拓本

八行"典校缺文"四字未損，民國拓本漫漶不可辨。（參見民国拓本插圖一一）

插圖一

插圖二

插圖三

插圖四

插圖五

插圖六

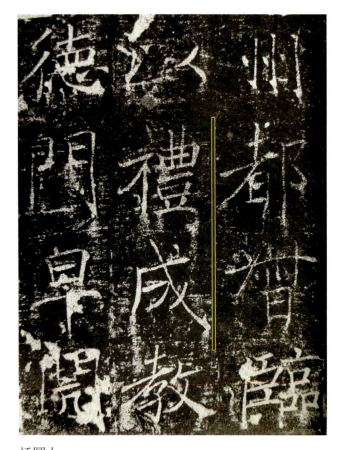

插圖七

插圖九

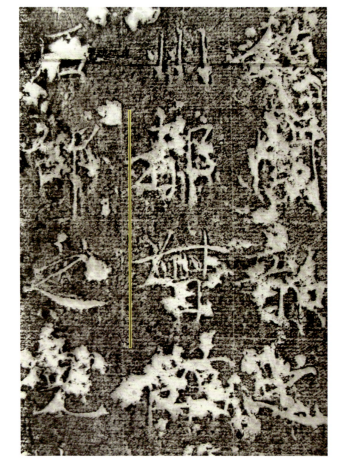

插圖八

插圖一〇

插圖一一

### 樊興碑

　　永徽元年（650）七月九日。楷書，三十一行，行六十一字。有額篆書陽文九字。碑在陝西三原。道光八年（1828）周貞木在三原獻陵訪得，移置學署。碑左側刻有道光二十三年（1843）六月沈兆霖、郭鳳翔刻觀款（楷書一行）。

### 初拓本

　　無道光二十三年（1843）六月沈兆霖、郭鳳翔刻觀款。（參見民國拓本插圖一）

### 舊拓本

　　三行"公諱興"之"興"字完好，民國拓本"興"字上半渺盡。（參見民國拓本插圖二）

　　六行"太玄偶出"之"出"字完好，民國拓本"出"字下半渺。（參見民國拓本插圖三）

　　十七行下"莫或與京宸"之"與"字右豎微損，民國拓本"與"字右豎幾乎渺盡。（參見民國拓本插圖四）

　　二十九行"聚米均聲"之"米"字豎筆完好，民國拓本"米"字豎筆下半渺粗。（參見民國拓本插圖五）

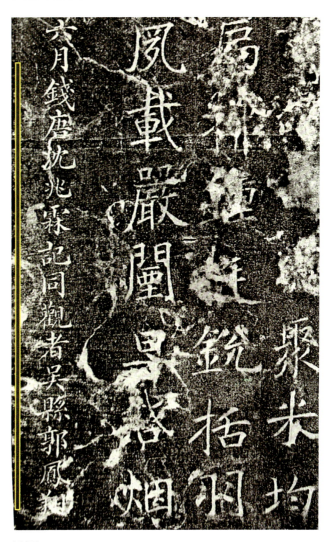

插圖一

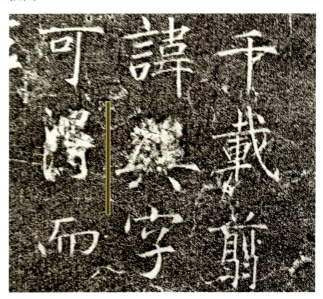

插圖二

插圖三

插圖四

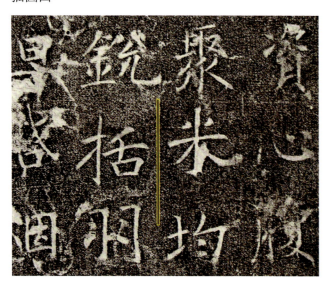

插圖五

## 雁塔三藏聖教序

序文永徽四年（653）十月十五日刻。李世民撰文，褚遂良楷書二十一行，行四十二字。後記永徽四年（653）十二月十日刻，李治撰文，褚遂良楷書，左行，二十行，行四十字。碑在陝西西安大雁塔。此碑石質較佳，字口變化不太大，但是未見真正的宋拓、明拓，所見明拓多為塗描本，故清初拓已屬頂級品。

### 相傳宋拓本

十五行"波濤於口海"之"濤"字清晰無剜挖痕。

十六行"聖教缺而復全"之"聖"字完好。

### 相傳明初拓本

十五行"波濤於口海"之"濤"字右下"口"部似挖成"呂"狀。（插圖一）

十六行"聖教缺而復全"之"聖"字似挖成"望"狀。（插圖二）

十八行末"貞良"兩字未損。

十九行末"緣慶"兩字未損。

後記二行末"軌躅"兩字未損。

後記三行末"莫測"兩字未損。

後記五行末"塵劫"兩字未損。

後記十八行"略舉大綱"四字未損。

### 明中葉拓本

十二行"廣彼前聞"之"前"字未損，所見多為塗描本。（參見已損本插圖三）

後記首行"皇帝述三藏"之"藏"字未損，所見多為塗描本。（參見已損本插圖四）

後記三行"尋之"，四行"綱之"（參見已損本插圖五），十行"昏之"，三"之"字末筆上無鑿損痕，所見多為塗描本。

### 明末拓本

四行"舉威靈而無上"之"靈"字右上角未損，次則"靈"字已損。（插圖六）

九行"導群生於十地"之"十"字中豎未挖粗，次則稍挖粗。（挖粗本插圖七）

八行"拯含類於三途"之"類"字"頁"部

左下撇點未損。（插圖八）

十一行"隻千古而無對"之"千"字完好，次則橫劃右上有石花。（插圖九）

## 清初拓本

十一行"隻千古而無對"之"對"字"寸"部豎筆中間極細，似斷還連，後即挖粗。（插圖一〇）

稍晚則後記八行"垂拱而治"之"治"字缺末筆，尚未添刻封口。（插圖一一，對照已挖本插圖一二）

後記十八行"抱風雲之潤治"之"治"字缺末筆，尚未添刻封口。（插圖一三，對照已挖本插圖一四）

## 雍乾以後拓本

五行"妙道凝玄"，十行"有玄奘法師者"，後記二行"諸法之玄宗"，後記九行"上玄資福"，後記十一行"智地玄奧"，以上五個"玄"字末點開始鑿損，因避清聖祖玄燁諱。（插圖一五）

## 乾嘉拓本

十九行"夫以卉木無知"之"夫"字未泐。

後記六行"排空寶蓋"之"寶"字"貝"部完好。

後記十二行"聽令立志"之"志"字長橫末端未泐，又下"體拔浮華之世"之"體"字"豐"部末筆未泐。

末二行"與乾坤而永大"下空一格處未刻道光四年（1824）題記。

## 道光拓本

十五行"探頤妙門"之"妙門"二字未損。

後記十六行"自非久植聖緣"之"久"字長撇未泐粗。

## 咸同拓本

二行"是以窺天鑒地"之"天"字二橫未損，左上角無石花。

六行"投其旨趣"之"其"字中央完好。

十三行"撥煙霞而進影"之"霞"字"雨"部右側完好。

十六行"六百五十七部"之"五"字完好。

## 光緒拓本

五行"細之則攝於毫釐"之"毫"字未泐。（插圖一六）

十二行"截偽續真"之"偽"字稍損。

末二行"與乾坤而永大"下空一格處的道光四年（1824）題刻已經被鑿去。

## 民國拓本

十二行"截偽續真"之"偽"字"為"部泐大半。

插圖一

插圖二

插圖三

插圖四

插圖五

插圖六

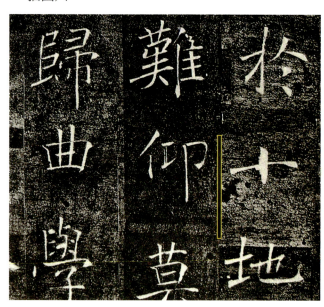

插圖七

插圖八

插圖九

插圖一二

插圖一〇

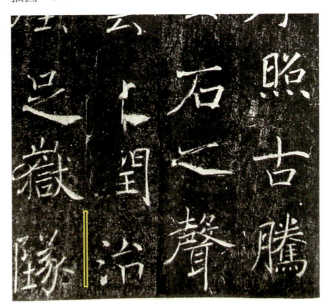
插圖一三

插圖一一

插圖一四

插圖一五

插圖一六

## 韓仲良碑

永徽六年（655）三月十四日。于志寧撰文，王行滿楷書。三十二行，行六十字。有額篆書陰文十五字。碑在陝西富平。乾隆元年（1736）趙希謙訪得。

### 初拓本

第十二行"九圍版蕩"之"圍"字"韋"部完好。（參見民國拓本插圖一）

### 稍舊拓本

十行"聲動周行"之"周"字完好。（參見民國拓本插圖二）

十七行"詔中權以申薄"之"詔"字"刀"部稍損。

### 民國拓本

十七行"詔中權以申薄"之"詔"字"刀"部幾乎泐盡。（參見民國拓本插圖三）

插圖一

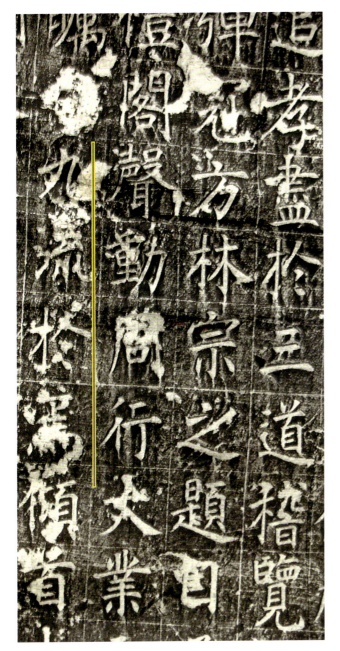

插圖二

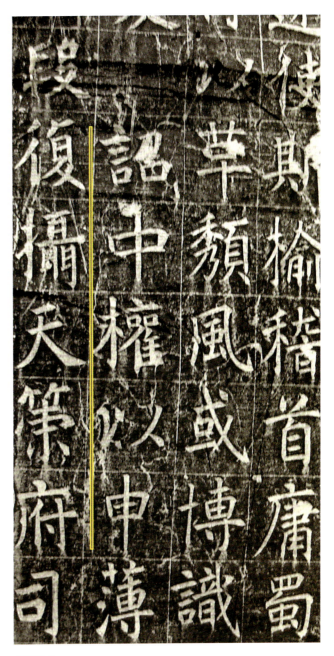

插圖三

### 王行滿聖教序

顯慶二年（657）十二月十五日。李世民撰序，李治撰記，王行滿楷書。二十八行，行五十六字。額篆書陽文，二行，行四字，中刻佛像一尊。石舊在河南偃師招提寺，故又名"招提寺聖教序"，乾隆二十五年（1760）移置縣學。"文革"中擊碎，現僅存碑首和碑身三分之一。

### 舊拓本

見國家圖書館藏整紙本，右上角裂紋不明顯。（插圖一，此拓有硬傷，對照插圖二）

左中部圓形碗口大小石花未泐至左側邊緣花邊。（參見插圖一，此拓有硬傷，對照插圖二）

二行"覆載"之"覆"字完好。

### 民國拓本

右上角徹底斷裂，裂紋增大，損泐十四、五字。（插圖二、插圖三右上角局部）

二行"覆載"之"覆"字泐盡。（插圖四）

左中部圓形碗口大小石花泐至左側邊緣花邊。（插圖五）

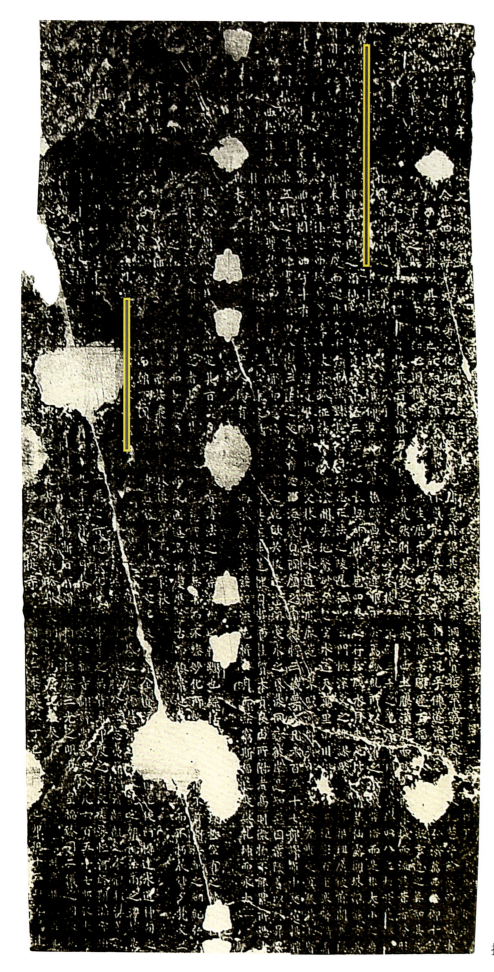

插圖一

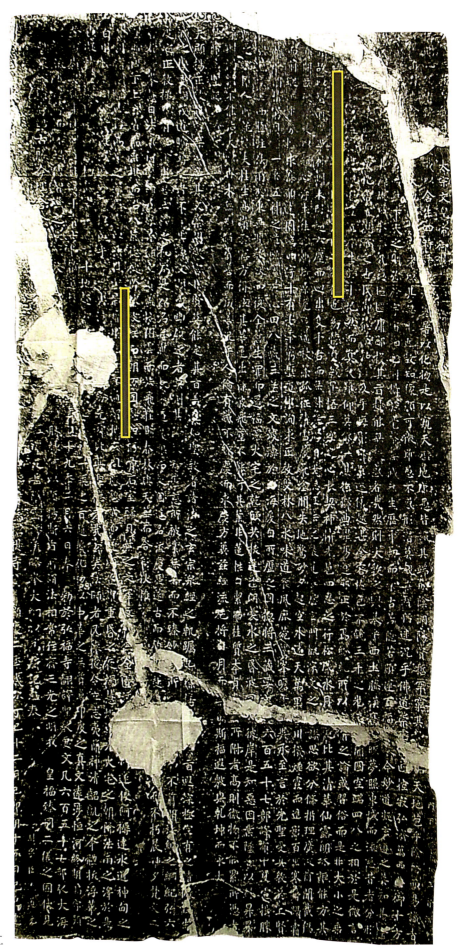

插圖二

插圖三

插圖四

插圖五

## 海禪師方墳記

唐顯慶三年（658）二月二十五日。九行，行九字。石在陝西西安白塔寺，石佚。陸增祥疑為偽刻。（插圖一）

### 所見三種拓本

（1）三行“永徽五年”之“五”字下有細擦痕略帶弧度，必翻刻。（插圖二）

（2）三行“永徽五年”之“五”字下細擦痕呈直線，亦不似唐石。（插圖三）

（3）三行“永徽五年”之“五”字下無細擦痕，石面滿布石花，極不自然，必翻刻。（插圖四）

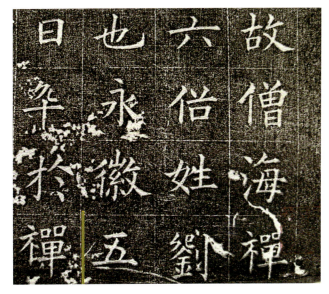

插圖二

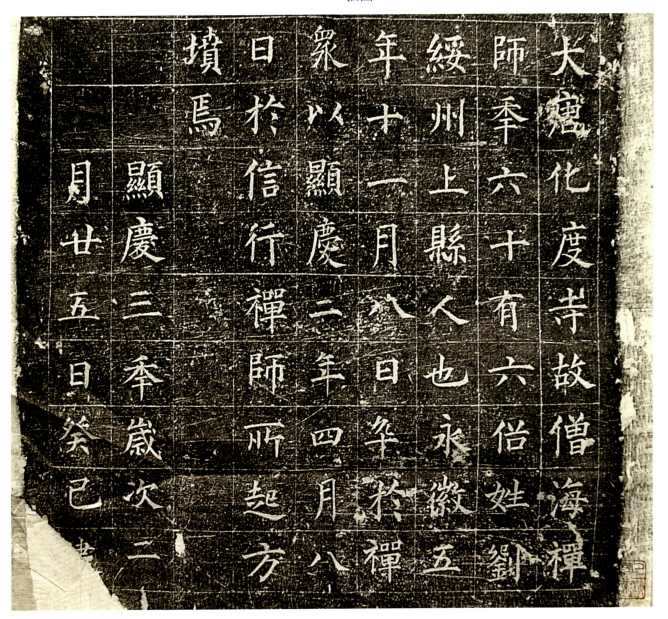

插圖一

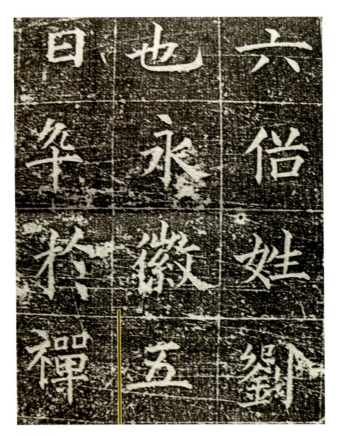

插圖三

插圖四

### 李靖碑

又名"衛景武公碑"。顯慶三年（658）五月。許敬宗撰文，王知敬楷書。碑陽三十九行，行八十二字。碑陰刻宋元祐四年（1089）二月六日游師雄等人題記。有額篆書四行，行五字。碑在陝西醴泉昭陵。舊拓本所見多衹存上截，每行拓至四十三字止。

### 元明拓本

五行"出將氣蓋"之"氣"字未損。（插圖一）

六行"子路"之"路"字未損。

十行"汲縣"之"縣"字"系"部首撇未損。（插圖二）

三十二行"凋神"之"凋"字、"追蹤昭伯"之"昭"字完好，"騰映前猷"之"猷"字左上首點未損。（插圖三）

三十四行"契合"之"合"字未損。（插圖四）

朱翼庵藏元明拓本，今在北京故宮博物院。

### 明拓本

六行"子路之嘉言"之"嘉"字完好，"竟能縶馬埋輪"之"馬埋"兩字完好。（插圖五）

十行"三原考績"之"原"字完好。（參見嘉慶拓本插圖六）

十二行"斷鼇"之"鼇"字已損。（參見嘉慶拓本插圖七）

十三行"冥應寶圖"之"應"字完好。（參見嘉慶拓本插圖八）

### 清初拓本

三十三行"班劍卌人"之"卌"字完好。（參見嘉慶拓本插圖九）

### 乾隆拓本

六行"子路之嘉言"之"言"字完好。

十四行"招集遺黎"之"黎"字下半完好。（參見嘉慶拓本插圖一〇）

二十二行"食邑四百戶仍以本官行太子"之"食"、"行太"三字完好。（參見嘉慶拓本插

圖一一）

　　三十五行"丞相開閣"之"開閣"兩字完好。（參見嘉慶拓本插圖一二）

　　三十七行"明辟道包前聖"之"明"字右上角完好。（參見嘉慶拓本插圖一三）

## 嘉慶拓本

　　七行"成作師用"之"師"字完好。（插圖一四）

　　十一行"黿鼉"之"鼉"字浮鵝鉤已泐，多見有塗描充作未泐。（插圖一五）

　　十三行"內輹知臣"之"知"字完好。（插圖一六）

　　十七行"八月涼秋"之"涼"字完好。（插圖一七）

　　二十一行"指金陵而振旅"之"而"字完好。（插圖一八）

　　三十一行"自違朝寵"之"違"、"寵"二字完好。（插圖一九）

　　三十六行"聖末派生"之"聖末"兩字完好。（插圖二〇）

　　三十七行"明辟道包前聖"之"道包前"三字完好。（插圖二一）

## 道光拓本

　　七行"聖人比夫口成作師用"之"聖人比"、"夫成作用"七字未泐。（插圖二二）

　　二十行"散地交馳"之"馳"字完好。（插圖二三）

　　二十四行"謂天驕子"之"天"字完好。（插圖二四）

　　三十六行"望祁山而忡懷"之"祁山"二字完好。（插圖二五）

## 清末拓本

　　十三行"引居周衛"之"周"字完好。（插圖二六）

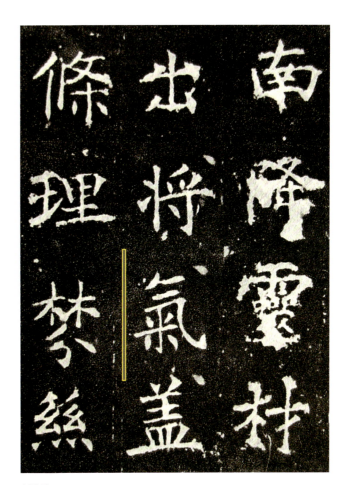

插圖一

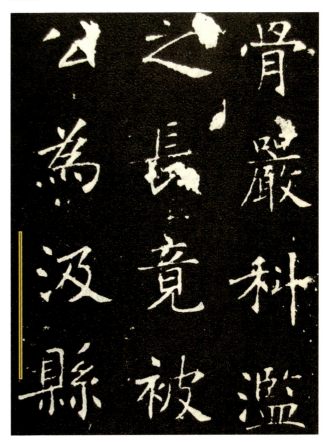

插圖二

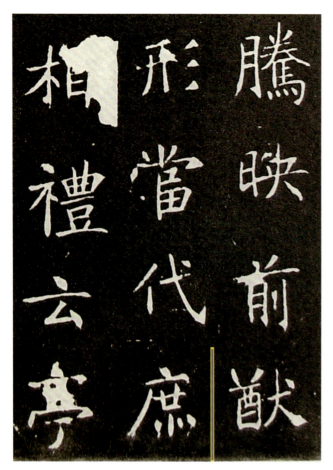

插圖三

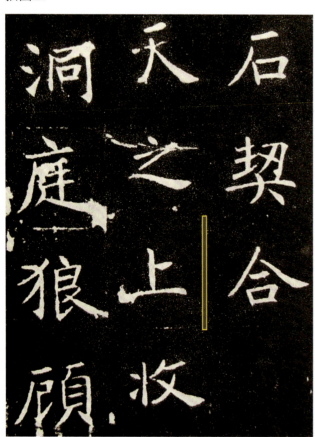

插圖四

插圖五

插圖六

插圖七

插圖九

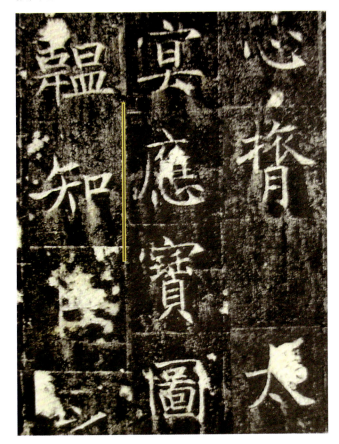

插圖八

插圖一〇

插圖一一

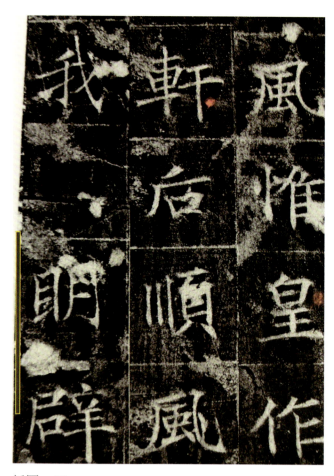

插圖一三

插圖一二

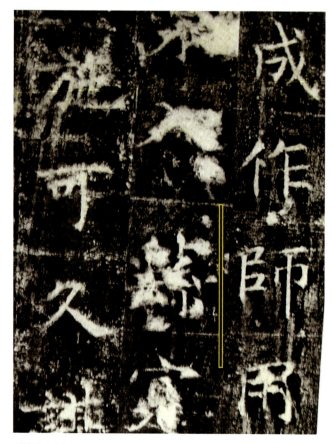

插圖一四

插圖一五

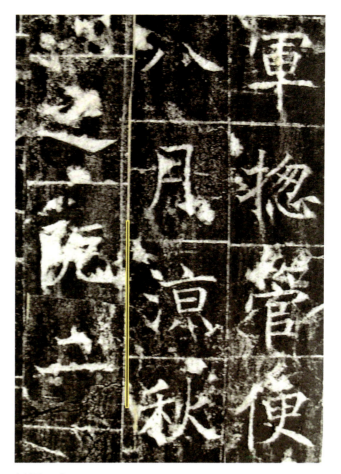

插圖一七

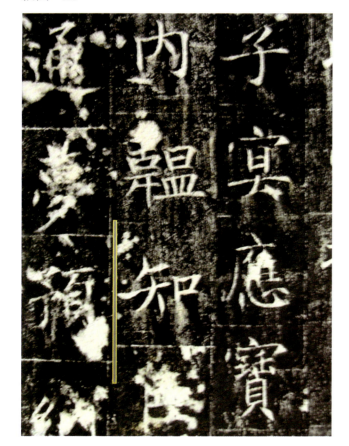

插圖一六

插圖一八

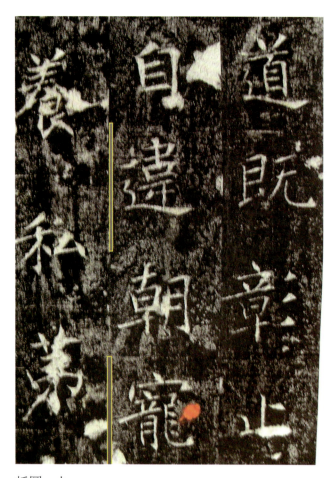

插圖一九

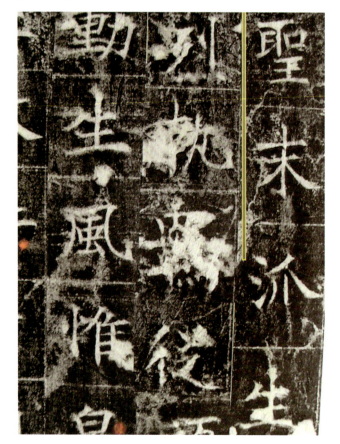

插圖二〇

插圖二一

插圖二三

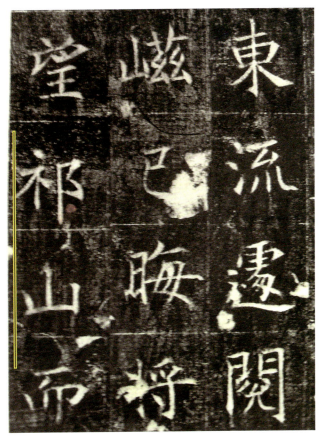

插圖二二　插圖二四
插圖二五

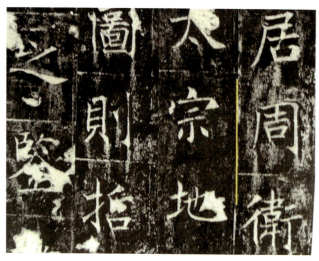

插圖二六

## 王居士塔銘

唐顯慶三年（658）十月十二日。上官靈芝制文，敬客書。十七行，行十七字。明末崇禎年間，塔銘出土於陝西西安終南山梗梓谷之百塔寺。初出土時塔銘已裂為三塊，第六、七行間有縱向斷裂紋，成左右兩塊，其右塊又斷為上、下兩塊，分右上石、右下石、左半石。

### 1．初拓"三斷本"

初拓三斷本難得一見，整紙拓更稀見。筆者曾見趙烈文舊藏卷子裝整紙本，有何焯題跋。

插圖一

（插圖一）

## 2．"説罄本"

"說罄本"是在初拓"三斷本"的基礎上，又佚失右上石一塊，左側"說罄"以後十一行完好，故又稱"十一行本"。此類拓本罕見，曾見龐芝閣藏本，有李泰來跋。（插圖九）

## 3．"小七石本"

迨後左半石又碎，間多散佚，成"小七石本"。"小七石本"之右下石第三行"魏樂府歌"之"魏"字可見。（插圖二）

"小七石本"與"說罄本"的區別在於"左半石"碎而佚，故"小七石本"又稱"說罄已斷本"。

## 4．"小五石本"與其後的"小八石本"

"小七石本"繼而成為"小五石本"。（插圖三）"左半石"佚失下半截，僅存上半截（共十一行，行十一字），上半截又斷為三，成品字形（上為"說罄"小石，右下為"憔悴"石，左下為"迹往"石）；（插圖三上）右下石僅存二小塊，殘存八字又二半字。（插圖三下）

近拓"憔悴"石又裂為四，"迹往"石又渺"迹往"二字，成"小八石本"。（插圖四）

## 翻刻本

翻刻眾多，多仿刻三斷本。（插圖五、六）

簡便易行區分原刻與翻刻的方法是：原石二行"居士諱公"之"居"字"古"部一橫劃左側細鋒伸出"尸"部撇筆外，僅此一毫，摹刻或不伸出，或過分伸出。（原刻本插圖七，對照翻刻插圖八）

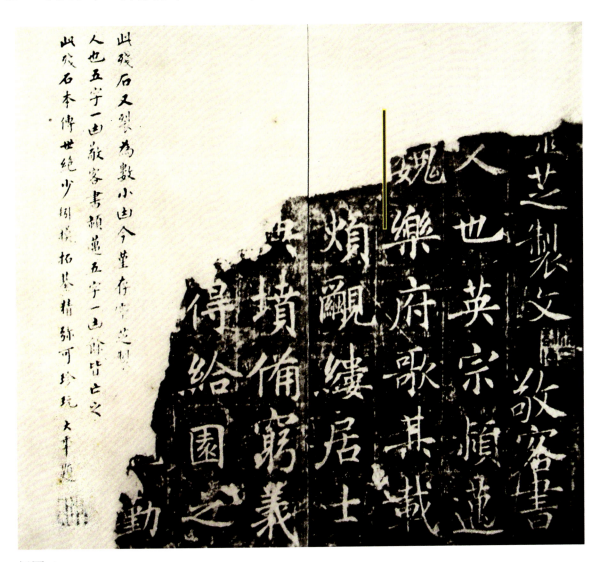

插圖二

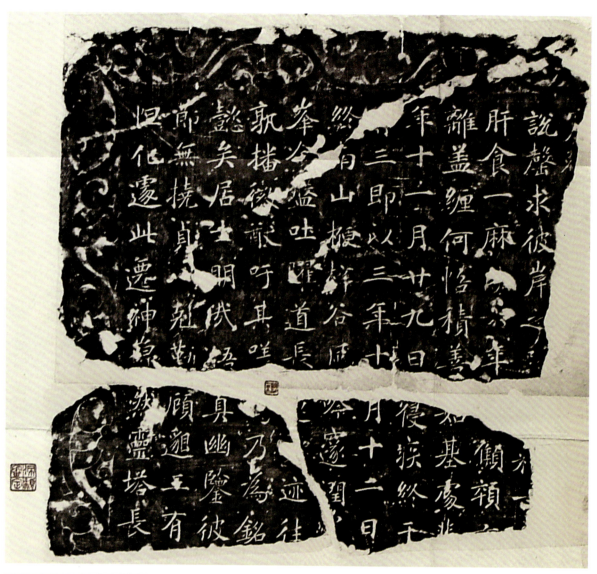

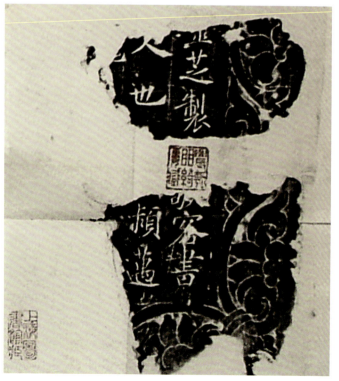

插圖三

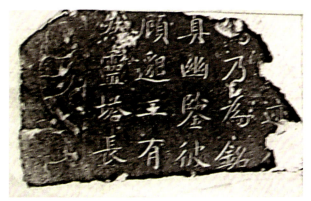

插圖四

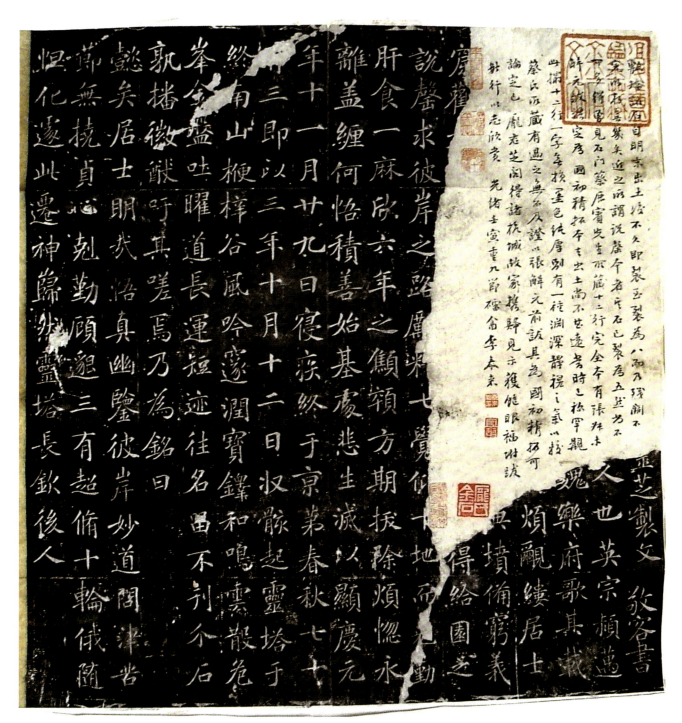

插圖九

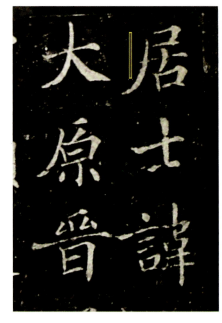

大唐王居士塼塔之銘　上官□芝製文　敬客書
居士諱公字孝寬太原晉陽人也英宗頻邁
遠冑隆周茂緒昌爵冠後魏樂府歌其載
德天下挹其家聲具詳晶牒山煩飀縷居士
奉摽□莊先覺本遺名利遍覽□墳備窮義
實鞶視如糟粕視孔墨猶灰□得給圍芝勤
說鞶求彼岸之路□往七覺何十地而勤
離食一麻啟六年之傾額方期扳除煩惱永
肝食一麻啟六年始基慶悲生減以顯慶元
年十一月廿九日寢疾終于京弟春秋七十
即三即以三年十月十二日收骸起靈塔于
終南山粳梓谷風吟邃潤寶鐸和鳴雲散卷
峯金盤吐曜道長運短迹往名留不刊介石
孰播徵猷吁其嗟焉乃為銘曰彼岸妙道問津旹
懿矣居士期武悟真幽鑒三有超偹十輪俄隨
節無撓貞心勤顧邈三長欽後人
煜化邊此遷神歸然靈塔

大唐王居士塼塔之銘　上官□芝製文　敬客書
居士諱公字孝寬太原晉陽人也英宗頻邁
遠冑隆周茂緒昌爵冠後魏樂府歌其載
德天下挹其家聲具詳晶牒山煩飀縷居士
奉摽□莊先覺本遺名利遍覽□墳備窮義
實鞶視如糟粕視孔墨猶灰□得給圍芝勤
說鞶求彼岸之路□往七覺何十地而勤
離食一麻啟六年之傾額方期扳除煩惱永
肝食一麻啟六年始基慶悲生減以顯慶元
年十一月廿九日寢疾終于京弟春秋七十
即三即以三年十月十二日收骸起靈塔于
終南山粳梓谷風吟邃潤寶鐸和鳴雲散卷
峯金盤吐曜道長運短迹往名留不刊介石
孰播徵猷吁其嗟焉乃為銘曰彼岸妙道問津旹
懿矣居士期武悟真幽鑒三有超偹十輪俄隨
節無撓貞心勤顧邈三長欽後人
煜化邊此遷神歸然靈塔

插圖五　插圖七
插圖六　插圖八

## 善興寺舍利塔銘

唐顯慶四年（659）四月八日刻。楷書，十一行，行九字。石在廣西臨桂，臨桂李氏舊藏。

### 傳世拓本有二種

二行一作"十二月"，（插圖一）一作"十一月"。（插圖二）

1. "十二月本"

石面多石花，七行"丁未"之"丁"字完好。

2. "十一月本"

七行"丁未"之"丁"字首橫已泐，雖書法秀美，但確為翻刻。

插圖一（局部）

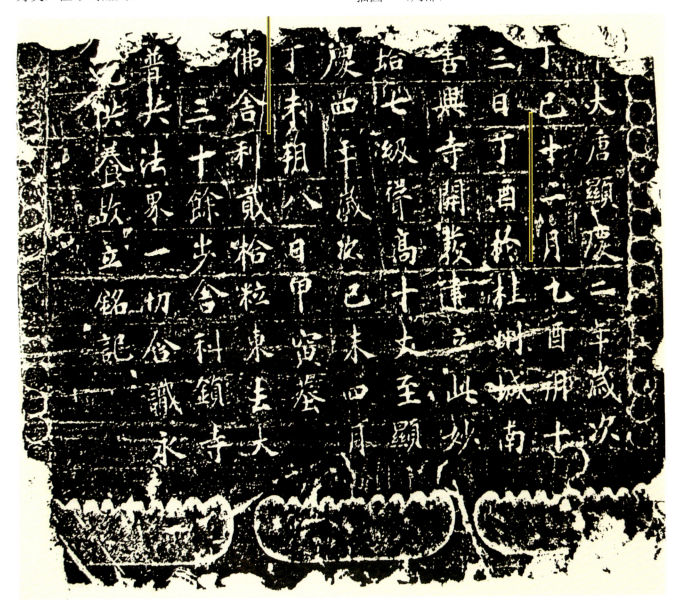

插圖一

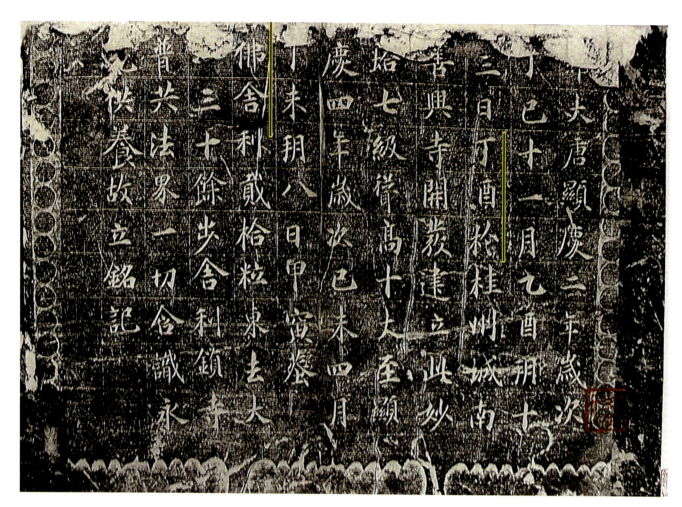

插圖二

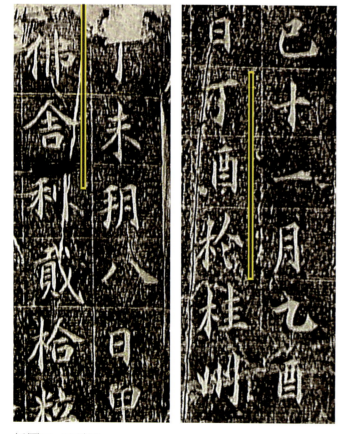

插圖二（局部）

## 尉遲恭碑

顯慶四年（659）四月十四日。楷書，四十一行，行七十八字。許敬宗撰文。有額篆書十六字。碑在陝西醴泉昭陵。碑明末清初出土，上半已泐甚，下半尚有五百餘字可辨。

### 明末清初拓本

三行"華軼前修於樊灌"之"華"字尚存。民國拓本"華"字泐盡，僅"修"、"樊"兩字可辨，餘皆漫漶。（參見清末民初拓本插圖一）

### 舊拓本

三行末"高絕"二字完好。

四行末"扶搖"二字完好，清末民初拓本"扶"字泐盡，"搖"字上端已泐。（參見清末民初拓本插圖二）

五行"開國公贈中外"之"中外"二字完好，清末民初拓本"中"字漫漶尚可辨，"外"字泐盡。（參見插圖二）

八行"覆策載規"四字完好，清末民初拓本四字漫漶，唯"覆"字"西"部完好。（參見清末民初拓本插圖三）

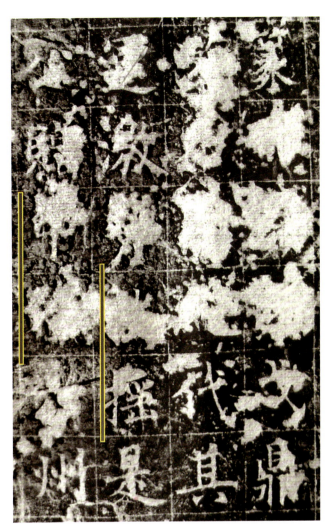

插圖二

插圖一

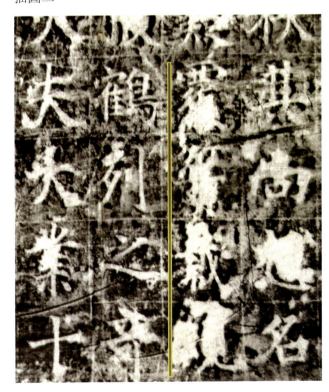

插圖三

## 蘭陵長公主碑

又名"李淑墓碑"，顯慶四年（659）十月二十九日。李義府撰文，竇懷哲楷書。三十一行，行七十字。有額楷書三行"大唐故蘭陵長公主碑"九字。碑在陝西醴泉昭陵。蘭陵長公主是李世民之女，書者為駙馬竇懷哲。

### 明末清初拓本

九行"媛之毓"完好。（參見稍舊拓插圖一）

十一行"錫"字上"戶"、"寵之"三字完好。（參見稍舊拓插圖二）

十二行首"天子"之"天"完好。（參見稍舊拓插圖三）

十九行"慶"下"享"字完好。（參見稍舊拓插圖四）

二十七行"皇猷"之"皇"字完好。（參見稍舊拓插圖五）

### 乾隆拓本

七行"第十九女也原"之"女也原"三字完好。（參見稍舊拓插圖六）

八行"首無"下"金翠之飾耳絕絲桐之"十字完好。（參見稍舊拓插圖六）

九行"雖"字下"左姬之含華挺秀"八字完好。（參見稍舊拓插圖六）

十一行"蘭陵郡公主食邑"之"主食"二字完好。（參見稍舊拓插圖六）

十四行"均"字下"黃趙"等字完好。（參見稍舊拓插圖七）

十六行"楊"字下"敞玄"等字完好。（參見稍舊拓插圖七）

二十行"家情禮"之"家"、"禮"二字皆完好。（參見稍舊拓插圖四）

### 稍舊拓本

以上諸字皆漫漶不清。

二十七行"皇猷"之"猷"字未損。（參見插圖五）

插圖一

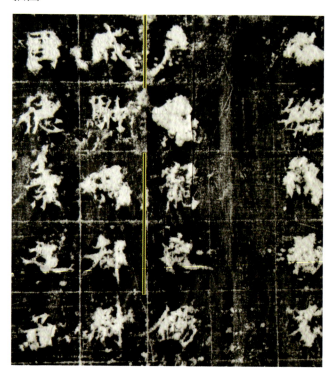

插圖二

插圖三

插圖四

插圖五

插圖六

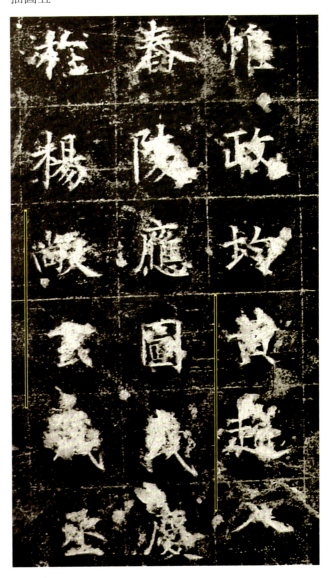

插圖七

## 張興墓誌

龍朔元年（661）十月二十三日。楷書，二十七行，行二十七字。石在河南安陽出土，民國年間移至城內東北街古蹟保存所。

### 舊拓本

二行"西豐"之"西"字完好。（插圖一）

三行"圖藉"之"藉"字完好。（參見插圖一）

末行"玄門一掩"之"掩"字右上角稍損，（插圖二）又下"私壤式題"完好。

插圖一

插圖二

## 秦義墓誌

龍朔三年（663）正月二十八日。石在河南洛陽出土。張鈁千唐誌齋舊藏。二十五行，行二十四字。

### 舊拓本

誌石四行至十行間有一圓穿，穿中圓形誌石尚存，多二十字。（插圖一）

### 稍後拓本

誌石四行至十行間有一圓穿，缺失二十字。（插圖二）

插圖一

插圖二

## 同州三藏聖教序

龍朔三年（663）六月二十三日（據雁塔聖
教序摹刻）。李世民撰序，李治撰記，褚遂良楷
書，二十九行，行五十八字。有額篆書陰文八
字。碑陽左下角有清宮爾鐸題刻，碑陰有宋游師
雄、仇伯玉及明孫錡等人題記。舊在陝西同州龍
興寺，一九七二年移入西安碑林。

### 明拓本

二行"皆識其端"之"識"字"音"部中二
小點未泐粗。（參見光緒前無跋本插圖一）

十八行"聖慈所被"之"聖"字未損。（參
見光緒前無跋本插圖二）

### 清初拓本

二行"皆識其端"之"識"字"日"部右下
角未增長，"其"字中央短橫劃未損。（參見光
緒前無跋本插圖一）

### 乾隆拓本

二十行"垂拱而治"之"治"字（原碑避唐
高宗李治諱，未刻末筆），乾隆年間添刻末筆。
（參見光緒前無跋本插圖三）

二十六行"抱風雲之潤治"之"治"字（原
碑避唐高宗李治諱，漏刻末筆），乾隆年間添刻
末筆。（參見光緒前無跋本插圖四）

### 嘉道拓本

三行"典御十方"之"十"字橫劃中央完好
無損。（參見光緒前無跋本插圖五）

### 光緒後拓本

光緒十四年（1888）皖北宮爾鐸跋占三行，
在末行"倅廳"之"廳"字下空一格起。（參見
光緒前無跋本插圖六）此時拓本多有"郃陽行知
省墨拓"印章及黨晴梵木刻題簽。

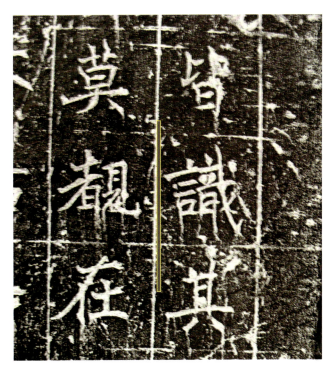

插圖一

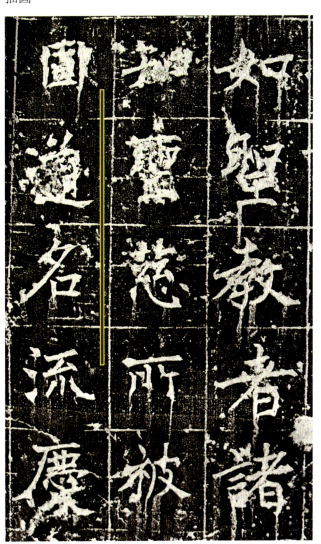

插圖二

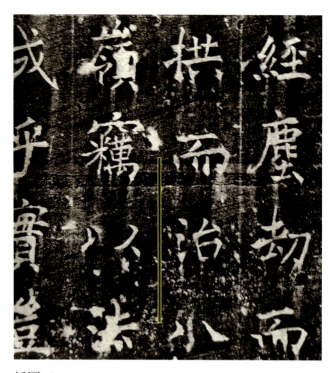

插圖三

插圖五

插圖四

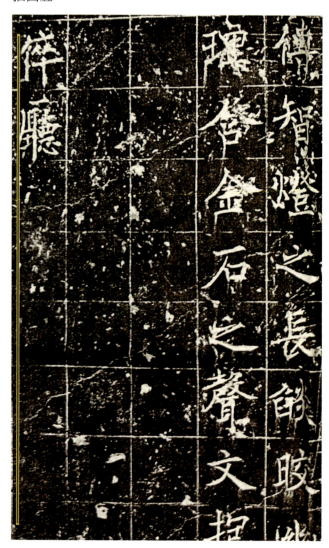

插圖六

## 道因法師碑

龍朔三年（663）十月十日。李儼撰文，歐陽通楷書。三十四行，行七十三字。有額正書七字。碑陰刻北宋《贈夢英詩》。碑原在長安懷德坊慧日寺，北宋初移入文廟，後又移至西安碑林。碑石極佳，除考據點外，舊拓近拓點劃差異較小。

### 宋拓本

四行"法師諱道因"之"師"字鉤筆完好。（插圖一，對照民國拓本插圖二）

十行"法師夏臘雖幼"之"夏"、"雖"二字完好。（插圖三，對照民國拓本插圖四）

十行"高燭"之"燭"字"虫"部不損。

十一行"煥乎冰釋"之"冰釋"兩字完好。（插圖五，對照民國拓本插圖六）

十三行"咸謂善逝之力"之"善逝"二字完好。（插圖七，對照民國拓本插圖八）

十四行"邑居隱軫"之"居"、"軫"二字完好。（參見民國拓本插圖九）

二十七行"仍出章疏"之"仍"、"疏"二字完好。（參見民國拓本插圖一〇）

二十八行"銜哀追送"之"哀"字豎鉤筆未損。（參見民國拓本插圖一一）

二十九行"蠲邪"之"蠲"字"益"旁下"皿"部稍損，後泐作白塊。（插圖一二，對照民國拓本插圖一三）

此碑宋本著名者有：翁方綱跋本，現藏北京故宮博物院；王澍跋本，現藏臺北故宮博物院；劉健之舊藏，後歸日本三井高堅。

### 明拓本

首行"李儼"之"李"字"子"部線條光涓完好無損，"儼"字完好，後右上"口"部損。此後"李儼"二字又經剜洗似又不損。（參見民國拓本插圖一四）

十六行"英塵"之"英"字未損。（參見嘉道拓本插圖一五）

二十六行"華嚴大品"之"品"上"口"部未泐。（參見民國拓本插圖一六）

### 清初拓本

二十一行"刻石書經"之"經"字完好，後底橫有黍米大小石花。（參見民國拓本插圖一七）

二十二行"止大慈恩寺"之"恩"字右豎未損。（參見民國拓本插圖一八）

三十二行"奧隅咸踐"之"踐"字完好，後右上"戈"稍損。（參見民國拓本插圖一九）

### 乾隆拓本

十六行"肅然改容"之"容"字完好，後"口"部右豎損。（參見民國拓本插圖二〇）

十八行"抑亦是同"之"同"字"口"部完好。

### 嘉道拓本

二十七行"脫履于夢境"之"于"字末筆完好，又下"顯慶"之"顯"字完好。（插圖二一，對照插圖二二）

### 民國拓本

二十七行"脫履于夢境"之"于"字鉤筆底部已損。（插圖二二）

二十七行"顯慶"之"顯"字"頁"部右側有黍米大小石花。（插圖二三）

插圖一

插圖二

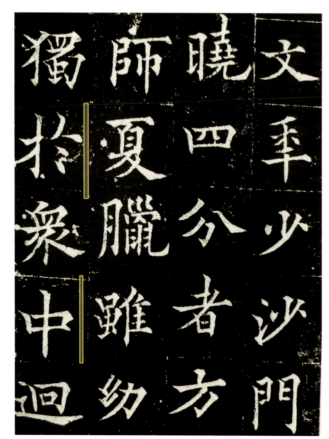

插圖三

插圖四

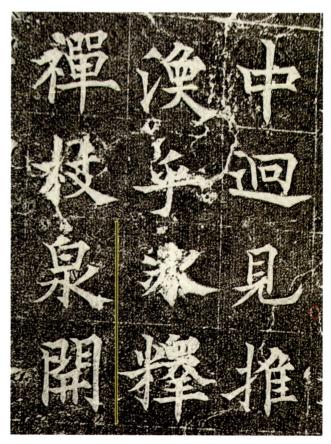

插圖六

插圖五

插圖七

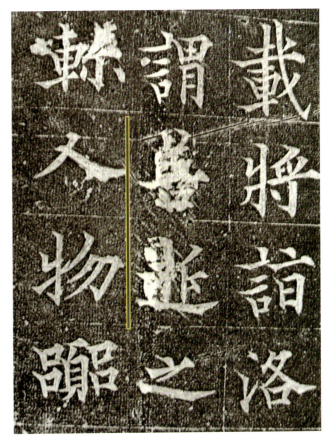

插圖八

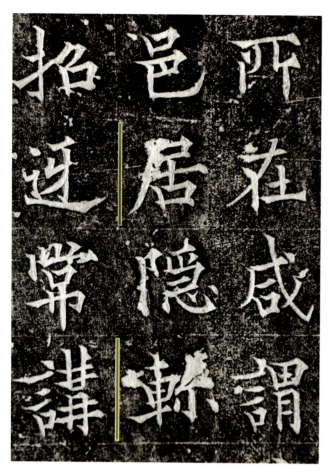

插圖九

插圖一一

插圖一〇

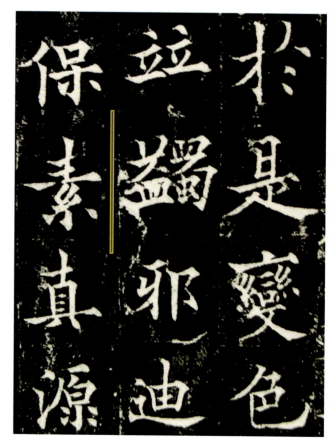

插圖一二

插圖一三

插圖一五

插圖一四

插圖一六

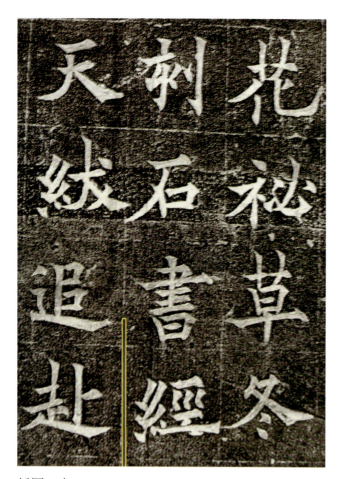

插圖一七

插圖一九

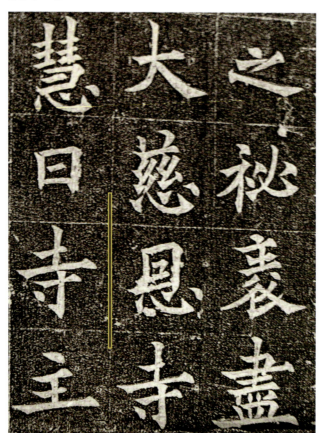

插圖一八

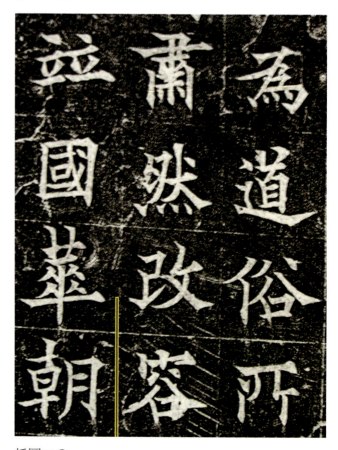

插圖二〇

插圖二一

插圖二二

插圖二三

## 清河長公主碑

又名"李敬墓碑"。清河長公主是唐太宗第十一女。碑唐麟德元年（664）十月刻立。李儼撰，暢整楷書。二十七行，行二十九字。碑額篆書三行，行三字。暢整楷書僅有此碑傳世，書法硬朗，在伊闕、與雁塔間。碑上截漫漶，下截埋入土中，清光緒年間昇碑得下截。石在陝西醴泉昭陵。

### 舊拓本

九行"食邑三千戶褕衣在飾"之"在"字完好。民國拓本"在"字右上角已損。（參見民國拓本插圖一）

十一行"同謝莊之風"之"風"字完好。民國拓本"風"字右上損。（參見民國拓本插圖二）

十九行"公主中樞"之"樞"字完好。民國拓本右半漫漶。（參見民國拓本插圖三）

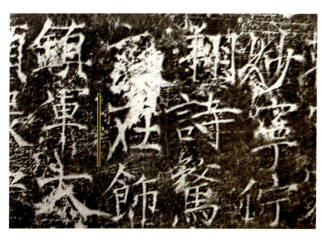

插圖一

插圖二

插圖三

### 集王書三藏聖教序

咸亨三年（672）十二月八日。李世民撰文，懷仁集王羲之行書。三十行，行八十餘字不等。北宋碑有極細裂紋，自二行"晉"字下，至末行"林"字斜裂痕一道，元明間碑徹底斷裂。碑原在長安修德坊弘福寺，北宋初移入文廟，後又移至西安碑林。

### 北宋拓本

六行"紛糺所以"之"紛"字"分"部首撇可見，"以"字右半起筆處未泐粗，北宋後期本"以"字右半起筆處泐粗。（插圖一，對照泐粗本插圖二）

十五行末"故知聖慈所被"之"慈"字完好，但已有細裂紋斜貫右上角。（插圖三，對照民國拓本插圖四）

二十一行"久植勝緣"之"緣"字左下不連石花。（插圖五，對照插圖七）

二十四行"波羅蜜多心經"之"蜜"字

"必"部完好無損。

碑細裂紋侵及三十行"文林郎"之"林"字以及二十九行"尚書高陽縣"之"書"字。（插圖六）所見多為塗描充無裂紋者。

### 南宋拓本

十五行末"故知聖慈所被"之"慈"字損右上角，下半完好。

二十一行"久植勝緣"之"緣"字左下已連石花。（插圖七）

碑自二行"晉"字下，至末行"林"字有極細斜裂痕一道，元明間碑正式斷裂，故未斷者即是宋拓本，西安碑林藏有南宋早期整幅未斷本。（參見已斷民國拓本插圖八）

### 明初拓本

末行"文林郎"之"文"字未挖成"父"字狀。

### 明中葉拓本

十五行"遠奧"之"奧"字未損。（參見民國拓本插圖九）

二十九行"尚書高陽縣"之"尚"字完好，"書"字僅上部與石花泐連。

### 明末清初拓本

六行"於是微言廣被拯含類於三途"之"被承"二字完好。（參見民國拓本插圖一〇）

七行"長契神情"之"神情"兩字完好。（參見民國拓本插圖一〇）

九行"窮奧"之"奧"完好。

十八行"玄奧"之"奧"字完好。（參見民國拓本插圖一一）

二十七行"故得阿耨多羅"之"故"字"古"部完好。（參見民國拓本插圖一二）

### 乾隆拓本

二十九行"禮部尚書高陽縣"之"高陽縣"三字完好。

三十行"文林郎諸葛"之"郎諸"兩字完好。

## 清末民初拓本

九行"窮奧"之"奧"字，十八行"玄奧"之"奧"字，從漫漶重新剜出。（插圖一三）

二十九行"禮部尚書高陽縣開國男"之"高陽縣"三字泐盡。（插圖一四）

三十行"文林郎諸葛"之"郎"字泐盡，"諸"字泐右上角。（參見插圖一四）

## 翻刻本

此碑翻刻極多，刻工精良，真偽不易辨。原石本四行"佛道崇虛乘幽"之"崇"字"山"部下有一小橫，"道"字"首"部右上角撇劃中斷，可能緣於石筋讓刀。（原刻本插圖一五，對照翻刻本插圖一六）

原石本二十三行"深以為愧"之"深"字左上角有重復點。（原刻本插圖一七）

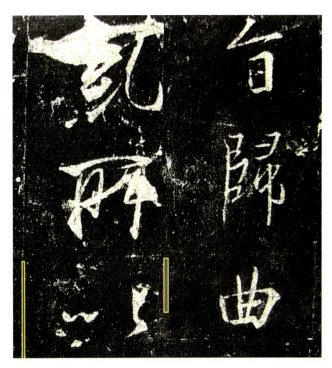

插圖二

插圖一

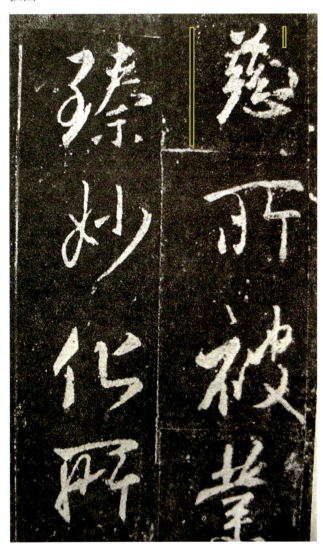

插圖三

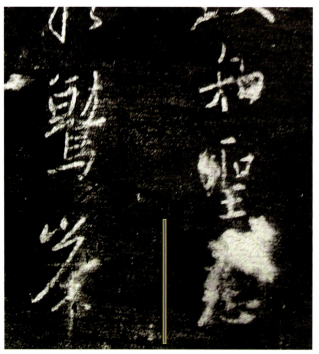

插圖四

插圖六

插圖五

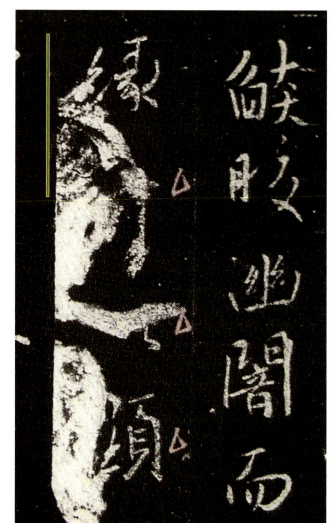

插圖七

插圖八

插圖九

插圖一〇

插圖一一

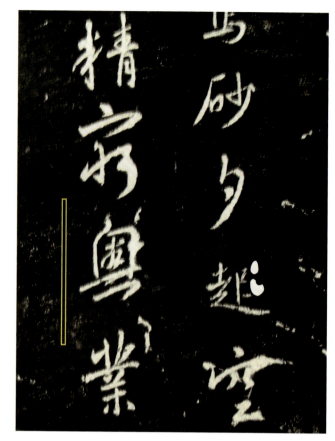

插圖一三

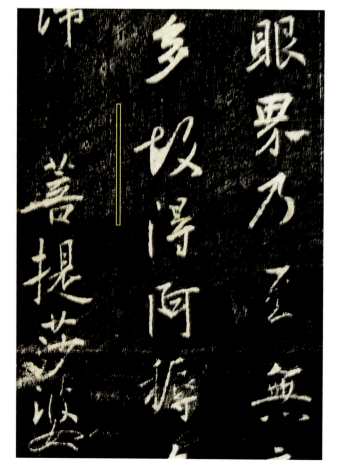

插圖一二

插圖一四

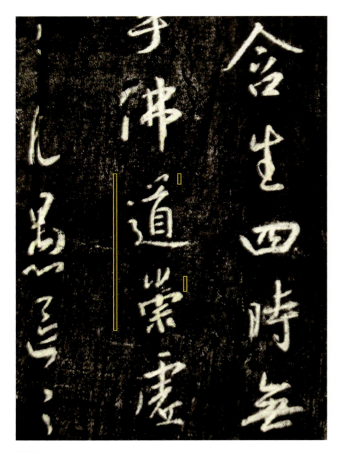

插圖一五

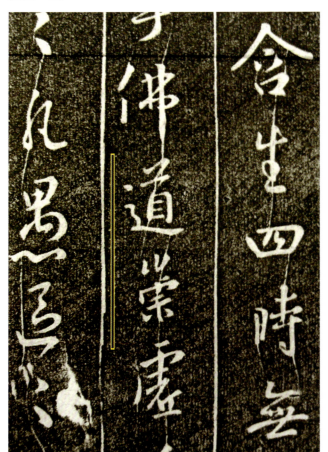

插圖一六

插圖一七

### 明徵君碑

上元三年（676）四月二十五日。李治撰文，高正臣行書。三十三行，行七十四字。有額篆書四字。碑在江蘇南京棲霞寺門前右側碑亭，碑陰刻榜書"棲霞"二字。

### 明中葉拓本

碑面光潔無圈形石痕，後石痕漸現。（參見圈痕本插圖一）

### 明末清初拓本

末行"上元三年歲在景子四月"僅"三"字中橫稍損。

### 清初拓本

末行"上元三年歲在景子四月"之"年"字未損。（參見清末民初拓本插圖二）

**乾隆早期拓本**

末行"上元三年歲在景子四月"之"上元"二字未損。

**同治以後拓本**

"上元三年"之"上元三"三字泐盡，再後

"年"字僅見中豎右側殘筆。（插圖二）

此拓常見宣統元年（1909）端方精拓本，鈐有"宣統己酉兩江總督端方選工精拓"印章。（參見端方精拓鈐印插圖三，另見當年南京碑帖銷售題籤樣式插圖四）

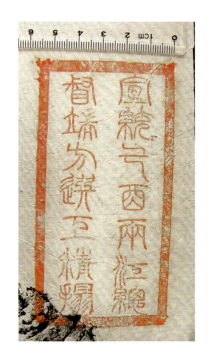

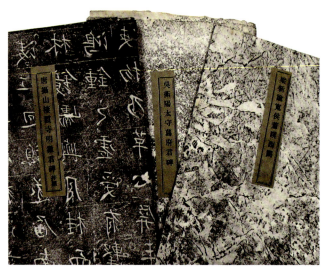

| 插圖一 | 插圖三 |
| --- | --- |
| 插圖二 | 插圖四 |

### 王徵君臨終口授銘

垂拱二年（686）四月四日。王紹宗甄錄並楷書。二十行，行四十字。有額篆書六字。石在河南登封嵩山老君洞南成仙宮內。

#### 舊拓本

右下角第三行"委化于伊洛之間"之"間"字完好。（插圖一）

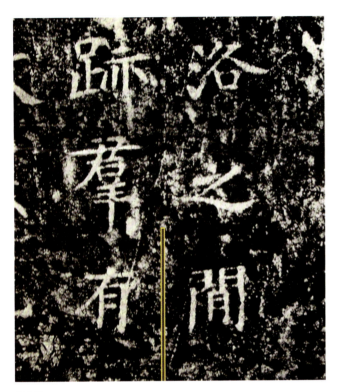

插圖一

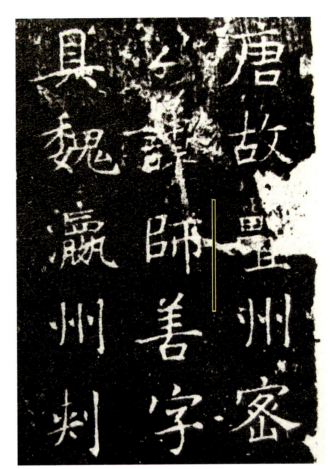

插圖一

### 楊師善及妻丁氏墓誌

唐天授二年（691）二月七日。河南洛陽出土，浙江吳興徐森玉舊藏。楷書二十五行，行二十六字。誌石上方側面刻正書"楊君墓誌銘"一行，下方側面刻正書"千年城郭，萬古泉門，冥漠去世，福流子孫"二行。

#### 舊拓本

右上角僅有裂紋一條，首行"疊"字泐右上角。（插圖一）

#### 近拓本

缺右上角，泐首行"唐故疊"及二行"公諱"五字。（插圖二）

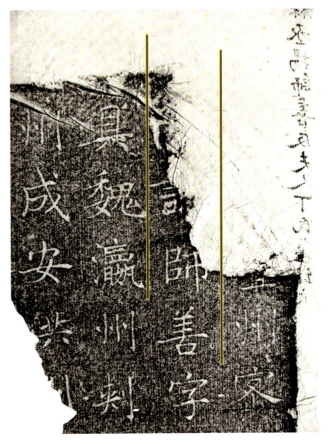

插圖二

## 杜山威造觀音菩薩像銘

天授二年（691）九月七日。楷書十八行，行四十字。圓首碑，碑形上小下大，碑額刻兩靈芝。

原石於光緒年間在陝西出土，後與《漢君車畫像》、《魏曹望禧造像》由上海來遠公司同時售於海外，今在美國華盛頓博物院。

### 洛陽拓本

清末碑在陝西出土時，已有細裂紋三條，旋即被上海來遠公司購得。運至上海途中，曾被洛陽地方官扣留，葉景葵親往說項，乃得運滬。在洛陽時拓本文字尚完全。

### 上海拓本

石到上海後下截斷紋增大，增泐十餘字。（上海拓本插圖一、二）

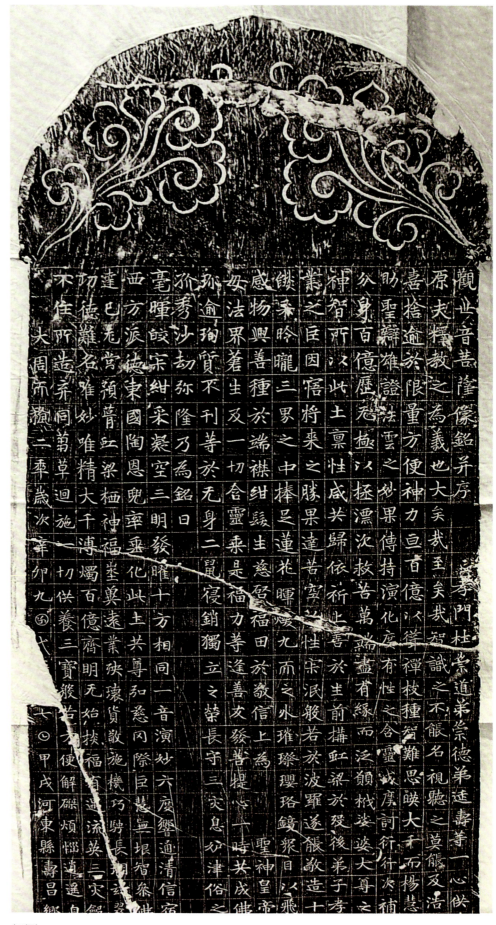

插圖一

插圖二

## 梁師亮墓誌

萬歲通天二年（697）三月六日。楷書二十九行，行二十八字。陝西終南山出土。

## 初拓本

石未斷，完好無損。（插圖一）

後縱斷為二，又縱斷為三，成"三石本"。

再後中間一石又橫斷為二，成"四石本"。

## 五石本

最後左側一石下角又遭橫斷，成"五石本"，且下截又佚失一大塊，失二百餘字（二行"河"字下至二十八行"昏"字下皆失去）。（插圖二）

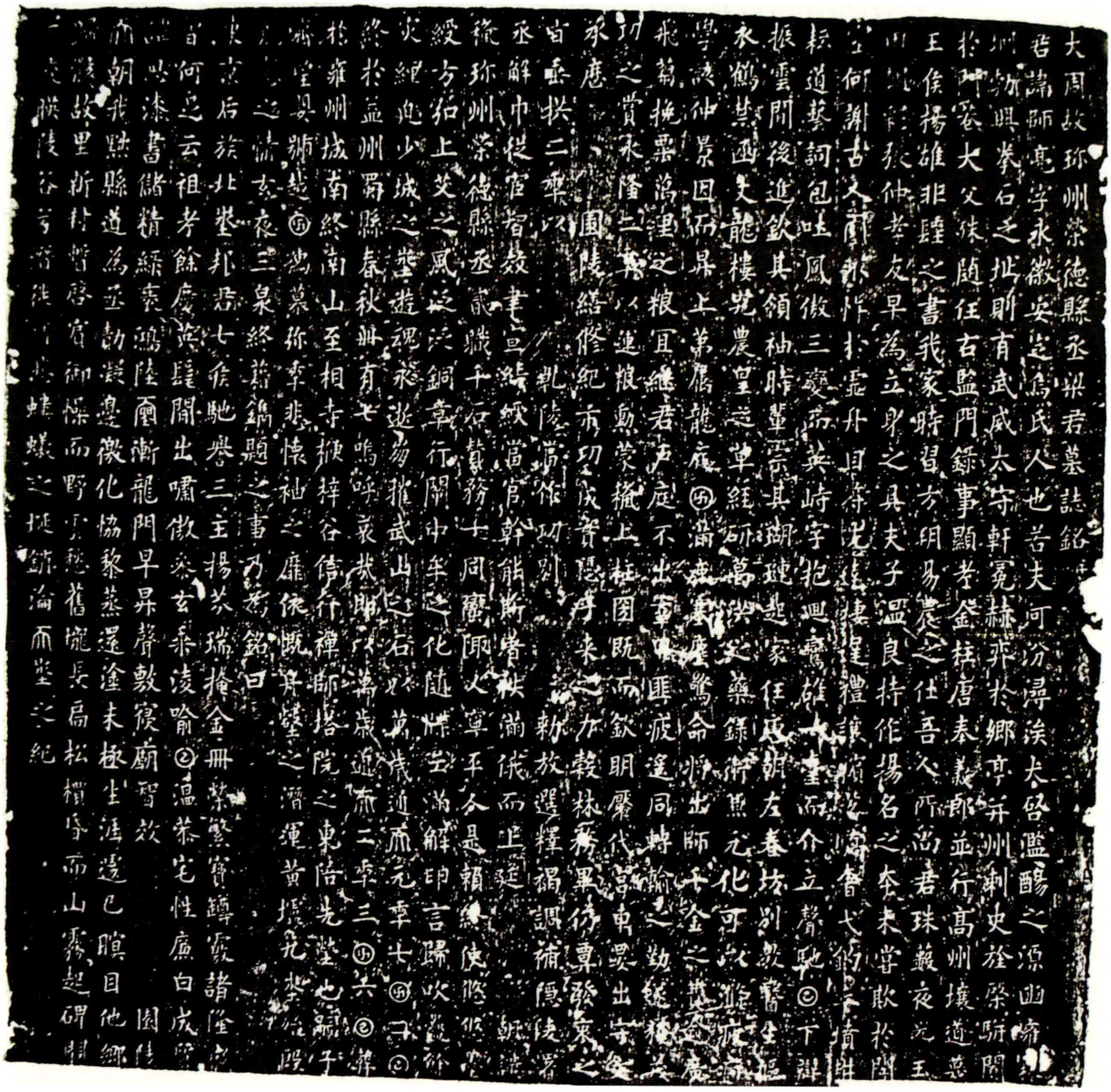

插圖一

插圖二

## 順陵殘碑

又名"武則天母楊氏殘碑"，長安二年
（702）正月五日。相傳杭州高愚攢藏宋拓本存
三千餘字，武三思撰，李旦楷書。碑毀于明萬曆
四十二年（1614）地震，同治年間咸陽令馬毓華
修孔廟時重新發現，僅存殘石三塊，一存八行，
四十六字；（插圖一）一存十九行，一百三十四
字；一存七行。碑在陝西咸陽，另有同治五年
（1866）馬毓華題刻，道光二十八年（1848）咸
陽令姚國齡隸書題刻。（插圖二）

## 舊拓本

十九行一石未斷為三，僅有裂紋。（參見插
圖一，對照插圖四、五）

八行一石首行"揔口"下"霧於"二字未
洇。（參見民國拓本插圖三）

## 民國拓本

十九行一石左上角斷裂為二（斜斷為二，分
上殘石、下殘石兩塊），當第十二行"豺"字、
第十三行"而"字上、第十四行"膺"字上、第
十五行"鳳"字上、第十六行"掩"字上、第
十七行"想"字上、第十八行"揔"等字左上斷
裂。（下殘石插圖四、上殘石插圖五，對照插圖
一）

七行一石，僅存五行二十五字，後佚失。

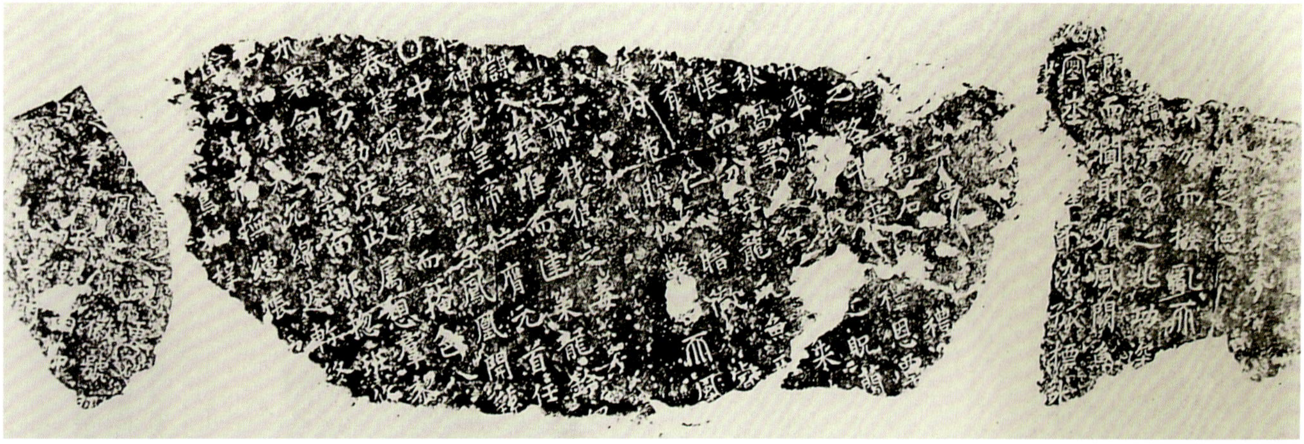

插圖一

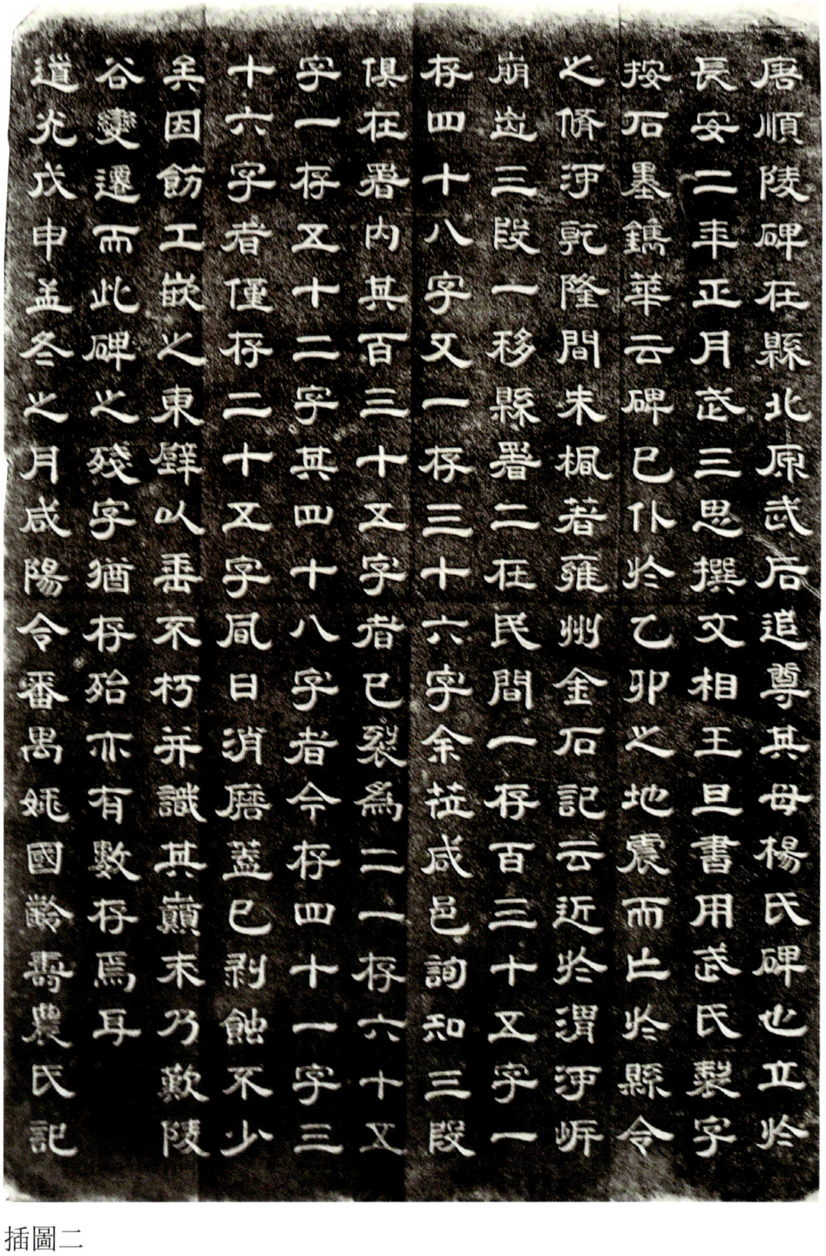
唐順陵碑在縣北原武后追尊其母楊氏碑也立於
長安二年正月武三思撰文相王旦書用武氏製字
按石墨鐫華云碑已仆於乙卯之地震而亡於縣令
之僑涇乾隆間朱楓著雍州金石記云近於渭涇圻
崩出三段一移縣署二在民間一存百三十五字一
存四十八字又一存三十六字余莅咸邑詢知三段
俱在署内其百三十五字者已裂爲二一存六十五
字一存五十二字其四十八字者今存四十一字三
十六字者僅存二十五字風日消磨蓋已剥蝕不少
矣因飭工嵌之東壁以垂不朽并識其巓末乃歎陵
谷變遷而此碑之殘字猶存殆亦有數存焉耳
道光戊申孟冬之月咸陽令番禺姚國齡壽農氏記

插圖二

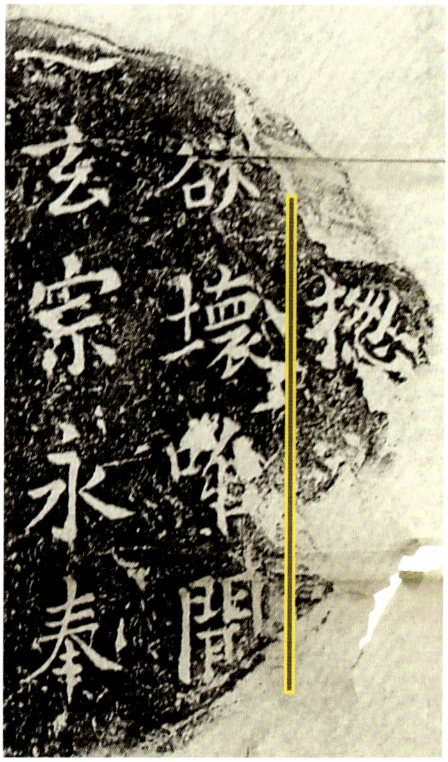
玄宗永奉

插圖三

插圖四

插圖五

## 漢將紀信墓碑

長安二年（702）七月。盧藏用撰文並隸書。二十三行，行四十一字。碑陰刻張知之等人題記。碑在河南滎陽廣武山紀公廟內，碑石保存完好。

### 舊拓本

九行"觸槐以取喪"之"喪"字完好，民國拓本"喪"字左下側筆劃渼粗。（參見民國拓本插圖一）

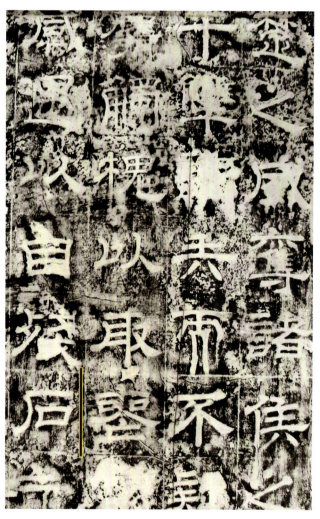

插圖一

## 王隆業造像記

長安四年（704）三月二十七日。楷書，十三行，行十一字。石在河南洛陽龍門。

### 稍舊拓本

二、三行"王"、"居"兩字渼連，其下

"降"、"尊"二字完好。（插圖一，對照插圖二）

### 民國拓本

二行"夫法王降跡"之"王降"二字渼盡。（插圖二）

三行"梵帝居尊廣通"之"居尊"二字渼盡。（參見插圖二）

插圖一

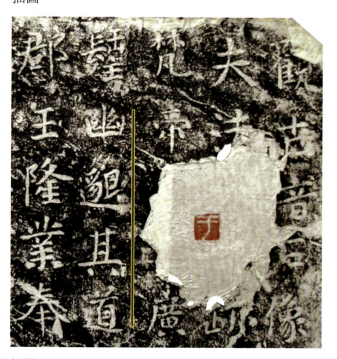

插圖二

## 中宗賜盧正道勅

景龍元年（707）十月十七日。李顯撰文並楷書。六行，行十一字，碑陰為神龍三年五月《盧正道清德碑》，碑側刻天寶等年題記、題名。石在河南滎陽土地祠。

### 舊拓本（插圖一）

首行“滎陽縣令”之“令”字完好。

二行“清白”之“白”字僅損底橫。

三行“使車昇獎”之“車”字完好。

四行“今增卿祿”之“卿”字完好。

五行“無替嘉聲”之“嘉”字完好。

### 民國拓本

首行“滎陽縣令”之“令”字泐右大半。（插圖二）

二行“清白”之“白”字上橫亦損。（插圖三）

三行“使車昇獎”之“車”字上二橫皆泐。（參見插圖三）

四行“今增卿祿”之“增卿”兩字泐連。（參見插圖三）

五行“終始無替嘉聲”之“始”字“口”部泐盡，“嘉”字右上角泐。（參見插圖三）

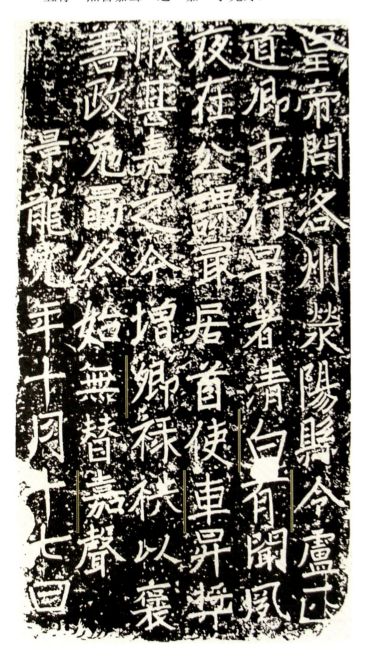

插圖一

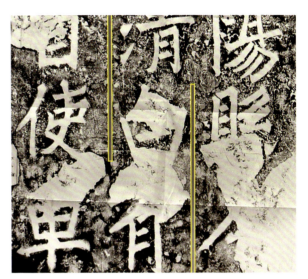

插圖二

插圖三

### 岑植德政碑

景龍二年（708）刻。石原在江蘇句容，久佚。張景毓撰，釋翹微楷書。

項子京舊藏宋拓孤本，今藏上海圖書館。是本舊時裝裱，剜去"翹微正書"字樣，飾為唐貞觀二十二年（648）歐陽詢書。後經陳瓛、姚廣平等人收藏。有姚廣平題跋，鈐"顧千里經眼"印。（插圖一）

插圖一

插圖一（局部）

### 梁嘉運墓誌

景龍三年（709）十月二日。楷書，十四行，行二十字。道光元年（1821）吳式芬得於襄水北岸，並移置鹿門書院。墓誌碑式，有額陽文四字，額題兩側為吳式芬題刻。（插圖一）拓本有肥瘦之分。

### 瘦本

石面光潔，（插圖二）後石裂為四，左下缺一大角。（插圖三）瘦本疑為翻刻。

### 肥本

石面漫漶，底端多泐損。（插圖四）

插圖一

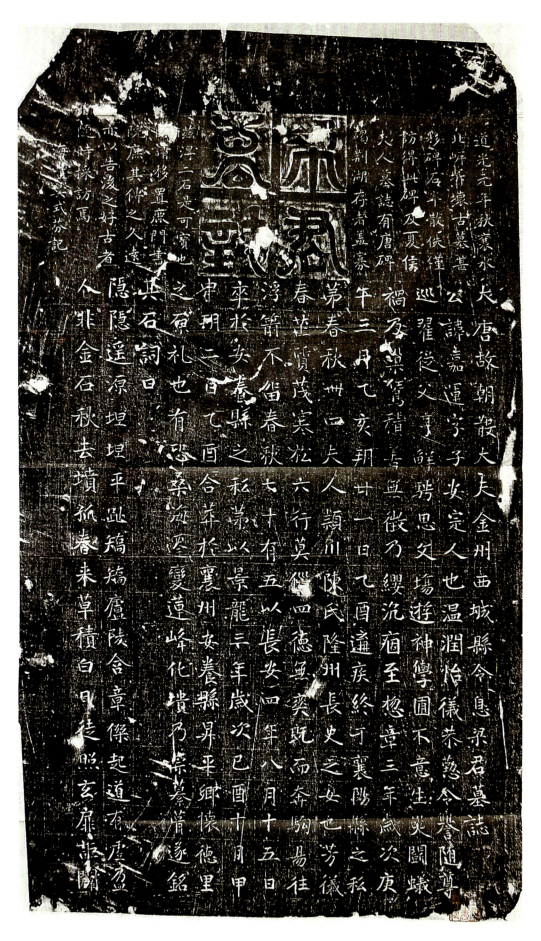

插圖二

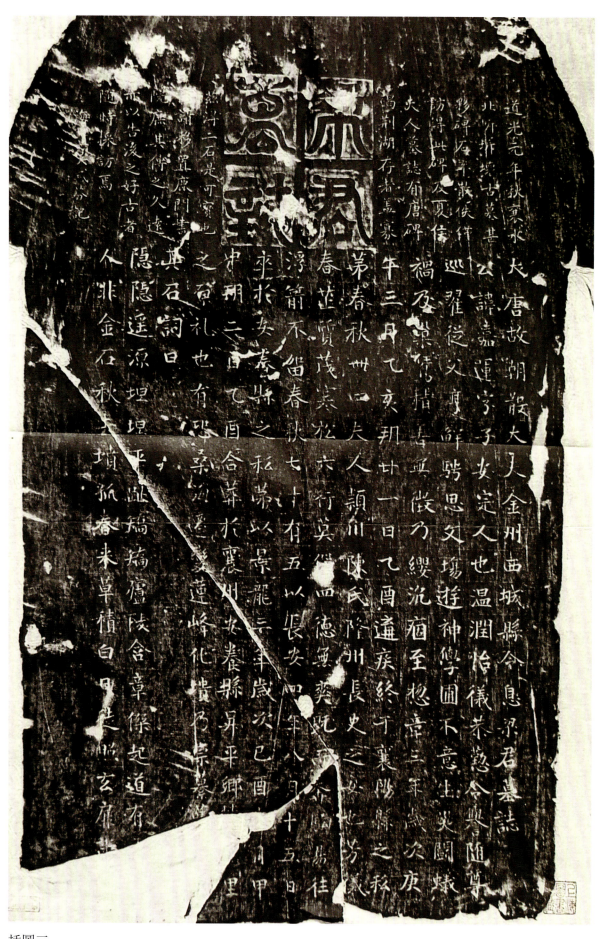

插圖三

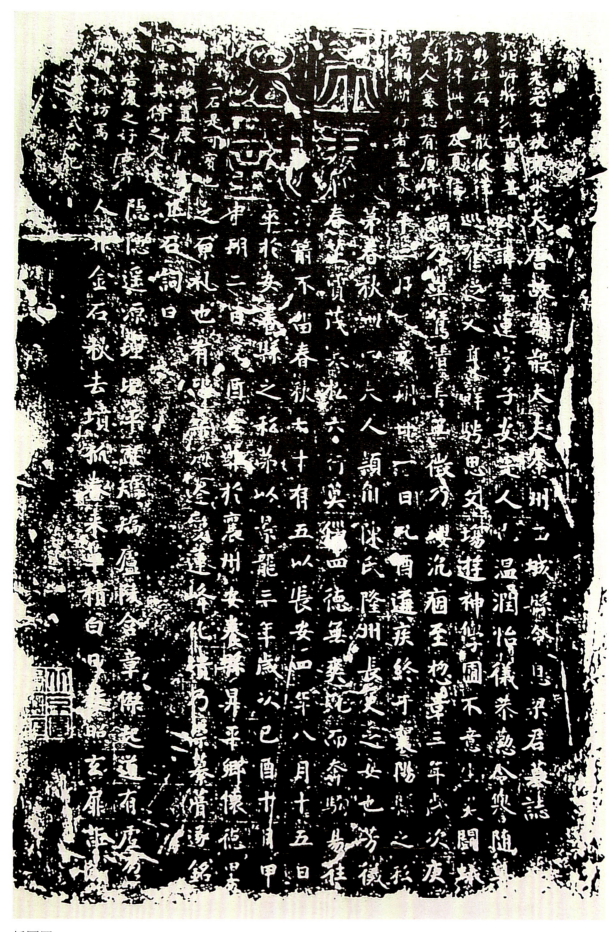

插圖四

## 契苾明碑

先天元年（712）十二月十六日。婁師德撰文，殷玄祚楷書。三十六行，行七十七字。有額篆書三行，行五字。碑在陝西咸陽博物館。此碑石質上好，前後拓本字口變化不大。舊拓整紙全本並不罕見。

### 明拓本

三行"道苻忠孝"之"道"字完好。

十三行"勳績居多"之"勳"字完好。（參見舊拓已損本插圖一）

二十一行"夙紹庭規"之"庭"字完好。

二十六行"僅可執鞭"之"鞭"字完好。

### 清初本

三行"道苻忠孝"之"道"字"首"部長橫劃已損。（參見舊拓已損本插圖二）

十一行"賀蘭州都督"之"督"字完好。舊拓"督"字"目"部泐白。（參見舊拓已損本插圖三）

十四行"遠望赤水"之"遠"字完好。（參見舊拓已損本插圖四）

### 舊拓本

首行"碑銘"之"碑"字完好。（插圖五）

六行"夙傳弓冶"之"冶"字"口"部泐白。（插圖六）又下"濯如春柳"之"春"字完好。（插圖七）

十二行"朝端妙選"之"妙選"二字完好。（插圖八）又下"實佇異能"之"實"字完好。（插圖九）

插圖二

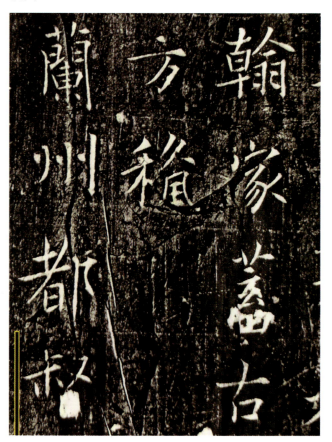

插圖三

插圖一

插圖四

插圖五

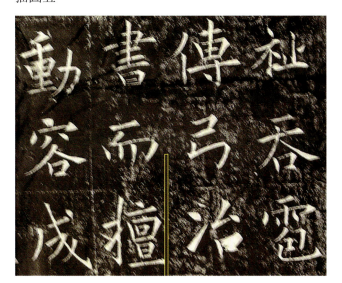

插圖六

插圖七

插圖八

插圖九

### 周公祠碑

開元二年（714）十二月五日。賈大義撰文，行書。二十七行，行三十四字。額篆書，二行，行二字。碑在河南偃師縣學明倫堂。

### 舊拓本

九行下"黎庶龔"之"龔"字，"龍"部左半稍損，近拓則泐不可辨。（舊拓本插圖一）

插圖一

### 馮貞佑妻十一娘墓誌

開元三年（715）四月九日。楷書，十三行，行十三字。清乾隆二十四年（1759）於陝西寶雞出土。

### 翻刻本

字體瘦美。（插圖一）

五行"嗚呼"之"呼"字上有石質痕，原刻則無。（翻刻本插圖二）

### 原石本

字體肥厚，七、八、九行首字已泐。（原刻本插圖三）

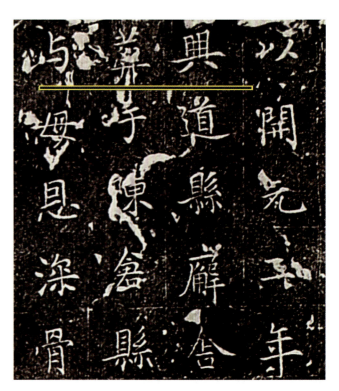

插圖一（局部）

插圖二

插圖一

## 崔公妻李氏墓誌

開元三年（715）十月十二日。楷書，二十七行，行二十七字。河南洛陽出土，張鈁千唐誌齋舊藏。

## 舊拓本

誌石斷裂為六塊，稱"六石本"。（插圖一）

十八行末"黃泉其銘"之左側僅泐三字。

## 民國拓本

左下角殘石已佚失，十八行末"黃泉其銘"之左側泐去四十餘字。

另，右側一小殘石亦已佚失，泐失五字，稱"四石本"。（插圖二）

已鑲入壁間，故四周拓色極不均勻。

插圖一

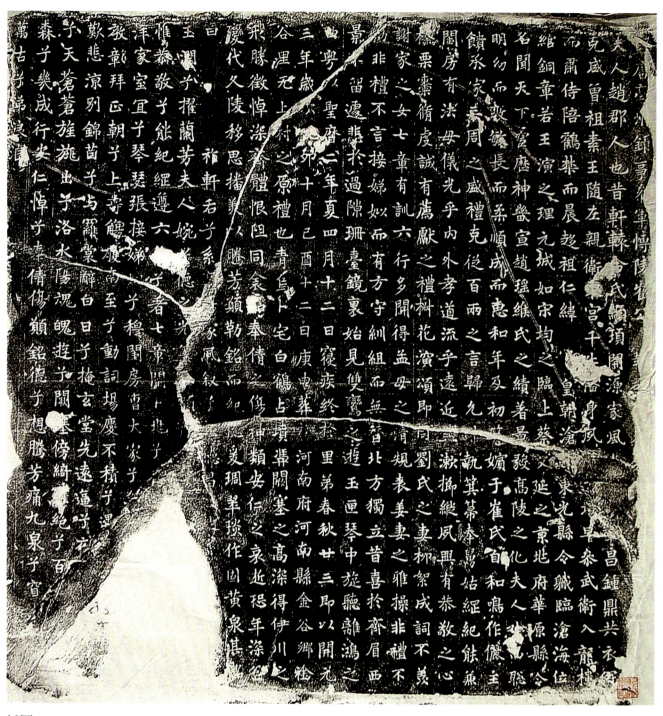

插圖二

### 葉有道墓碑

開元五年（717）三月。行書，李邕書。原石久佚，傳世多重刻本，唯潘景鄭藏本不似翻刻，字形較小，惜碑文漫漶。（插圖一、二）

見一重刻"活字本"，光緒年間刻板千餘塊，民國七年（1918）全排成碑式，二十二行，行五十六字，有應龍題刻。（插圖三）每字有邊框墨痕可見，背面活字痕跡更為明顯。（參見拓片背面插圖四）

插圖一

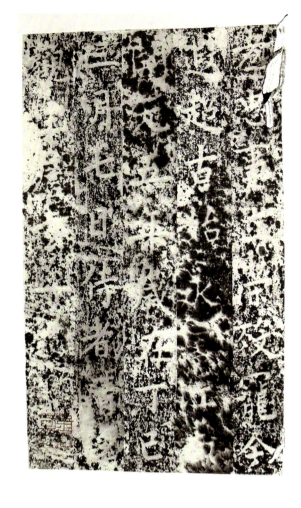

插圖二

插圖三

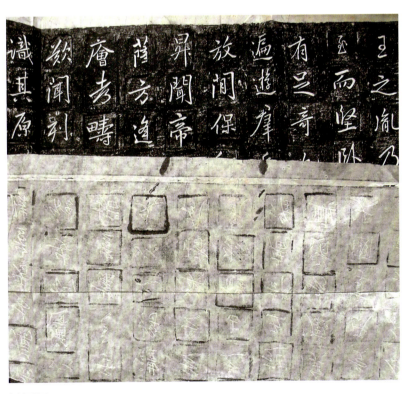

插圖四

### 李思訓碑

開元八年（720）六月二十八日。李邕撰文並行書。三十行，行七十字。碑在陝西蒲城縣橋陵，系唐睿宗李旦陵墓陪葬碑。此碑因下截漫漶，每行自第三十二字以下多不拓。

#### 北宋拓本

六行"博覽群書精慮眾藝"之"藝"字完好。（參見南宋已損本插圖一）

二十四行"魏國夫人竇氏"之"國"字完好。（參見南宋已損本插圖二，對照插圖六）

#### 南宋拓本

首行"李府君神道碑並序"之"序"字未損。（插圖三）

六行"博覽群書精慮眾藝"之"群書精慮眾"五字完好。（參見插圖一）

#### 明中葉拓本

首行"李府君神道碑並序"之"序"字雖漶尚未挖化成"文"字，後"文"字亦漶。"神"字"申"部完好。（參見已損本插圖四，對照插圖三）

三行"公諱思訓"之"訓"字"言"部完好，且未與"川"部左豎漶連。（參見已損本插圖四）

二十七行"竹簡紀事"之"簡"字完好。（參見民國拓本插圖五）

#### 明末拓本

二十四行"魏國夫人竇氏"之"國"、"竇"二字尚存。（參見民國拓本插圖六）

#### 清初拓本

二行"言必典彝"之"言"字筆道完好。（插圖七）

#### 乾隆拓本

二十一行"亦登厥官"之"亦"字（注："亦"字行書似"二"字狀），未剜挖成"三"字形。（插圖八）

#### 嘉道拓本

九行"蓋小小者"之上一"小"字完好，清末民初拓本"小"字左半漫漶。（插圖九）

十二行"宰臣不聞"之"不"字未損，清末民初拓本"不"字漶盡。（參見民國拓本插圖一〇）

#### 翻刻本

另，原本二行"德名昭宣"之"昭"字，（插圖一一）曾見一翻刻本誤作"照"字。

插圖一

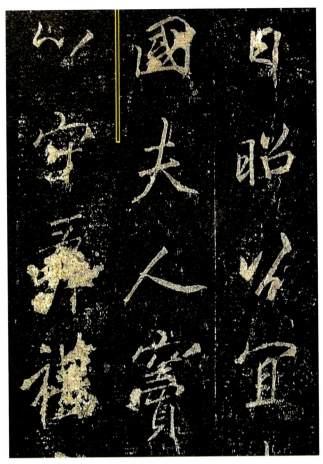

插圖二

插圖四

插圖三

插圖五

插圖六

插圖八

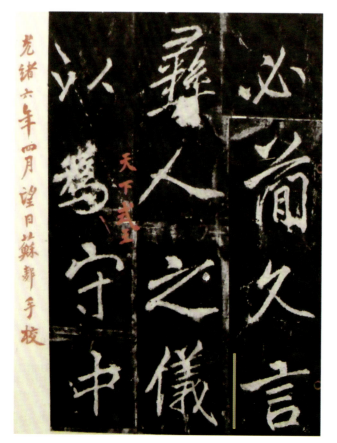

插圖七

插圖九

插圖一〇

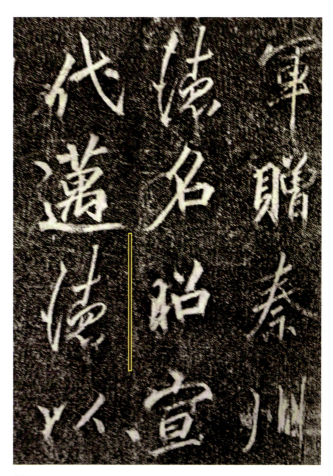

插圖一一

## 北嶽府君碑

　　開元九年（721）三月二十六日。韋虛心撰
文，陳懷志行書。二十九行，行四十七字。有額
正書十二字。陰與側刻元和三年（808）四月《高
述等題記》。碑在河北恒山北嶽廟。

### 清初拓本

　　十行"以先天二年"之"先"字未泐。乾隆
年間拓本"先"字已泐。（參見稍舊拓插圖二）

### 稍舊拓本

　　十行"魏名碻"之"名"字"口"部筆劃清
晰可辨。（參見清末拓本插圖一）
　　十行"先天二年"之"天"字完好。（參見
清末拓本插圖二）
　　十一行"五岳大使"之"大"字右半筆劃尚
存。（參見插圖二）
　　十九行"仲宣"之"仲"字單人旁之豎筆末
端稍泐。（參見清末拓本插圖三）

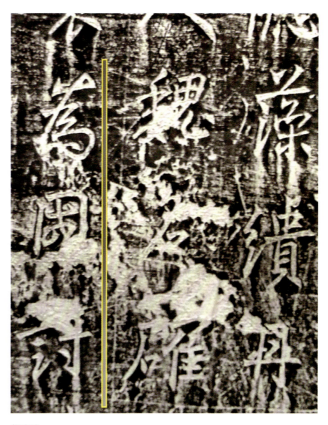

插圖一

插圖二

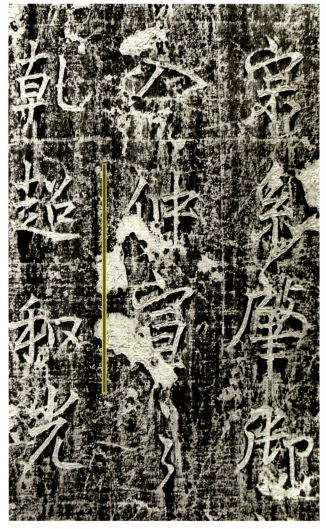

插圖三

### 張思道墓誌

　　開元九年（721）十月十日。楷書，二十四行，行二十四字。有蓋篆書三行，行三字。咸豐四年（1854）陝西長武縣出土，誌蓋右側刻咸豐四年（1854）汾陽韓氏題記二行，（插圖一）端方舊藏。

#### 初拓本
　　出土時未斷。（插圖二）

#### 已斷本
　　後斷裂為三，繼斷為四。（插圖三）

#### 五石本
　　歸端方後拓本已斷裂為五石。（插圖四）

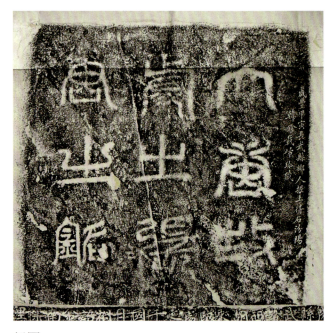

插圖一

插圖一（局部）

插圖二

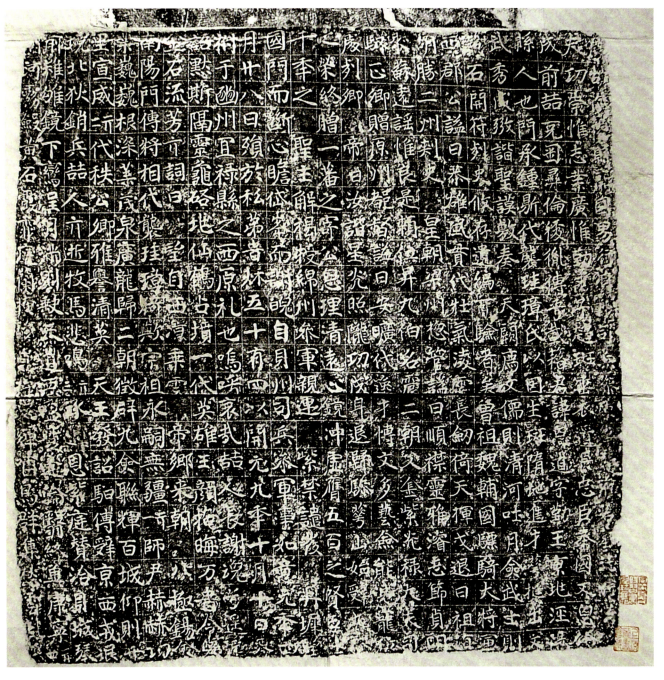

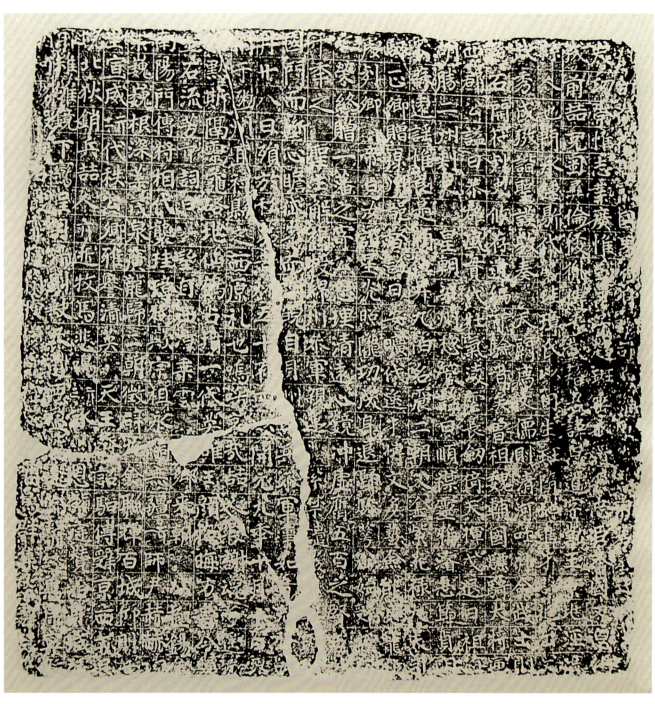

插圖三

插圖四

## 興福寺半截碑

舊稱“吳文殘碑”。開元九年（721）十月二十三日。僧大雅集王羲之行書。明萬曆時在西安南城濠中出土，石歸王堯惠，移至泮宮。出土時僅存下半截，俗稱“半截碑”，存三十五行，行二十三四五字不等。今在陝西西安碑林。

### 明拓本

二十行“四序”之“四”字完好。（參見民國拓本插圖一）

### 乾隆拓本

八行“斷裁”之“斷”字“斤”部完好未損。（參見民國拓本插圖二）

### 稍舊拓本

二十五行“瘞將軍於地下”之“軍於”二字筆劃完好，清末民初拓本“軍”字豎筆漸粗，“於”字右上角已泐。（參見民國拓本插圖三）

插圖一

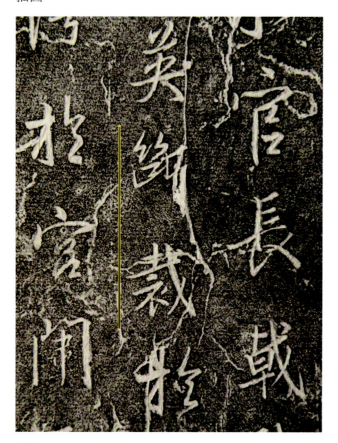

插圖二

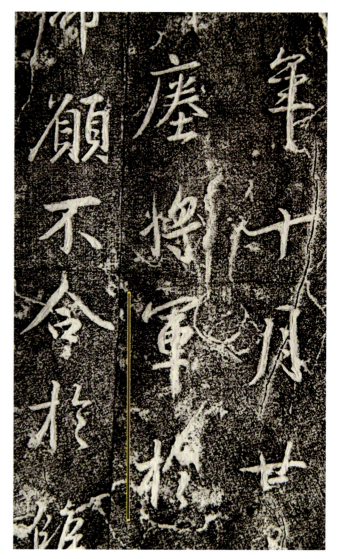

插圖三

### 娑羅樹碑

開元十一年（723）十月二日。李北海撰文並行書。

原石久佚，傳世皆重刻本。

### 翻刻本

隆慶元年（1567）淮安令陳文燭翻刻本，今在淮安文廟東壁。橫石刻帖式，前六十六行似舊石，後七十三行為新石。（插圖一舊石）帖尾附有陳文燭《書娑羅樹碑後》及《密翰堂記》。（插圖二）

另，同治十年（1871）王琛據宋本殘字翻刻。（插圖三、四）

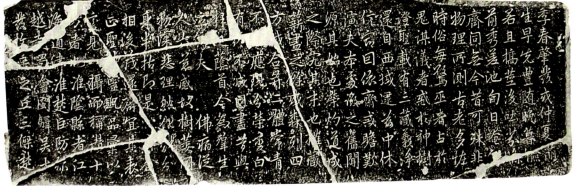

插圖一

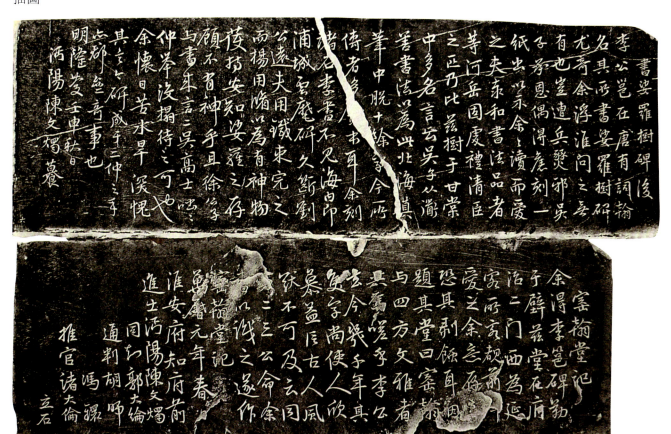

插圖二

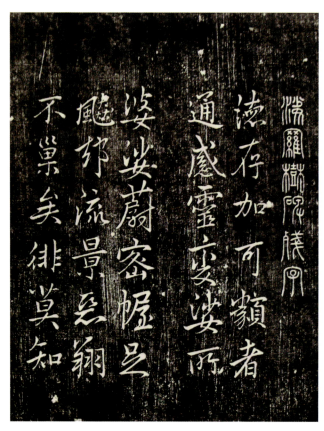

插圖三

### 賢力毗伽公主阿那氏墓誌

開元十一年（723）十月十日。楷書，二十三行，行二十二字。

清末陝西西安出土，初歸寧武楊元泗，後歸閩侯陳寶琛，拓本多見有陳氏澂秋館鑒藏印。今原石已毀。

#### 初拓本

首行"唐"字完好。（插圖一）

二行"氏"字完好。（參見插圖一）

無澂秋館鑒藏印。

#### 近拓本

"唐"、"氏"字已泐大半。

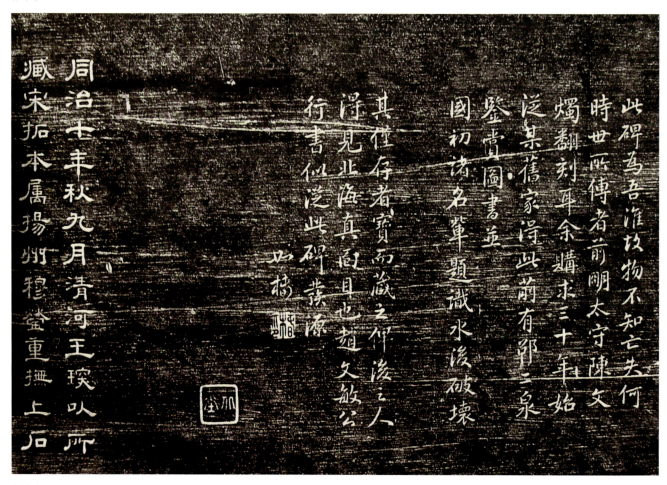

插圖四

插圖一

## 唐端墓誌

開元十二年（724）六月二十六日。清嘉慶二十一年（1816）五月陝西西安出土。十五行，行十四字。曾經董方立、張鈁遞藏。

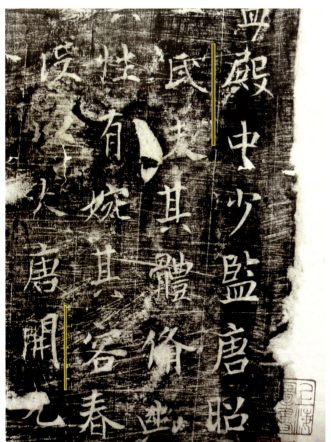

插圖一

### 翻刻本

（一）

原石首行"殿中少監"之"殿"字末筆為反捺（不出鋒），翻刻為平捺（出鋒）。（插圖一，左圖為原石，右圖為翻刻）

三行"有婉其容"之"容"字，翻刻誤祚"客"字。（參見插圖一）

六行"義善鄉"之"善"字，原刻中橫上無兩點（異體字），翻刻作"善"字。（插圖二，左圖為原石，右圖為翻刻）

十一行"猗歟慶靈兮"之"靈"字，字中三口用一長橫代之，翻刻作三口。（插圖三，左圖為原石，右圖為翻刻）

（二）

四行"不幸夭沒"之"夭"字，翻刻誤作"天"字。（插圖四，左圖為原石，右圖為翻刻）

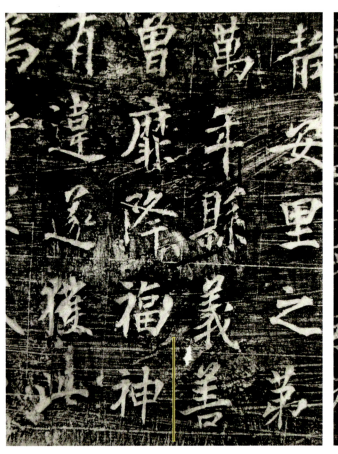
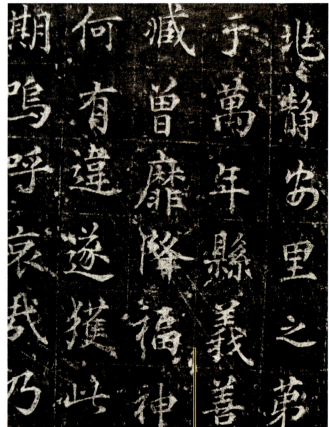

插圖二

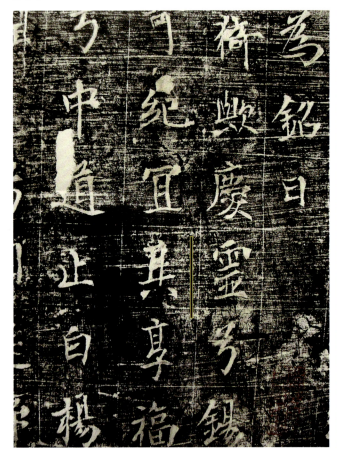
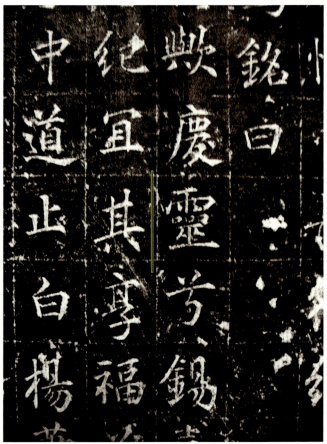

插圖三

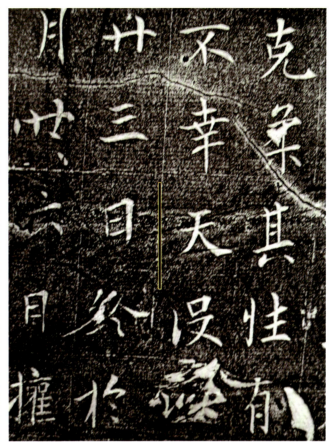

插圖四

### 善才寺碑

開元十三年（725）十月。盧渙撰文，魏栖梧楷書。石久佚。有臨川李宗瀚舊藏孤本傳世，今在日本三井紀念美術館。原本"魏栖梧書"等字舊時被人挖去，嵌入"褚遂良書"字樣，欲充褚書抬高碑拓身價。

李翊煌有石印本，延光室、有正、文明、中華等書局皆有影印。日本《書苑》二卷十期特輯膠印。日本二玄社《書蹟名品叢刊》膠印輯入。（插圖一）

插圖一

## 述聖頌

開元十三年（725）六月九日。達奚珣撰序，呂向撰頌並楷書。十九行，行三十七字。有額楷書三字。額右下有金天會九年（1131）題字七行。碑陰天寶元年（742）韓擇木隸書《告華岳府君文》、大曆九年（774）《謁岳廟文》等。碑原在陝西華陰華嶽廟，一九四八年移至西安碑林。

碑第一行第二十六字起至末行第二十二字下斜裂一道。

### 明末清初拓本

七行“藝事既畢”之“既”字完好。（參見道光拓本插圖一）

十五行“可同年而道哉”之“哉”字完好，稍舊拓本已泐盡。（參見道光拓本插圖二）

### 乾嘉拓本

六行“之際”之“際”字左耳旁未泐。（參見道光拓本插圖一）

七行“藝事既畢”之“既”字可見，道光拓本“既”字全泐。（參見道光拓本插圖一）

九行“聞粲如也”之“粲”字可見，道光拓本僅存右上小角。（參見道光拓本插圖一）

十二行“粵若”之“若”字完好，道光拓本草字頭泐去。（參見道光拓本插圖二）

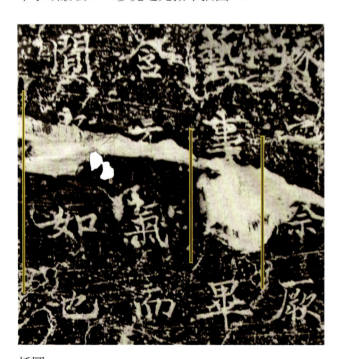

插圖一

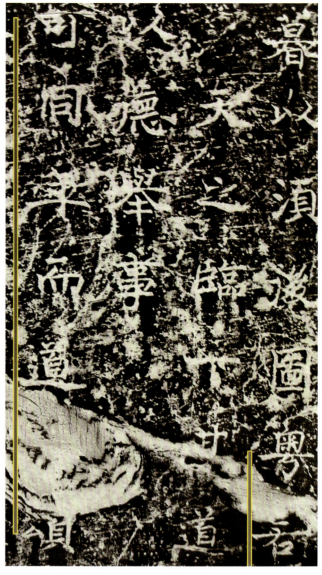

插圖二

## 端州石室記

開元十五年（727）正月二十五日。李邕撰並楷書。十八行，行二十三字。左下角刻宋乾道己丑（1169）題字一行。石在廣東高要七星岩。十二行至十六行間有一馬蹄形石泐痕，故此碑俗稱“馬蹄碑”。（插圖一）

### 最舊拓本

末行“李邕”二字完好。

次則首行“端州”二字完好。

### 嘉慶前拓本

十行“祀羲皇”之“皇”字完好。（插圖

二，左圖為嘉慶前拓本，右圖為稍舊拓）

十三行"觀國政"之"國"字完好。（插圖三，對照插圖五）

末行"宋乾道己丑秋九月乙丑"等字清楚可見。（插圖四，對照插圖六）

## 稍舊拓本

二行"曰"字未剜成"田"形。

十行"祀羲皇"之"皇"字模糊不清。（參見插圖二右圖）

十三行"觀國政"之"國"字已泐盡。（插圖五）

末行"宋乾道己丑秋九月乙丑"等字模糊不清。（插圖六）

## 民國拓本

二行"曰"字已剜成"田"形。所見拓本多有塗描，充作未剜本，須謹慎。

插圖一

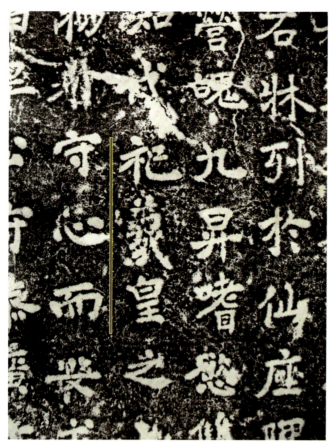

插圖二

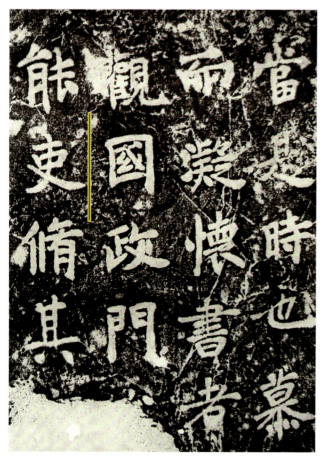

插圖三

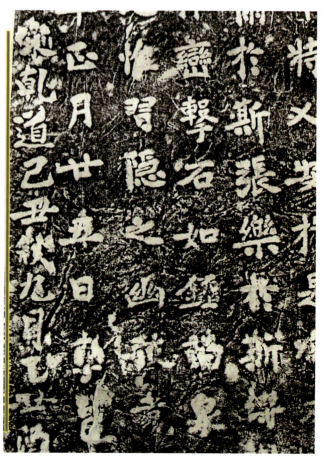

插圖四

插圖五

插圖六

## 會善寺道安禪師碑

開元十五年（727）十月二十日。宋儋撰並行書。明萬曆間雷轟為二塊，上截已佚，僅存下截共三十行。今石在河南登封嵩山會善寺。

### 明中葉拓本

首行"大唐嵩山會善寺故大德道安禪師"等字完好。

### 明萬曆斷後初拓本

末行"建塔僧破灶"下"墮"字明白可見。

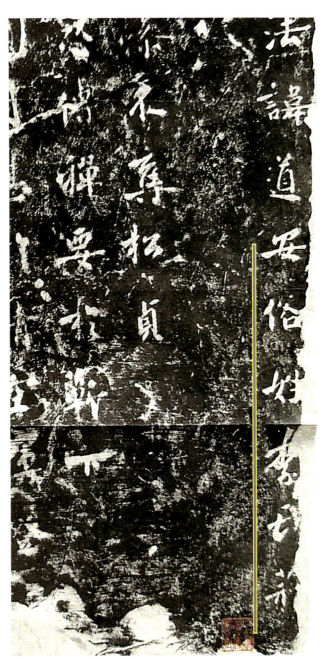

插圖一

**清初拓本**

　　首行"俗姓李氏荊"之"李氏荊"三字完好。（參見乾隆拓本插圖一）

**乾隆拓本**

　　首行"俗姓李氏荊"之"李氏荊"三字存半。（插圖一）

**清末民初拓本**

　　右下角又泐去一角。（插圖二，上圖為清末民初拓本，下圖為乾隆拓本）

　　首行"大禪師乎禪師法諱道安俗姓李氏荊"

之"禪師乎"三字泐。（插圖三右圖為民國拓本，左圖為乾隆拓本）

　　首行"禪師諱道安俗姓李氏荊"之"道安"以下全泐。（插圖四，右圖為民國拓本，左圖為乾隆拓本）

　　十五行"弟子等"之"弟"字泐。（插圖五，右圖為民國拓本，左圖為乾隆拓本）

　　十七行"詢諸耆宿"之"耆宿"兩字泐。（參見插圖五）

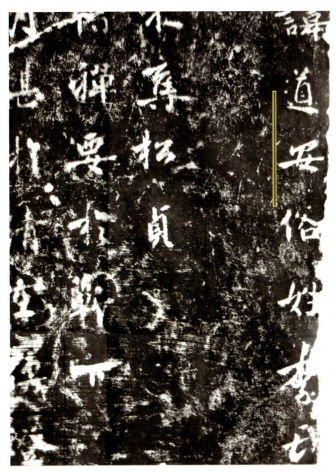

插圖四

插圖五

## 麓山寺碑

又名"嶽麓寺碑"。開元十八年（730）九月十一日。李邕撰文並楷書。二十八行，行五十六字。有額篆書陽文二行，行二字。碑在湖南長沙嶽麓書院舊址，左角已斷裂殘缺。碑陰亦為李北海書，字較碑正略小，嘉靖十二年（1533）遭單北郭題刻所覆。此石舊曾嵌入壁間，故碑陰拓本流傳較少。碑側刻有元豐庚申（1080）米芾題名等。

### 北宋拓本

三行"地位嘗高者"之"嘗高"兩字左側基本可辨。（插圖一左圖，右圖為南宋本）又下"與炎漢"之"與"字完好。（插圖二左圖，右圖為南宋本）

十六行"若冥搜想"之"搜"字完好。（插圖三左圖，右圖為南宋本）

十七行"牧伯萃止"之"止"字完好。（插圖四左圖，右圖為南宋本）

十九行"碩德高闈"之"闈"字完好。（插圖五）

故宮博物院藏王文治跋本系北宋拓本。

### 南宋拓本

三行"地位嘗高者"之"嘗"字左半已泐，"高"字左半亦泐，右半剜挖成"馬"字狀，（參見插圖一右圖）"與炎漢"之"與"字右半泐。（參見插圖二右圖）

十六行"若冥搜想"之"搜"字右上部剜挖成"曲"部。（參見插圖三右圖）

十七行"牧伯萃止"之"止"字剜挖成"心"字。（參見插圖四右圖）

二十四行"佛日環照"之"環"字右側未損。（插圖六）

二十七行"江夏黃仙鶴刻"未泐。（參見插圖六）

### 明中葉拓本

十九行"碩德高闈"之"闈"字"韋"上部剜挖成"車"狀。（參見已剜本插圖七）

三行"長沙清廟"等字未泐。

二十七行"上計于京不偶茲會贊曰"等字完

好。（插圖八）

### 明拓本

首行"故耆闍"下"取于安定者已茲"七字尚存。（參見民國拓本插圖九）

二行"林壑蕭穆"下"相事澄明化城"六字尚存。（參見民國拓本插圖九）

三行"振錫江左除結"下"炎漢太宗長沙清"七字尚存。（參見民國拓本插圖九）

四行"弘聚謀介眾表"下"之明詔行矣水"六字尚存。（參見民國拓本插圖九）

末行"大唐開元"之"唐"字完好。

### 清初拓本

首行"岳鎮而安"之"而"字左側已泐。（參見民國拓本插圖一〇）

首行"大栢厥旨玄同以迥"之"旨"字完好，"同"字右豎鈎筆未泐。（參見民國拓本插圖一一）

二行首"以"字左半完好。（參見民國拓本插圖一二）

五行"指定全模"之"定"字完好。（參見民國拓本插圖一三）

末行"大唐開元十八年歲次庚午九月"之"唐"字"口"部未泐，"開"字左半部完好，"歲"字完好。

又贊詞中"英英披霧其德元爍立攜才標歟"十三字未泐。

### 乾隆拓本

八行"梁天監三年刺史夏侯"之"年"字完好，"史"字"口"部未泐。（參見民國拓本插圖一四）

九行"開甘露門"之"甘"字完好。（參見民國拓本插圖一五）

十二行"鎮重百城"之"百"字完好。（參見民國拓本插圖一六）

十六行"起定不離於平等"之"離"字"佳"部完好。（參見民國拓本插圖一七）

末行"大唐開元十八年歲次庚午九月"之"元"字完好，"歲次庚午九月"六字尚存。

## 嘉道拓本

十一行"伐林及樹"之"伐"字單人旁撇筆完好。（參見民國拓本插圖一八）

十二行"智謙法師者"之"法"字"去"部完好未泐粗。（參見民國拓本插圖一九）

十七行"因差別而非"之"而"字未泐。（參見民國拓本插圖二〇）

十八行"發揮頌聲"之"聲"字"耳"部完好。（參見民國拓本插圖二〇）

左上角尚存。校勘如下：（嘉道拓本插圖二一，對照清末民初拓本插圖二二）

十八行首"非法"兩字尚存。（嘉道拓本插圖二一，對照清末民初拓本插圖二二）

十九行首"技揚"兩字尚存。（嘉道拓本插圖二一，對照清末民初拓本插圖二二）

二十行首"重而"兩字尚存。（嘉道拓本插圖二一，對照清末民初拓本插圖二二）

二十一行首"詞曰"兩字尚存。（嘉道拓本插圖二一，對照清末民初拓本插圖二二）

二十二行"巖成道西域"上"天地有□□賢建□宴坐中"八字尚存。（插圖二一）又下"後代"下"襲武前良作則"六字尚存。

二十三行"□□云靈化度"上"香鬼神賜"四字尚存。又下二十三行"重鎮牧伯"之"重"字完好。（插圖二一）

二十四行"臺隨足天樂盈耳"上"月窺窗裏花"五字尚存，（插圖二一）又下"既往在此"之"既"字完好。（參見民國拓本插圖二三）

二十五行"弘和合"上"英建軌物未"五字尚存，（插圖二一）又下"廣乘願言"之"願"字未泐。（參見民國拓本插

圖二三）

## 稍舊拓本

二十二行"宴坐中巖成道"之"巖"字完好，稍後"巖"字泐上半。（參見民國拓本插圖二四）

二十二行"後代襲武前良作則安"之"作"字"乍"部尚存。稍後"作"字泐右半，近拓"襲"字下六字泐盡。（參見民國拓本插圖二五）

二十四行"天樂盈耳"之"耳"字上有裂紋線，民國拓本"耳"字下半全泐。（插圖二六）

二十四行"此比明齊哲"之"齊"字，僅損上半末筆及下半右豎。近拓僅存"齊"字首點，其餘皆泐。（參見民國拓本插圖二七）

末行"大唐開元十八年"之"大唐開元"等字可見，民國拓本全泐。（插圖二八）

## 清末民初以後拓本

多通碑一大張（缺左上角），左上角另拓一小張，當時原碑可能左上角脫落。（小張插圖二九，大張參見插圖二二局部）

插圖一

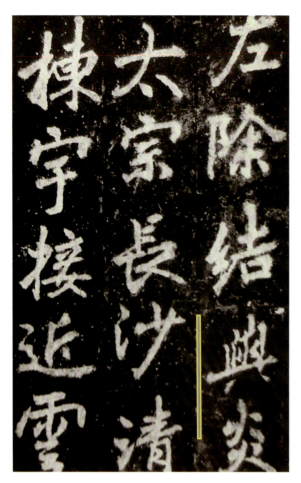

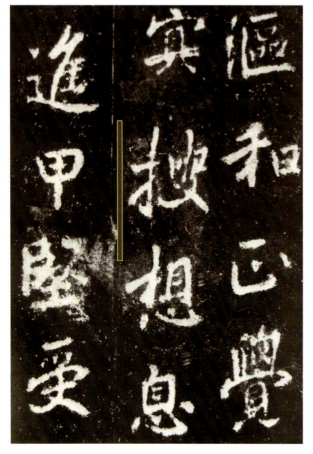
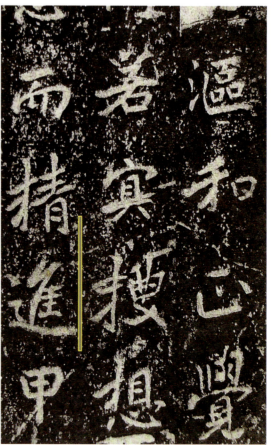

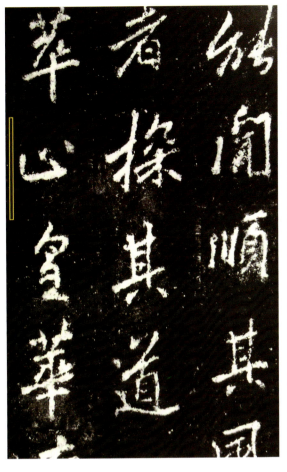

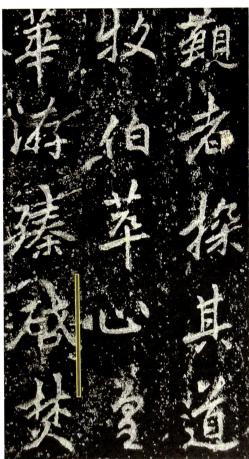

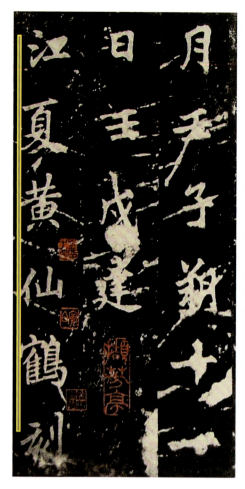
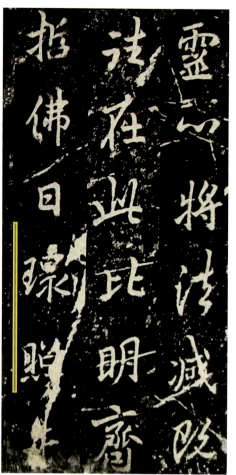

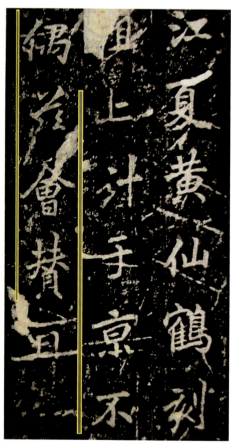

插圖六

插圖八

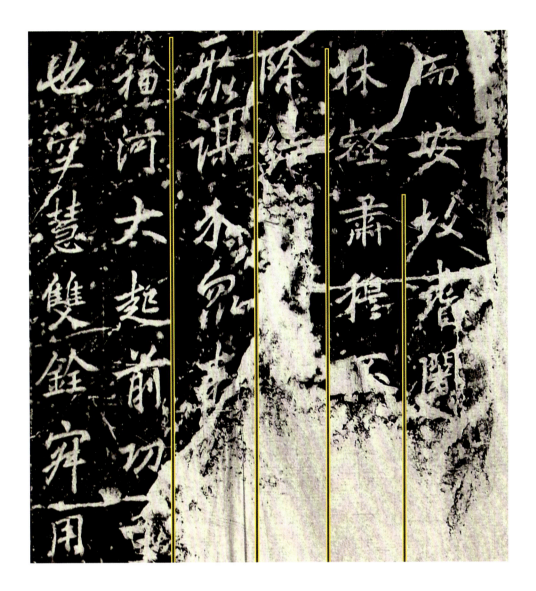

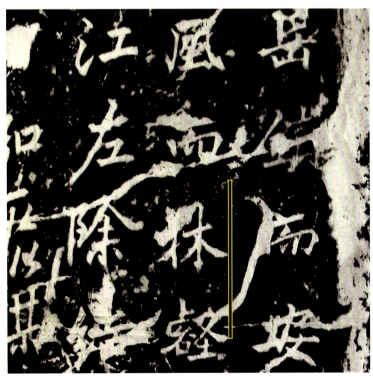

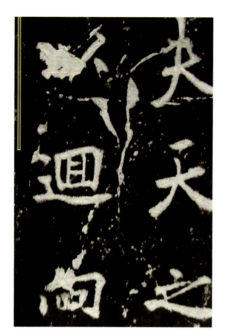

插圖一五

插圖一八

插圖一六

插圖一九

插圖一七

插圖二〇

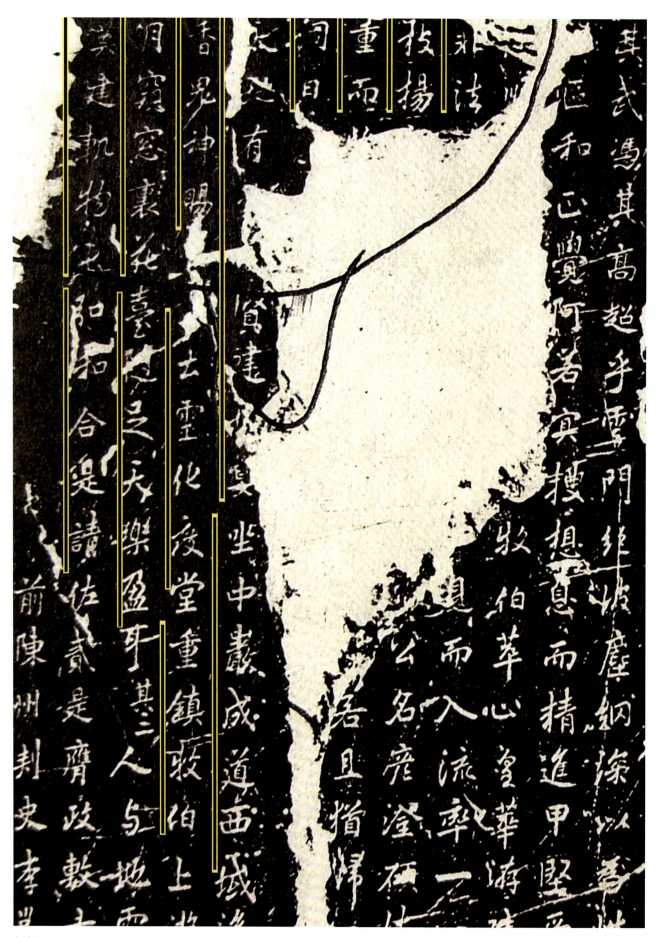

插圖二一

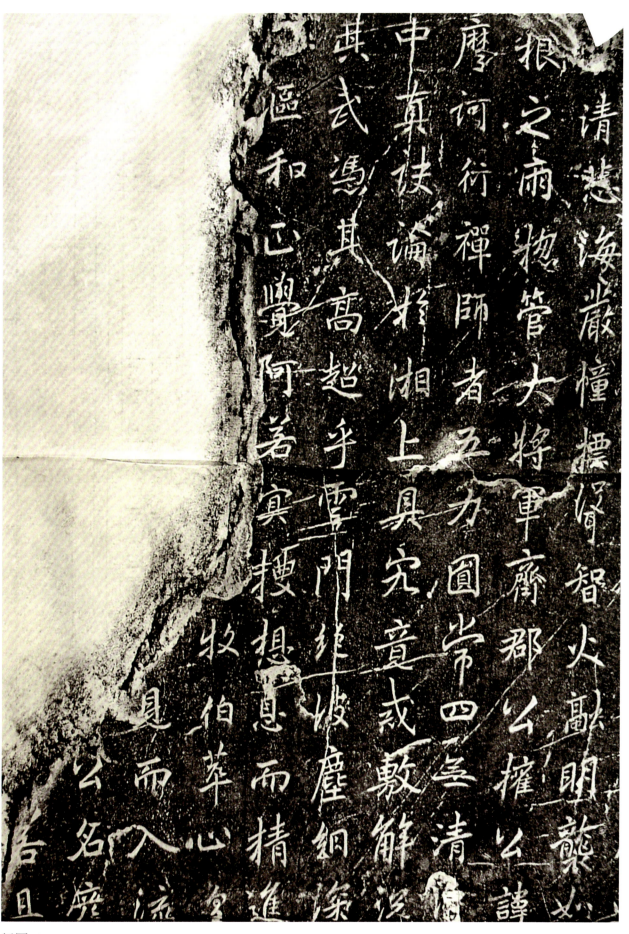

插圖二二

插圖二三

插圖二五

插圖二四

插圖二六

插圖二七

插圖二八

插圖二九

## 陶禹墓誌

開元十九年（731）二月十二日。楷書，二十三行，行二十三字。河南洛陽出土。

### 初拓本

首行"大唐"之"大"字完好，（插圖一）又下"持節"之"持"字完好。

五行至九行首字"公"、"史"、"不"、"資"、"忝"等字上（誌石邊緣）無泐痕。（參見插圖一）

二十行首字"之"字、二十一行首字"式"字完好。（插圖二）

### 近拓本

首行"大唐"之"大"字泐右上角。又下"持節"之"持"字泐右下角。（插圖三）

五行至九行首字"公"、"史"、"不"、"資"、"忝"等字上（誌石邊緣）有泐痕。（參見插圖三）

二十行首字"之"字、二十一行首字"式"字泐損不可辨。（插圖四）

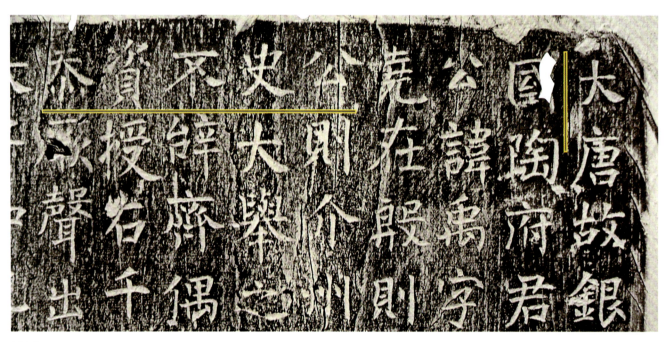

插圖一

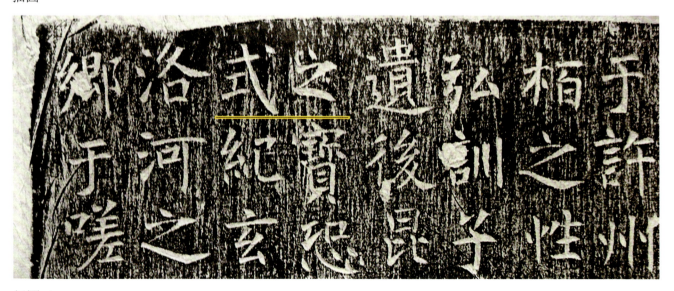

插圖二

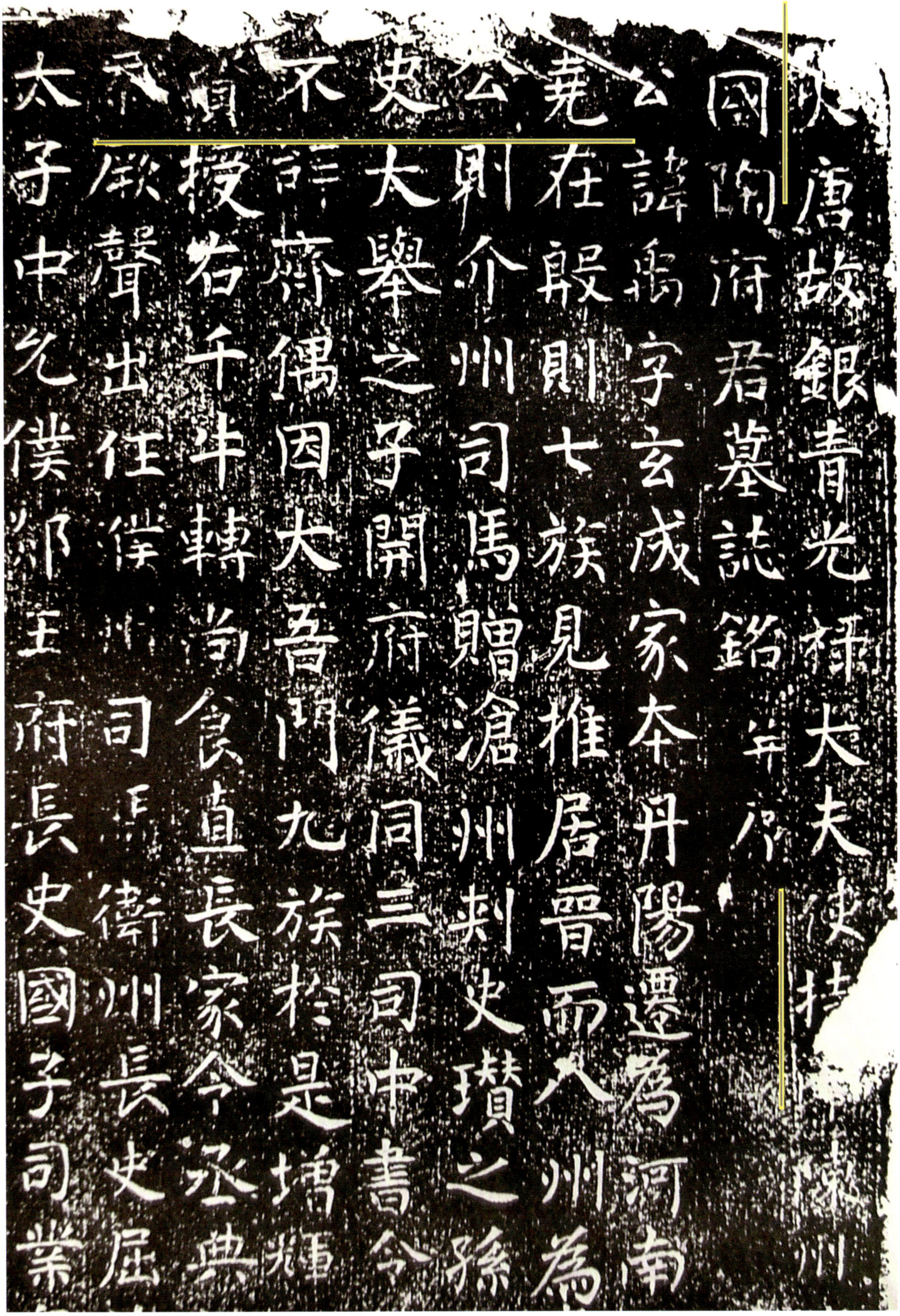
大唐故銀青光祿大夫使持□□州
國陶府君墓誌銘并序
公諱禹字玄成家本丹陽遷爲河南
堯在殷則七族見推居晉而六州爲
公則介州司馬贈滄州刺史瓚之孫
史大舉之子開府儀同三司中書令
不許齊偶因大晉門九族於是增輝
負授右千牛轉尚食直長家令丞典
□欽聲出任儋州司戶衛州長史屈
太子中允僕郎王府長史國子司業

插圖三

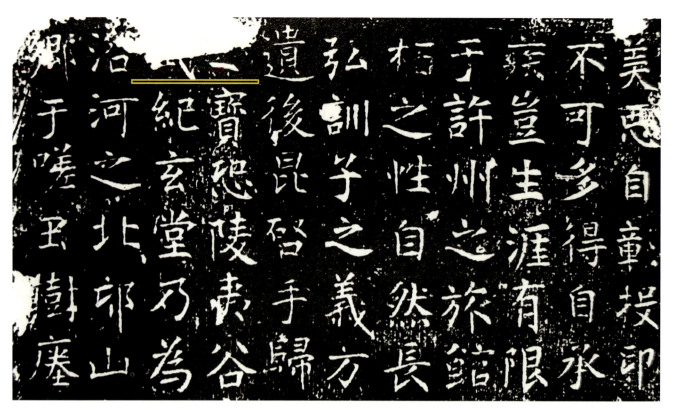

插圖四

### 闕特勤碑

開元二十年（732）十月七日。唐玄宗李隆基
撰文並隸書。碑額二行，行三字。碑陰、側皆回
鶻文。碑陽左下方刻清宣統三年（1911）庫倫使
者三多建亭題記。碑在蒙古和林。

### 舊拓本

八行"郊尊撐梨"之"撐梨"完好。稍後
"梨"字"木"部損。民國拓本"撐"字右下角
"手"部全泐，"梨"字僅見"禾"部。（參見
民國拓本插圖一）

九行"景俄盡永言"之"永言"完好，稍後
"永"字泐下半，"言"字泐上半。民國拓本
"永"僅見字頭，"言"字泐盡。（參見插圖
一）

十行"親得無連"之"無連"完好，稍後
"連"字左右兩半皆泐。民國拓本"無"字四點
全泐，"連"字泐盡。（參見插圖一）

插圖一

## 田琬德政碑

開元二十八年（740）十月十六日。徐安貞撰，蘇靈芝行書。二十九行，行六十字。碑已裂成八塊。舊在河北易縣，曾移保定明倫堂。

### 明拓本

首行"田公"之"田"字完好未泐粗。民國拓本泐成白塊。（參見民國拓本插圖一）

首行"守易州刺史兼高陽軍使"之"易"字"勿"部鉤筆完好未泐粗，民國拓本泐粗似有剜挖。（參見民國拓本插圖二）

二行"東海縣開國男"之"縣"字完好。民國拓本"縣"字左半長橫短橫已泐連。（參見民國拓本插圖三）

四行"人成俗者"之"俗"字單人旁撇筆未泐。

四行"公名琬"之"琬"字完好。（參見民國拓本插圖四、乾隆拓本插圖一〇）

四行"秦人之西"之"人"字完好，民國拓本泐粗尤甚。（參見民國拓本插圖五）

五行"族遷關右"之"關右"二字完好。

五行"為丞相司農"之"司"字完好。（參見民國拓本插圖四）

五行"隨甘州刺史祖越西州"之"甘"、"祖"二字完好。（參見民國拓本插圖五）

### 乾隆拓本

首行"兼高陽軍使"之"陽軍"二字完好。（插圖六）

二行"守中書侍郎"之"中"字未泐及中豎，"侍"字完好。（插圖七）民國拓本"中"字泐左半，"侍"字右上角泐。（對照民國拓本插圖八）

三行"溺於牽俗"之"於"字完好，民國拓本"於"字右半部下點已泐。（參見民國拓本插圖九）

四行"化人成俗"四字未泐，（插圖一〇）民國拓本"人成"二字泐盡，"俗"僅"谷"部可辨。（參見民國拓本插圖八）

四行"公名琬"之"名"字可見，（參見插圖一〇）民國拓本"名"字"口"部已泐盡。

（參見民國拓本插圖一一）

五行"族遷關右"四字清晰可見，（插圖一二）民國拓本"遷關右"三字幾乎泐盡。（參見民國拓本插圖八）

### 稍舊拓本

十一行"節度副使"之"副"字完好，民國拓本"副"首橫已泐。（參見民國拓本插圖一三）

十四行"既逸去者知歸"之"者"字泐"曰"部，"知"字完好。民國拓本"去者知"三字幾乎泐盡。（參見民國拓本插圖一四）

十五行"遇其良子焉故人感而懷"之"其"、"子焉故"四字完好。民國拓本"其"字右豎泐粗，"子焉故"三字幾乎泐盡。（參見民國拓本插圖一四）

插圖一

插圖二

插圖三

插圖四

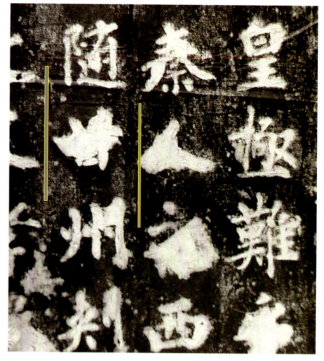

插圖五

插圖六

插圖七

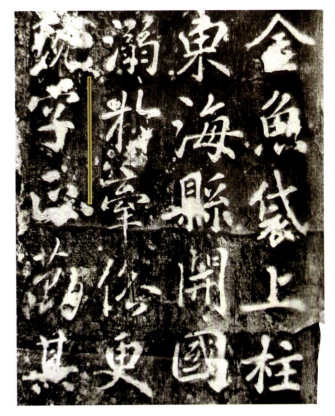

插圖九

插圖八

插圖一〇

插圖一一

插圖一三

插圖一二

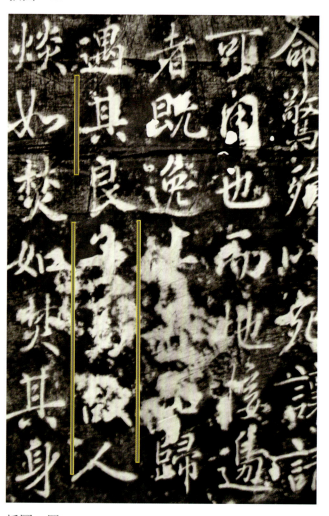

插圖一四

## 唐儉碑

開元二十九年（741）二月。唐瑾撰文。楷書，三十八行，行八十五字。有額隸書十二字。碑在陝西醴泉，昭陵諸碑之一。

## 明拓本

三行“公諱儉字茂約”等字可見。（插圖一）

十七行“於茲逾浚”之“於”字完好。（插圖二）

上海圖書館藏吳湖帆題簽本。

## 清初拓本

十七行“於茲逾浚”之“茲”字完好。

## 舊拓本

十七行“於茲逾浚”之“浚”字完好。民國拓本已泐。（參見民國拓本插圖三）

## 翻刻本

“高祖岳後”之“祖”字，原石明拓已泐，翻刻則完好。

“晉昌郡公”之“郡”字，原石明拓已泐，翻刻則完好。（翻刻本插圖四）

“孔演宏才”之“演”字“寅”部，翻刻誤作“冥。（翻刻本插圖四，對照原石插圖五）

“賜重五等”翻刻誤作“三等”。

插圖一

插圖二

插圖三

插圖四

插圖五

### 李秀碑

天寶元年（742）正月十口日。李邕撰文並行書。碑原在河北良鄉，後毀，殘石改成柱礎。明嘉靖間宛平令李蔭訪得柱礎六塊（約有三百餘字），築室砌於壁間，名曰"古墨齋"，"六礎本"極少見。明萬曆間王惟儉攜四礎歸汴，途中沒於黃河。清康熙三十一年（1692），京兆尹丞吳涵將幸存另二礎移至北京文丞相祠內保存。二礎文字十分漫漶，各十二行，行五六字至十二三字不等，現存北京文天祥祠壁間。

### 宋拓本

孔廣陶藏宋拓殘本，首尾尚全，中段殘缺近半，存七百十九字，（插圖一）此本舊與另一宋翻刻塗描本合裝一冊，（插圖二）原本與翻本後皆有眾多名人題跋。後又將宋翻刻本從此冊中剔出，今此翻刻本歸日本漢和堂，宋拓原本今在廣州博物館。

另，臨川李宗瀚藏宋拓全文本，後歸王存

善，今藏故宮博物院。（插圖三）

### 二礎乾隆拓本

第一石第十行末"彼勝"之"勝"字未漶。
第二石第六行"使持節"之"持"字亦未漶。
第二石第十行首"其一"之"一"字完好。
第二石第十行末"祖敦"之"敦"字完好。
民國拓本全漶。（參見民國拓本插圖四，左圖為第一石，右圖為第二石）

### 翻刻本

嘉慶十年（1805）翁方綱重刻"五石本"，共三百四十七字，計：殘碑額一塊，圓礎二塊，半圓礎一塊，橫殘石一塊，嵌法源寺壁間。（插圖五）

嘉慶四年（1799）翁方綱、胡遜據宋拓本翻刻於古墨齋，稱"古墨齋本"。（插圖六）

道光七年（1827）朱為弼、蔣策據陳昆瑜舊藏宋本重刻，三十四行，行四十九字，存一千五百二十九字，刻工為江寧周玉堂，碑下刻英和、朱為弼、蔣策、陳萬璋題跋。（插圖七）

插圖一

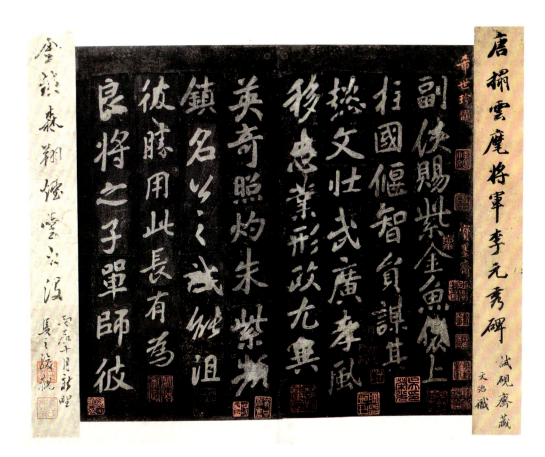

插圖二

插圖三

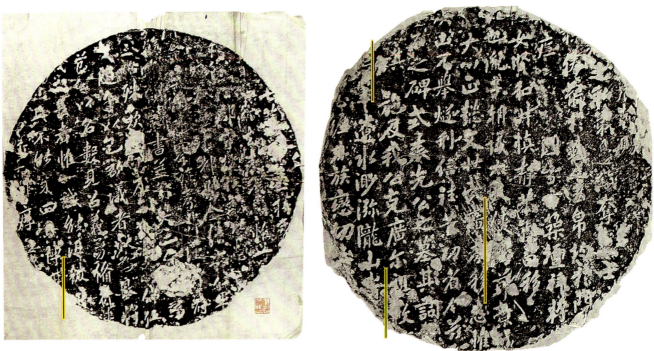

插圖四

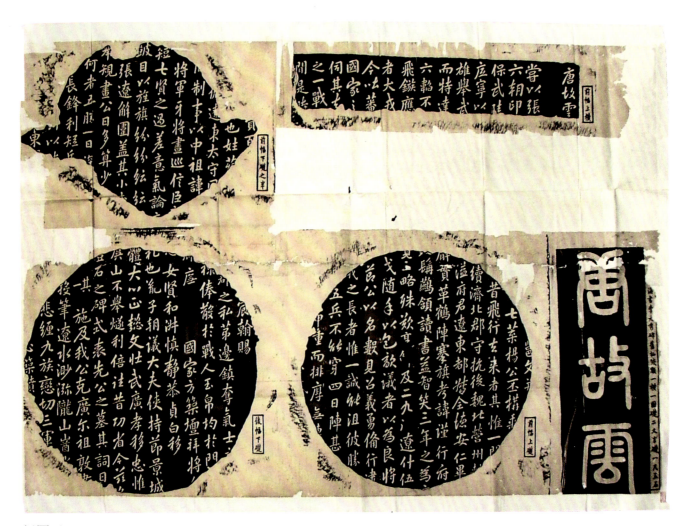

插圖五

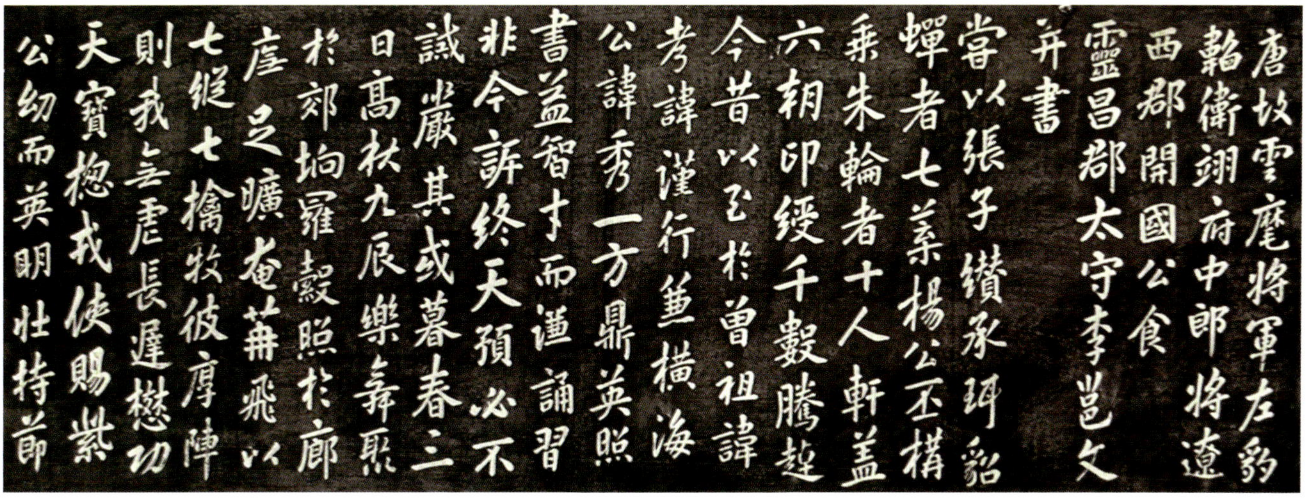

插圖六

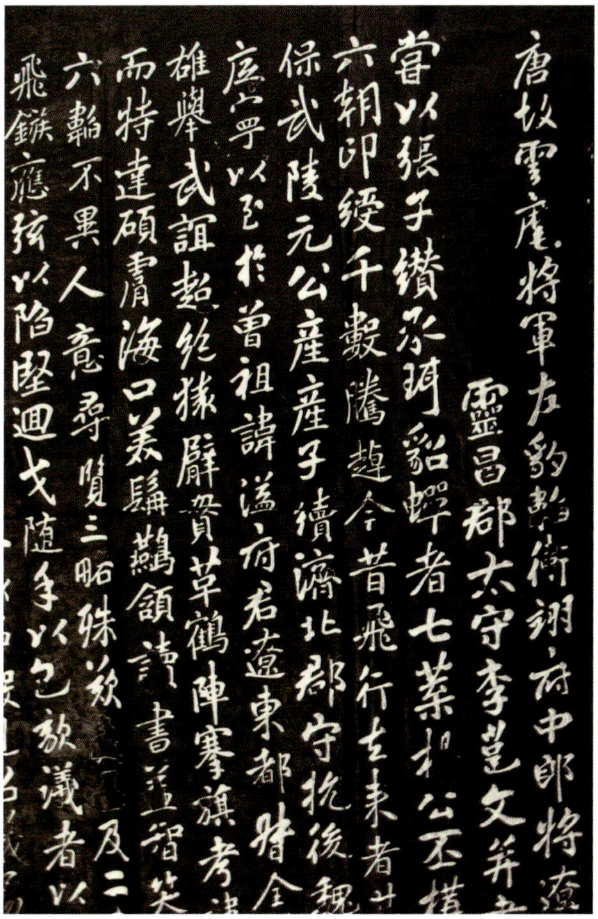

## 明拓本

　　十行"譽望克韶"之"譽"左長撇未泐粗，"望"字左上點完好。（參見舊拓本插圖二）

　　十一行"鳳翼"之"翼"字長橫右端不連石花。（參見舊拓本插圖三）

　　十一行"故得"之"得"字"寸"部完好。（參見舊拓本插圖四）

　　十六行"皇情有實"之"情"字左"心"部完好。（參見舊拓本插圖五）

## 清初拓本

　　下截埋土中未拓，每行少拓一、二字。

## 光緒以後拓本

　　十二行"粱"字"米"部始損。（參見舊拓未泐本插圖四）（注：拓片有硬傷）

插圖一

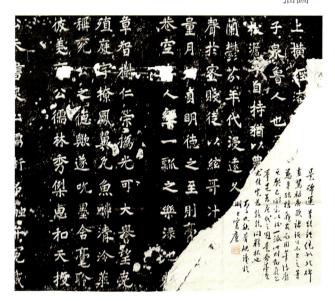

插圖七

## 兗公頌

　　天寶元年（742）四月二十三日。張之宏撰文，包文該楷書。二十二行，行四十九字。有額隸書四字。碑側刻大和九年（835）、大中八年（854）題名。石在山東曲阜孔廟東廡。

　　是碑自第二行第四十一字起至第八行第四十字止缺下角。（插圖一）

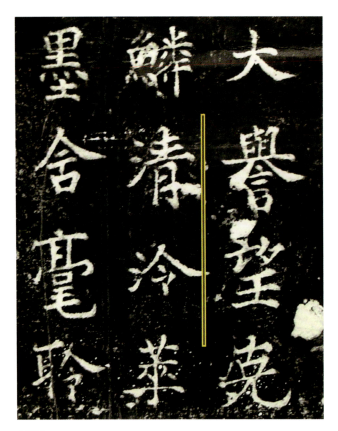

插圖二

插圖三

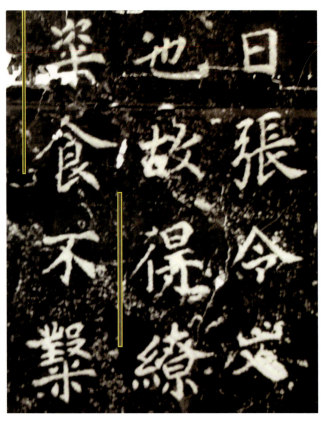

插圖四

插圖五

## 崔夫人獨孤氏墓誌

天寶二年（743）十一月二日。崔季梁撰文並楷書。二十三行，行二十三字。誌石左側刻有"專檢校塋事外孫隴西李曙"一行。陝西西安出土，歸西安趙氏，後歸端方。石當第八行間直裂。（插圖一）

### 初拓本

九行末"善無"二字有細裂紋，未傷及字口。

### 稍舊拓本

九行末"善無"之"善"字僅右上角稍泐，"無"僅泐左點。（插圖二，對照插圖四）

### 近拓本

六行首"先舅諱"三字增泐裂痕一條，與第八行舊裂痕並連。（插圖三右圖為近拓，左圖為稍舊拓）

八行"母儀受訓"之"受訓"二字幾乎泐盡。（插圖四）

九行"善無"二字全泐。（參見插圖四）

十行"長安縣嘉會"之"縣嘉"二字泐右半。（參見插圖四）

插圖一

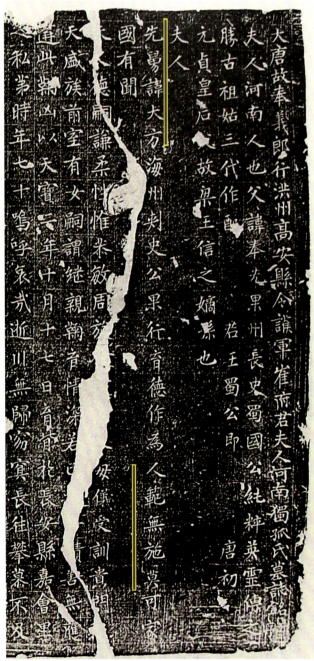

插圖二

插圖三

插圖四

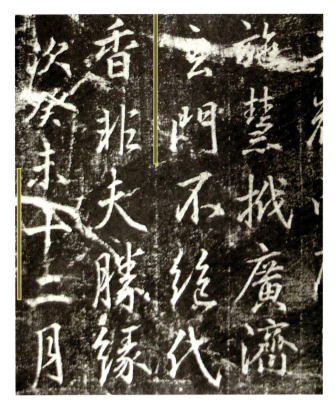

插圖一

## 實際寺隆闡法師碑

又名"懷惲墓碑",天寶二年(743)十二月十一日。思莊撰文,懷惲及行書。三十四行,行六十五字。碑陰刻宋郭忠恕《三體陰符經》。碑原在長安城實際寺,北宋初移至文廟,後又移入陝西西安碑林。

### 明拓本

二十九行"詞曰"之"曰"字右豎下端無石裂紋。

三十一行"玄門不絕"之"玄"字,僅左上有石泐痕。(參見民國拓本插圖一)

末行"癸未十二月"之"十"字,豎筆完好。(參見插圖一)

### 民國拓本

二十九行"詞曰"之"曰"字右下角已與石泐相連。(插圖二)

三十一行"玄門不絕"之"玄"字長橫被貫穿的石泐痕掩蓋。(參見插圖一)

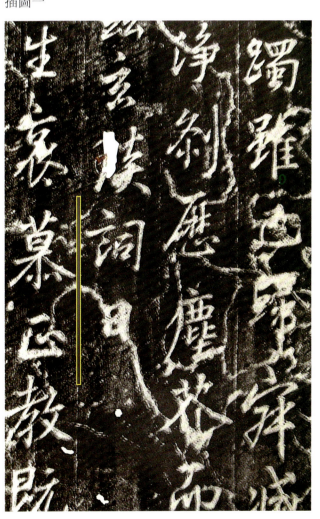

插圖二

## 任令則
## 神道碑

天寶四年（745）十二月二十八日。李邕撰並行書。三十行，行五十五字。碑陰刻《宋大觀聖作碑》。碑在陝西武功。

嘉慶二十年（1815）七月此誌與《唐吳達墓誌》、《隋鞏賓墓誌》同時被武功縣令段嘉謨在學宮廢碑中訪得，後置於縣學。嘉慶二十三年（1818）十二月此碑左下角添刻吳榮光題跋二行。至嘉慶二十四年（1819）又添聶銑敏題識一行。

### 初拓本

末行無吳榮光、聶銑敏題刻。（參見刻跋拓本插圖一）

插圖一

## 振威副尉左金吾衛成君墓誌

天寶六年（747）十月二十八日。楷書，十九行，行二十二字。道光九年（1829）在陝西西安出土，道光十年（1830）中秋左側刻李菘安題跋三行，道光十年（1830）冬左上方又刻李殿淳題記。三原李氏舊藏。

### 舊拓本

誌石僅缺右下角，缺角至第十行。

末行無題刻。

### 稍舊拓本

誌石僅缺右下角，但左上方已刻有李殿淳題記。下方刻有李菘安行書題刻三行。（插圖一）

### 民國拓本

誌石又斷為三塊。

首行全泐。

第二行僅存二字半。（插圖二）

插圖一

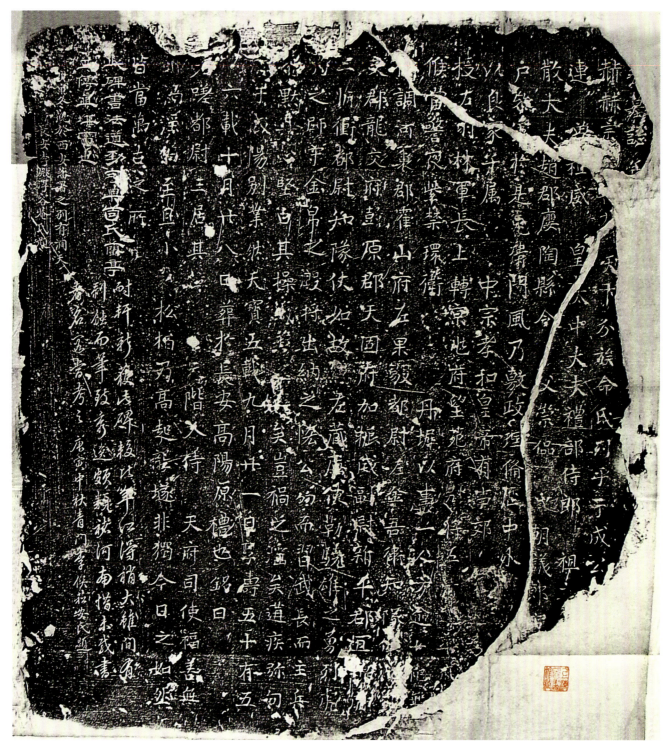

插圖二

## 少林寺靈運禪師塔銘

　　天寶九年（750）四月十五日。崔琪撰文，僧勤□行書。二十行，行三十六字。碑額行書三行，行五字。碑側刻靈運禪師畫像及元和十二年（817）辛秘題名。碑陰刻高岑楷書《陀羅尼經咒》。石在河南登封少林寺。

**舊拓本**

　　首行"聖善寺沙門勤□虛"之"勤"字右大半已泐，"虛"字（按：碑文換行，在第二行）上部未泐。（參見已泐本插圖一）

　　二行"歷微塵劫遍□沙界"之"遍"字"扁"部完好。

## 民國拓本

首行"聖善寺沙門勤□虛"之"勤"字泐盡。（插圖二）

二行"歷微塵劫遍□沙界"之"遍"字泐盡。（參見插圖二）

插圖一

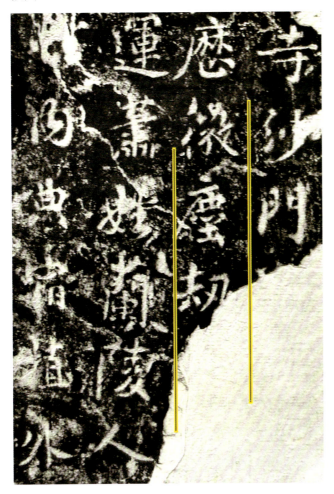

插圖二

## 多寶塔感應碑

天寶十一年（752）四月二十二日。岑勳撰文，顏真卿楷書。三十四行，行六十六字。徐浩隸書題額。碑陰刻唐《楚金禪師碑》。清康熙年間，碑左側中部泐去半圓形一塊，損泐二十字。碑原在長安城安定坊千佛寺，北宋初移入文廟，後又移至西安碑林。

### 北宋拓本

三十一行"歸我帝力其三"之"力"字尚未損。（參見南宋本插圖一）

### 南宋拓本

十五行"鑿井見泥"之"鑿"字完好。（插圖二，對照民國拓本插圖三）

### 明中葉拓本

十四行"塔事將就"之"事"字"口"部右部完好。（插圖四，對照民國拓本插圖五）

十九行"寫妙法蓮華經一千部"之"蓮"字"車"部完好。（插圖六，對照民國拓本插圖七）

二十四行"方寸千名"之"千"字完好。（參見民國拓本插圖八）

二十五行"禪師克嗣其業"之"克"字"口"未損。（參見民國拓本插圖八）

### 明末清初拓本

十五行"禪師謂同"之"師"字長豎未泐。

三十一行"歸我帝力"之"歸"字完好，"我"字完好。

三十二行"合掌開"下"佛知見法為無"六字完好。（插圖九，對照插圖一〇）

三十三行"微空"下"王可托本願同歸"七字尚存。（插圖九，對照插圖一〇）

三十四行"正議"下"大夫行內侍趙思"七字完好。（插圖九，對照插圖一〇）

康熙年間，此碑左側中部即三十一行至三十四行（最末四行）泐去半圓形一大塊，泐以上二十字。（參見民國拓本插圖一〇）

另，見有（三十一行至三十四行）已泐裱

本，重新補刻泐損字，充作明末清初拓本。

### 乾嘉拓本

三十二行"合掌開"之"開"字完好。

三十三行"微空"之"空"字完好。

### 民國拓本

三十二行"合掌開"之"開"泐下部大半。
（插圖一○）

三十三行"微空"之"微"字下部與石花泐
連。（參見插圖一○）

三十四行"正議"之"議"字已泐下半。
（參見插圖一○）

### 翻刻本

石花呆板。（翻刻本插圖一一）

插圖二

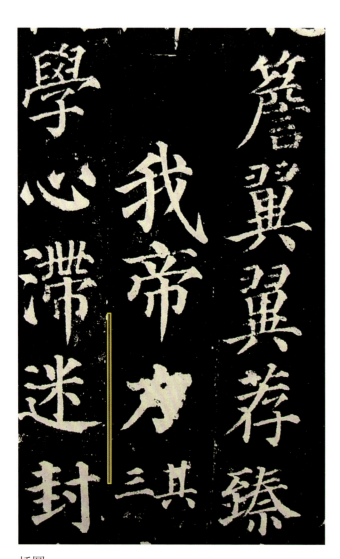

插圖一

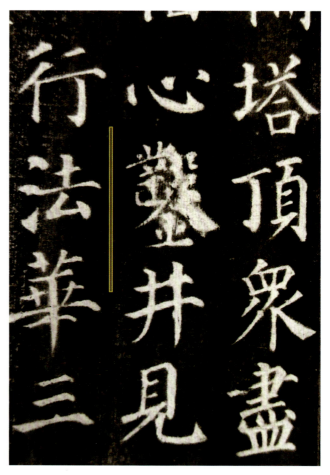

插圖三

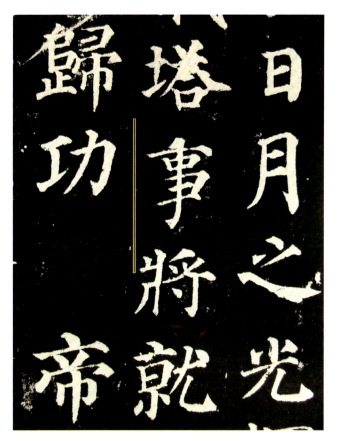

插圖四

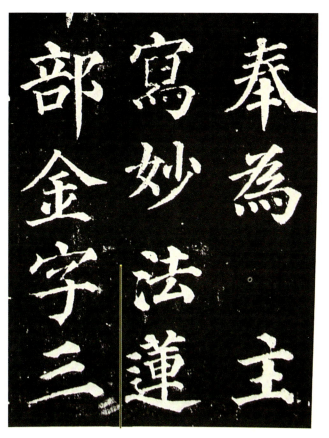

插圖六

插圖五

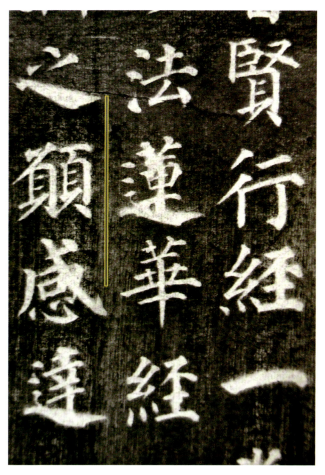

插圖七

插圖八

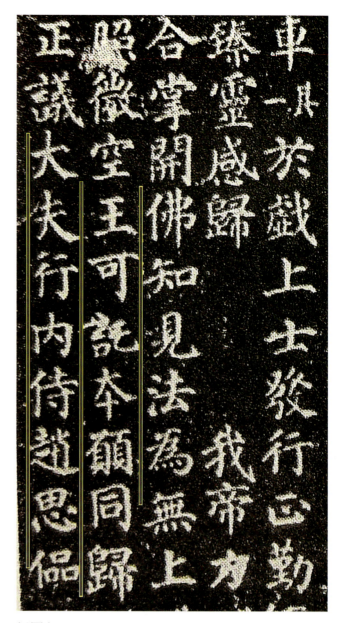

插圖九

插圖一〇

插圖一一

## 劉感墓誌

天寶十二年（753）十月三十日。李震撰文，席彬行書。二十三行，行二十三字。石在陝西西安出土，曾歸三原李氏。

## 舊拓本

誌石完好。（插圖一）

首行"唐故"之"唐"字完好，其後每行行首之字皆完好。（插圖二）

## 近拓本

已斷裂為三。（插圖三）

首行"唐故"之"唐"字泐。其下"左龍武軍將軍"之"將軍"二字泐。

二行"河東"之"東"字泐。其後每行行首之字皆泐一二字，末行泐四字。（插圖四）

插圖一

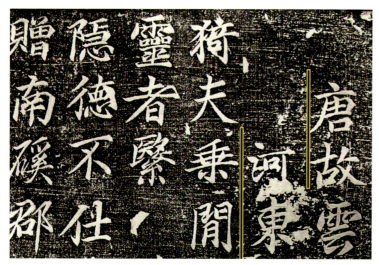

插圖二

插圖三

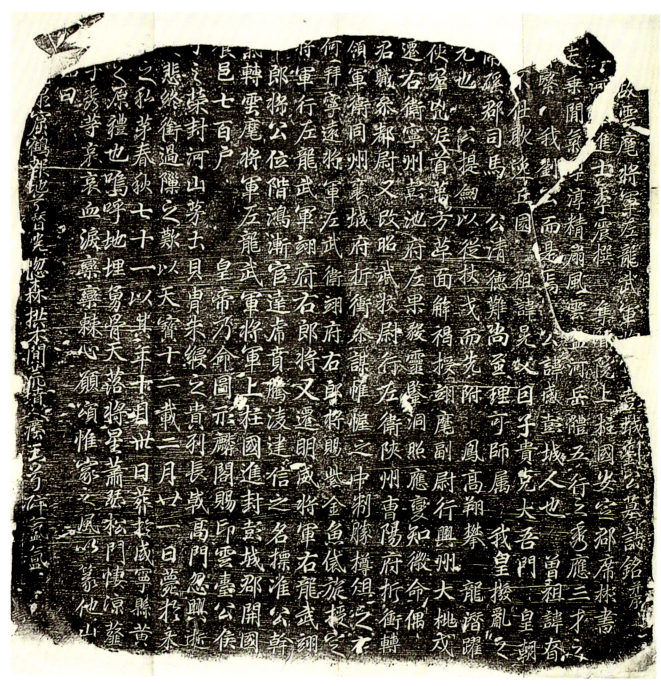

插圖四

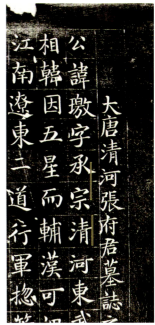

插圖一

## 張璇墓誌

唐天寶十二年（753）二月十二日。張晏撰文，楷書。二十五行，行二十五字。清同治年間陝西興平出土，端方舊藏。

### 翻刻本

原本斷左上、右上二角，翻刻則無。（插圖一，左圖為原石，右圖為翻刻；插圖二，上圖為原石，下圖為翻刻）

原石首行"清"字下，至五行"壹"字有斜裂紋。

原石二十一行首"痛"字，至末行"里"字下有斜裂紋。

翻刻首行"河"、"府"、"墓"、"銘"等字撞左側界格線，並且首行右側有餘石，空三行。（參見插圖一，右圖）

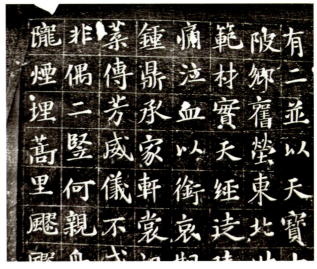

插圖二

### 東方畫贊碑

天寶十三年（754）十二月一日。夏侯湛撰文，顏真卿楷書。碑陽贊十五行，碑陰記十五行，行各三十字，碑側各三行，行三十字。碑陽額篆書，六行，行二字，碑陰額隸書，六行，行二字。原石宋時已剜洗，清代又剜挖。碑原在東方朔故里山東陵縣神頭鎮東方祠內，元代移入德州城，清乾隆五十七年（1793）德州縣令汪本莊修建碑亭護之。

### 明拓本

首行末"顏真卿書"之"書"字已泐盡。明末清初"書"字又剜出，乾嘉年間"書"字再泐。

五行"潔其道而穢其跡"之"潔"字右上角"刃"部未損。（插圖一，對照民國拓本插圖二）

八行"周給敏捷之辯"之"給"字"口"部右上角完好，後"口"部右上內角已損。（插圖三，對照民國拓本插圖四）

十行"跆藉賫勢"之"賫"字為古代異體字，未剜為"貴"。明末清初剜為"貴"字。（插圖五，對照民國拓本插圖六）

十行"籠罩靡前"之"罩"字中央"曰"部右豎未泐粗，後泐粗兩倍。（插圖七，對照民國拓本插圖八）

十二行"神交造化"之"交"字，已剜為"友"字。（插圖九）

左側第三行末"棲遲下位"之"遲"字"尸"部撇筆未損。（插圖一〇）

所見清末民初拓本剜挖失形，拓片上截文字清晰，下截文字漫漶。

### 翻刻本

碑式木刻，四面皆全，幾乎一字不損，刊刻較精善。十行"跆藉賫勢"之"賫"字仍作古代異體字，未刻作"貴"。（翻刻本插圖一一）

另有汪延麟翻刻本（刻帖式樣，非碑式）。此碑凡下截文字清晰者必系翻刻。

插圖一

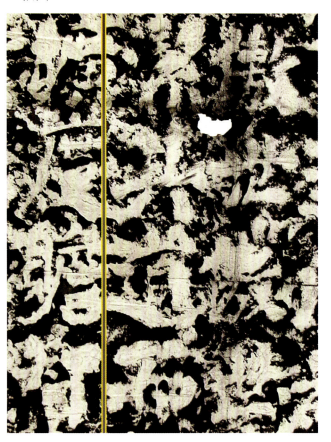

插圖二

插圖三

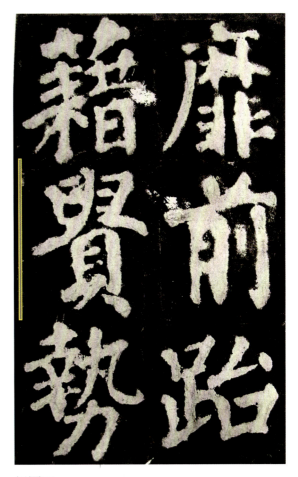

插圖五

插圖四

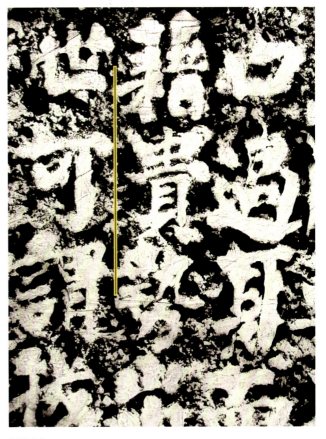

插圖六

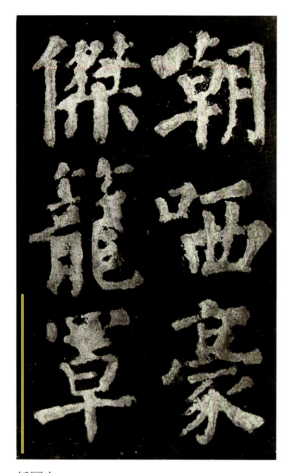

插圖七

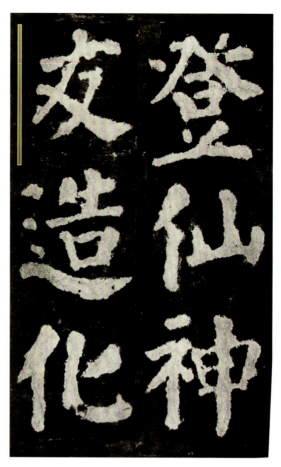

插圖九

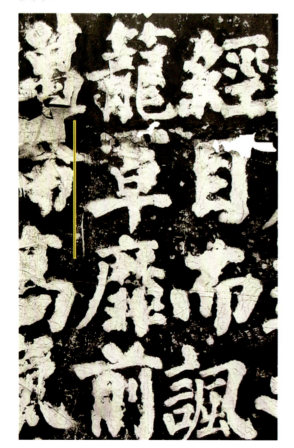

插圖八

插圖一〇

唐

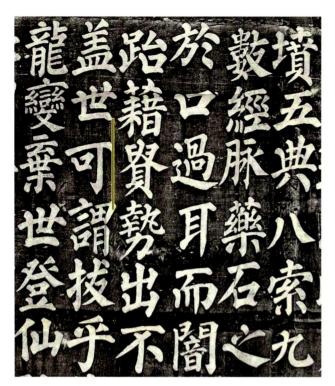

插圖一一

### 張希古墓誌

天寶十五年（756）四月二日。田穎行書。
二十二行，行二十二字。乾隆年間在陝西西安出
土，後被畢秋帆攜歸吳中，畢氏獲罪籍沒後，此
誌又轉歸嘉興張廷濟，咸同間再歸吳縣蔣敬仁，
今在江蘇蘇州靈岩寺。

### 舊拓本

首行"馬邑郡"之"郡"字未損。

### 翻刻本

翻刻本極精善。

首行"郡"字右側，原石有石花，翻刻則
無。（插圖一，左圖為原石，右圖為翻刻）

首行"尚德"二字，原石未損，翻刻"尚"
字損。（參見插圖一）

十三、四行末"五"、"水"二字石泐處，
原石自然，泐到底邊。翻刻呆板，石泐不到底
邊，露出馬腳。（插圖二，左圖為原石，右圖為
翻刻）

二十一行"表"、"情"等字原石皆完好，翻
刻稍損。（插圖三，左圖為原石，右圖為翻刻）

插圖一

插圖二

插圖三

## 劉智墓誌

天寶十五年（756）五月十九日。張遘撰文，楷書。二十行，行十九字。陝西西安出土。此誌有二種傳本：

（一）張遘文本

首行刻有"進士張遘文"字樣，（插圖一）右上角缺一小角，但不傷首行"大"字，書法較佳，定為原刻，今不明所在。

（二）蘇靈芝本

首行刻有"武功蘇靈芝書"字樣，（插圖二）缺左上角，佚十字，定為翻刻。

十二行"春秋"之"秋"字捺筆，"張遘文本"已損，（插圖三）"蘇靈芝本"不損。（插圖四）

五行"父"字捺筆右側，"張遘文本"有石花，（插圖五）"蘇靈芝本"無石花。（插圖六）

插圖三　　　　　　插圖四

插圖六

插圖一　　　　插圖二　　　　插圖五

### 縉雲縣城隍廟記

乾元二年（759）八月。李陽冰撰文並篆書，
原石久佚。有宋宣和五年（1123）十月一日吳延
年重刻本傳世。八行，行十一字。左側刻有宣和
五年題記二行，碑今在浙江縉雲城隍廟。

#### 舊拓本

首行“吳越有之”之“有”字“月”部下端
雖損，但“月”部筆劃尚未與右側筆劃渤連。

#### 民國拓本

首行“吳越有之”之“有”字“月”部筆劃
已與右側筆劃渤連。（插圖一）

傳本頂部多鈐有“縉雲縣知事印”。（插圖
二）

插圖二

插圖二（局部）

### 王訓墓誌

大曆二年（767）八月七日。王溈撰並書。
二十二行，行二十三字。左側尚有餘石，約占四
行。西安田家灣出土。碑分完好本、已裂未斷
本、缺角本三種。

#### 初拓本

誌石完好，無裂紋。（插圖一）

#### 稍舊拓

誌石右下開裂未斷，裂紋自首行“並序”之
“並”字起，至七行末“尚”字下。（插圖二）

#### 近拓本

裂紋線右下角已佚，缺失二十二字。（插圖
三）

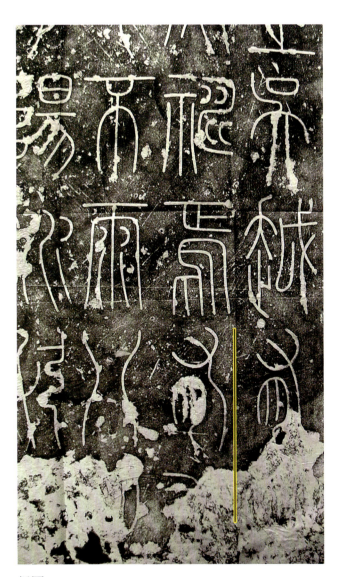

插圖一

太唐故光祿卿王公墓誌銘并序

前祕書監嗣澤王湜撰

公諱訓字訓瑯琊臨沂人也　公用文懷焯靈王慕膚誕我太子　孫粤玉歛為真姓首曾祖知道曾有儀鳳之瑞　皇贈魏州刺史　史祖父同收焉為真　皇贈魏州刺史　公主　皇特進光祿卿駙馬都尉　永徽長公主龍種鳳鶵長淮積潤父　少保尚　攝之豪族鍾鼎傳于六朝公父倫　武間出衰冠定　贈太傅尚　量尊德高明三歲尚華奉卿四轉至光祿卿　學通六藝繁譜詠　太傅尚　尚城恃平郡主龍槃上藥碣以季女癸卯歲居鄧州別業因生人人孝悌恭聞雅　誄　公主　公以保合于永泰葬有女方箅　生人之哀孤遺之擬歿　歛心震悼萬圖禮經孝子郊柴綴骨立　春秋度僧尼以追福公主　巳疷終鳳樓圖之右中使吊贈　一大歷二季巳月癸　北斯開日　七日巡唇牽始啟宋輅方引還京師方有　銘曰安青門始啟宋輅方引還京師方有　闊黃壤地列青松之右鳳城之束哺之聲絕矣鳴呼　恵如松之威如川之逝陵谷將平石記爰薦長懷令德永

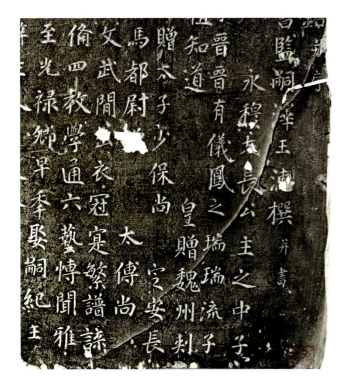

插圖二

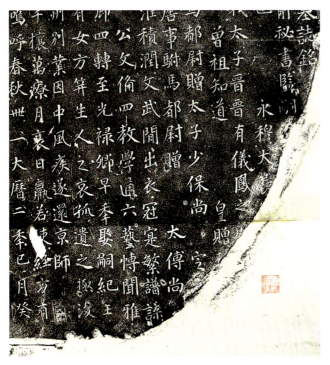

插圖三

### 三墳記

大曆二年（767）。李季卿撰文，李陽冰篆書，栗光刻字。原石舊在陝西鳳棲原李氏墓地，久佚。有北宋姚宗蕚翻刻本傳世，二面刻，碑陽十二行，碑陰十一行，行各二十字，碑已中斷為二。宋代翻刻碑立于文廟，後又移入西安碑林。

四行"轉新安尉"之"安"字可見，民國拓本"安"字泐盡。（參見民國拓本插圖一）

八行"德充"之"充"字可見，民國拓本"充"字上半泐去。（參見插圖一）

### 清初拓本

二行"弘毅"之"毅"字未泐，民國拓本"毅"字漫漶不可辨。（參見民國拓本插圖二）

六行"焯見"之"焯"字稍損，民國拓本"焯"字上半泐去。（參見插圖二）

插圖一

插圖二

## 大唐中興頌

大曆六年（771）六月。元結撰文，顏真卿楷書。左行，二十一行，行二十一字。石在湖南祁陽石崖，整紙拓片面積約九平方米。明代摩崖石面已有開裂。

### 舊拓本

宋代摩崖已經剜挖，所見傳世宋拓或舊拓本多有塗描，校勘價值不大。

首行"有序"之"序"字末筆未損。（參見民國拓本插圖一）

二行"殿中"之"殿"字完好。

八行"移軍鳳翔"之"軍鳳翔"三字未損。（參見民國拓本插圖一）

十一行"噫嘻"之"嘻"之右上"口"部未泐成白塊。

十一行"邊將騁兵毒亂國"之"兵"、"國"二字完好。（參見民國拓本插圖二）

十四行"撫戎蕩攘"之"蕩攘"二字完好。（參見插圖二）

十六行"蠲除穢災"之"穢災"二字完好。（參見插圖二）

### 稍舊拓本

再經剜挖，不見漫漶原貌。

七行"天子幸蜀"之"蜀"字"虫"部末點未泐。（參見民國拓本插圖三）

十七行"凶徒逆儔"之"逆"字"辶"部首點未泐。（參見民國拓本插圖四）

### 翻刻本

一、紹興初吳盱重摹本。二、四川資州東巖本。三、四川資州北巖本。四、四川劍州本。

插圖一

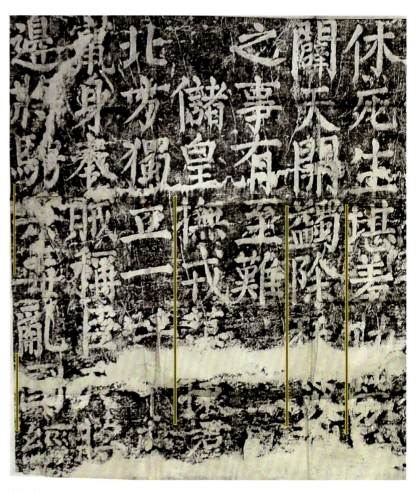

插圖二

插圖三

插圖四

## 張從申書李玄靖碑

大曆七年（772）八月十四日刻。碑石原在江蘇句容玉晨觀，明嘉靖三年（1524）毀於火。柳識撰，張從申書，李陽冰篆額。

傳本罕見。上海圖書館藏宋拓本。字無損泐，惟缺碑額。鈐"希世之珍"、"定甫審定"、"曰藻"、"秉衡私印"、"元淳之印"、"子孫世守"、"平原叔子谷夫珍玩"印。（插圖一、二）

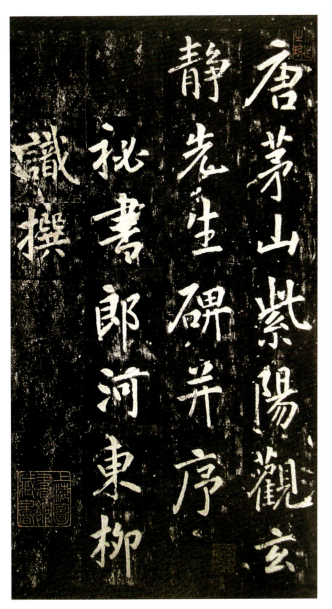

插圖一

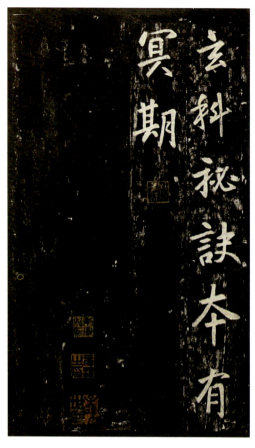
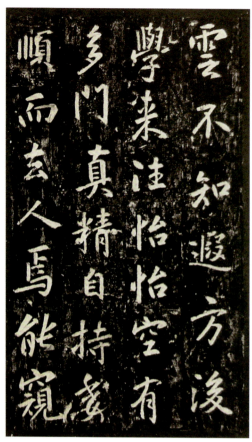

插圖二

## 元結碑

大曆七年（772）十一月二十六日。顏真卿撰文並楷書。四面環刻，兩面各十七行。兩側各四行，行三十三字至三十五字。碑在河南魯山孔廟。

### 明拓本

首行"管經略"之"管"字右上部未損，"經略"兩字中間雖有縱向裂紋，但未傷及筆劃。（參見已損本插圖一）"元君"之"元"字，縱向雖有裂紋，但未傷及筆劃。（參見已損本插圖二）

### 稍舊拓本

二行"顏真卿撰并書"之"書"字完好，（插圖三）稍後右上角泐。

三行"蓋後魏"之"蓋"字完好，（插圖四）稍後上部中豎泐粗，"皿"部泐損。

四行"皇朝尚書"之"皇"字完好，（插圖五）稍後末筆泐損。

九行"作文編禮部侍郎"之"編"字，右側未與黃豆大小石花泐連。（插圖六）

另，見有木板翻刻。

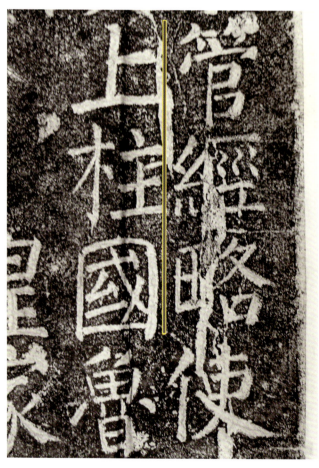

插圖一

插圖二

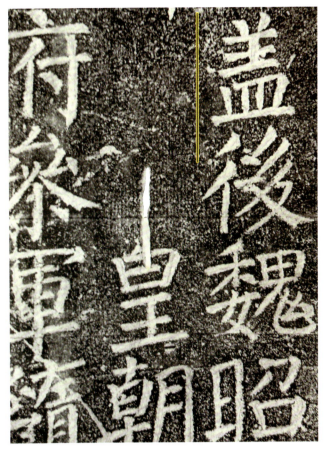

插圖四

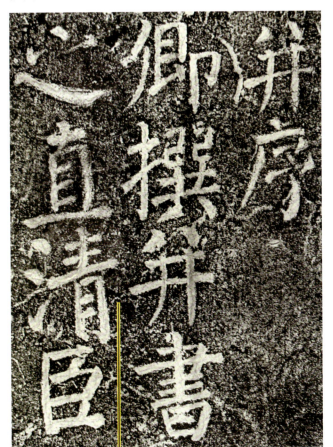

插圖三

插圖五

插圖六

## 如願律師墓誌

大曆十年（775）七月十八日。僧飛錫撰文，秦昊楷書。二十七行，行二十八字。石在陝西咸陽出土。石末刻"杜陵諸生李如蓮存石"九字（字極劣，在末行"廣平程用之刻字"左側）。（插圖一）

### 初拓本

誌石完好未裂。

十七行末"恐"字完好，稍後"恐"字下大

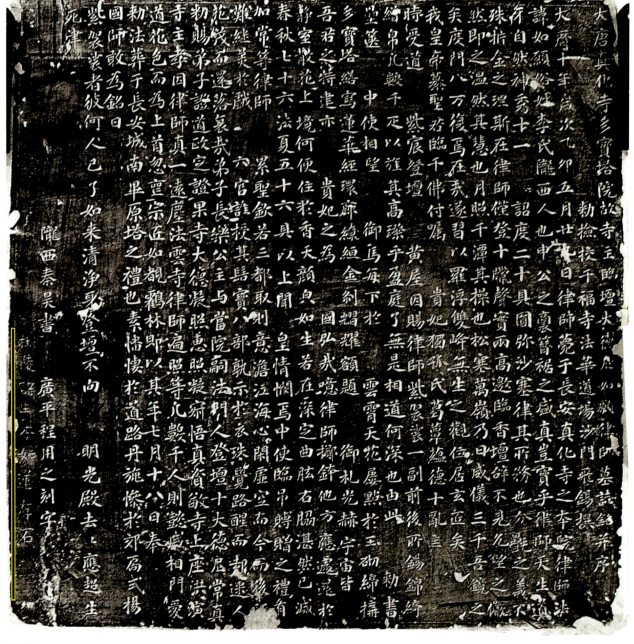

插圖一

半泐盡。（參見舊拓本插圖二）

十八行末"人"字完好，稍後"人"字損末筆。（參見插圖二）

十九行末"真"字完好保存較久（近拓"真"字才泐盡）。（參見插圖二）

## 近拓本

石斷為數塊，僅存左下半殘石，泐失四分之三。（插圖三）

插圖二

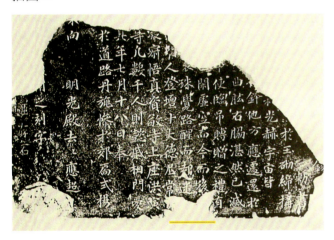

插圖三

### 顏勤禮碑

大曆十四年（779）。顏真卿撰文並楷書。碑陽十九行，碑陰二十行，行各三十八字，一側五行，行三十七字，另一側銘文已不存。宋元祐間石佚，一九二二年何夢庚營長在西安舊藩廨庫堂後土中發現，一九四八年移置陝西西安碑林。重出土時碑已中斷，碑陽斷裂處每行缺一、二字，碑陰僅有裂紋，尚不缺字。碑側刻有民國十二年（1923）宋伯魯題跋十行。

## 重出土初拓本

首行"顏君神道碑"之"碑"字末筆未損，不久即損。（參見已損本插圖一）

四行"思魯博學"之"思"字完好，稍後"思"字右上角泐損。（參見已損本插圖一）

碑陰末行"長老之口故"之"故"字上雖有裂紋，但不損及筆劃，不久大損。（插圖二，參見已損本插圖三）

"碑"字不損本極少見，"故"字不損本則常見。

## 翻刻本

見有整張翻刻本，字口光滑呆板。

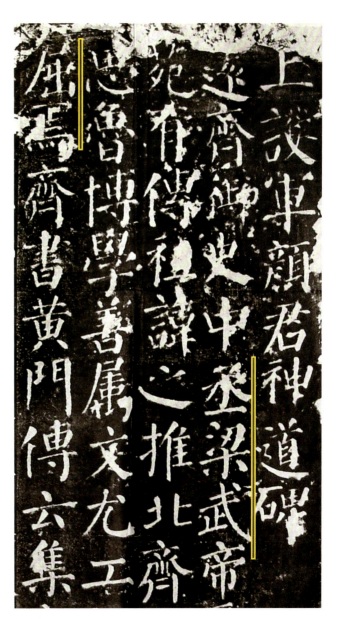

插圖一

西三原縣長坳鄉臧懷恪墓前，一九八〇年移至西安碑林。

### 明拓本
二行"并書"之"書"字完好。（參見近拓本插圖一）
十行末"由此獲免"之"獲"字完好。

### 清初拓本
十行末"由此獲免"之"獲"字右上角已損，民國拓本幾不可辨。（參見民國拓本插圖二）
十一行"有馬千駟"之"馬"字完好。
十七行"勳勞楙於王室"之"勳"右旁"力"部損，民國拓本"力"部幾乎泐盡。（參見民國拓本插圖三）
二十一行"守節安卑"之"卑"字完好。

### 道光拓本
十一行"有馬千駟"之"馬"字中央有損。（插圖四）
二十一行"守節安卑"之"卑"字"田"部稍損。
二十四行"固殊異於他族"之"於"字稍損。

### 翻刻碑拓本
整碑翻刻，字口僵硬呆板似木刻。（翻刻碑插圖五）

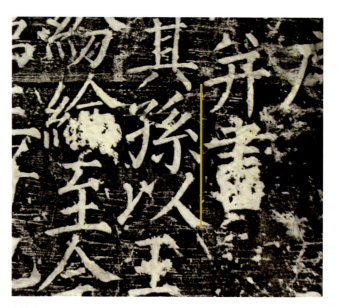
插圖一

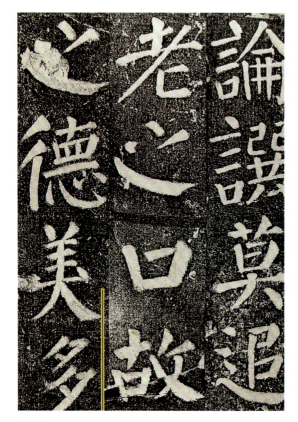
插圖二

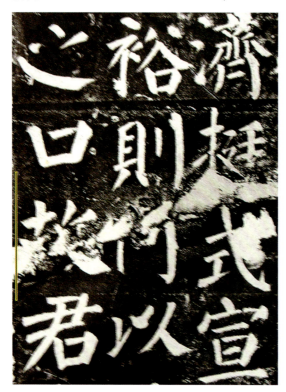
插圖三

### 臧懷恪碑
大曆五年（770）。顏真卿撰文並楷書。二十八行，行五十八字至六十四字不等。碑在陝

插圖二

插圖三

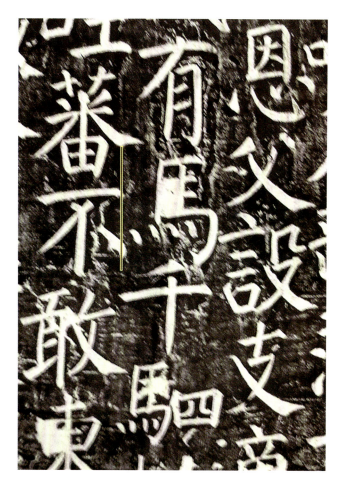

插圖四

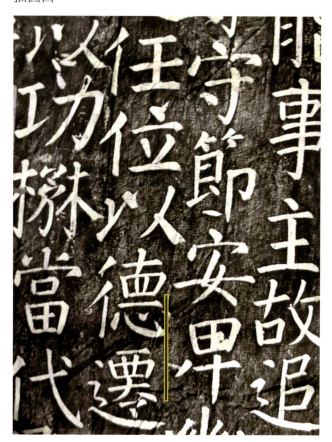

插圖五

## 大秦景教流行中國碑

建中二年（781）正月七日。僧景淨述文，呂秀岩楷書。三十二行，行六十二字。碑兩側及底部均刻有古敘利亞文，碑額三行，行三字。原石明天啟三年（1623）陝西西安崇仁寺出土，碑側古敘利亞文上加刻有咸豐九年（1859）韓泰華建碑亭題識三行，另一側刻民國李根源題記。光緒三十三年（1907）移入西安碑林。

### 舊拓本

三行"造化"之"化"字完好，其下"妙眾聖"之"聖"字皆完好。（插圖一）

### 清末民初拓本

三行"造化"之"化"字"匕"部損，（插圖二）"妙眾聖"之"聖"字上半損。（插圖三）

## 不空和尚碑

建中二年（781）十一月十五日。嚴郢撰文，徐浩楷書。二十三行，行四十八字。有額正書十六字。碑側刻大中八年（854）四月十五日再立題字。碑中斷，且右上角斜裂一道，占十一行地位，泐去十字。（插圖一）碑陰刻有明高鑰力"太華"二字。碑原在長安城靖善坊大興善寺，宋初移入文廟，後又移至西安碑林。

### 明拓本

八行"追諡大辯正廣智三藏和尚"之"大"字完好，且"大"字下也無石花。

十三行"智阿闍梨"之"闍"字中"者"部撇劃未泐。（參見已損本插圖二）

十五行"毫光照燭之瑞"之"之"字末捺雖稍連石花，但不傷字口。（參見已泐本插圖三）

### 清初拓本

十五行"之異凡僧"之"凡"字完好（後泐作一白塊）。（參見已損本插圖四）

### 清末民初拓本

八行"追諡大辯正廣智三藏和尚"之"大"字泐成"太"字狀，且"大"字交叉處筆劃已損。（參見已損本插圖五）

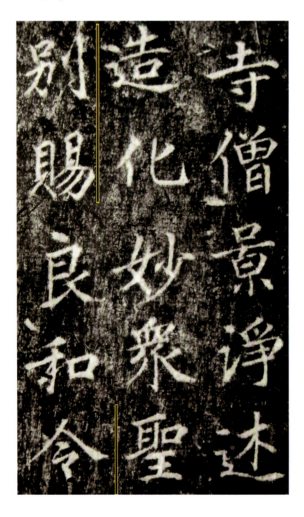

插圖一
插圖二
插圖三

插圖一

插圖二

插圖三

插圖四

插圖五

### 諸葛武侯祠堂碑

元和四年（809）二月二十九日。裴度撰文，劉公綽楷書。二十四行，行五十字。首題下刻有明成化、弘治間滕嵩、榮華題跋，碑尾刻有康熙十一年（1672）羅森、宋可發題跋，碑陰刻《諸葛祠堂碑陰記》。碑在四川成都武侯祠。

### 明末清初拓本

五行末"而定其機勢"下"於"字完好。（參見民國拓本插圖一）

八行末"雖死□□怨"之"死"字完好。（參見插圖一）

九行首"怨"字右角雖與石花相連然未損及字劃。

九行末"陳壽之評未"之"評"字完好。"評"下尚可見"未"字之首。（參見插圖一）

二十二行上"美志夭遏"之"美"字上半可見下面二橫。

### 乾嘉拓本

四行末"公是時也"下"躬"字僅存上半，民國拓本僅見首筆。（插圖二，對照插圖一）

五行末"而定其機勢"下"於"字右旁稍損尚可辨，民國拓本全泐。（插圖二，對照插圖一）

九行首"雖死□□怨德"之"怨"字僅損右上角，民國拓本唯存"心"部。（插圖三，對照民國拓本插圖四）

九行末"陳壽之評"之"評"字"平"部下橫尚存，民國拓本僅存上半。（插圖二，對照插圖一）

十行末"遂有三郡"之"三"字底橫已與石花泐連。（插圖二）

十六行首"閭閻滋殖"上"風"字左上角完好，民國拓本左上角已與石花泐連。（插圖三，對照插圖四）

十八行"流斯文以示來裔"之"流"字完好，民國拓本僅存下半。（插圖三，對照插圖四）

十九行末"勞而不怨用之有倫"之"有倫"二字可見，民國拓本"有"字半損，"倫"字全泐。（插圖五）

二十二行上"美志夭遏"之"美"字，可見最下一橫，民國拓本泐盡。

插圖一

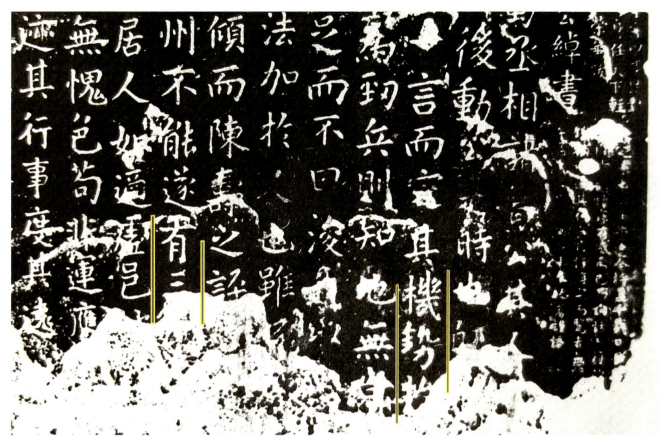

插圖二

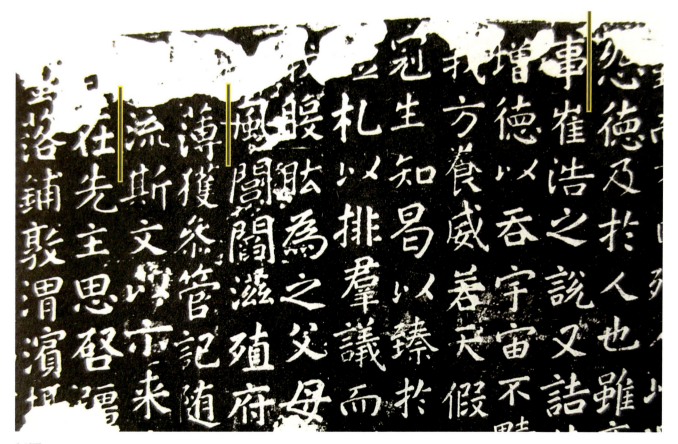

插圖三

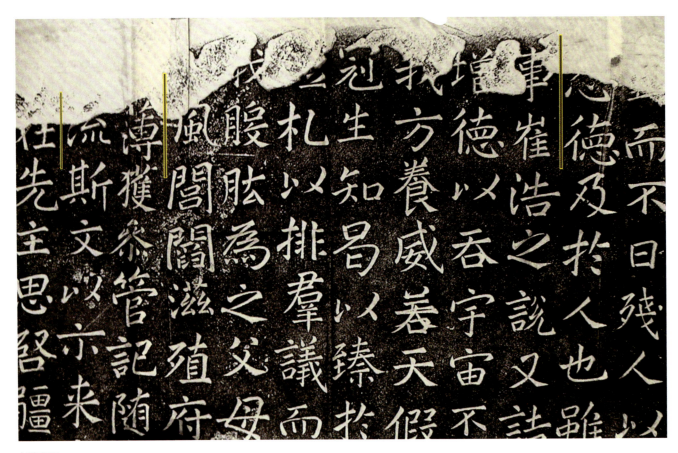

插圖四

插圖五

### 陳志清墓誌

　　元和九年（814）十月六日。二十一行，行二十二字不等。陝西鳳翔南陵寺出土，揚州毛鳳清（子靜）舊藏，後歸端方。石裂為四塊，後再裂為六，末行後有光緒三年（1877）毛鳳清篆書題刻一行。（六斷本插圖一）

**舊拓本**

　　四斷本。
　　十行"疾終"與十一行"氏天"間有細裂紋，但不傷字口。（插圖二，左圖）

**民國拓本**

　　六斷本。
　　十行、十一行"疾"、"氏"字幾乎泐盡，"終"、"天"泐半。（插圖二，右圖）
　　縱向裂紋增裂至九行末"六"字。（參見插圖一）
　　十八行、十九行末"通物理"、"諸已"間又增裂一道縱向細裂紋。（插圖三，右圖）

插圖一

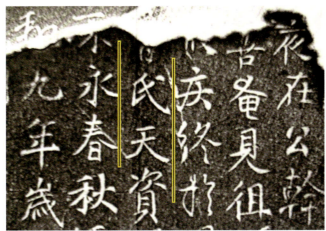

插圖二

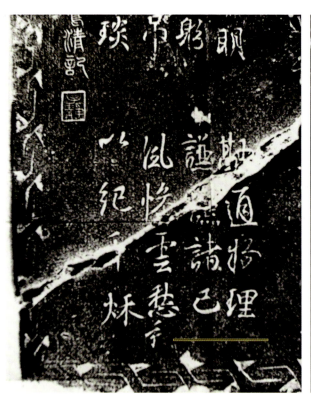

插圖三

### 劉密妻崔氏墓誌

元和九年（814）十月六日。辛劬撰文，楷書。二十六行，行二十八字。湖北襄陽出土。

**舊拓本**

四、五行首"鍾"、"侯"二字完好。（插圖一）

十六行末"郡"字完好。

**近拓本**

四行首"鍾"字泐左半。（插圖二）

五行首"侯"字泐盡。（參見插圖二）

十六行末"郡"字左下泐。（插圖三）

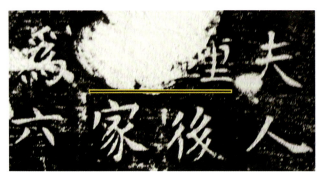

插圖二

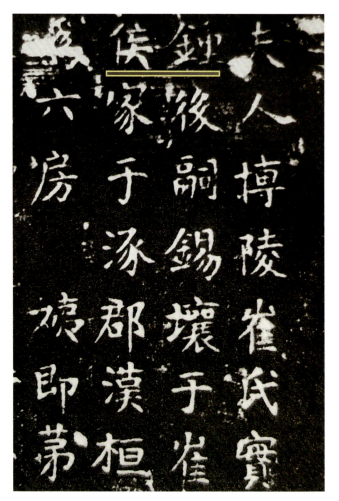

插圖一

唐

插圖三

## 李輔光墓誌

元和十年（815）四月二十五日。崔元略撰文，崔巨雅楷書。三十七行，行三十六字。清乾隆年間在陝西咸陽出土。

## 舊拓本

誌石未斷。（插圖一，對照插圖四）

十三行至二十行間損十餘字。（插圖二）

三十三行"軍"字損大半。（插圖三）

插圖一

三十四行"績"字右側損少許。（參見插圖三）

三十七行"斯文"之"文"字損。

## 民國拓本

石斷裂為五。（插圖四）

插圖二

插圖三

插圖四

## 崔眷妻王氏墓誌

元和十四年（819）四月二十六日。鄭君房撰文，楷書。十七行，行二十一至二十三字。江蘇江都出土，李根源舊藏，後贈蘇州文管會，現存南京博物院。

### 舊拓本

左上角有一裂紋，貫十五行"方"字，十六行"姬"字，十七行"不"字。（插圖一）

### 近拓本

左上角已泐，缺八字。（插圖二）

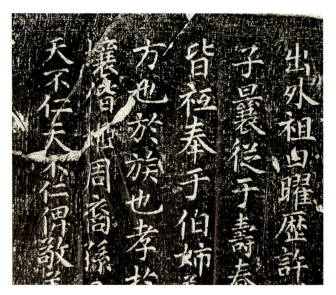

插圖一

插圖二

### 朱孝誠碑

長慶元年（821）二月五日。蘇遇撰文，曹鄴行書。二十八行，行五十六字。清乾隆年間在陝西三原出土。

### 舊拓本

左上角不斜斷，今裂斷且裂紋線上諸字多有損泐。（參見民國拓本插圖一）

六行"皇祖游仙皇考"之"仙"字完好，民國拓本"人"部與"山"部泐連。（參見民國拓本插圖二）

二十六行"智勇雙高功名曰蹟"之"名"字完好，民國拓本"名"字泐盡。（參見民國拓本插圖三）

### 稍舊拓本

十八行"有詔追贈曰"之"追"字完好。（插圖四）

插圖二　　　　　　插圖三

插圖一

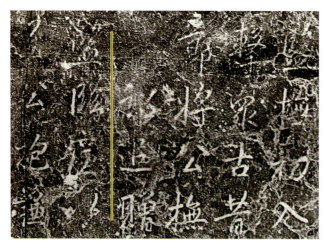

插圖四

## 范氏女阿九墓誌

長慶三年（823）四月十三日。范鄦撰文，楷書。十七行，行十五字。

### 初拓本

石完好。（插圖一）

### 民國拓本

碎成十餘小塊。（插圖二）

插圖一

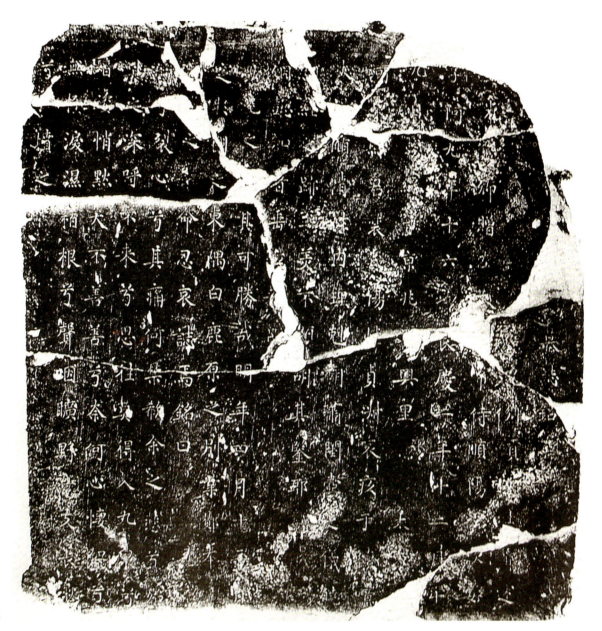

插圖二

### 柳公權書金剛經

　　長慶四年（824）四月。唐柳公權楷書。橫石十二石，每石四十行，凡四百六十四行，每行十一字。碑版形制與《開成石經》相同。原刻久佚。

　　拓本清光緒二十二年（1896）在敦煌石室被發現，唐拓卷軸裝，後歸法人伯希和，今藏法國巴黎博物院。（插圖一）

插圖一（局部）

## 石忠政墓誌

唐寶曆元年（825）八月九日。楷書，十四行，行十五字。陝西西安出土，曾經趙乾生、端方遞藏。

### 舊拓本

石斷為三（右側一大塊，左側上下兩塊），泐去十七、八字。（插圖一）

### 民國以後拓本

石斷為五（右側大塊又裂為三）。首行"墓誌"二字均泐損。（插圖二）

插圖一

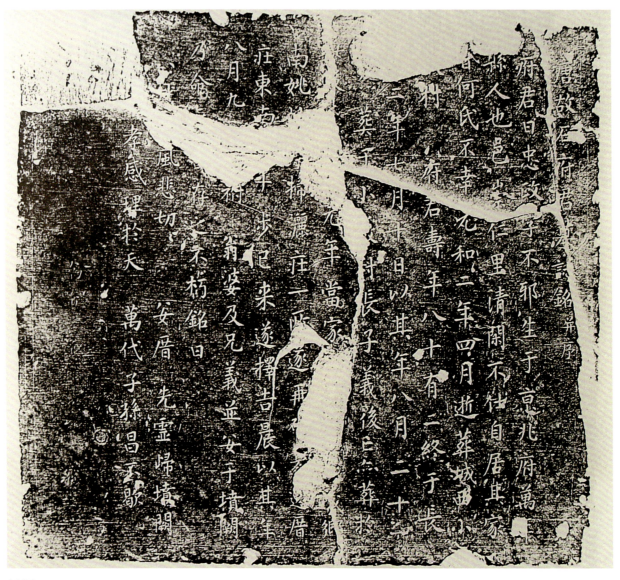

插圖二

插圖一

## 李晟碑

太和三年（829）四月六日。裴度撰文，柳公權楷書。三十四行，行六十一字。有額篆書五行，行四字。碑在陝西高陵。

### 明末清初拓本

首行"中書令西平郡王"之"王"字完好。民國拓本"王"字泐盡。（參見民國拓本插圖一）

首行"并序"之"序"字完好。（參見民國拓本插圖二）

二行"同中書門下"之"書"字"聿"部完好。（參見插圖二）

二行"充集賢大學士"之"學"字左上角未泐粗。（參見民國拓本插圖三）

七行"具以狀聞"之"聞"字上本來空一格，後妄增刻一"以"字，明拓已作"具以狀以聞"。（參見民國拓本插圖四）

二十二行"而身邊不遺"之"身"字完好，民國拓本"身"字下半泐盡。（參見民國拓本插圖五）

### 稍舊拓本

二十六行"右威衛大將軍"之"軍"字"車"部完好。

二十八行"大和元年秋七月"之"七"字"乚"筆完好。（參見插圖六）

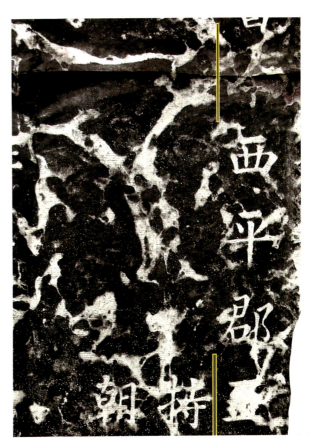

插圖一

插圖二

插圖三　　　　　　　　插圖五

插圖四　　　　　　　　插圖六

"周"字中"土"部中豎，下伸連及"口"部，翻刻不連及"口"部。（翻刻本插圖一，參見原石拓本插圖二）

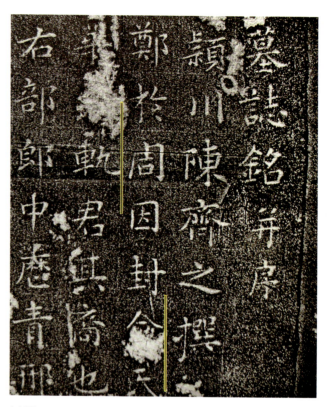

插圖一

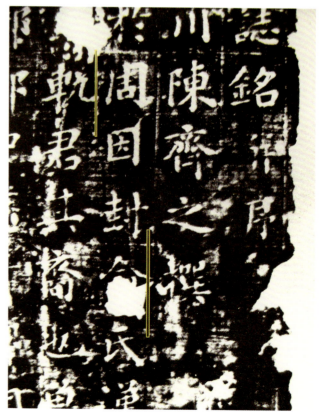

插圖二

### 鄭准墓誌

大和四年（830）八月二十五日。陳齊之撰文，楷書。二十行，行二十字。江蘇宜興出土，潘驤舊藏。

### 翻刻本

二行"陳齊之撰"之"撰"字提手旁原刻有石花，翻刻則無石花，且提手旁異常長。（翻刻本插圖一，對照原石拓本插圖二）

三行"受鄭於周因封"之"周"字，原刻

### 盧景修墓誌

大和五年（831）十一月八日。盧景南撰文，楷書。十六行，行十八字。河南洛陽出土，李根源舊藏，後贈蘇州文管會，現存南京博物院。

**舊拓本**

誌石完好未斷。（插圖一）

**近拓本**

左下角斷裂，裂紋線貫六行末"是"字，至十五行"思"字。（插圖二）

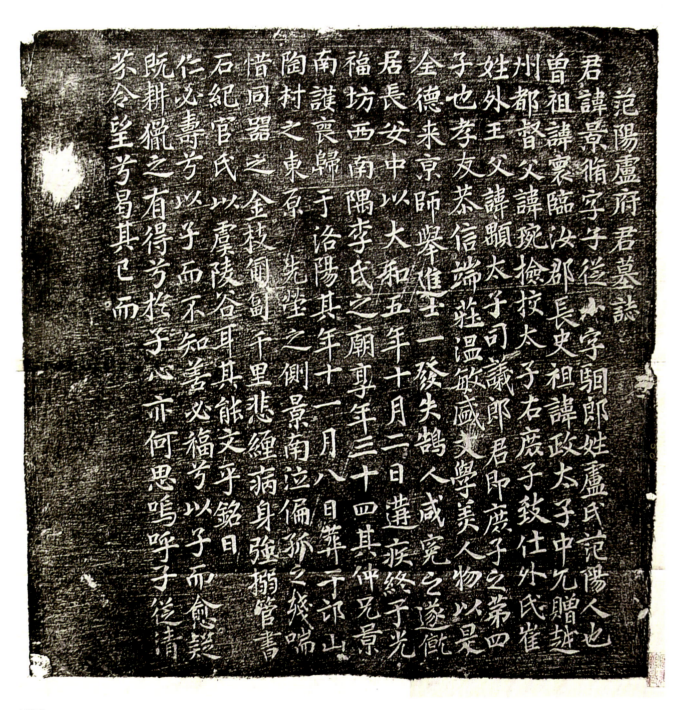

插圖一

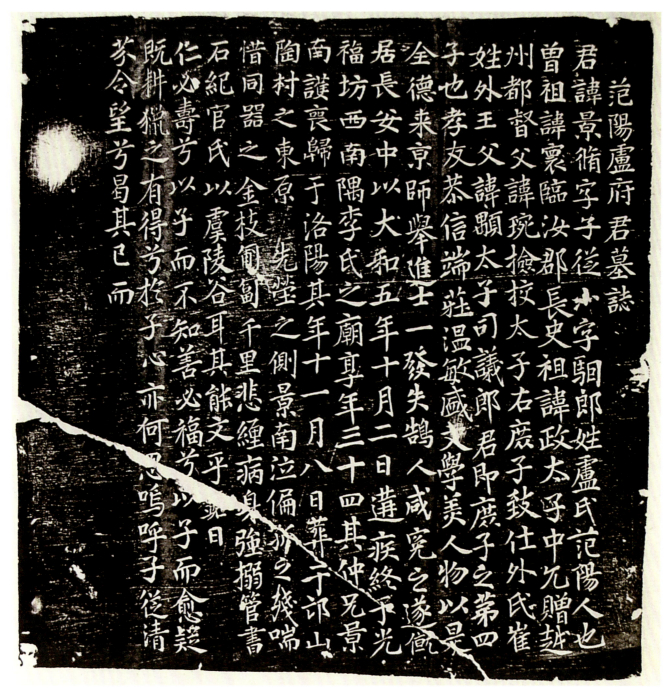

插圖二

## 王承宗妻李元素墓誌

大和六年（832）五月八日。劉礎撰文並楷書。二十五行，行二十五字。陝西西安出土，趙乾生、端方遞藏。

### 舊拓本

誌石右上角已斷。

三行首"夫人諱元素"之"元素"二字尚存。

四行首"其心"之"心"字雖損尚可辨。

（插圖一）

### 近拓本

三行"元"字、四行"心"字泐。

再後，"素"字亦泐。

最後，三行"人諱"亦泐盡。（插圖二）

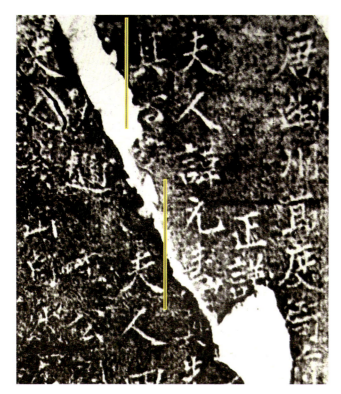

插圖一

插圖二

## 安國寺寂照和尚碑

開成六年（841）正月刻立。和尚卒于大和七年（833），碑右側刻有"開成六年歲次辛酉正月癸酉朔六日，門人圓進等同建"字樣。段成式撰文，僧無可楷書。二十九行，行五十二字。石舊在咸陽馬跑泉鎮，後移至安國寺。書學柳公權，細勁過之。今在陝西咸陽博物館。（插圖一）

**舊拓本**

十三行"因遊鳳翔"之"遊"字中間"手"部首未損。（參見已損本插圖二）

插圖一

插圖二

## 王方徹墓誌

會昌元年（841）十月十三日。程恭己撰文，楷书。二十行，行二十一字至二十四字不等。端方舊藏。

### 舊拓本

石已斷為二，十一行至十四行縱向斷裂。（插圖一）

### 近拓本

石斷為三，十二行“開成五年”之“年”字上，至末行“清風”之“風”字橫斷一道。（插圖二）

插圖一

插圖二

### 玄秘塔碑

會昌元年（841）十二月二十八日。裴休撰文，柳公權楷書。二十八行，行五十四字。碑陰刻大中五年（851）《敕內莊宅使牒》及明代左思明隸書"綱紀重地"四字。碑當每行第九、第十、第十一字處中斷。碑在陝西西安碑林。

### 相傳北宋拓本

首行"供奉三教"之"三"字可見二橫劃。

三行"上柱國"之"國"字完好。

四行"大法師端甫靈骨"之"甫"字下腳完好。

十六行末"十餘萬遍指"之"指"字完好。

筆者未見以上北宋拓本。

### 南宋本

首行"供奉三教"之"三"字僅見底橫。（插圖一）

首行"上座"之"上"字筆劃未損（稍晚中豎與底橫交叉處有損）。（參見插圖一，對照插

圖一三）

三行"上柱國"之"國"字已泐。（插圖二）

四行"大法師端甫靈骨"之"靈"字，可見底橫右半。（插圖三，對照已損本插圖四）

九行末"雨甘露於法種者"之"種"字僅損底橫。（插圖五，對照已損本插圖六）

十四行"端拱無事"之"事"字完好。（插圖七，對照已損本插圖八）

十六行末"十餘万遍指"之"指"字"日"部損，"匕"部完好。（插圖九，對照已損本插圖一〇）

## 明拓本

二行"團練觀察處置"之"觀"字撇筆未損。（插圖一一）

## 明末清初拓本

十二行"超邁"之"超"字，"口"部底橫未損（尚未與走字底泐連）。（參見已損本插圖一二）

## 康雍拓本

三行"集賢殿"之"賢"字"又"旁未損。（參見已損本插圖一三）

十六行"傳授宗主"之"授"字右下"丈"部未損。（參見已損本插圖一四）

## 乾嘉拓本

倒數第二行中部刻"秀州曹仲經觀"一行六字（在二十六行"有大法師"之"有大"左側）。（插圖一五）

九行"囊括川注"之"括"字提手旁未損。（參見已損本插圖一六）

## 道光拓本

刻道光四年謝應選等隸書觀款三行（在二十六行"法師逢時感"左側）。（參見插圖一五）

六行"舍利使吞之□誕"之"誕"字仍完好。（參見插圖四）

十三行"縛吳斡蜀潴"之"蜀"字完好。（插圖一七）

## 翻刻本

依南宋本翻出，但卻刻有秀州曹仲經觀款和道光四年謝應選等隸書觀款。

三行"散騎常侍充集賢殿學士"之"散"字右下泐，"充"字鉤筆中有石花。原刻則無上述現象。（翻刻本插圖一八）

五行"無以為達道"之"以"右下有黃豆大小圓形石花，原刻則無。（參見翻刻本插圖一八）

二十三行"劉公法"之"法"字正處斷裂痕，斧鑿痕明顯。（翻刻本插圖一九）

插圖一

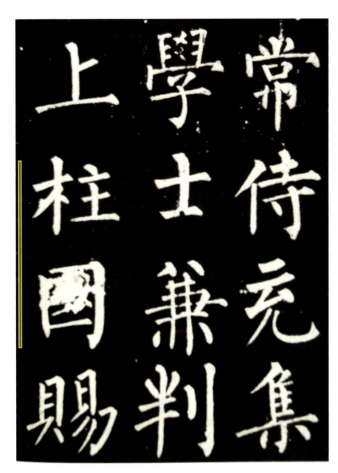

插圖二

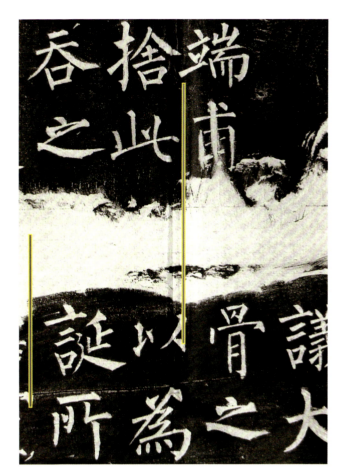

插圖四

插圖三

插圖五

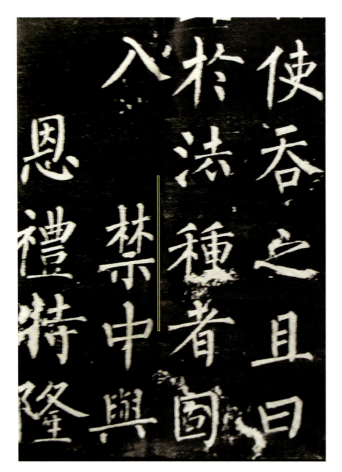

插圖六

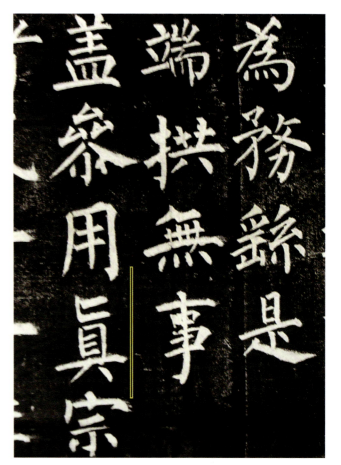

插圖八

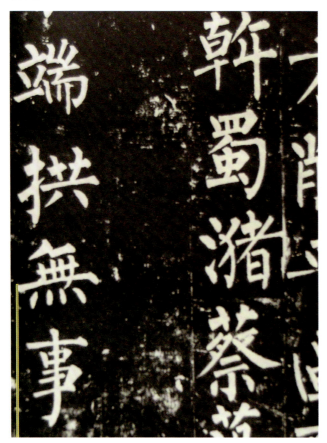

插圖七

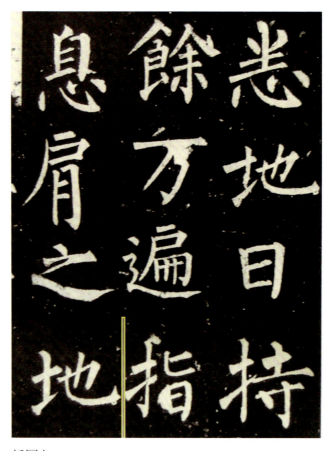

插圖九

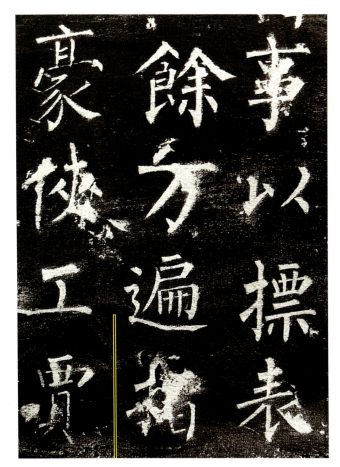

插圖一〇

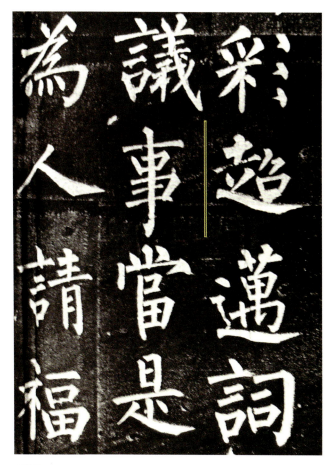

插圖一二

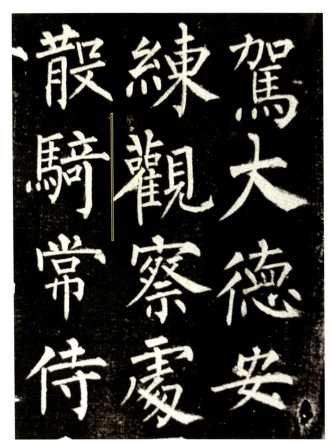

插圖一一

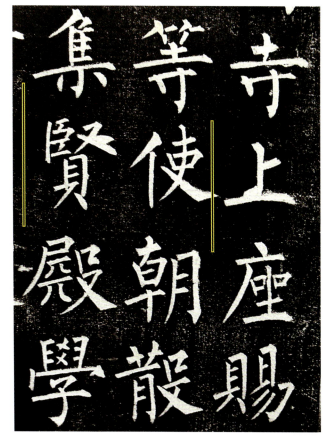

插圖一三

插圖一四

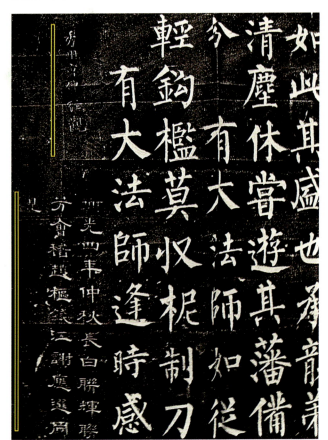

插圖一五

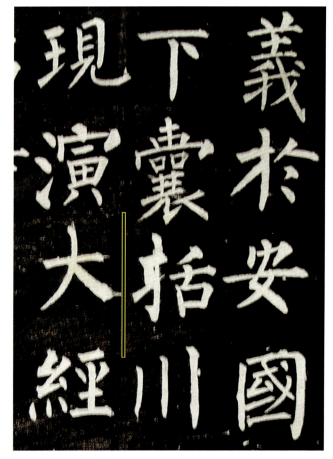

插圖一六

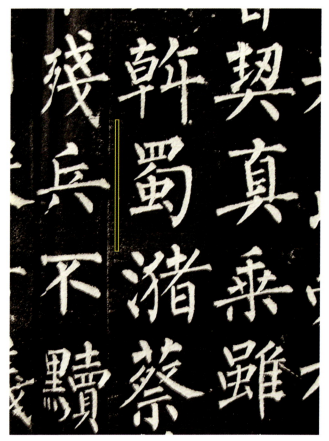

插圖一七

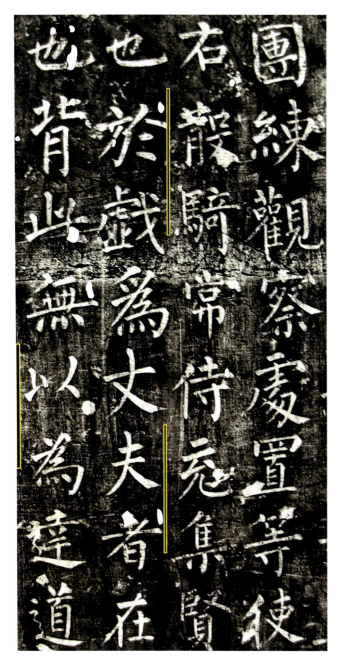

插圖一八

插圖一九

插圖一

### 神策軍碑

　　會昌三年（843）。崔鉉撰文，柳公權楷書。原石久佚，傳世賈似道舊藏宋內府拓本二冊，元代入翰林國史院，拓本前後鈐有"翰林國史院官書"長條印，明洪武六年（1373）收入內庫，後又入晉府，明亡後又歸孫承澤，清代經梁清標、安儀周、張蓉舫、陳介祺等遞藏，後流入香港，一九六五年以重金購回，現藏國家圖書館，僅存上半冊，其中第二十一開後缺一開。（插圖一）

## 韋敏妻李氏墓誌

會昌五年（845）正月二十四日。于瀆撰文，楷書。二十二行，行二十一字。四周刻有花邊紋飾，陝西西安出土，三原李氏舊藏。

### 近拓本

誌石裂為四，首行泐盡，二行泐右下角。（插圖二）

### 舊拓本

誌石完好未斷。（插圖一）

插圖一

插圖二

## 柳老師墓誌

會昌五年（845）六月二十一日。柳仲郢撰文，楷書。十七行，滿行十七字。陝西西安出土，端方舊藏。

### 翻刻本

首行"墓誌"二字右側無石花，但模糊不清，似漏刻點劃。原刻右側有石花。

八行"諱"字"韋"部，左下漏刻一短豎。

（翻刻本插圖一，對照原石拓本插圖二）

十三行"難"字，左下漏刻一橫。（翻刻本插圖三，對照原石拓本插圖四）

末行首"臨"字右半有石花，原刻則無。（翻刻本插圖三，對照原石拓本插圖四）

誌石細擦痕極雜亂，原誌石細擦痕以縱向為主。

插圖一　　　　　　插圖二

乾隆拓本

首行"銀青光祿大夫"之"大"字未損。清末民初拓本渻成"太"。（插圖一）

九行"清明"之"明"字未損。清末民初拓本幾不可辨。（插圖二）

十五行"用及為中書舍人"之"為中書舍"四字未損，清末民初拓本四字渻盡。（插圖三）

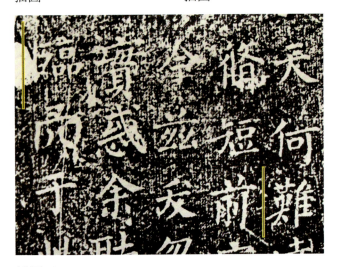

插圖三

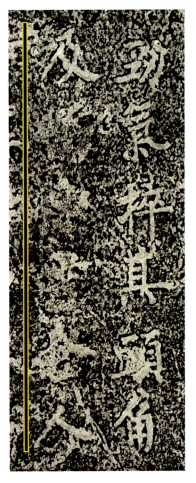

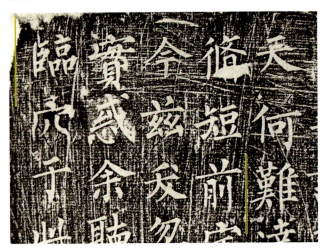

插圖四

## 高元裕碑

大中七年（853）十月。蕭鄴撰文，柳公權楷書並篆額。三十二行，行七十九字。額題篆書四行二十字。碑在河南洛陽。

插圖一｜插圖三

插圖二

## 魏公暮先廟殘碑

大中六年（852）十一月。崔絢撰文，柳公權楷書。三十六行，行六十字。碑在陝西西安。

雍正十二年（1734）出土，石殘裂為五，稱"五石本"（右上大石、左上石、中右石、中左石、下左小石）。（插圖一）光緒十七年（1891）陶子方又獲二石，成"七石本"，清末民初右下角一小石又佚，成"六石本"。

### 初拓本

僅存五石。

右上大石首行"判戶部事"之"判"字不損，後右上大半損。（參見已損本插圖二）

三十三行（在左上石）"右補闕"之"右"字撇劃光潔完好，稍後撇劃帶毛口。（參見已損本插圖三）

### 稍晚拓本

仍為五石本。

三十行（在左上石）"權倖惡忌"之"惡"字"亞"部左方上小橫未泐，稍後微損。

光緒十七年後為"七石本"。

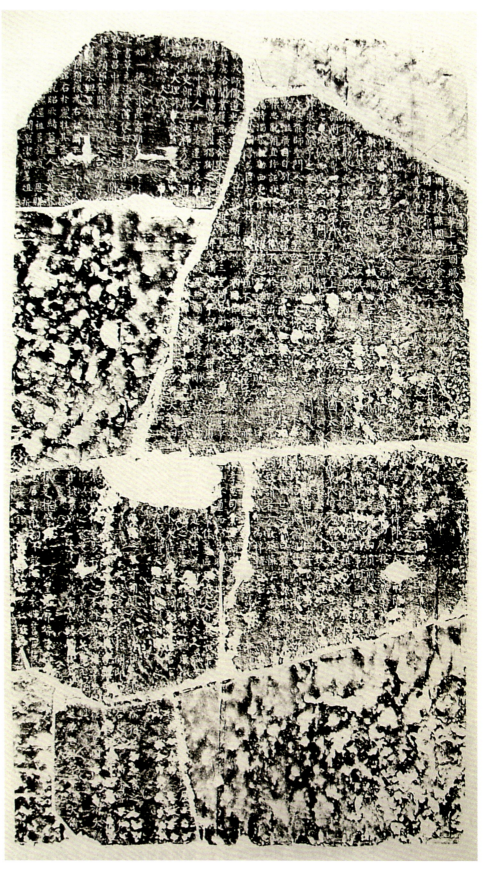

插圖一

插圖二

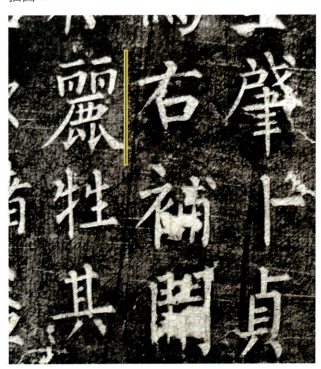

插圖三

## 杜順和尚行記

大中六年（852）□月二十四日。杜殷撰文，董景仁行書。二十一行，行二十七、八字不等。石在陝西西安開佛寺。

### 明拓本

首行“花嚴寺”之“嚴”字完好。民國拓本

“嚴”字字頭泐。（參見民國拓本插圖一）

二行“上柱國董景仁書”之“仁書”二字完好，民國拓本“仁”字泐底橫，“書”字泐上半。（參見民國拓本插圖二）

三行“不遠不疏志之奚齊了了雪山”十二字，僅“志”、“齊”二字稍損，餘均完好。民國拓本僅存“不遠”、“之”、“雪山”五字。（參見民國拓本插圖三）

十行“跪而啓”之“而”字完好。民國拓本“而”字正當裂紋線，下半全泐。（參見民國拓本插圖四）

十四行“臨流未濟”之“流”字完好。民國拓本“流未”二字泐連。（參見民國拓本插圖五）

十六行“復見”之“見”字完好。民國拓本“見”字右上角泐。（參見民國拓本插圖六）

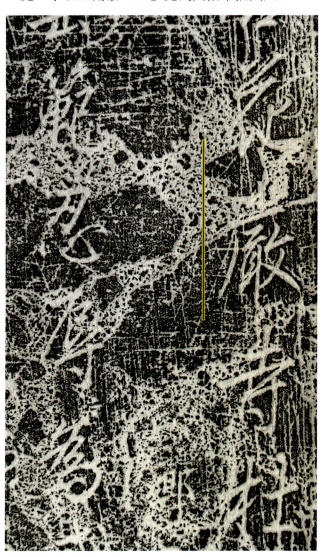

插圖一

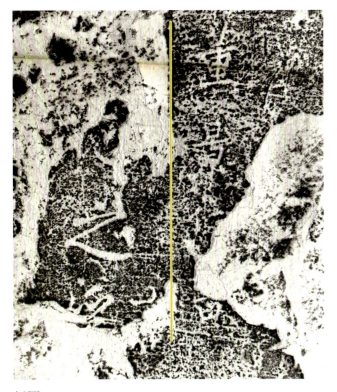

插圖二

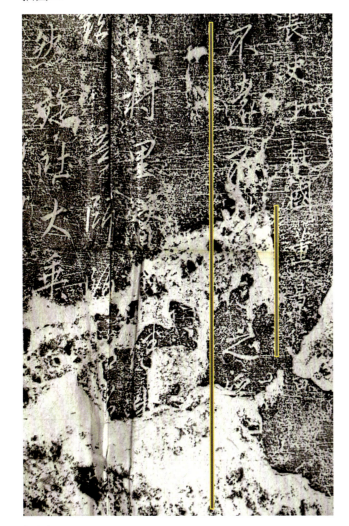

插圖三

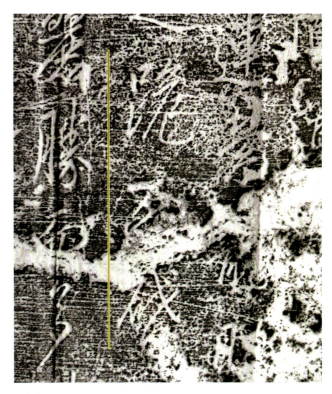

插圖四

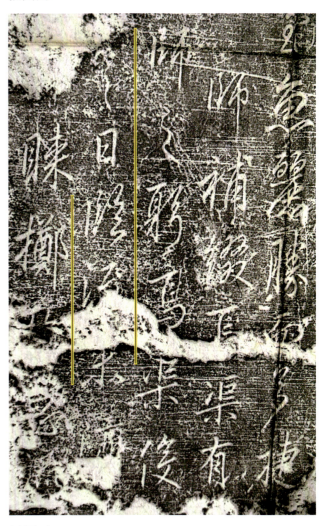

插圖五

插圖六

### 沈師黃墓誌

大中八年（854）八月十八日。沈中黃撰文，沈佐黃楷書。四十行，行四十至四十二字。河南洛陽出土，張鈁千唐誌齋舊藏。

### 舊拓本

誌石左上角有裂紋，自二十九行"食肉躍馬"之"肉"字，至三十九行"哀叫泉門"之"哀"字上。

三十一行首泐三字，三十二行首泐三字半，三十三行泐四字。（插圖一）

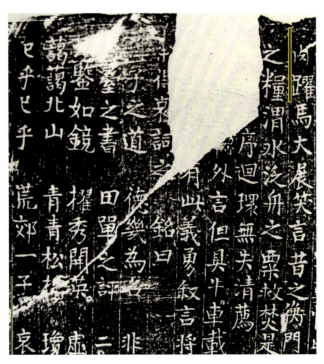

插圖一

### 民國拓本

沿裂紋線上缺失一角。（插圖二）

且首行"監察御史河南府"之"史河南府"四字泐去。（插圖三，對照舊拓插圖四）

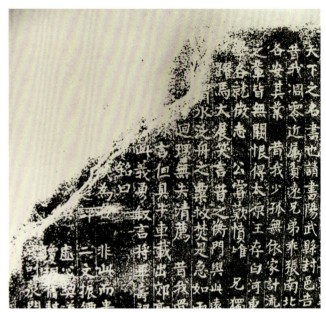

插圖二

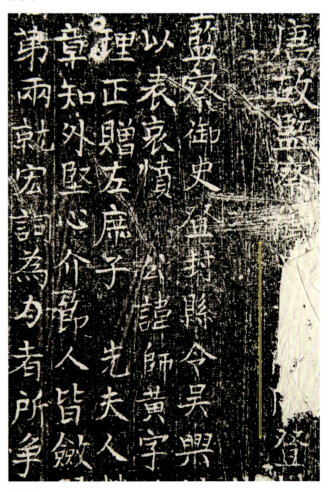

插圖三

插圖四

### 圭峰定慧禪師碑

大中九年（855）十月。裴休撰文並楷書。三十六行，行六十五字。柳公權篆額三行共九字。碑在陝西戶縣。

#### 明拓本

二行"同中書"之"同"字未損。民國拓本"同"字兩豎皆泐。（參見民國拓本插圖一）所見拓本多塗描，充"同"字不損本。

#### 乾隆拓本

七行"無遺事矣"之"矣"字末筆未損。民國拓本"矣"字最末二筆皆泐損。（參見民國拓本插圖二）

二十五行"受具於拯律師"之"受"字首筆可辨，民國拓本"受"字撇劃與裂紋線泐連。（參見民國拓本插圖三）

倒數第四行"金湯魔城"之"魔"字"鬼"部一撇未泐損。民國拓本撇劃與裂紋線泐並。（參見民國拓本插圖四）

#### 民國拓本

碑已斷裂，自二行第十九字"守中書侍郎"之"書"字上，至末行"上將軍知內侍省"之"內"字橫斷一道。

末行"上將軍知內侍省"等字未斷本不損，民國拓本已損。（參見未損本插圖五）

#### 翻刻本

二十七行"真靈永劫"之"靈"字中間原刻作三"口"，翻刻誤作"四"字狀。（參見原石本插圖六）

插圖一

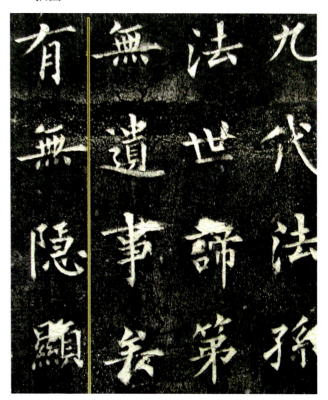

插圖二

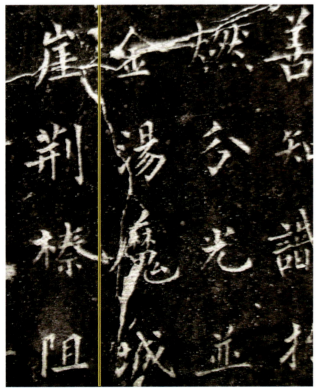

插圖三　插圖五

插圖四　插圖六

## 修中嶽廟記

咸通六年（865）二月五日。李方鬱撰文，楷書。二十四行，行四十六字。有額，隸書陰文四字。碑側刻有景福二年（893）河南少尹張凱題名，另一側刻有皇祐三年（1051）河南府事王珣璘題名。石在河南登封。碑石已斷，上右角裂處脫落十二字，下右角脫落九字。

### 舊拓本

十七行"將何瞻仰乎"之"乎"字末筆未損，（參見已損本插圖一）又下"尔心"之"心"字中點未損。（參見已損本插圖二）

十八行"退而自言曰"之"自"字中未泐作空白。（參見已泐本插圖三）

二十一行"神廟"之"廟"字"广"部雖損而未與"朝"部泐並。（參見已泐本插圖四）

二十二行"況公尹正之能"之"況"字末筆未損，"正"字上橫完好。（參見已泐本插圖五）

二十三行"措"下"吾民"二字間未泐連。（參見已泐本插圖六）

### 民國拓本

十三行"中天"之"中"字似亦完好無損，（插圖七）又下"崗巒"之"巒"字"山"左下角亦未與石花泐連。（插圖八）

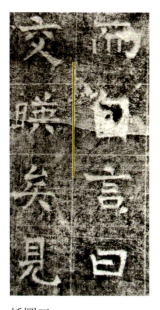

插圖三

插圖六

插圖四

插圖七

插圖一

插圖二

插圖五

插圖八

## 韋君妻李氏墓誌

咸通十五年（874）二月七日。韋厚撰文，楷書。二十六行，行二十七字。有蓋，正書四行，行三字。河南洛陽出土，張鈁千唐誌齋舊藏。

### 舊拓本

八行、九行、十行首字"大"、"韋"、"夫"三字完好。（插圖一）

### 近拓本

"韋"字全泐，"大"、"夫"二字泐大半。（插圖二）

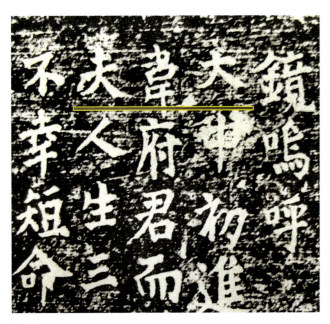

插圖一

插圖二

# 主要參考書目（依出版年月排序）

| 書　名 | 出版社 | 出版年月 |
|---|---|---|
| 《漢魏南北朝墓誌集釋》 | 科學出版社 | 1956年1月 |
| 《增補校碑隨筆》 | 上海書畫出版社 | 1981年7月 |
| 《碑帖敘錄》 | 上海古籍出版社 | 1982年2月 |
| 《歷代碑帖法書選》叢書 | 文物出版社 | 1982年— |
| 《石刻史料新編》（1—3輯） | 臺北新文豐出版公司 | 1982—86年 |
| 《善本碑帖錄》 | 中華書局 | 1984年2月 |
| 《六朝墓誌檢要》 | 上海書畫出版社 | 1985年2月 |
| 《金石萃編》 | 北京中國書店 | 1985年 |
| 《碑帖鑒別常識》 | 上海書畫出版社 | 1985年4月 |
| 《漢碑集釋》 | 河南大學出版社 | 1985年8月 |
| 《中國美術全集》（書法篆刻編1—3） | 人民美術出版社 | 1986年7月 |
| 《千唐誌齋藏誌》 | 文物出版社 | 1989年12月 |
| 《北京圖書館藏中國歷代石刻拓本彙編》 | 中州古籍出版社 | 1991年6月 |
| 《碑帖鑒定》 | 廣西師範大學出版社 | 1993年12月 |

| | | |
|---|---|---|
| 《昭陵碑石》 | 三秦出版社 | 1993年12月 |
| 《鴛鴦七誌齋藏石》 | 三秦出版社 | 1995年12月 |
| 《北京大學圖書館藏歷代金石拓本菁華》 | 文物出版社 | 1998年4月 |
| 《故宮博物院珍藏歷代碑帖墨蹟選》叢書 | 紫禁城出版社 | 1998年 |
| 《中國著名碑帖選集》叢刊 | 吉林文史出版社 | 1999年— |
| 《隋代墓誌選粹》 | 湖北美術出版社 | 2001年2月 |
| 《北魏墓誌選粹》 | 湖北美術出版社 | 2001年2月 |
| 《中國國家圖書館碑帖精華》 | 北京圖書館出版社 | 2001年12月 |
| 《中國碑帖經典》叢書 | 上海書畫出版社 | 2001年— |
| 《上海圖書館藏善本碑帖》 | 上海古籍出版社 | 2005年11月 |
| 《翰墨瑰寶——上海圖書館藏珍本碑帖叢刊》 | 上海古籍出版社 | 2006年8月 |
| 《漢碑全集》 | 河南美術出版社 | 2006年8月 |
| 《西安碑林博物館藏碑刻總目提要》 | 線裝書局 | 2006年 |
| 《梁啟超舊藏碑帖選》叢書 | 浙江古籍出版社 | 2006年 |
| 《秦漢碑刻校勘圖鑒》 | 文物出版社 | 2007年11月 |
| 《碑帖善本精華》叢書 | 西泠印社 | 2007年 |
| 《碑帖》 | 上海文化出版社 | 2008年8月 |

# 後　記

　　筆者供職於上海圖書館古籍部（現稱"歷史文獻中心"），從事碑帖整理與研究工作。上海圖書館藏有碑帖拓片二十萬件，其中善本碑帖二千五百餘件，堪稱"碑帖博物館"。同時，上海圖書館還擁有顧廷龍、潘景鄭等版本目錄學大師，帶有濃厚的版本研究門風。筆者自跨進古籍部之日起就受到孫啟治、陳先行諸先生的版本校勘學啟蒙，日日手捧王壯弘先生的《增補校碑隨筆》、張彥生先生的《善本碑帖錄》等書，校碑、讀碑樂此不疲，並將工作中發現的異同與心得隨時記錄，或卡片或簽注或隨筆，校碑成為每日必修的功課。如此年復一年雖翻爛無數校碑書籍，但個人的"心得"漸成"心病"。因為人腦再強大終敵不過"電腦掃描器"，許多過去的筆記若離開了碑帖實物，日久也漸感陌生與淡忘，體會到要建立"碑帖鑒定圖片資料庫"的迫切性。

　　自二〇〇三年初開始著手碑帖鑒定圖片資料的搜集拍攝工作，凡涉及版本考據的碑文、碑字、石花、裂紋、題刻、藏印、紙質、裝裱樣式等相關信息均用數碼照片形式記錄下來，其中既有來自全國的公藏或私藏拓片、拓本、卷軸等實物資料，還包括近年各地博物館、圖書館出版的碑帖圖錄或單行本，也有部分民國時期出版的碑帖影印本。

　　搜集、校勘、拍攝、編排工作萬分"艱辛"，逐行、逐頁、逐件的檢校，有時數周時間才完成一種碑帖版本的圖片記錄工作，心中無數次生發"叫停"的命令，但所肩負弘揚碑帖文化之使命又催促著一次又一次的"復工"。最終經數年的不懈努力，圖片資料累計達到數萬張，"碑帖鑒定圖片資料庫"雛形初具，這樣既方便了日常的鑒定研究工作，又將歷年"沉睡"的校碑文字筆記"激活"。

　　二〇〇七年十月，文物出版社趙磊先生約稿撰寫《中國碑拓鑒別圖典》一書，使我有機會將這些"獨享"的材料轉化為"共用"的資源，同時嘗試著開創一個"圖典"校碑的新時代。

　　本書的編纂過程中，得到上海圖書館歷史文獻中心黃顯功、陳先行、陳建華、胡堅、周依仁、沈傳鳳等領導與同仁的大力支持，還受到了童衍方、孫啟治老師的悉心指導，師兄唐存才先生還為本書題寫了書名，在此一併表示感謝！

仲　威

二〇〇九年十一月二十日於上海圖書館